Wichard Woyke

Die Außenpolitik Frankreichs

Studienbücher Außenpolitik
und Internationale Beziehungen

Herausgegeben von Wilfried von Bredow

Wichard Woyke

# Die Außenpolitik Frankreichs

## Eine Einführung

VS VERLAG FÜR SOZIALWISSENSCHAFTEN

Bibliografische Information der Deutschen Nationalbibliothek
Die Deutsche Nationalbibliothek verzeichnet diese Publikation in der
Deutschen Nationalbibliografie; detaillierte bibliografische Daten sind im Internet über
<http://dnb.d-nb.de> abrufbar.

1. Auflage 2010



Lektorat: Frank Schindler

VS Verlag für Sozialwissenschaften ist Teil der Fachverlagsgruppe
Springer Science+Business Media.
www.vs-verlag.de



Umschlaggestaltung: KünkelLopka Medienentwicklung, Heidelberg
Druck und buchbinderische Verarbeitung: Ten Brink, Meppel
Gedruckt auf säurefreiem und chlorfrei gebleichtem Papier
Printed in the Netherlands

ISBN 978-3-531-13885-5

# Vorwort

Frankreich – unser bedeutsamter Rheinnachbar – scheint ein Land wie viele andere in Europa zu sein. Es übt nach wie vor eine besondere Faszination auf uns Deutsche aus. Millionen Deutsche genießen die französischen Strände des Mittelmeers und des Atlantiks im Sommer, schauen sich besonders die kulturellen Angebote des westlichen Rheinnachbarn an. Frankreich ist der größte Abnehmer unserer Exporte und gleichzeitig das Land, aus dem wir am meisten importieren.

Dennoch, das Verhältnis zu Frankreich ist ein besonderes. Der deutsch-französische Gegensatz konnte nicht größer sein, als er sich in drei blutigen Kriegen 1870/71, 1914–1918 und 1939–1940 widerspiegelte. Doch ab Ende der 40er Jahre erfolgte eine vollkommene Umkehr. Aus ehemaligen Kriegsgegnern wurden Partner. Die von früheren Generationen kaum für möglich gehaltene Aussöhnung zwischen zwei Völkern vollzog sich während nur einer Generation, nicht zuletzt, weil internationale Zwänge, aber auch der politische Wille bei wichtigen Entscheidungsträgern in Frankreich und Deutschland dazu beigetragen haben. Aus den ehemaligen Kriegsgegnern wurden zwei enge Verbündete, ohne deren intensive Kooperation Fortschritte im europäischen Integrationsprozess heute kaum möglich sind.

Seit mehr als 35 Jahren befasse ich mich mit französischer Außen- und Innenpolitik. 1975 erschien meine Dissertation zu dem Thema „Opposition und Verteidigungspolitik im gaullistischen Frankreich 1958–1973". 1987 folgte „Frankreichs Außenpolitik von de Gaulle bis Mitterrand". Im Jahr 2000 veröffentlichte ich „Die deutsch-französischen Beziehungen seit der Wiedervereinigung. Das Tandem fasst wieder Tritt", das 2004 in einer Neuauflage publiziert wurde. Nun wird mit dem Buch „Von de Gaulle zu Sarkozy – Zur Außenpolitik einer mittleren Weltmacht" der Versuch unternommen, einen Überblick über die Außenpolitik der V. Republik zu geben. Einzeldarstellungen zu bestimmten Sachthemen oder Überblicke über die Politiken einzelner Präsidenten existieren durchaus, aber Überblicksdarstellungen, die sich mit dem weiten Gebiet der französischen Außenpolitik befassen, gibt es in deutscher Sprache, aber auch in der französischen Sprache kaum. Da Frankreich aber immer noch eine *„mittlere Weltmacht"* ist, die sich über ihren *ständigen Sitz im Sicherheitsrat* der Vereinten Nationen, über die *„force de frappe"*, über die *„Francophonie"* und ihren *Einfluss in den Entwicklungsländern*, besonders in Afrika, definiert, gibt es genug Grund, sich mit der französischen Außenpolitik als Ganzes und nicht nur mit ausgewählten Teilaspekten – wie z. B. den deutsch-französischen Beziehungen – zu befassen.

Die Studie behandelt die Außenpolitik der V. Republik, wobei der Schwerpunkt auf der Zeit der Präsidenten Mitterrand und Chirac liegt. Vorangestellt ist ein Kapitel über die Außenpolitik der IV. Republik, die strukturelle Entscheidungen der Außenpolitik für die Nachkriegszeit vorgenommen hatte. Anschließend wird die Außenpolitik unter den jeweiligen Präsidenten – Charles de Gaulle (1958–1969), Georges Pompidou (1969–1974), Valéry Giscard d'Estaing (1974–1981), François Mitterrand (1981–1995), Jacques Chirac (1995–2007) und Nicolas Sarkozy (seit 2007) abgehandelt –, da die französischen Präsidenten in der Außenpolitik eine dominierende Rolle einnehmen. Einzelne Sachgebiete erfahren je nach Bedeutung eine unterschiedliche Gewichtung. Schließlich rundet ein Fazit die Analyse ab.

Ohne die langjährige Kooperation im Rahmen des Doppeldiplomstudiengangs mit dem Institut d'Etudes Politiques Lille sowie der Kooperation im Rahmen des Erasmus-Programms mit dem Institut d'Etudes Politiques in Aix-en-Provence wäre die Vollendung dieser Studie nicht möglich gewesen, weshalb ich den Kolleginnen und Kollegen dieser Institute für die aufrichtige Kooperation recht herzlich danke. Sie haben mich immer wieder ermuntert, den eingeschlagenen Weg fortzusetzen. Zahlreiche Aufenthalte in den jeweiligen französischen Institutionen haben die Befassung mit diesem Thema immer wieder erleichtert.

Münster/Lille im Juli 2009 *Wichard Woyke*

# Inhalt

# 1. Grundzüge der Außenpolitik der IV. Republik

## 1.1 Frankreichs Stellung im internationalen System nach dem Zweiten Weltkrieg

Frankreich lag zu Beginn der 40er Jahre am Boden und schien zunächst besiegt. Doch die Rettung erfolgte am 25. August 1944 mit der Befreiung von Paris. An diesem Tag nahm die Provisorische Regierung unter der Führung General de Gaulles ihre Arbeit auf. Frankreich verstand sich nun als Siegermacht des Zweiten Weltkriegs; jedoch sollte sich dieser Sieg als Pyrrhus-Sieg erweisen. Das Land war durch die deutsche Besatzung ökonomisch geschwächt, demographisch dezimiert und politisch gespalten. Die Wirtschaftsleistung war lediglich halb so groß wie vor Beginn des Krieges. Die Infrastruktur war weitgehend zerstört. Das Mutterland war von den Kolonien abgeschnitten. Das Land war politisch aufgeteilt in die Kräfte, die die Provisorische Regierung de Gaulle unterstützten und eher konservativ ausgerichtet waren, und zum anderen in jene Kräfte, die aus dem inneren Widerstand (Résistance) kamen und unter denen die Kommunisten wiederum eine starke Position innehatten. Schließlich war das Land politisch weiter gespalten in diejenigen politischen Kräfte, die am inneren und äußeren Widerstand während des Zweiten Weltkriegs teilgenommen hatten, und jene, die im Vichy-Regime unter Marschall Pétain und Premierminister Laval mit Hitlerdeutschland zwischen 1940 und 1944 zusammengearbeitet hatten. Darüber hinaus hatte sich eine heftige parteipolitische Polarisierung herausgebildet, wobei die starke Kommunistische Partei im Rahmen des sich nach 1947 voll entwickelnden Ost-West-Konflikts eine besondere Bedeutung erlangen sollte.

Mit dem Ende des Zweiten Weltkriegs entstand ein vollkommen neues internationales System. Neben der aus den Nationalstaaten bestehenden Staatenwelt entwickelte sich ein neues bipolar strukturiertes, internationales System, das durch Macht- und Einflussverluste Europas, durch zunehmende Blockbildung, durch eine wachsende Emanzipation der Kolonialvölker, durch zunehmende wirtschaftliche und politische Verflechtung, durch Globalisierung der Politik und nicht zuletzt durch das sprunghafte Anwachsen internationaler Organisationen gekennzeichnet war. Die hervorstechendste Strukturveränderung des internationalen Systems zeigte sich jedoch im Aufstieg der USA und der UdSSR zu Welthegemonialmächten, der sich vor allem auf Kosten der europäischen Nationalstaaten vollzog. Die beiden

Blockführungsmächte USA und Sowjetunion füllten nun das in Europa entstandene Machtvakuum aus. Jedoch bröckelte die Anti-Hitler-Koaltion aus der Kriegszeit schon während der beiden letzten Kriegsjahre, als die Koalition der Anti-Hitler-Mächte ihr nahezu erreichtes Ziel, die Niederwerfung Hitlerdeutschlands, in das neue Ziel, die Neugestaltung Europas, verwandeln musste. Es entstand nun primär zwischen den beiden Weltführungsmächten der zentrale Strukturkonflikt der Weltpolitik nach dem Zweiten Weltkrieg, nämlich der Ost-West-Konflikt (vgl. Loth 2000). Dieser Konflikt sollte das internationale System zwischen 1947 und 1989/90 prägen und strukturieren. Bei diesem Konflikt, der in den Austragungsformen des Kalten Krieges (1947–1962 und 1979–1985) und der Entspannung (1953–55, 1969–1978 und seit 1986) die internationale Politik dominierte, handelte es sich um eine Auseinandersetzung zweier unvereinbarer Ordnungskonzepte, nämlich dem amerikanischen Universalismuskonzept und dem sowjetischen Einflusssphärenkonzept. Es ging um eine Systemauseinandersetzung zwischen liberal-pluralistischem Demokratiemodell einerseits und Sozialismus/Kommunismus Moskauer Spielart andererseits. Dieser Machtkonflikt wurde auf der ideologischen, ökonomischen, gesellschaftlichen und machtpolitischen Ebene ausgetragen und führte letztendlich zum Untergang der Sowjetunion und ihres Modells in Osteuropa zwischen 1989 und 1991.

## 1.2 Die Herausforderungen Frankreichs nach 1945

Unmittelbar nach der Übernahme der Regierung durch de Gaulle – er war 1940 als Staatssekretär im Verteidigungsministerium ins Londoner Exil gegangen und beanspruchte für die Exilregierung, der legitime Repräsentant des französischen Staates zu sein, da er die Kollaborationsregierung des Marschall Pétain nicht anerkannte – versuchte Frankreich, an seinen Großmachtstatus früherer Zeit anzuschließen und sich unter den Großmächten zu behaupten, um somit auch den französischen Anspruch auf Mitgestaltung der Nachkriegsordnung in Europa zu dokumentieren. Zunächst galt es für die Regierung de Gaulle, internationale Anerkennung zu erhalten. Im Oktober 1944 hatten jedoch die USA, Großbritannien und die Sowjetunion ihre Bedenken gegenüber der Provisorischen Regierung de Gaulle abgelegt und diese diplomatisch anerkannt. Noch während des Zweiten Weltkrieges schloss de Gaulle mit Stalin den französisch-sowjetischen Beistandsvertrag am 10. Dezember 1944 ab – Solidarität der Opfer des Zweiten Weltkriegs (Grosser 1986) –, der auch nach Kriegsende noch Gültigkeit besitzen und sich gegen ein wiedererstarkendes Deutschland richten sollte. 1945 bekam Frankreich dank britischer Unterstützung eine eigene Besatzungszone in Deutschland und durfte nachträglich das Potsdamer Abkommen unterzeichnen, wodurch es zu einer offiziellen Siegermacht wurde. Auch erhielt das gebeutelte Land einen ständigen Sitz im Sicherheitsrat der Vereinten Nationen, der den von de Gaulle beanspruchten Rang Frankreichs in der Weltpolitik mehr als symbolisch dokumentieren sollte. Frankreich versuchte eine eigenständige, unabhängige Politik zu betreiben, musste jedoch der internationalen Entwicklung Tribut zollen und konnte seine eigenständige Position angesichts der drastischen Verschärfung des Ost-West-Konflikts und aufgrund seiner gefährlichen ökonomischen Schwäche nicht aufrechterhalten. Als de Gaulle 1946 die Regierungsgeschäfte abgab, war Frankreich zwar formal eine Großmacht, faktisch aber isoliert und musste den weltpolitischen Entwicklungen nachgeben. Nach de Gaulles Rückzug in die lothringische Einsamkeit bildete sich unter Mühen die IV. Republik heraus, die nur zwölf Jahre Bestand haben sollte. Es entstand ein politisches System, das durch die Vorherrschaft des Parlaments gekennzeichnet war und dadurch schwache und kurzlebige Regierungen aufwies. So fand sich die IV. Republik folgenden außenpolitischen Herausforderungen gegenübergestellt:

**Außenpolitische Herausforderungen der IV. Republik**

- Die ordnungspolitischen Gegensätze zwischen den USA und der Sowjetunion führten zu einer Verschärfung des Ost-West-Konflikts, in dem Frankreich gezwungen war, Partei zu ergreifen.
- Das Deutschlandproblem und die damit zusammenhängende Sicherheitsfrage unterzogen die französische Gesellschaft einer permanenten Belastung.
- Der Entkolonialisierungsprozess traf Frankreich als große Kolonialmacht in einem ganz besonderen Maße.
- Frankreich musste seine zukünftige europäische Rolle definieren.

## 1.3 Frankreichs Hinwendung nach Westen

Versuchte die Provisorische Regierung de Gaulle noch ausdrücklich, eine eigenständige außenpolitische Position aufrechtzuerhalten, was sich u. a. in der Zugehörigkeit als ständiges Mitglied im Sicherheitsrat der Vereinten Nationen ebenso zeigte wie in der nachträglichen Unterschrift zum Potsdamer Abkommen, so konnten die Nachfolgeregierungen, insbesondere aufgrund der katastrophalen wirtschaftlichen Lage, diese Unabhängigkeitspolitik nicht mehr durchhalten. Der Versuch eines Dritten Weges wurde immer unglaubwürdiger (Bozo 1997: 8). Im Mai 1947 entließ der sozialistische Ministerpräsident Ramadier die kommunistischen Minister aus der Regierung. Symbolhaft wurde damit angekündigt, dass sich Frankreich nun auch im Ost-West-Konflikt einreihte und auf einen eigenen dritten Weg verzichten musste. Zeitgleich mit den französischen kommunistischen Ministern schieden auch die kommunistischen Minister in Italien und Belgien aus den Regierungen aus, was eine Vereinheitlichung der Politik gegenüber der Sowjetunion durch Westeuropa signalisierte. Wenn auch keine einheitliche Strategie dahinter gesteckt hat, so dürfte doch die US-Politik im Zusammenhang mit dem Marshallplan diese Politik beschleunigt haben. Frankreich benötigte aufgrund seiner außerordentlich kritischen ökonomischen Situation wirtschaftliche Hilfe, die ihm in bilateralen Abkommen von den USA gewährt wurde. Für de Gaulle war diese Abhängigkeit von den USA nicht tragbar, bildete doch dieses französisch-amerikanische Abkommen die Basis für die Annäherung beider Staaten in den kommenden Jahren sowie die Einbeziehung Frankreichs in den Westblock. Die Akzeptanz des Marshallplans 1947, die Gründung des Brüsseler Pakts (Frankreich, Großbritannien und die Beneluxstaaten) mit automatischem militärischen Beistand sowie die gemeinsame Verteidigung der Westsektoren Berlins während der Berliner Blockade 1948/49 waren die spektakulärsten Schritte auf dem Weg in den Westen. Es hatte sich herausgestellt, dass ein Lavieren zwischen West und Ost, der Versuch einer eigenständigen, autonomen Politik nicht länger möglich war. Frankreich war im Westen angekommen.

## 1.4 Frankreich und Deutschland – vom Besatzer zum Partner

Die zweite politische Herausforderung für Frankreich bildete das Deutschlandproblem, und das betraf vor allem die künftige Ausschaltung der deutschen Bedrohung. Zwischen 1870 und 1940 erlebte Frankreich drei deutsche Invasionen, was bei den politischen Führungen den Entschluss bekräftigte, das Sicherheitsproblem möglichst kompromisslos auf Kosten Deutschlands zu lösen. Frankreich strebte zunächst die Dezentralisierung Deutschlands an, d. h. die Bildung mehrerer „historisch gewachsener Länder", die über eigene Kompetenzen verfügen sollten, damit ein mächtiger deutscher Zentralstaat keine Gefahr mehr werden könnte (vgl. Loth 1987). Frankreich forderte die Abtrennung des Ruhrgebiets und seine Internationalisierung, um somit den Deutschen auch die Verfügungsgewalt über seine „Kriegsschmiede" zu entziehen. Darüber hinaus sollten die politische Abtrennung des Saargebiets von Deutschland und sein wirtschaftlicher Anschluss an Frankreich erfolgen. Letztlich forderte de Gaulle die lange Besetzung des Rheinlandes und die Gründung eines separaten Rheinstaats. Das französische Ziel war also klar: Sicherheit sollte durch die dauernde Schwächung Deutschlands, durch eine Bestrafung der Geschlagenen sowie durch deren Umerziehung erreicht werden. Die französische Deutschlandpolitik war aus psychologischen Gründen verständlich, politisch aber unklug und praktisch nicht durchsetzbar. Zwar konnte man eine, wenn auch aus französischer Sicht nicht befriedigende, Dezentralisierung Deutschlands in den Gesprächen mit den Anglo-Amerikanern erreichen, und freilich wurde auch das Saarland ökonomisch in Frankreich eingegliedert; jedoch musste man bei den anderen Forderungen entweder gleich – z. B. Abtretung des Rheinlands – oder später zurückstecken. Die französische Deutschlandpolitik wurde ein Opfer des Ost-West-Konflikts: „In dem Maße, wie sich im Frühjahr 1947 der Ost-West-Konflikt verschärfte (Truman-Doktrin, Scheitern der Moskauer Außenministerkonferenz) und Frankreich in den Sog der amerikanischen Hegemonialpolitik geriet, brach seine an maximalistischen Zielen orientierte Deutschlandpolitik zusammen" (Ziebura 1997: 60). In dem Maße, in dem Westdeutschland als „Bollwerk gegen den Kommunismus", d. h. als strategische Zone US-amerikanischer Sicherheit bedeutsamer wurde, musste Frankreich seine Deutschlandpolitik revidieren.

Da die USA spätestens 1948 entschlossen waren, aus den westlichen Besatzungszonen einen Staat zu installieren und notfalls auch gegen französische Interessen durchzusetzen, musste Frankreich nun eine offensive Deutschlandpolitik betreiben. Es durfte nicht mehr reaktiv verharren, sondern es musste durch eigene Initiativen versuchen, an der Gestaltung der europäischen Nachkriegsordnung mitzuwirken, um so seinem grundsätzlichen Ziel, Sicherheit vor Deutschland, näher zu kommen. In dieser Situation sollte sich der europäische Integrationsprozess als glücklicher Rettungsanker erweisen.

Bereits während des Zweiten Weltkrieges gab es in den Widerstandsgruppen der besetzten Länder Vorstellungen über eine europäische Zusammenarbeit nach dem Ende des Krieges, die auf die Errichtung eines europäischen Bundesstaates zielten. Doch noch ehe die politische Diskussion über den zu errichtenden Bundesstaat richtig begann, hatte sich die Spaltung Europas irreversibel verfestigt, so dass sich die Integrationsbemühungen nur noch auf Westeuropa bezogen. Gleichzeitig erlebte auch der Nationalstaat eine Wiedergeburt und strukturelle Verfestigung, so dass eine supranationale Lösung für den europäischen Kontinent in der zweiten Hälfte der 40er Jahre schwer realisierbar schien. Dennoch wurde mit der Gründung des Europarats 1949 von zehn (west-)europäischen Staaten ein erster Schritt unternommen, sich enger zusammenzuschließen. Es bestand in den westeuropäischen Bevölkerungen zu jener Zeit ein allgemeiner Wunsch nach mehr Zusammenarbeit. Darüber hinaus erwarteten auch die Amerikaner von den Franzosen zum Frühjahr 1950 Vorschläge für die Integration der gerade gegründeten Bundesrepublik Deutschland in den Westen (vgl. Bozo 1997: 15). In Frankreich erkannten Außenminister Robert Schuman und sein Berater Jean Monnet, Chef des Planungskommissariats, die einmalige historische Chance, die in der Einbeziehung des immer bedeutsamer werdenden jungen westdeutschen Teilstaats lag. „Als Pragmatiker und primär in ökonomischen Kategorien denkender und auf Effizienz abzielender Technokrat schlug er (Schumann, W. W.) als ersten Schritt die Unterstellung der Montanindustrie unter eine europäische Behörde vor, um auf diese Weise gewissermaßen eine Lehrzeit in der Überwindung nationaler Partikularismen zu ermöglichen. Darüber hinaus hielt er diesen Sektor der Volkswirtschaft für besonders geeignet, um im Zuge fortschreitender Integration weitere Bereiche nach sich zu ziehen" (Ziebura 1997: 80). Französische Sicherheitsbedürfnisse sollten mit Hilfe einer multinationalen (europäischen) Kontrolle über die deutsche Kohle- und Stahlindustrie befriedigt werden. So schlug Robert Schuman am 9. Mai 1950 vor, eine Gemeinschaft europäischer Staaten für den Bereich Kohle und Stahl zu gründen. Der Kernsatz der Erklärung lautet, „die Gesamtheit der französisch-deutschen Produktion von Kohle und Stahl unter eine gemeinsame oberste Autorität zu stellen, die der Mitwirkung anderer Staaten offen steht".

**Schuman-Erklärung vom 9. Mai 1950**

Europa lässt sich nicht mit einem Schlage herstellen und auch nicht durch eine einfache Zusammenfassung: Es wird durch konkrete Tatsachen entstehen, die zunächst eine Solidarität der Tat schaffen. Die Vereinigung der europäischen Nationen erfordert, dass der Jahrhunderte alte Gegensatz zwischen Frankreich und Deutschland ausgelöscht wird. Das begonnene Werk muss in erster Linie Deutschland und Frankreich erfassen. ...

Die französische Regierung schlägt vor, die Gesamtheit der französisch-deutschen Kohle- und Stahlproduktion einer gemeinsamen Obersten Aufsichtsbehörde (Haute Autorité) zu unterstellen, in einer Organisation, die den anderen europäischen Ländern zum Beitritt offen steht.

Die Zusammenlegung der Kohle- und Stahlproduktion wird sofort die Schaffung gemeinsamer Grundlagen für die wirtschaftliche Entwicklung sichern – die erste Etappe der europäischen Föderation – und die Bestimmung jener Gebiete ändern, die lange Zeit der Herstellung von Waffen gewidmet waren, deren sicherste Opfer sie gewesen sind.

Die Solidarität der Produktion, die so geschaffen wird, wird bekunden, dass jeder Krieg zwischen Frankreich und Deutschland nicht nur undenkbar, sondern materiell unmöglich ist. Die Schaffung dieser mächtigen Produktionsgemeinschaft, die allen Ländern offen steht, die daran teilnehmen wollen, mit dem Zweck, allen Ländern, die sie umfasst, die notwendigen Grundstoffe für ihre industrielle Produktion zu gleichen Bedingungen zu liefern, wird die realen Fundamente zu ihrer wirtschaftlichen Vereinigung legen.

Diese Produktion wird der gesamten Welt ohne Unterschied und Ausnahme zur Verfügung gestellt werden, um zur Hebung des Lebensstandards und zur Förderung der Werke des Friedens beizutragen. Europa wird dann mit vermehrten Mitteln die Verwirklichung einer seiner wesentlichsten Aufgaben verfolgen können: die Entwicklung des afrikanischen Erdteils. ...

Durch die Zusammenlegung der Grundindustrien und die Errichtung einer neuen Obersten Behörde, deren Entscheidungen für Frankreich, Deutschland und die anderen teilnehmenden Länder bindend sein werden, wird dieser Vorschlag den ersten Grundstein einer europäischen Föderation bilden, die zur Bewahrung des Friedens unerlässlich ist. ...

Die gemeinsame Oberste Behörde, die mit der Funktion der ganzen Verwaltung betraut ist, wird sich aus unabhängigen Persönlichkeiten zusammensetzen, die auf paritätischer Grundlage von den Regierungen ernannt werden. Durch ein gemeinsames Abkommen wird von den Regierungen ein Präsident gewählt, dessen Entscheidungen in Frankreich, in Deutschland und den anderen Teilnehmerländern bindend sind. Geeignete Vorkehrungen werden Einspruchsmöglichkeiten gegen die Entscheidungen der Obersten Behörde gewährleisten.

Ein Vertreter der Vereinten Nationen bei dieser Behörde wird damit beauftragt, zweimal jährlich einen öffentlichen Bericht an die Organisation der Vereinten Nationen zu erstatten, der über die Tätigkeit des neuen Organismus, besonders was die Wahrung seiner friedlichen Ziele betrifft, Rechenschaft gibt.

*Agence France Press*, Information et Documentation Nr. 291 vom 13 Mai 1950. Zitiert nach: Europa-Archiv, Folge 11/1950, S. 3091/92 (Übersetzung des Europa-Archivs)

Dieser Vorschlag war nur durch ein Überrumpelungsmanöver möglich: Schuman konnte seinen Plan durchsetzen, weil er die widerstrebende Kräften in Parteien, Verbänden und öffentlicher Meinung vor vollendete Tatsachen stellte, indem er sie erst durch eine Pressekonferenz darüber informierte. Der deutsche Bundeskanzler Adenauer war begeistert und stimmte diesem Vorschlag sofort enthusiastisch zu (vgl. Adenauer 1965: 328), so dass es zu Verhandlungen Frankreichs, Italiens, Deutschlands und der Benelux-Staaten kam, die 1951 im Vertrag über die Europäische Gemeinschaft für Kohle und Stahl (EGKS), auch Montanunion genannt, mündeten. Die französische Nationalversammlung stimmte mit großer Mehrheit – gegen die Stimmen von Gaullisten und Kommunisten – dem Vertrag über die Gründung der EGKS 1951 und damit der supranationalen Integrationsmethode zu. Frankreich war zu jener Zeit bereit, Souveränität zugunsten einer europäischen Organisation abzutreten, die den ersten Baustein eines noch nicht definierten europäischen Staatenverbandes darstellte. Die EGKS ermöglichte es Frankreich, seine negative, destruktive und die Ziele der Anglo-Amerikaner durchkreuzende oder zumindest hemmende Politik zu verlassen, ohne dass die Kontrolle über den Rheinnachbarn aufgegeben wurde. Zugleich konnte damit der US-Forderung nach Gleichberechtigung der Bundesrepublik entsprochen werden. Darüber hinaus wurde Frankreich mit der Lancierung des Schuman-Plans erstmals wieder Gestalter in der Europapolitik und damit zum europäischen Führungsakteur. Die 1949 gerade gegründete, jedoch noch unter Besatzungsstatut stehende, Bundesrepublik Deutschland stimmte dem EGKS-Vertrag ebenfalls zu, war er doch die erste Etappe auf dem Weg zur Souveränität und Gleichberechtigung und band er die fünf anderen EGKS-Staaten in den auch von Deutschland unterstützten europäischen Integrationsprozess ein. Der erste Schritt zur Aussöhnung mit Frankreich erlaubte es dem jungen deutschen Staat, die Bürde, ja die Schande des Nationalsozialismus etwas abzutragen und die ersten Schritte in die internationale Politik zu wagen. Für den „Pyrrhus" des Zweiten Weltkriegs, Frankreich, bedeutete die Montanunion einerseits Sicherheit vor und mit Deutschland, zum anderen aber auch eine Statusminderung und Verzicht auf frühere Größe. Frankreich war der große Verlierer des Unternehmens EGKS, denn der Schuman-Plan schuf einen Wettbewerbmechanismus, den der stärkste Konkurrent am besten zu nutzen imstande war. „Zwar profitierte auch die französische Stahlindustrie vom Boom der 50er und 60er Jahre. Aber eine erneute Dominanz der deutschen Industrie in Europa konnte nicht verhindert werden" (Ziebura 1997: 85).

Bereits über den Verhandlungen über die EGKS lag der Schatten einer deutschen Wiederbewaffnung. Als am 25. Juni 1950 der Korea-Krieg ausbrach, forderten die USA auf der NATO-Ratstagung im September 1950 einen Verteidigungsbeitrag vom neuen deutschen Staat, was natürlich auf den schärfsten Widerstand Frankreichs stieß (vgl. Wettig 1967). Fünf Jahre nach Ende des Krieges war für die gesamte politische Klasse wie auch für die öffentliche Meinung eine deutsche Wiederaufrüstung undenkbar. Der Schuman-Plan zielte ja genau darauf, die Wiederaufrüstung mit Hilfe einer multinationalen Kontrolle über die kriegswichtigen Industrien Kohle und Stahl zu verhindern, und baute unausgesprochen darauf, dass die militärische Integration der europäischen Staaten erst am Ende eines längeren funktionalistischen Prozesses stände. Um die Initiative des Handelns zu behalten bzw. zurückzugewinnen, die Aufstellung einer eigenen nationalen westdeutschen Armee zu verhindern und damit den französischen Sicherheitsbedürfnissen Rechnung zu tragen, machte am 24. Oktober 1950 Premierminister Pleven einen Vorschlag, die unvermeidliche westdeutsche Aufrüstung in Europa zu integrieren. Der Pleven-Plan sah den Aufbau einer europäischen Armee, einschließlich der Aufstellung kleiner deutscher Regimenter, vor. Die Europaarmee sollte einem europäischen Verteidigungsminister – der unter den obwaltenden Umständen nur ein Franzose hätte sein können – unterstellt sein. Der Verteidigungsminister sollte von der parlamentarischen Versammlung der EGKS kontrolliert werden. Ziel des Plans es, eine eigene deutsche Armee, also die Aufstellung deutscher Divisionen und die Bildung eines eigenen Generalstabs, zu verhindern. Der Plan war ein unausgereiftes Dokument, das Frankreich die größtmögliche Einflussnahme zum geringst möglichen Preis verschaffen sollte. Gegenüber den Amerikanern sollte der gute Wille Frankreichs dokumentiert werden. Mit der Konstruktion der Armee, deren Funktionstüchtigkeit selbst von französischen Generälen in Zweifel gezogen wurde, sollte darüber hinaus die französische Öffentlichkeit beruhigt werden. Auch wollte Frankreich Zeit gewinnen, glaubte die Regierung doch wahrscheinlich selbst nicht an die Realisierung dieses Plans.

Da sowohl die USA als auch Deutschland den französischen Vorschlag in dieser Form als nicht akzeptabel zurückwiesen, der Druck der USA zugunsten eines deutschen Verteidigungsbeitrags aber bestehen blieb, kam es dennoch zu Verhandlungen über eine Europäische Verteidigungsgemeinschaft. Die sechs EGKS-Staaten einigten sich 1952 auf die Gründung einer Europäischen Verteidigungsgemeinschaft (EVG) und der Europäischen Politischen Gemeinschaft (EPG), die aus EGKS- und EVG-Vertrag hervorgehen sollte. Wie auch bei der EGKS hätte mit Hilfe der supranationalen Integrationsmethode dem französischen Ziel – Sicherheit vor und Kontrolle über Deutschland – Rechnung getragen werden können; gleichzeitig hätte die Bundesrepublik Deutschland weiter einen Schritt in Richtung Gleichberechtigung und Souveränitätsgewinn gemacht. Jedoch scheiterten EVG und EPG zum einen an der inzwischen veränderten internationalen Lage – Stalin war im März 1953 gestorben, zwischen Ost und West setzte eine erste vorsichtige Phase der Entspannung ein – zum anderen jedoch an der supranational angelegten Konzeption sowie an der gewandelten innenpolitischen Landschaft in Frankreich. Inzwischen hatten in Frankreich jene politischen Kräfte stärkere Unterstützung erfahren, die zunehmend das nationale Selbstbewusstsein Frankreichs artikulierten und nicht mehr bereit waren, Souveränität abzugeben und auf eine europäische Organisation zu übertragen. Auch die Befürchtung, dass die Bundesrepublik Deutschland in der EVG ein mögliches militärisches Übergewicht erhalten könnte – und damit die Sicherheit Frankreichs in Frage gestellt wäre – sowie das Problem der deutschen Armee im Falle einer Wiedervereinigung führten zur Ablehnung des Projekts EVG in der französischen Nationalversammlung am 30. August 1954. Der europäische Integrationsprozess erlebte seinen schmerzlichsten Rückschlag, von dem er sich nur mühsam erholen sollte.

Das Problem der deutschen Wiederbewaffnung und damit die Frage der französischen Sicherheit blieben trotz des Scheiterns der EVG auf der politischen Agenda. Die USA forderten nun massiv die Einbeziehung der Bundesrepublik in die NATO. Mit seiner Zustimmung zum deutschen NATO-Beitritt im Dezember 1954 und zum Beitritt der Bundesrepublik Deutschland in den nun um Italien und Deutschland erweiterten Brüsseler Pakt, der von nun an Westeuropäische Union hieß, konnte Frankreich innerhalb der multinationalen Organisationen NATO und WEU zumindest noch Kontrolle über die Bundesrepublik Deutschland ausüben. Im Falle eines bilateralen amerikanisch-deutschen Verteidigungspakts – die USA hatten mit dem bilateralen Sicherheitsvertrag mit Japan 1951 solch ein Exempel statuiert – hätte Frankreich überhaupt keine Mitbestimmung über die deutsche militärische Entwicklung erhalten. Allerdings zeigte diese Lösung auch, dass Frankreich nun der intergouvernementalen Zusammenarbeit in den multinationalen Organisationen NATO und WEU den Vorrang gab. Die internationale Kooperation zwischen den Regierungen sollte also nicht erst unter de Gaulle zu einem Kennzeichen französischer Europapolitik werden.

Auch der schwere Konflikt zwischen Deutschland und Frankreich, die Auseinandersetzung über das Saargebiet, konnte zusammen mit dem deutschen NATO- und WEU-Beitritt gelöst werden. Am 23. Oktober 1955 entschieden sich die Saarländer per Volksabstimmung mit einer klaren Zweidrittelmehrheit gegen ein europäisches Statut der Saar und für die Rückkehr zu Deutschland, die zum 1. Januar 1957 erfolgte.

Die französische Deutschlandpolitik zwischen 1945 und 1955 verfolgte somit eine Mischung aus nationaler Sicherheits- und europäischer Integrationspolitik, die Mitte der 50er Jahre aber weder das eine noch das andere Ziel befriedigend erreichen konnte. Um den europapolitischen Stillstand zu überwinden, fand auf Initiative von Politkern aus den Benelux-Staaten wie Beyen und Spaak sowie dem Franzosen Monnet eine Konferenz der sechs Außenminister der EGKS-Staaten am 1./2. Juni 1955 in Messina statt. Sie beschloss die Fortsetzung des europäischen Integrationsprozesses. Inzwischen hatten auch die führenden Politiker in Frankreich erkannt, dass die ökonomische Verflechtung zwischen den westeuropäischen Staaten voranschritt und die französische Landwirtschaft, in der Mitte der 50er Jahre fast noch ein Viertel der Beschäftigten tätig war, ebenso wie die französische Industrie vom neu zu schaffenden Gemeinsamen Markt profitieren konnte. Die Mehrheit der französischen Nationalversammlung, in der nach den Wahlen vom 2. Januar 1956 die Gaullisten von 121 auf 21 Abgeordnete reduziert wurden, stimmte für die Gründung und den Beitritt Frankreichs zu den neuen europäischen Gemeinschaften EWG und EURATOM 1957. Man erkannte in der Mitgliedschaft eine realistische Möglichkeit zur wirtschaftlichen Gesundung. Gleichzeitig ging es um die Neubestimmung der Rolle Frankreichs in der internationalen Politik. Frankreich hatte im Suez-Abenteuer 1956 eine demütigende Niederlage hinnehmen müssen.

**Schlusskommuniqué der Konferenz von Messina vom 3. Juni 1955**

...

1. Die Steigerung des Warenaustausches und der Freizügigkeit der Personen verlangen den gemeinsamen Ausbau der Verkehrswege. Zu diesem Zweck soll eine gemeinsame Prüfung von Entwicklungsplänen vorgenommen werden, die ein europäisches Verkehrsnetz von Kanälen, Autostraßen und elek-

trifizierten Eisenbahnlinien und die Standardisierung der Ausrüstung zum Ziele haben. Ebenso soll die bessere Koordinierung des Luftverkehrs geprüft werden.

2. Reichlichere und billigere Energie ist ein fundamentales Element des wirtschaftlichen Fortschritts. Deshalb muss alles getan werden, um den Austausch von Gas und elektrischem Strom zu fördern, der geeignet ist, die Rentabilität der Investierungen zu erhöhen und die Preise für die Versorgung zu senken. Es soll untersucht werden, mit welchen Methoden die Entwicklung der Energieerzeugung und des Energieverbrauchs unter gemeinsamen Gesichtspunkten koordiniert und die allgemeinen Richtlinien einer gemeinsamen Politik festgelegt werden können. (Dabei wird die Entschließung berücksichtigt, die der besondere Rat der Montanunion am 12./13. Oktober 1953 gefasst hat.)

3. Die Entwicklung der Atomenergie zu friedlichen Zwecken eröffnet binnen kurzem die Aussicht auf eine neue industrielle Revolution von ungleich größerem Ausmaß als jene der letzten hundert Jahre. Die sechs Signatarstaaten erachten es als notwendig, die Frage einer gemeinsamen Organisation zu untersuchen, die mit der Verantwortung und den Mitteln für die Gewährleistung der friedlichen Entwicklung der Atomenergie auszustatten wäre, wobei die besonderen Vereinbarungen einzelner Regierungen mit dritten Staaten berücksichtigt werden müssten.

4. Diese Mittel müssten einbegreifen:
   a) Gründung eines gemeinsamen Fonds mit Beiträgen jedes Mitgliedstaates zur Finanzierung des Baues von Atomanlagen und der laufenden oder künftigen Forschung
   b) Freier und hinreichender Zugang zu den Rohstoffen, freier Austausch von Informationen und der Techniker, der Nebenprodukte und Spezialausrüstungen.
   c) Verfügbarkeit der erzielten Ergebnisse ohne Diskriminierung und Gewährung finanzieller Hilfe für die Auswertung dieser Ergebnisse.
   d) Zusammenarbeit mit den Nichtmitgliedstaaten

5. Die sechs Regierungen stellen fest, dass das Ziel ihre Vorgehens auf wirtschaftspolitischem Gebiet in der Bildung eines von allen Zollschranken und mengenmäßigen Beschränkungen freien gemeinsamen europäischen Marktes besteht. Sie sind der Ansicht, dass dieser Markt schrittweise geschaffen werden muss. ...

Siegler, Heinrich: Dokumentation der europäischen Integration, 1946–1961, Bonn/Wien/Zürich 1961, S. 90.

## 1.5 Die Emanzipation der Kolonialvölker

Die dritte große außenpolitische Herausforderung für die IV. Republik stellte sich in der Emanzipation der Kolonialvölker. Frankreich, neben Großbritannien die größte Kolonialmacht mit Besitz vor allem in Afrika und Indochina, musste parallel zum schwierigen Sicherheits- und Deutschlandproblem vor dem Hintergrund des sich verschärfenden Ost-West-Konflikts gleichzeitig das Problem der Entkolonialisierung lösen. Die IV. Republik scheiterte nicht zuletzt an der Kolonialpolitik, befand sie sich doch während ihres zwölfjährigen Bestehens zwischen 1946 und 1958 permanent in kriegerischen Auseinandersetzungen mit mehreren der um Unabhängigkeit kämpfenden Kolonialvölker. Der Emanzipationsdruck der Kolonien verlangte eine Revision der französischen Kolonialpolitik. So wurde in der Verfassung von 1946 der Begriff der „Französischen Union“ aufgenommen, die staatsrechtlich aus verschiedenen Elementen bestand: überseeische Departements, überseeische Territorien, assoziierte Staaten, Protektorate und Treuhandgebiete. Jedoch konnte auch diese künstliche Rechtskonstruktion den Zerfall des französischen Kolonialreiches nicht verhindern.

Bereits seit 1946 führte Frankreich Krieg in Indochina, wo es zunächst „Ruhe und Ordnung“ in Vietnam wieder herstellen wollte. Mit den weltpolitischen Veränderungen 1949/50 in Asien (Sieg Mao Ze Dongs, Korea-Krieg) wurde dieser Krieg zunehmend im Rahmen des Ost-West-Konflikts verstanden. Frankreich glaubte nun, diesen Krieg im Rahmen des Ost-West-Konflikts zu führen, d. h. der Krieg wurde als Teil des Kampfes gegen den internationalen Kommunismus verstanden. So wurde dieser Krieg in den 50er Jahren auch zu großen Teilen von den USA finanziert. Sie übernahmen bereits Ende 1952 gut 40 Prozent der Kriegskosten, was sich bis 1954 noch auf mehr als 70 Prozent steigern sollte. Als 1954 Pierre Mendès-France Regierungschef wurde, sollten sich in der französischen Außenpolitik Kontinuitätsbrüche zeigen. Einmal fiel in die Amtszeit von Mendès- France das Scheitern der EVG und zum anderen die Beendigung des Indochinakriegs. Mendès-France wollte möglichst schnell den Krieg in Asien beenden, insbesondere nachdem Frankreich am 7. Mai 1954 in Dien Bien Phu eine schwere militärische Niederlage hatte hinnehmen müssen. Mendès-France gelang es, im Juli 1954 in Verhandlungen in Genf einen Waffenstillstand zu schließen. Es wurden drei Militärabkommen für Vietnam, Laos und Kambodscha unterzeichnet. Für Vietnam wurde 1956 die Abhaltung von Wahlen vorgesehen, die aber nie stattfanden. Vietnam wurde entlang des 17. Breitengrades geteilt in einen kommunistischen Norden und in einen immer stärker unter US-amerikanischen Einfluss geratenden Süden. Ohne Zweifel handelte es sich bei diesem Ergebnis um eine französische Niederlage. Als neuer Sicherheitsrahmen für Südostasien wurde 1954 die Südostasiatische Vertragsorganisation (SEATO) gegründet (1977 wieder aufgelöst), der die USA,

Frankreich, Großbritannien Australien, Neuseeland, Pakistan, Thailand und die Philippinen angehörten. Wichtigstes Ziel war die Abwehr des Kommunismus in der Region Südostasien, weshalb Laos, Kambodscha und Süd-Vietnam als zu verteidigende Interessengebiete erklärt wurden. Eine der Auswirkungen des französischen Indochinakrieges war die zunehmende Entfremdung zwischen einer desillusionierten Armeeführung und der politischen Klasse Frankreichs. Bei einem Großteil der in der französischen Armee vertretenen Algerier löste der Indochinakrieg eine Entwicklung zum Nationalismus aus; die in Asien einstudierten Kampfmethoden sollten später im Algerienkrieg gegen Frankreich Anwendung finden (vgl. Grosser 1986: 131).

Der Sieg der vietnamesischen Vietminh, einer antikolonialen nationalen Bewegung und Vorgänger der späteren Vietkong, bildete das Fanal für viele andere unter französischer Kolonialherrschaft stehende und um die eigene Unabhängigkeit kämpfende francophone Gebiete. Der Waffenstillstand in Indochina war noch nicht geschlossen, als für Frankreich die Schwierigkeiten auch in Nordafrika begannen. In Tunesien und Marokko gärte es. Mit Hilfe einer offensiven Kolonialpolitik, d. h. der schrittweisen Übertragung der Autonomie auf das Protektorat Tunesien, leitete Mendès-France eine neue Entkolonialisierungspolitik ein, die aber weiterhin auf die Aufrechterhaltung französischen Einflusses in Nordafrika zielte. Im März 1956, Mendès-France war inzwischen nach sieben Monaten Amtszeit von seinem Amt zurückgetreten, wurde unter der Regierung des Sozialisten Mollet Marokko und Tunesien die volle Unabhängigkeit seitens Frankreichs zugestanden. Konnte mit Tunesien und Marokko eine relativ unblutige Einigung über die Entkolonialisierung herbeigeführt werden, so scheiterte die Kolonialpolitik gegenüber Algerien vollständig und führte letztlich zu deren Niedergang. Im November 1954 brach ein Aufstand in der Kabylei aus, auf den die französische Regierung mit starker Repression reagierte, da das Mutterland sich direkt betroffen fühlte. Das französische Verständnis Algeriens unterschied sich eben sehr stark vom französischen Verständnis Marokkos oder Tunesiens. Selbst Mendès-France, ein Politiker der Linken, hatte in der Algeriendebatte im November 1954 in der Nationalversammlung erklärt, dass Algerien Frankreich sei und kein fremdes Land, das man beschütze. „Es gibt keine Einigung, wenn es darum geht, den inneren Frieden der Nation und die Unversehrtheit der Republik zu verteidigen. Die algerischen Departements sind ein Teil der Republik, sie sind seit langem französisch. ... Die Loslösung (der algerischen Bevölkerung) vom Mutterland ist undenkbar. Niemals wird Frankreich, niemals wird ein Parlament oder eine Regierung des Landes dieses Grundprinzip aufgeben" (zitiert nach Grosser 1986: 144). Frankreich strebte zunächst danach, den Aufstand militärisch niederzuwerfen und versuchte dann, mit einer vorsichtigen Reformpolitik unter der Regierung Mollet das Algerienproblem zu lösen. Von nun an sollte eine strikte Gleichberechtigung von Muslimen und Franzosen herrschen, die aber auf den erbitterten Widerstand der etwa einen Million Algerienfranzosen (Pieds-Noirs) stieß. Jedoch konnte auch diese vorsichtig eingeleitete Reformpolitik nicht zur Befriedung des Landes beitragen; im Gegenteil, der Konflikt verschärfte sich derart, dass es am 13. Mai 1958 zu einem Putsch französischer Generale in Algerien gegen die Regierung in Paris kam. Der Sturz der IV. Republik war damit vorprogrammiert und sollte zwei Wochen später wirksam werden.

Die Suez-Krise von 1956 fiel in die Zeit nach der Beendigung des Indochinakriegs und in die Zeit des sich verschärfenden Algerienkriegs. Der ägyptische Staatschef, Oberst Nasser, hatte den Suez-Kanal im Juli 1956 verstaatlicht und die Einnahmen aus den Durchfahrten der Schiffe für Ägypten beansprucht. Die Kanalgebühren erhielt bis dahin eine französisch-britische Kanalgesellschaft. Die Verstaatlichung des Kanals wurde in der Arabischen Welt als Akt der Befreiung gewertet. Sowohl in Frankreich als auch in Großbritannien gab es eine Aversion gegen Nasser. Für die Briten bedeutete Nasser mit seinem arabischen Nationalismus eine Gefahr für die Aufrechterhaltung ihres Einflusses in Nahost. Für die Regierung Mollet war der ägyptische Staatschef der Hauptunterstützer der algerischen Rebellen. Ohne den Kontext des Algerienkrieges hätte der Suez-Kanal nicht solch einen hohen Stellenwert für Frankreich besessen. Frankreich überzeugte seinen britischen Partner von der Notwendigkeit einer Intervention. Israel sah in dieser Situation eine gute Möglichkeit, sich durch einen Kraftakt von der Gefährdung durch den Nasserismus zu befreien. So kam es unter großer Geheimhaltung zu einer Intervention Frankreichs, Großbritanniens und Israels Anfang November 1956 in Ägypten, eine militärisch schnelle und erfolgreiche Operation. Doch sowohl die USA als auch die UdSSR, die zeitgleich in der Ungarn-Krise militärisch intervenierte, übten Druck auf Großbritannien und Frankreich aus, damit sie sich aus Ägypten zurückzögen. Der sowjetische KPdSU-Parteichef Chruschtschow drohte gar mit dem Einsatz von Atomraketen auf Paris und London bei Fortführung der Militäroperation. US-Präsident Eisenhower, der sich im Schlussspurt des Wahlkampfs befand, übte Druck auf das britische Pfund Sterling aus, so dass Premierminister Eden keine andere Möglichkeit blieb als einzulenken. Daraufhin musste auch Frankreich nachgeben, und die drei Staaten zogen sich aus Ägypten zurück. Erneut hatte die IV. Republik in der Kolonialpolitik eine bittere Niederlage hinnehmen müssen: „Der Fehlschlag von Suez löst umso größere Erbitterung aus, als dies nun endlich ein Krieg war, den man gewinnen konnte, während man in Algerien trotz optimistischer Verlautbarungen und trotz der von Guy Mollet durchgesetzten Entsendung von Wehrpflichtigen auf der Stelle tritt, die aussichtslose Verstrickung wirkt umso demoralisierender, als es sich um einen ‚schmutzigen Krieg' handelt" (Grosser 1986: 170). Während Großbritannien als Konsequenz aus dieser politischen Niederlage eine engere Zusammenarbeit mit den USA suchte, ging Frankreich den entgegengesetzten Weg. Suez hatte für die politische Klasse in Frankreich zum Ergebnis, dass der Aufbau Europas vorangebracht werden und dass es hier insbesondere zu einer Verbesserung in den französisch-deutschen Beziehungen kommen musste. Konsequenterweise erfuhren die Verhandlungen über die Europäische Wirtschaftsgemeinschaft nach der Suez-Krise eine Beschleunigung und konnten im März 1957 erfolgreich abgeschlossen werden. Auch wurde der Aufbau der französischen Atombewaffnung, der noch unter Mendès-France im Dezember 1954 beschlossen worden war (Bozo 1997: 29), nach dem Suez-Debakel von Premierminister Mollet beschleunigt.

| **Entscheidungsträger in der Außenpolitik der IV. Republik** | | |
|---|---|---|
| **Präsident** | **Premierminister** | **Außenminister** |
| | Charles de Gaulle (Sept. 1944 – Jan. 1946) | Georges Bidault (Sept. 1944 – Dez. 1946) |
| | Felix Gouin (Jan. – Juni 1946) | |
| | Georges Bidault (Juni – Nov. 1946) | |
| | Léon Blum (Dez. 1946 – Jan. 1947) | Léon Blum (Dez. 1946 – Jan. 1947) |
| Vincent Auriol (Jan. 1947 – Jan. 1954) | Paul Ramadier (Jan. – Nov. 1947) | Georges Bidault (Jan. 1947 – Juli 1948) |
| | Robert Schuman (Nov. 1947 – Juli 1948) | |
| | André Marie (Juli – Aug. 1948) | Robert Schuman (Juli 1948 – Jan. 1953) |
| | Robert Schuman (Sept. 1948) | |
| | Henri Queuille (Sept. 1948 – Oct. 1949) | |
| | Georges Bidault (Okt. 1949 – Juni 1950) | |
| | Henri Queuille (Juli 1950) | |

<table>
<tr><th colspan="3">Entscheidungsträger in der Außenpolitik der IV. Republik</th></tr>
<tr><th>Präsident</th><th>Premierminister</th><th>Außenminister</th></tr>
<tr><td rowspan="7">Vincent Auriol<br>(Jan. 1947 – Jan. 1954)</td><td>René Pleven<br>(Juli 1950 – Febr. 1951)</td><td rowspan="5">Robert Schuman<br>(Juli 1948 – Jan. 1953)</td></tr>
<tr><td>Henri Queuille<br>(März – Juli 1951)</td></tr>
<tr><td>René Pleven<br>(Aug. 1951 – Jan. 1952)</td></tr>
<tr><td>Edgar Faure<br>(Jan. – Febr. 1952)</td></tr>
<tr><td>Antoine Pinay<br>(März – Dez. 1952)</td></tr>
<tr><td>René Mayer<br>(Jan. – Mai 1953)</td><td rowspan="2">Georges Bidault<br>(Jan. 1953 – Juni 1954)</td></tr>
<tr><td>Joseph Laniel<br>(Juni 1953 – Juni 1954)</td></tr>
<tr><td rowspan="8">René Coty<br>(Jan. 1954 – Jan. 1959)</td><td rowspan="2">Pierre Mendès-France<br>(Juni 1954 – Febr. 1955)</td><td>Pierre Mendès-France<br>(Juni 1954 – Jan. 1955)</td></tr>
<tr><td>Edgar Faure<br>(Jan – Febr. 1955)</td></tr>
<tr><td>Edgar Faure<br>(Febr. 1955 – Jan. 1956)</td><td>Antoine Pinay<br>(Febr. 1955 – Jan. 1956)</td></tr>
<tr><td>Guy Mollet<br>(Jan. 1956 – Mai 1957)</td><td rowspan="3">Christian Pineau<br>(Jan. 1956 – Mai 1958)</td></tr>
<tr><td>Maurice Bourgès Manoury<br>(Juni – Sept 1957)</td></tr>
<tr><td>Felix Galliard<br>(Nov. 1957 – Mai 1958)</td></tr>
<tr><td>Pierre Pflimlin<br>(Mai 1958)</td><td>René Pleven<br>(Mai 1958)</td></tr>
<tr><td>Charles de Gaulle<br>(Juni 1958 – Jan. 1959)</td><td>M. Couve de Murville<br>(Juni 1958 – Jan. 1959)</td></tr>
</table>

# 2. Außenpolitik in der V. Republik

## 2.1 Die sechs Präsidenten der V. Republik

Die 1958 gegründete V. Republik kennzeichnet sich durch bemerkenswert lange Amtszeiten ihrer Präsidenten. Im 49. Jahr ihres Bestehens wurde 2007 mit Nikolas Sarkozy erst der sechste Präsident gewählt. Da der Staatspräsident nicht nur in der Verfassung zum bedeutsamsten Politiker des Systems bestimmt wird, sondern in der politischen Praxis aufgrund der *„domaine reservé"* in der Außenpolitik geradezu den zentralen Eckstein für die Außenpolitik bildet, ist es sinnvoll und legitim, die französische Außenpolitik anhand der Amtszeiten ihrer Präsidenten zu untersuchen.

### 2.1.1 Charles de Gaulle

*Charles de Gaulle*, 1890 in Lille geboren, erlernte das Militärhandwerk und führte im Zweiten Weltkrieg den Widerstand des *Freien Frankreichs* gegen die deutsche Besatzung an. Mit seinem „Appell von London" über die BBC am 18. Juni 1940 begründete er seinen späteren Ruhm und wurde Führer des *äußeren Widerstands* für ein freies Frankreich. Er stützte sich seit Juni 1940 auf das Freie Frankreich und verteidigte fortdauernd die Interessen Frankreichs im Krieg und für die Zeit danach. Schon während des Zweiten Weltkriegs galt de Gaulle als Inkarnation Frankreichs. Am 25. August 1944 zog er als Befreier von Paris ein. Von 1944 bis 1946 war er Chef einer Übergangsregierung.

Im November 1945 wurde de Gaulle zum Ministerpräsidenten der provisorischen Regierung ernannt, trat aber nach Meinungsverschiedenheiten mit den Sozialdemokraten und Kommunisten am 20. Januar 1946 zurück, da er die neu ausgearbeitete Verfassung der Vierten Republik ablehnte. De Gaulle verlangte eine stärkere Stellung des Staatspräsidenten, als es der erste Verfassungsentwurf für die IV. Republik vorsah. Die Nationalversammlung wollte jedoch mehrheitlich die Macht beim Parlament konzentrieren. De Gaulle hoffte, dass man ihn bald in das Amt zurückrufen würde, was seine Position gestärkt hätte. Doch die IV. Republik entwickelte sich anders als de Gaulle glaubte, und so gründete er 1947 eine politische Bewegung, das RPF (Rassemblement du Peuple Français), um auf diesem Weg seinem Ziel einer neuen Verfassung näher zu kommen. Als dies misslang, zog er sich 1953 nach Colombey-les-Deux-Églises zurück. Erst 1958 – nach einer langen Warteperiode – ereilte ihn anlässlich der Algerienkrise der Ruf von Staatspräsident Coty, noch einmal zum Retter des Vaterlands zu werden. Im Herbst 1958 setzte de Gaulle seine Verfassungsvorstellungen eines starken Präsidenten durch und wurde erster Präsident der V. Republik, was er bis zu seinem überraschenden Rücktritt nach einem verlorenen Referendum im Jahr 1969 blieb.

### 2.1.2 Georges Pompidou

*Georges Pompidou*, der Nachfolger de Gaulles, wurde 1911 in Montboudif, Cantal, als Sohn eines Lehrerehepaars geboren. Im Zweiten Weltkrieg suchte Charles de Gaulle 1944 einen Mann, der „schreiben konnte". Der Gesuchte sollte gleichzeitig als Verbindungsmann zu den Universitäten dienen. Gefunden wurde der Gymnasialprofessor Pompidou, der seit dieser Zeit bereits zum Mitarbeiterstab de Gaulles gehörte. Pompidou arbeitete auch zwischen 1946 und 1958 für de Gaulle während dessen „Marsch durch die Wüste" in Colombey-les-Deux-Églises, so dass es wenig überraschte, dass er 1958 Kabinettschef de Gaulles wurde. Im April 1962 wurde Pompidou zum Premierminister der V. Republik befördert. Er übte dieses Amt sechs Jahre aus und ist somit noch heute der Premierminister mit der längsten Amtszeit in der V. Republik. Stets verhielt sich Pompidou loyal gegenüber seinem Chef de Gaulle. Politisch bedeutsame Ereignisse seiner Amtszeit als Premierminister sind das 1962 geschlossene Abkommen von Evian zur Beendigung des Algerienkrieges, die Grundlage der Unabhängigkeit Algeriens, und der Rückzug Frankreichs aus der militärischen Integration der NATO wie auch de Gaulles „Nein" zum EWG-Beitritt Großbritanniens. Besonderes Talent entwickelte Pompidou in den Mai-Unruhen 1968, als er de Gaulle zur Auflösung der Nationalversammlung riet, und die Gaullisten triumphal mit einer Zweidrittelmehrheit in das Parlament zurückkehrten. Doch de Gaulle, angeschlagen durch die Unruhen, dankte Pompidou diese Hilfe nicht, als er ihn in die „Reserve der Republik" versetzte. Nach dem Rücktritt de Gaulles wurde Pompidou am 15. Juni 1969 als Präsident von Frankreich mit 58,22 Prozent der Stimmen gewählt und behielt das Amt bis zu seinem Tode 1974. Sein Nachfolger wurde Valéry Giscard d'Estaing.

### 2.1.3 Valéry Giscard d'Estaing

*Valéry Giscard d'Estaing* wurde 1926 in Koblenz geboren. Mit 17 Jahren beteiligte sich Giscard d'Estaing bereits am Widerstand der Résistance gegen die deutsche Besatzung. 1952 begann er seine berufliche Laufbahn, nach dem Vorbild des Vaters, als *Inspecteur des Finances*. 1956 nahm er ein Abgeordnetenmandat für das Departement Puy-de-Dôme an, für das schon sein Großvater lange Zeit einen Sitz innehatte. 1962 wurde Giscard d'Estaing als jüngstes Kabinettsmitglied Staatssekretär im Finanzministerium. Wenig später wurde er von Präsident Charles de Gaulle zum Minister für Finanzen und wirtschaftliche Fragen ernannt und amtierte bis 1966.

Nachdem seine Partei, die Republikaner, sich 1966 gespalten hatte, wurde Giscard d'Estaing Führer der *Unabhängigen Republikaner*, einer unabhängigen republikanischen Gruppierung, die de Gaulles Politik bedingt unterstützte. Giscard bekannte sich nun erstmals offen zu den Zielsetzungen einer Europäischen Einigung und setzte sich auch für die britische Bewerbung um eine Aufnahme in die Europäische Wirtschaftsgemeinschaft 1969 ein. Bei den Parlamentswahlen 1968 erlitt seine Partei eine Wahlniederlage.

De Gaulles Nachfolger Pompidou vertraute Giscard d'Estaing das Ministerium für Finanzen und Wirtschaft im Kabinett von Premierminister Jacques Chaban-Delmas (1969–1972) an. Auch Pierre Messmer, Premierminister von 1972 bis 1974, bestätigte ihn in diesem Amt. 1974 kandidierte er für die Nachfolge des überraschend gestorbenen Präsidenten. Dank der Unterstützung des Gaullisten Jacques Chirac gelang es Giscard d'Estaing, sich gegen Chaban-Delmas im ersten Wahlgang durchzusetzen. Im zweiten Wahlgang konnte er sich mit 50,8 Prozent sehr knapp gegen den sozialistischen Gegenkandidaten Mitterrand durchsetzen, so dass er mit 48 Jahren zum jüngsten Präsidenten der V. Republik aufstieg. Der liberale Politiker gründete anlässlich der Parlamentswahlen 1978 mit der UDF (Union pour la Democratie Française) eine eigene Präsidentenpartei, um ein Gegengewicht gegen den gaullistischen Koalitionspartner zu schaffen.

### 2.1.4 François Mitterrand

*François Mitterrand*, 1916 in Jarnac im Departement Charente (Südfrankreich) geboren, studierte Rechtswissenschaften, war aktiv im französischen Widerstand gegen das deutsche Besatzungsregime tätig und begann nach dem Krieg seine politische Karriere als Abgeordneter des Departements Nièvre. Zeitweilig war er Präsident der sozialistischen Union démocratique et socialiste de la résistance (UDSR). Zwischen 1947 und 1957 übernahm Mitterrand in elf Regierungen der IV. Republik unterschiedliche Ministerposten. 1952, 1953 und 1956/1957 war er Staatsminister, 1954/1955 Innenminister und 1956/1957 Justizminister. Zu Beginn der V. Republik wurde er ein entschiedener Gegner de Gaulles, dem er einen „permanenten Staatsstreich“ durch Missbrauch der Verfassung vorwarf.

Nachdem Mitterrands politischer Stern nach seiner Wahlniederlage 1965 und dem darauf folgenden Siechtum der französischen Linken in der zweiten Hälfte der 60er Jahre erloschen zu sein schien – von 1965 bis 1968 war Mitterrand Vorsitzender der Fédération de la Gauche Démocrate et Socialiste, einem Bündnis von Liberalen und Sozialdemokraten –, tauchte er Anfang der 70er Jahre wie Phönix aus der Asche auf. 1971 wurde er zum Ersten Sekretär der 1969 neu gegründeten Sozialistischen Partei gewählt, wobei er geschickt die alten sozialistischen Parteichefs Guy Mollet und Gaston Defferre auspunktete. Kamen die Präsidentschaftswahlen von 1974 noch etwas früh, so dienten sie doch dazu, die politische Stellung Mitterrands zu festigen. Unangefochten wurde er zum Führer der nicht-kommunistischen Linken. Aus dieser Position heraus gelang ihm dann 1981 der Wahlsieg über den bisherigen Präsidenten Giscard d'Estaing. Zum ersten Mal in der V. Republik wurde ein Präsident abgewählt! Außenpolitisch war Mitterrand mit Helmut Kohl ein Schrittmacher im europäischen Integrationsprozess. Mitterrand tat sich jedoch schwer mit den Veränderungen des internationalen Systems nach dem Ende des Ost-West-Konflikts, insbesondere mit dem Prozess der deutschen Wiedervereinigung.

### 2.1.5 Jacques Chirac

*Jacques Chirac* wurde 1932 in Paris geboren. 1950 machte Chirac am Lycée Louis-le-Grand sein Abitur und studierte bis 1953 Politikwissenschaften an der Elitehochschule *Institut d'études politiques de Paris.* 1959 absolvierte er die Ausbildung für Elitebeamte an der *École nationale d'administration (ENA)* und war damit nach Giscard d'Estaing der zweite „Enarch“ im Amt des Staatspräsidenten.

Im Jahr 1959 begann Jacques Chiracs lange politische Laufbahn als Auditor am Rechnungshof und als Referent im Leitungsstab von Premierminister Georges Pompidou in den 60er Jahren. Mit 34 Jahren wurde Chirac bereits Staatssekretär für soziale Angelegenheiten mit dem Schwerpunkt auf Beschäftigungsprobleme. Auf seinem langen Weg in das Präsidentenamt war Chirac auch Minister für Landwirtschaft und ländliche Entwicklung sowie Innenminister in der Regierung von Premier Pierre Messmer von 1972 bis 1974. Mit 42 Jahren wurde er Premierminister (1974–1976) und mit 43 Jahren Bürgermeister von Paris. Für das Staatspräsidentenamt brauchte er allerdings bis 1995 drei Anläufe (1981, 1988 und 1995). Noch einmal wurde er unter Mitterrand Premierminister (von 1986 bis 1988). Sein längstes Mandat hatte er im Departement Corrèze in der Region Limousin, für das er von 1967 bis 1995 als Abgeordneter in der Nationalversammlung vertreten war. Über die politische Persönlichkeit von Jacques Chirac lässt sich zusammenfassend sagen, dass er stets ein sehr ehrgeiziger Politiker war, der sich nie ganz einem Projekt oder einer Idee verschrieben hat, nie ideologisch war. 1995 war er mit dem Sieg gegen Jospin und der Übernahme des Amts des Staatspräsidenten endlich am Ziel seiner Träume und Ambitionen angelangt. 2002 wurde er mit 82 Prozent der Stimmen gewählt, da ihm mit Le Pen der Präsident des rechtextremen Front National als Gegenkandidat gegenüberstand und die Wähler vor allem für die Republik stimmten. Dass Chirac im Laufe der Jahrzehnte ein „erfahrener Volkstribun" geworden war, hatte seine Kampagne zur Präsidentschaftswahl gezeigt: Er hatte die Tragweite sozialer Fragen erkannt und einen regelrecht linken Wahlkampf geführt (Weisenfeld 1995a: 181). Chirac löste gleich zu Beginn seiner Amtszeit weltweit Proteste aus, als er die Wiederaufnahme der Nukleartests anordnete. Innenpolitisch sorgte er bereits am Anfang seiner Amtszeit für Furore, als er die Mitverantwortung Frankreichs für die Deportation von über 70 000 Juden in die Vernichtungslager des nationalsozialistischen Regimes eingestand. Außenpolitisch wurde das Scheitern des Referendums über den Europäischen Verfassungsvertrag zu seinem Waterloo.

### 2.1.6 Nicolas Sarkozy

*Nicolas Sarkozy*, Sohn eines 1944 nach Frankreich eingewanderten, ungarischen, adligen Migranten und einer griechisch-jüdischen Mutter, wurde 1955 in Frankreich geboren und wandte sich sehr früh dem politischen Geschäft zu. Nach einem Studium der Rechte und der Politikwissenschaft wurde er bereits mit 28 Jahren Bürgermeister des noblen Pariser Vororts Neuilly. 1993 wurde er Haushaltsminister und Regierungssprecher unter Premierminister Balladur. 1995 allerdings beging Sarkozy einen strategischen Fehler, als er den gaullistischen Gegenkandidaten von Chirac, Balladur, unterstützte und damit auf den falschen Kandidaten setzte. Doch auch Chirac bedurfte des politischen Ausnahmetalents Sarkozy, so dass er ihn nach den erfolgreichen Wahlen 2002 zum Innenminister ernannte. Ende 2004 wurde Sarkozy Parteiführer der neogaullistischen UMP, was für ihn das Sprungbrett für die Präsidentschaft bedeutete. Nach einem Zwischenspiel als Finanzminister übernahm Sarkozy erneut das Innenministerium und fiel dabei durch radikale Lösungen auf. Zielsicher arbeitete er auf das Amt des Staatspräsidenten hin und setzte sich gegen innerparteiliche Gegner durch. Am 6. Mai 2007 wurde Sarkozy mit 53,06 Prozent der Stimmen gegen 46,94 Prozent für die sozialistische Gegenkandidatin Ségolène Royal zum 6. Präsidenten der V. Republik gewählt. Vor ihm liegen fünf Jahre, in denen vor allem innen- und wirtschaftspolitische Reformen durchgeführt werden sollen und Frankreich wieder handlungsfähig in der Europapolitik werden soll.

## 2.2 Außenpolitischer Entscheidungsprozess in der V. Republik

Die Verfassung der V. Republik weist dem Präsidenten die zentrale Position im politischen System und damit auch in der Außenpolitik zu. Sicherlich klaffen Verfassungsnorm und Verfassungsrealität oft auseinander, doch definieren sie die Kompetenzen der Akteure. Seit der Verabschiedung der Verfassung von 1958 hat der bis 2002 für sieben Jahre, seit dieser Zeit für fünf Jahre gewählte Präsident bei der Führung der Außenpolitik eine entscheidende Rolle und ist nicht mehr nur formal mit der Außenpolitik befasst wie in der Dritten und Vierten Republik. Diese starke Position ist ohne den Einfluss de Gaulles nicht erklärbar. Im Titel II der Verfassung werden in den Artikeln 5 bis 19 die Befugnisse des Präsidenten beschrieben. Art. 5, der aus der Feder de Gaulles stammt (Kessler 1999: 25), besagt, dass der Präsident der Garant der nationalen Unabhängigkeit, der Unversehrtheit des Staatsgebietes und der Verträge ist. Der Begriff der nationalen Unabhängigkeit ist unscharf und bedarf natürlich einer Interpretation. Gerade angesichts einer zunehmenden Globalisierung mit wachsender Interdependenz und gegenseitiger Durchdringung kann der Begriff der nationalen Unabhängigkeit im völkerrechtlichen Sinne heute keine Gültigkeit mehr beanspruchen. Doch schon zu Beginn der V. Republik verstand de Gaulle unter nationaler Unabhängigkeit die Erhaltung der nationalen Souveränität, d. h., dass ein Volk seine Verantwortlichkeiten selbständig und allein in der Welt wahrnimmt. Aber auch der Begriff der nationalen Souveränität ist eher ein völkerrechtlicher als ein für die Politik anwendbarer. Im modernen Staatensystem hat eine derartige Durchdringung gegenseitiger Beziehungen stattgefunden, dass selbst die USA als einzig verbliebene Supermacht nach dem Ende des Ost-West-Konflikts nicht über eigene Souveränität verfügen, da sie in bestimmten wirtschaftspolitischen Entscheidungen auch Anpassungshandeln vornehmen müssen. Allerdings spielte der Begriff der Souveränität für die französische Außenpolitik nicht nur zur Zeit de Gaulles eine große Rolle, sondern sollte auch seine Nachfolger bei der Gestaltung ihrer Außenpolitik nachhaltig beeinflussen. Weitere Verfassungskompetenzen besitzt der Präsident in der Außen- und Sicherheitspolitik durch seine Funktion als Oberbefehlshaber der Streitkräfte. Die wichtigste außenpolitische Kompetenz erhielt der Präsident allerdings durch die Verfassungswirklichkeit, die ihm praktisch ein Quasi-Alleinentscheidungsrecht in der Außenpolitik bescherte. Im November 1959 lancierte der Bürgermeister von Bordeaux und spätere Premierminister Chaban-Delmas vor dem Kongress der gaullistischen Partei *Union für die*

*Neue Republik (UNR)* die Idee eines präsidentiellen Sektors, der aus der Außenpolitik bestehen sollte. Daraus wurde in der politischen Praxis der V. Republik eine *„domaine réservé"* des Präsidenten (vgl. Kessler 1999: 24). Als *„domaine reservé"* wird ein Politikfeld verstanden, über das der Präsident allein entscheidet. Ursprünglich wurden die Außenpolitik, die Französische Gemeinschaft und Afrika als *„domaines réservés"* verstanden, über die de Gaulle ohne jegliche Konsultation des Parlaments letztlich entscheiden konnte. Die Sicherheits- und Verteidigungspolitik kamen dazu. Alle Präsidenten der V. Republik haben den Begriff der *„domaine réservé"* weit von sich gewiesen – und im juristischen Sinne existiert er auch nicht –, ihn aber immer praktiziert und z. T. auch gegenüber de Gaulle noch ausgeweitet. Eine wichtige Rolle bei der Konzeption und Durchführung der französischen Außenpolitik spielt der Generalsekretär des Präsidialamtes. Ihm unterstehen wiederum verschiedene Berater, so z. B. für die Diplomatie, Wirtschaft und Finanzen, soziale Fragen, Erziehung und Wissenschaft etc. Eine besondere Position kam dem Beauftragten für Afrika zu. Natürlich hatten die Generalsekretäre unter den jeweiligen Präsidenten unterschiedliche Bedeutung. So kamen vier aus dem diplomatischen Dienst – zuletzt Außenminister de Villepin –, während der spätere Premierminister Bérégevoy eine für dieses Amt atypische Karriere aufwies. Insgesamt kann man aber sagen, dass die außen- und sicherheitspolitischen Entscheidungen der V. Republik beim Präsidenten konzentriert waren und sind. „Während sich das ‚normale' Staatsoberhaupt in der parlamentarischen Demokratie mit der Erfüllung protokollarischer Pflichten zufrieden geben muss, durch politische Erklärungen höchstens vorsichtig auf den politischen Willenbildungsprozess einzuwirken versuchen kann, ohne dadurch die Regierungspolitik konterkarieren zu wollen oder zu können, hat der französische Staatschef die Außenpolitik bis März 1986 so souverän bestimmen können, wie kein anderer *Regierungschef* der westlichen Welt. Selbst in der Situation der ‚Cohabitation' spielt er in der Außen- und Verteidigungspolitik noch eine Rolle, die die eines ‚normalen' *Staats*chefs weit übertrifft" (Kimmel 1989: 110 f.).

Allerdings darf die Rolle des Premierministers in der Außen- und Sicherheitspolitik nicht unterschätzt werden. Gemäß den Artikeln 20 und 21 der Verfassung sowie der Ordonanz (Verordnung) vom 7. Januar 1959 hat der Premierminister, juristisch gesehen, bei der Führung der internationalen Politik ein Mitspracherecht. Faktisch ist dieses Recht jedoch eingeschränkt, da der Premierminister – gleiche Mehrheit des Präsidenten und der Regierung vorausgesetzt – das Ausführungsorgan der vom Präsidenten praktizierten Außenpolitik ist. Anders stellt sich die Lage dar, wenn es eine Cohabition gibt. Cohabitation besagt, dass Präsidialmehrheit und Parlamentsmehrheit nicht übereinstimmen. In Frankreich hat es bisher dreimal eine Cohabitation gegeben. Unter dem sozialistischen Präsidenten Mitterrand amtierte von 1986 bis 1988 der neo-gaullistische Premierminister Chirac, und von

1993 bis 1995 hat es ebenfalls unter Mitterrand eine bürgerliche Mehrheit im Parlament gegeben, die von Premierminister Balladur angeführt wurde. Zwischen 1997 und 2002 gab es eine volle Legislaturperiode eine Cohabitation unter dem bürgerlichen Präsidenten Chirac und dem sozialistischen Premierminister Jospin. In der ersten Cohabitation gab es eine Dominanz des Präsidenten in der Verteidigungspolitik, den deutsch-französischen Beziehungen und in Fragen der Abrüstung. Dagegen waren sicherheitspolitische Aspekte Afrikas und des Nahen Ostens stärker durch den Premierminister bestimmt, der international erstaunlich präsent war. In der zweiten Cohabitation konnte man einen selbstbewussten Premierminister Balladur erleben, der für sich die Führung der auswärtigen Beziehungen beanspruchte, insbesondere in internationalen Krisen wie z. B. in Ruanda und Bosnien. Die dritte Cohabitation war durch Übereinstimmung und Auseinandersetzung in der Außenpolitik gekennzeichnet. So gab es in der Jugoslawienfrage kaum Divergenzen zwischen Präsident Chirac und Premierminister Jospin, dafür aber umso mehr in Fragen der europäischen Integration. Nicht zuletzt hat gerade diese Cohabitation Frankreichs Europapolitik in dieser Zeit davon abgehalten, größere Initiativen in Bezug auf die Fortentwicklung des europäischen Integrationsprozesses vorzunehmen.

Die Rolle des Außenministers ist in der V. Republik eindeutig durch die *„domaines reservés"* des Präsidenten beschnitten. Der Präsident gibt die Impulse, setzt die Orientierungen und den Rahmen der Außenpoltiik fest. Der Außenminister leitet den Apparat und setzt die vom Präsidenten initierte Außenpolitik durch. Mit Hilfe des auswärtigen Dienstes setzt er die Politik des Präsidenten um. Er vertritt Frankreich in den internationalen Beziehungen. Präsident de Gaulle gab die großen Leitlinien vor, innerhalb derer sein langjähriger Außenminister Couve de Murville dann allerdings eine relativ große Bewegungsfreiheit besaß.

Das Parlament hat relativ wenig Einfluss auf die Gestaltung der Außenpolitik. Es kann Verträgen insgesamt nur zustimmen oder sie ablehnen. Sollte eine von der Exekutive praktizierte Außenpolitik überhaupt nicht die Zustimmung der Nationalversammlung finden, so bliebe ihr das Mißtrauensvotum als letzte und schärftste Waffe. Allerdings wurde das Mißtrauensvotum noch nie wegen außenpolitischer Maßnahmen gegen eine Regierung beantragt.

Bis zur ersten Cohabitation konnte der Präsident Außen- und Verteidigungspolitik in der V. Republik faktisch als legitimierter Monarch betreiben, „denn Regierung, Parlament, Parteien und gesellschaftliche Gruppen besaßen keinen nennenswerten Einfluss. Dieses Entscheidungssystem begünstigte die von de Gaulle angestrebte Entscheidungs- und Handlungsfähigkeit des Staates, es förderte die Klarheit und Kohärenz der Außenpolitik und erleichterte innovative, durch bürokratische Routine nicht blockierte Entscheidungen" (Kimmel 1989: 114). Doch führte dieses System auch zu Problemen, die sich u. a. in der „Abgehobenheit" mancher außenpolitischen Entscheidungen zeigte. Zum anderen birgt der hohe Grad an Personalisierung, zumal im Bereich der Kernwaffen, Risiken in sich, da so manche einsam getroffene Entscheidung bei einer Kabinettsdiskussion unter mehreren Aspekten hätte diskutiert und entschieden werden können. Nicht zuletzt ist für das Funktionieren eines solchen Systems ein relativ hohes Maß am Übereinstimmung notwendig, da es ansonsten bei Machtwechseln zu abrupten Kurswechseln kommen könnte (vgl. Kimmel 1989: 114).

<table>
<tr><th colspan="3">Entscheidungsträger in der Außenpolitik der IV. Republik</th></tr>
<tr><th>Präsident</th><th>Premierminister</th><th>Außenminister</th></tr>
<tr><td rowspan="3">Charles de Gaulle<br>(Jan. 1959 – April 1969)</td><td>Michel Debré<br>(Jan. 1959 – April 1962)</td><td rowspan="2">Maurice Couve de Murville<br>(Jan. 1959 – Mai 1968)</td></tr>
<tr><td>Georges Pompidou<br>(April 1962 – Juli 1968)</td></tr>
<tr><td>M. Couve de Murville<br>(Juli 1968 – Juni 1969)</td><td>Michel Debré<br>(Mai 1968 – Juni 1969)</td></tr>
<tr><td rowspan="2">Georges Pompidou<br>(Juni 1969 – April 1974)</td><td>Jacques Chaban-Delmas<br>(Juni 1969 – Juli 1972)</td><td>Maurice Schumann<br>(Juni 1969 – März 1973)</td></tr>
<tr><td>Pierre Messmer<br>(Juli 1972 – April 1974)</td><td>Michel Jobert<br>(April 1973 – April 1974)</td></tr>
<tr><td rowspan="3">Valéry Giscard d'Estaing<br>(Mai 1974 – Mai 1981)</td><td>Jacques Chirac<br>(Mai 1974 – Aug. 1976)</td><td>Jean Sauvagnargues<br>(Mai 1974 – Aug. 1976)</td></tr>
<tr><td rowspan="2">Raymond Barre<br>(Aug. 1976 – Mai 1981)</td><td>Louis de Guiringaud<br>(Aug. 1976 – Nov. 1978)</td></tr>
<tr><td>Jean François Poncet<br>(Nov. 1978 – Mai 1981)</td></tr>
<tr><td rowspan="3">François Mitterrand<br>(Mai 1981 – Mai 1995)</td><td>Pierre Mauroy<br>(Mai 1981 – Juli 1984)</td><td>Claude Cheysson<br>(Mai 1981 – Dez. 1984)</td></tr>
<tr><td>Laurent Fabius<br>(Juli 1984 – März 1986)</td><td>Roland Dumas<br>(Dez. 1984 – März 1986)</td></tr>
<tr><td>Jacques Chirac<br>(März 1986 – Mai 1988)</td><td>Jean-Bernard Raimond<br>(März 1986 – Mai 1988)</td></tr>
</table>

<table>
<tr><th colspan="3">Entscheidungsträger in der Außenpolitik der IV. Republik</th></tr>
<tr><th>Präsident</th><th>Premierminister</th><th>Außenminister</th></tr>
<tr><td rowspan="4">François Mitterrand<br>(Mai 1981 – Mai 1995)</td><td>Michel Rocard<br>(Mai 1988 – Mai 1991)</td><td rowspan="3">Roland Dumas<br>(Mai 1988 – März 1993)</td></tr>
<tr><td>Edith Cresson<br>(Mai 1991 – April 1992)</td></tr>
<tr><td>Pierre Bérégovoy<br>(April 1992 – März 1993)</td></tr>
<tr><td>Edouard Balladur<br>(März 1993 – Mai 1995)</td><td>Alain Juppé<br>(März 1993 – Mai 1995)</td></tr>
<tr><td rowspan="5">Jacques Chirac<br>(Mai 1995 – Mai 2007)</td><td>Alain Juppé<br>(Mai 1995 – Juni 1997)</td><td>Hervé de Charette<br>(Mai 1995 – Juni 1997)</td></tr>
<tr><td>Lionel Jospin<br>(Juni 1997 – Mai 2002)</td><td>Hubert Védrine<br>(Juni 1997 – Mai 2002)</td></tr>
<tr><td rowspan="2">Jean-Pierre Raffarin<br>(Mai 2002 – Mai 2005)</td><td>Dominique de Villepin<br>(Mai 2002 – März 2004)</td></tr>
<tr><td>Jacques Barnier<br>(März 2004 – Juni 2005)</td></tr>
<tr><td>Dominique de Villepin<br>(Juni 2005 – Mai 2007)</td><td>Philip Douste-Blazy<br>(Juni 2005 – Mai 2007)</td></tr>
<tr><td>Nicolas Sarkozy<br>(seit Mai 2007)</td><td>François Fillon<br>(seit Mai 2007)</td><td>Bernhard Kouchner<br>(seit Mai 2007)</td></tr>
</table>

# 3. Außenpolitik unter de Gaulle

## 3.1 Die außenpolitische Konzeption de Gaulles 1959 bis 1969

Als in der schwersten Krise der IV. Republik de Gaulle von Staatspräsident Coty aus seinem selbst gewählten inneren Exil Colombey-les-deux-Églises nach Paris gerufen wurde und die Nationalversammlung de Gaulle die Investitur erteilt hatte, legte sie damit die Zukunft des Landes „in die Hände eines Mannes, der bereits integraler Bestandteil der nationalen Legende geworden war und von einem teils echten, teils künstlich erzeugten Charisma zu zehren vermochte, das ihn weit über das Führungspersonal der parlamentarischen Demokratie hinaushob, so dass diese Regierungsform schon deshalb für ihn adäquat sein musste“ (Ziebura 1970: 277). Für de Gaulles politisches Denken und besonders für die Außenpolitik sind die Begriffe Nation, Unabhängigkeit und Größe konstitutive Bestandteile. Einen überragenden Stellenwert – auch gerade bei der Durchführung seiner Außenpolitik – erhielten Stil, Sprache, Attitüden, Gesten und Mimik des Generalspräsidenten. Seine Pressekonferenzen glichen einer feierlichen Zelebrierung des Hochamts, wobei de Gaulle als taktisch geschickter Zeremonienmeister die überaus zahlreich erschienenen Journalisten immer aufs Neue überraschte.

Den höchsten Wert für de Gaulle stellten die Nationen dar, die „vollkommensten Produkte der Geschichte, Ziel und Krönung aller Politik“ (Ziebrua 1970: 280). Für de Gaulle organisierte und strukturierte sich die Nation durch den Staat. Somit wurde der Nationalstaat in das Zentrum allen politischen Denkens gerückt. Er wurde verstanden als eine Institution der Entscheidung, die nur das nationale Interesse zum Ausdruck brachte und nur ihm diente. Nur die Nation in Form des souveränen Nationalstaats zählte. Also konnten dementsprechend auch Koalitionen, Bündnisse und Machtblöcke nur für eine Übergangszeit geschaffen werden. Auch Ideologien hatten in de Gaulles Denken keinen Platz und mussten folgerichtig in der internationalen Politik bis zu ihrem Rückzug bekämpft werden. Der Nationalstaat allein musste sich in der internationalen Politik behaupten, die für de Gaulle lediglich die Auseinandersetzung zwischen den Nationalstaaten darstellte. Allein die Staaten hätten das Recht und die Macht, sich Gehorsam zu verschaffen. Ziel jeglichen außenpolitischen Handelns konnte also nur die Realisierung der nationalen Interessen sein. Internationale Organisationen, zumal noch solche, die dem Nationalstaat Kompetenzen abnehmen wollten, konnten in dieser politischen Philosophie keinen Platz haben. Somit ergab sich zwangsläufig die Priorität, ja das Primat der Außenpolitik, die von de Gaulle als die eigentliche Politik verstanden wurde, der alle anderen Politiken untergeordnet zu sein und zu dienen hatten. So verstand der General auch das Außen-, Verteidigungs- und Innenministerium als die drei Schalthebel, die die Außenpolitik bewegten: nämlich die Diplomatie, die sie zum Ausdruck brachte, die Armee, die sie stützte, die Polizei, die sie absicherte. Frankreich nahm für de Gaulle einen besonderen Stellenwert innerhalb des Systems der Nationalsaaten ein: Die Größe Frankreichs sowie seine weltgeschichtliche Berufung bildeten für de Gaulle Ausgangspunkt und Zielvorstellung zugleich. De Gaulles Vorstellungen gehen aus seinen Memoiren hervor.

**De Gaulles Vorstellungen über Frankreich**

Zeit meines Lebens begleitet mich eine bestimmte Vorstellung vom Wesen Frankreichs. Das Gefühl hat sie mir ebenso eingegeben wie der Verstand. Was in mir an Gemütskräften lebendig ist, sieht Frankreich wie die Prinzessin des Märchens oder die Madonna an der Kirchenwand, berufen zu einem großartigen und außergewöhnlichen Schicksal. Mein Instinkt sagt mir, die Vorsehung habe Frankreich zu vollkommenen Erfolgen oder zu vorbildlichen Leidenschaffen erschaffen. Zu Zeiten, da Mittelmäßigkeit Frankreichs Tun und Lassen kennzeichnet, habe ich das Gefühl einer absurden Anomalie, die auf das Versagen der Franzosen zurückgehen muss, nicht auf den Genius des Vaterlandes. Auch sagt mir mein Verstand, dass Frankreich nicht Frankreich ist, wenn es nicht an erster Stelle steht, dass nur großartige Unternehmungen den Hang unseres Volkes zur Zersplitterung auszugleichen vermögen, und dass unser Land – so wie es nun einmal ist – unter anderen Ländern – so wie sie nun einmal sind –, wenn es nicht in Gefahr geraten soll, sich ein hohes Ziel setzen und erhobenen Hauptes seine Weg gehen muss. Kurz, ich glaube, ohne Größe kann Frankreich nicht sein.

Charles de Gaulle: Memoires de Guerre, tôme 1, L'Appel, Paris 1954: 9

Sicher kommen in den Aussagen des ersten Staatspräsidenten der V. Republik nationalistische Züge zum Ausdruck, aber man sollte den Nationalismus nicht als hegemonialherrschaftliches Instrument gegenüber anderen Nationen missverstehen. De Gaulles Nationalismus sollte als Klammer für eine französische Gesellschaft dienen, die in der IV. Republik durch Spaltung gekennzeichnet war. Aufgrund der vielen Niederlagen in den letzten Jahrzehnten sollten sich die Franzosen an der Größe der Nation aufrichten können, um ihre Streitereien und Zwietracht zu überwinden.

Gewiss sah de Gaulle Frankreich gegenüber anderen Nationen überlegen, und gewiss erwies im Verständnis des Generals Frankreich mit seinem Genius der übrigen Welt einen unschätzbaren Dienst. Diese Verherrlichung des Vaterlandes, des ewigen Frankreichs, führte konsequent zum dritten konstitutiven Grundsatz gaullistischer Außenpolitik, nämlich der nationalen Unabhängigkeit. Da die Nationalstaaten die legitimen und wahren Akteure der internationalen Politik waren, bedeutete dies folgerichtig auch, dass sie selbst ihre eigene Landesverteidigung gewährleisten mussten, d. h., dass sie *allein* in der Lage sein mussten, für die Unabhängigkeit und Integrität ihres Staatsgebiets zu sorgen. Nationale Unabhängigkeit bedeutete dementsprechend eigene Entscheidungskompetenz, insbesondere in der Frage der Landesverteidigung. Nationale Unabhängigkeit und das „System der Integration", d. h. die Übertragung von Kompetenzen des Nationalstaats auf internationale Organisationen, waren mit de Gaulles Ansatz nicht vereinbar. Nationale Unabhängigkeit wurde von ihm darüber hinaus zunächst immer militärisch verstanden.

Das System von Jalta, d. h. die von Stalin, Roosevelt und Churchill im Februar 1945 auf der Krim-Halbinsel geschaffene internationale Ordnung nach dem Zweiten Weltkrieg, wurde von de Gaulle nie akzeptiert. Der General hatte es zu keinem Zeitpunkt verwunden, dass Frankreich weder in Jalta noch in Potsdam aktiv an der Gestaltung des internationalen Systems mitwirken konnte. 1958 zurück an die Macht gelangt, strebte de Gaulle danach, die Großmachtfunktion Frankreichs wiederherzustellen. Schließlich gehörte Frankreich zu den vier Besatzungsmächten Deutschlands und war bis zur deutschen Einheit 1990 für Deutschland als Ganzes zuständig. Frankreich war bei de Gaulles Machteintritt eine für Berlin verantwortliche Macht und verfügte über einen ständigen Sitz im Sicherheitsrat der Vereinten Nationen. Außerdem schickte sich Frankreich bei de Gaulles Rückkehr zur Macht an, vierte Kernwaffenmacht nach den USA, der UdSSR und Großbritannien zu werden. De Gaulle wollte das bipolare, um die Zentren Moskau und Washington strukturierte internationale System aufbrechen und in ein multilaterales System umwandeln, in dem Europa – und darin wiederum besonders Frankreich – eine hervorragende Rolle spielen sollte. Für Europa beanspruchte de Gaulle gar die Rolle eines weltpolitischen Stabilisators und gegebenenfalls eines Schiedsrichters. Frankreich forderte als Großmacht entsprechend de Gaulles Vorstellungen ein globales Mitsprache- und Mitentscheidungsrecht. Voraussetzung für die Verwirklichung dieses globalen außenpolitischen Machtanspruchs war aber zunächst einmal die Realisierung einer zufriedenstellenden Lösung des Algerienkrieges. Auch die ökonomische Gesundung Frankreichs war entscheidend, wollte Frankreich als globaler Akteur in das internationale System zurückkehren. Es gelang de Gaulle, im Verlauf von nur vier Jahren gegen massiven Widerstand sowohl in Algerien als auch im Mutterland den Algerienkrieg mit dem *Frieden von Evian* 1962 zu beenden.

Mit Hilfe eines „Programms der Wahrheit und Strenge", das drastische Einsparungen im Haushalt vorsah, und mit einer gewaltigen Abwertung des Franc um mehr als 17 Prozent sowie der Schaffung einer neuen Währung, dem Nouveau Franc (FF), wurden auch die notwendigen ökonomischen Reformmaßnahmen eingeleitet. Die wirtschaftliche Gesundung Frankreichs schritt voran. De Gaulle hatte mit der Beendigung des Algerienkriegs und mit der Sanierung der Währung die zwei wichtigsten Voraussetzungen geschaffen, um seine Außenpolitik des französischen Interesses, der „grandeur française", führen zu können.

## 3.2 Frankreichs Politik gegenüber dem Westen – NATO und USA

De Gaulles Politik gegenüber der NATO lässt sich in drei Phasen einteilen. Von 1958 bis 1962 versuchte de Gaulle, die NATO zu reformieren, mit dem legitimen Ziel einer größeren Einflussnahme Frankreichs, um damit die Gleichstellung der Franzosen mit den Amerikanern und den Briten zu erreichen. Frankreich brauchte in dieser Zeit der verstärkten internationalen Konfrontation (Berlinkrise 1958, Libanonkrise 1958, Formosakrise (Formosa heißt heute Taiwan) 1959, Scheitern der Pariser Gipfelkonferenz 1960, Bau der Berliner Mauer 1961) die NATO, d. h. letztendlich den Schutz des amerikanischen Atomschirms umso mehr, als der Algerienkrieg Frankreichs Truppen in starkem Maße band und die Verteidigung Frankreichs praktisch in den Händen der ungeliebten NATO lag. Entsprechend seinem Konzept waren Bündnisse zu bestimmten Zeiten unbedingt erforderlich.

Ab Frühjahr 1962, als auch die erneuten Bemühungen für ein Dreierdirektorium beim neuen US-Präsidenten Kennedy keine Gegenliebe fanden (vgl. Kohl 1971: 210) und die Frage der nuklearen Bewaffnung – sowohl die Strategieänderung der USA von der „massiven Vergeltung" zur „flexiblen Reaktion" als auch die NATO-Atomstreitmacht (MLF) – das europäisch-amerikanische Verhältnis belastete, wandte sich de Gaulle dem Aufbau eines „europäischen" Europas unter französischer Führung zu. Die dritte Phase des vollständigen Rückzugs Frankreichs aus der militärischen Integration begann 1966 und korrespondierte mit dem Beginn der aktiven französischen Entspannungspolitik gegenüber den Ostblockstaaten und einer Verschärfung des amerikanischen militärischen Engagements in Vietnam (vgl. Rühl 1976: 43).

Kurz nach seiner erneuten Machtübernahme hatte de Gaulle mit seinem berühmten Memorandum vom 17. September 1958 den Großmachtanspruch für Frankreich aller Welt deutlich gemacht. Er sah die NATO als ein von den USA dominiertes Sicherheitsbündnis an, mit dessen Hilfe die Amerikaner die Politik der Verbündeten bestimmten. So war es sein Ziel, wie er in seinen Memoiren schreibt,

„Frankreich zwar nicht aus dem atlantischen Bündnis, das ich als äußerste Vorsichtsmaßregel beizubehalten gedenke, aber aus der durch die NATO verwirklichten Integration unter amerikanischem Oberbefehl zu lösen" (de Gaulle 1971: 248). In diesem persönlichen, an Präsident Eisenhower und Premierminister MacMillan gerichteten Memorandum ging de Gaulle davon aus, dass sich die weltpolitische Situation seit der Gründung der NATO geändert hatte und die NATO die Sicherheitsinteressen des Westens, die sich auch auf den Nahen Osten, Afrika, den Indischen Ozean und den Pazifik erstreckten, nicht mehr gewährleisten könnte. So forderte de Gaulle einerseits auf weltweiter politischer und strategischer Ebene eine Organisation, in der die USA, Großbritannien und Frankreich gemeinsame Entscheidungen in den politischen Fragen träfen, welche die Sicherheit der Welt berührten, und andererseits die gleichberechtigte Teilhabe an den strategischen Fragen des Bündnisses, nicht zuletzt da Frankreich ebenfalls eine eigene Nuklearstreitmacht aufbauen wollte.

**Memorandum de Gaulles vom 17. September 1958**

„Die jüngsten Ereignisse im Nahen Osten und in der Meerenge von Formosa haben zu der Erkenntnis beigetragen, dass die gegenwärtige Organisation des westlichen Bündnisses den für die gesamte freie Welt notwendigen Sicherheitsbedingungen nicht mehr gerecht wird. Der Solidarität in den eingegangenen Risiken entspricht nicht die unverzichtbare Zusammenarbeit in den Entscheidungen und Verantwortlichkeiten. Die französische Regierung sieht sich veranlasst, daraus Konsequenzen zu ziehen und Vorschläge zu machen.

1. Konzeption und Gestaltung des atlantischen Bündnisses erfolgten im Hinblick auf einen möglichen Wirkungsbereich, der nicht mehr den politischen und strategischen Gegebenheiten entspricht. In Anbetracht der heutigen Weltlage kann man eine Organisation nicht mehr als zweckmäßig erachten, die sich wie die NATO ausschließlich auf die Sicherheit im Bereich des Nordatlantiks beschränkt, als sei das, was beispielsweise im Nahen Osten oder in Afrika geschieht, nicht von unmittelbarem und direktem Interesse für Europa, und als würden die unteilbaren Verantwortlichkeiten Frankreichs sich nicht auch auf Afrika, auf den Indischen Ozean und auf den Pazifik erstrecken, ebenso wie die Großbritanniens und der Vereinigten Staaten. Andererseits lassen der Aktionsradius heutiger Schiffe und Flugzeuge und die Reichweite der Raketen ein so begrenztes Verteidigungssystem als militärisch veraltet erscheinen. Zwar hatten wir zunächst eingewilligt, dass die zweifellos ausschlaggebende Atomwaffe für lange Zeit ein Monopol der Vereinigten Staaten bleiben solle, was als Rechtfertigung dafür erscheinen mochte, dass die Entscheidungen über Verteidigungsfragen auf weltweiter Ebene praktisch der Regierung in Washington übertragen

wurden. Doch auch in diesem Punkt muss man anerkennen, dass ein solcher, bisher akzeptierter Sachverhalt nicht mehr der Realität entspricht.

2. Frankreich ist daher nicht der Ansicht, dass die NATO in ihrer gegenwärtigen Form den Bedingungen der Sicherheit in der freien Welt und namentlich seiner eigenen gerecht werden kann. Es erscheint ihm erforderlich, dass auf weltweiter politischer und strategischer Ebene eine Organisation geschaffen wird, die umfassen müsste: die Vereinigten Staaten, Großbritannien und Frankreich. Diese Organisation hätte einerseits gemeinsame Entscheidungen in den politischen Fragen der Weltsicherheit zu treffen, andererseits strategische Aktionspläne, namentlich was den Einsatz der Atomwaffen angeht, auszuarbeiten und gegebenenfalls anzuwenden. So wäre es möglich, eventuelle Operationsgebiete zu planen und organisatorisch zu erfassen, die der allgemeinen Organisation unterstellt werden müssten (zum Beispiel die Arktis, der Atlantik, der Pazifik, der Indische Ozean) und die gegebenenfalls in Untergebiete unterteilt werden könnten.

3. Die französische Regierung hält eine solche Sicherheitsorganisation für unabdingbar. Sie macht von nun an jede weitere Entfaltung ihrer gegenwärtigen Mitarbeit in der NATO von ihr abhängig und beabsichtigt, falls dies notwendig sein sollte, dazu das Revisionsverfahren des Nordatlantischen Verteidigungsvertrages entsprechend Artikel 12 in Anspruch zu nehmen.

4. Die französische Regierung fände es gut, wenn die in dieser Note aufgeworfenen Fragen möglichst bald zum Gegenstand von Konsultationen zwischen den Vereinigten Staaten, Großbritannien und Frankreich gemacht würden. Sie schlägt vor, dass diese Konsultationen in Washington stattfinden, und zwar zunächst über die Botschaften und die Ständige Gruppe."

in: Grosser 1978: 264 ff.

Mit seinem Direktoriumsvorschlag verfolgte de Gaulle verschiedene politische Ziele. Zum einen sollte Frankreich als Großmacht neben den USA und Großbritannien eine besondere Rolle innerhalb des Bündnisses verliehen werden, zum zweiten sollte die Vorherrschaft der USA innerhalb der NATO durch das die politischen und militärischen Entscheidungen des Bündnisses vorstrukturierende Gremium ersetzt werden, was drittens gleichzeitig eine Mitsprache – und notfalls auch ein Vetorecht Frankreichs – gegenüber dem US-Kernwaffenpotenzial bedeutet hätte. Schließlich hätte die Verwirklichung des Direktoriumsvorschlags bedeutet, dass die Position der Bundesrepublik Deutschland, die innerhalb der NATO zum kontinentaleuropäischen Schlüsselstaat aufgestiegen war, wesentlich geschwächt worden wäre. Die Reaktion der Anglo-Amerikaner auf diese Vorstellungen war zögernd, ausweichend und ablehnend, so dass de Gaulle dadurch ein Alibi für seine nun betriebene NATO-Rückzugspolitik erhielt. Der politischen Führung Frankreichs war bei der Abfassung des Memorandums klar, dass die USA ihre Forderungen nicht vollständig akzeptieren konnten, jedoch sollte damit bereits 1958 die eigenständige französische NATO- und Militärpolitik annonciert werden. Inwieweit eine echte Reformbereitschaft auf französischer Seite vorhanden war, lässt sich auch heute noch nicht eingehend beantworten, da sich die NATO-Politik Frankreichs auch weiterhin zwischen aktiver politischer Mitarbeit und Unterstützung von NATO-Positionen einerseits und militärischen Rückzugsmaßnahmen andererseits bewegte.

Im Herbst 1959 begann Frankreich mit dem Rückzug seiner Mittelmeerflotte aus dem alliierten Oberbefehl. De Gaulle wollte damit nicht nur seiner Konzeption der unabhängigen Verteidigung Frankreichs Nachdruck verleihen, sondern auch die Fähigkeit gewinnen, im Süden des Mittelmeers, im Nahen Osten, im nördlichen Afrika, im Indischen Ozean und im Roten Meer mit Seestreitkräften französische Weltmachtinteressen zu vertreten. Im gleichen Jahr weigerte sich Frankreich, den USA die Dislozierung von Mittelstreckenraketen auf französischem Territorium zu genehmigen, was von den USA mit der Verlegung ihrer Atombomber in die Bundesrepublik Deutschland und nach Großbritannien beantwortet wurde. Auch die aus Algerien zurückkehrenden Truppen verblieben unter nationalem Oberbefehl und wurden nicht wieder in die militärische Organisation der NATO zurückgeführt. Ende 1959 erfolgte auch die konsequente Absage an das System der militärischen Integration, als de Gaulle erklärte, dass die Verteidigungspolitik Frankreichs französisch sein müsse. Der Beschluss zum Aufbau einer eigenen nationalen und unabhängigen Atomstreitmacht, der im Sprachgebrauch *„force de frappe"* genannten *„force de dissuasion"*, war sowohl Ausdruck für die Unabhängigkeit Frankreichs als auch für seine Größe, gleichzeitig aber ein weiteres Mittel zur Veränderung der Gewichte innerhalb der NATO. De Gaulle befürchtete, dass eines Tages die Verteidigungsbereitschaft der USA für Europa nachlassen könnte, dass die USA also nicht unbedingt das Risiko eingehen würden, einen Angriff der Sowjetunion auf einen europäischen Verbündeten sofort mit dem massiven Einsatz von Atomwaffen zu beantworten. Die Anwendung der Strategie der „massiven Vergeltung" und damit die Glaubwürdigkeit der amerikanischen Abschreckung wurde von de Gaulle bezweifelt. Für den französischen Präsidenten hatte die NATO aufgehört, „den Westeuropäern ihre Existenz zu garantieren. Wenn aber die Wirklichkeit des Schutzes zweifelhaft geworden ist, warum sollte man da noch sein Schicksal dem Beschützer anvertrauen?" (de Gaulle 1971: 247). Eindringlich begründete de Gaulle die Notwendigkeit einer eigenen nationalen Atomstreitmacht gegenüber dem amerikanischen Präsidenten Eisenhower im September 1959:

**Begründung de Gaulles für die französische force de frappe**

„Wenn Rußland uns angreift, sind wir Ihre Verbündeten und Sie die unsern. Aber in diesem wie in jedem anderen Konfliktfall wollen wir unser Schicksal, das vor allem davon abhängt, ob wir atomaren Geschossen zum Opfer fallen oder nicht, in der eigenen Hand halten. Folglich brauchen wir etwas, das jeden denkbaren Angreifer davor zurückschrecken läßt, den Schlag gegen uns auf unserem Boden zu führen, und das setzt voraus, daß auch wir ihn auf seinem Boden treffen können; und es setzt voraus, daß er weiß, daß wir das auch tun werden, ohne irgendeine Genehmigung von außen abzuwarten. In einem Kampf zwischen West und Ost habt ihr Amerikaner zweifellos die Mittel, den Gegner auf seinem Territorium zu vernichten. Aber er besitzt auch seinerseits das Nötige, um euch auf eurem Territorium in Stücke zu fetzen. Wie sollen wir Franzosen nun die Gewißheit haben, daß Sie sich, sofern Sie nicht direkt auf dem Boden der Vereinigten Staaten bombardiert werden, in eine Situation begeben, wo der Tod auf Sie herniedergeht, selbst wenn Sie mit dem letzten Atemzug noch die Hoffnung verbinden können, dass russische Volk werde zur gleichen Zeit seine Seele aushauchen? Der Umkehrschluß trifft übrigens ebenfalls zu, so daß die Abschreckung für Rußland wie für Amerika wirklich existiert. Aber sie existiert nicht für die jeweiligen Verbündeten. Was hinderte denn die beiden daran, das zu zermalmen, was zwischen ihren Lebensnerven liegt, das heißt im Wesentlichen das europäische Schlachtfeld? Ist es nicht gerade das, worauf sich die NATO vorbereitet? Zu allem übrigen wäre in einem solchen Fall aus vielen geographischen, politischen und strategischen Gründen gerade Frankreich in erster Linie zum Sterben verurteilt, wie zwei Weltkriege bereits zur Genüge bewiesen haben. Also besteht es darauf, sich eine Überlebenschance zu erhalten, wie immer die Gefahr geartet sein möge und woher sie auch komme."

de Gaulle 1971: 247

Diese Vorstellungen de Gaulles sollten insbesondere in den Diskussionen um den Nato-Doppel-Beschluss in den westeuropäisch-amerikanischen Auseinandersetzungen Anfang der 80er Jahre eine gewichtige Rolle spielen und den französischen Präsidenten, damals ob seiner Aussagen von nicht wenigen mitleidsvoll belächelt, in seinen Vorstellungen nachträglich bestätigen.

Nachdem de Gaulle also sowohl gegenüber Außenminister Dulles als auch Präsident Eisenhower seine zukünftigen Vorstellungen entwickelt hatte, verkündete er praktisch das Grundgesetz der Militärpolitik der V. Republik im November 1959 vor Offizieren der Ecole Supérieure de Guerre in Paris:

### *„Grundgesetz"* der französischen (gaullistischen) Verteidigungspolitik

„Die Verteidigung Frankreichs muß französisch sein. Dies ist eine Notwendigkeit, die im Verlauf dieser letzten Jahre nicht immer Gemeingut gewesen ist. Ich weiß es. Es ist unerläßlich, daß sie es wieder wird. Wenn ein Land wie Frankreich Krieg führen sollte, so muß es sein Krieg sein. Wäre es anders, so würde unser Land im Widerspruch stehen zu allem, was es seit seinen Anfängen ist, zu der ihm zugefallenen Rolle, zu seiner Selbstachtung, zu seiner Seele. ... Sollte es anders sein, ließe man für längere Zeit zu, daß die Verteidigung Frankreichs nicht mehr im nationalen Rahmen geschähe, und daß sie sich mit etwas anderem vermengte, daß sie mit etwas anderem verschmölze, so wäre es nicht möglich, bei uns einen Staat zu erhalten. Zu allen Zeiten beruht die Daseinsberechtigung der Regierung auf der Verteidigung der Unabhängigkeit und der Unversehrtheit des Territoriums. Das ist ihr Ursprung. Vor allem in Frankreich; all unsere Regimes sind von daher gekommen ...

... Deshalb kann die Konzeption von einem Krieg und selbst die von einer Schlacht, in denen Frankreich nicht mehr es selbst sein und nicht mehr mit eigenständigem Anteil und seinem Wollen gemäß für sich selbst handeln würde, ... nicht anerkannt werden. Das System, das man ‚Integration' genannt hat ... dieses System der Integration hat sich überlebt. Es versteht sich natürlich von selbst, daß unsere Verteidigung, die Bereitstellung unserer Mittel, die Konzeption der Kriegsführung mit dem, was in anderen Ländern ist, kombiniert werden müssen. Unsere Strategie muß mit der Strategie der anderen verbunden werden. Es ist höchst wahrscheinlich, daß wir uns auf den Schlachtfeldern Schulter an Schulter mit Verbündeten befinden würden. Jeder habe aber seine eigene Rolle.

Dies ist ein entscheidender Punkt, den ich Ihrem Nachdenken empfehle. Die Konzeption einer Verteidigung Frankreichs und der Communauté, die eine französische Verteidigung sei, diese Konzeption muß der Philosophie Ihrer Institute und Schulen zugrunde liegen.

Die Konsequenz ist, daß wir natürlich fähig sein müssen, uns in den nächsten Jahren eine Streitmacht zu verschaffen, die für uns selbst wirken kann – das, was man nach dem Sprachgebrauch eine ‚force de frappe' nennt, die imstande ist, sich jederzeit und irgendwo zu entfalten. Es versteht sich von selbst, daß die Grundlage dieser Streitmacht eine atomare Bewaffnung sein wird – gleichgültig, ob wir sie herstellen oder kaufen –, die jedoch uns gehören muß: und da man Frankreich gegebenenfalls von irgendeinem Punkt der Welt aus zerstören kann, muß unsere Kraft auch an jedem Punkt der Erde zur Geltung zu bringen sein."

in: Weisenfeld 1966: 27 f.

1960 wurde Frankreich vierte Atommacht und setzte gleichzeitig die NATO-Rückzugspolitik fort, indem 1963 das Ausscheiden der Atlantikflotte aus der integrierten NATO-Kommando-Struktur angekündigt wurde und 1964 als vorläufig letzte Maßnahme der Rückzug der französischen Marineoffiziere aus den integrierten NATO-Stäben erfolgte. Auch die in der ersten Hälfte der 60er Jahre innerhalb der NATO diskutierte und von den USA als Reaktion auf die französischen Nuklearansprüche in den Raum gestellte „Vierte Atommacht NATO", die in Form der multilateralen Atomstreitmacht (MLF) theoretische Gestalt annahm, konnte nicht in die französische Sicherheitskonzeption passen. Mit der von den USA vorgesehenen MLF, die aus 25 Überwasserschiffen mit je acht A3-Polaris-Raketen und national gemischten Mannschaften bestehen, aber mit dem NATO-Oberkommandierenden in Europa (SACEUR) einem amerikanischen General unterstellt werden sollte, versuchten die USA mehrere Probleme gleichzeitig zu lösen. Die Kennedy-Administration hoffte erstens eine weitere Proliferation von Atomwaffen zu verhindern, zweitens durch „nukleare Mitbestimmung" den Zusammenhalt im Bündnis zu stärken und drittens Frankreich vom Aufbau der eigenen „force de frappe" abzuhalten. Das Ziel der MLF war jedoch im Rahmen des Kennedy'schen „grand design" die Verbesserung der atlantischen Partnerschaft, ohne gleichzeitig die Struktur des Atlantikpaktes fundamental zu verändern. Die MLF sollte den europäischen Atlantikmitgliedern *das Gefühl* der atomaren Teilhabe verschaffen, ohne dass die Amerikaner bereit waren (und sein konnten), ihre atomare Verantwortung zu teilen. Die Grundlage der MLF bildete das zwischen den USA und Großbritannien im Dezember 1962 geschlossene Abkommen von Nassau, das praktisch die britische Atomwaffe in die NATO einbrachte und nur im Falle der äußersten Bedrohung Großbritanniens die nationale Verfügungsgewalt vorsah. In dem britisch-amerikanischen Abkommen sah Präsident de Gaulle die Bestätigung der „special relationship" der Anglo-Amerikaner, diesmal im Nuklearbereich. Die besonderen Beziehungen hätten gemäß de Gaulle auch in einer MLF dominiert, ohne dass die Amerikaner den Hauptteil ihres Nuklearpotenzials in die Allianz eingebracht hätten. Wie de Gaulle Frankreichs Entscheidung in Bezug auf die MLF rechtfertigte, wurde in der Pressekonferenz vom 14. Januar 1963 sichtbar:

**Frankreich und die MLF**

„Diese multilaterale Streitmacht (würde) notgedrungen ein ganz kompliziertes Netz von Verbindungsstellen, Nachrichtenübermittlungen und Interferenzen im Innern und Abhängigkeit nach außen erfordern, so dass eine plötzliche Herauslösung eines ihrer Bestandteile sie gerade in dem Augenblick, in dem sie vielleicht in Aktion treten müsste, lähmen würde. Zusammengefasst, wir bleiben bei dem gefassten Entschluss: Aufbau durch uns und gegebenenfalls Einsatz unserer eigenen Atomstreitmacht unter unserer Verantwortung. Dabei lehnen wir selbstverständlich nicht die Zusammenarbeit ab, sei es technischer oder strategischer Art, wenn sie von unseren Verbündeten gewünscht wird".

Damit hatte de Gaulle die aus der internationalen Umwelt entstandenen Gefahren für die nationale französische Atomstreitmacht erfolgreich abgewehrt und mit dem 1963 ausgesprochenen Veto gegen den britischen EWG-Beitritt die Rolle einer unabhängigen französischen Nation auf das deutlichste dokumentiert. Anschließend setzte er seine Atompolitik mit dem zweiten Fünfjahresprogramm entschlossen fort, das 1965 anlief. In der Retrospektive verdeutlicht die MLF-Episode die tiefe Kluft zwischen Franzosen und Amerikanern in der Nuklearpolitik. Die französischen und die amerikanischen Vorstellungen von der Verteidigung Europas und noch mehr über die Rolle Europas in der Welt standen sich diametral gegenüber.

Die Kluft zwischen Frankreich und den USA vertiefte sich immer mehr, weil auch zunehmend andere Konfliktfelder zwischen beiden Staaten sich vergrößerten. So geißelte de Gaulle die US-amerikanische Intervention im Jahr 1965 im Karibikstaat Santo Domingo, um sich gleichzeitig als Mentor für die Dritte Welt zu profilieren. Besonders scharfe Kritik übte der Generalspräsident an den USA wegen der Verschärfung des Vietnamkriegs, wo er den USA eine Aggression vorwarf. 1965 eröffnete Frankreich den „Goldkrieg" gegen die USA, in dem es die in Frankreich aufgrund des Vietnamkrieges vagabundierenden Dollars in Gold, entsprechend den Regeln des internationalen Währungssystems, eintauschte. Schließlich ließ sich de Gaulle während seines Kanadabesuchs 1967 zu dem Ausspruch „Es lebe das freie Quebec" hinreißen, womit gegen die Dominierungspolitik der USA gegenüber den nordamerikanischen Nachbarn protestiert wurde. Ferner war auch noch die Strategieänderung der USA – sie hatten in der Kennedyadministration unter Verteidigungsminister McNamara die Strategie der „massiven Vergeltung" in die Strategie der „flexiblen Reaktion" umgewandelt und gegen den heftigen Protest zahlreicher europäischer Regierungen 1967 in die NATO eingeführt – zu einem weiteren gravierenden Konfliktbereich zwischen den USA und Frankreich geworden. Wenn auch für die Öffentlichkeit überraschend, so war es doch für den mit französischer Politik vertrauten Zeitgenossen keine Überraschung mehr, dass de Gaulle im Frühjahr 1966 die Mitgliedschaft Frankreichs in der Militärorganisation der NATO aufkündigte. Bereits im zweiten Halbjahr 1965 deuteten verschiedene offizielle Verlautbarungen der Regierung darauf hin, dass Frankreich noch vor 1969, also dem 20-jährigen Bestehen der NATO und der damit verbundenen Kündigungsmöglichkeit, die militärische Organisation der NATO verlassen wollte. Für diesen Schritt machte der französische Staatschef folgende Gründe geltend:

1. Die spezifische Situation habe sich gegenüber 1949, dem Jahr der Gründung der NATO, fundamental verändert. Die Bedrohung aus dem Osten sehe er nicht mehr als so gravierend an wie bei der Gründung der NATO. „Es ist in der Tat offensichtlich, dass aufgrund der inneren und äußeren Entwicklung der Länder des Ostens der Westen nicht mehr so bedroht ist, wie seinerzeit, als das amerikanische Protektorat unter dem Deckmantel der NATO in Europa errichtet wurde“ erklärte de Gaulle in seiner Pressekonferenz vom 21. Februar 1966.
2. Das neue nukleare Gleichgewicht zwischen den USA und der UdSSR hatte nach Auffassung de Gaulles die Entscheidung der Amerikaner über den eventuellen Einsatz ihrer strategischen Nuklearwaffen zumindest unsicher gemacht, so dass die Integration nicht mehr gerechtfertigt war.
3. Die schweren internationalen Krisen, „in die die Vereinigten Staaten involviert waren bzw. involviert sind – wie vorgestern in Korea, gestern in Kuba und heute in Vietnam – können aufgrund der berühmten Eskalation sich derart ausweiten, dass es zu einem allgemeinen Weltbrand kommt“.
4. Die nationale französische Atomstreitmacht erlaube Frankreich nun eine eigene Verteidigung und mache die Integration überflüssig.

In einem Brief an den amerikanischen Präsidenten Johnson vom 7. März 1966 stellte de Gaulle fest: „Frankreich ist indessen der Ansicht, dass die seit 1949 in Europa, in Asien und anderwärts vollzogenen oder im Gang befindlichen Änderungen ebenso wie die Entwicklung seiner eigenen Situation und seiner Streitkräfte für es selbst nicht mehr die Maßnahmen militärischer Natur rechtfertigen, die nach dem Abschluss der Allianz entweder gemeinsam in Form multilateraler Abmachungen oder durch Sonderabkommen zwischen der französischen und der amerikanischen Regierung getroffen wurden. Aus diesem Grund beabsichtigt Frankreich, auf seinem Gebiet die volle Ausübung seiner Souveränität, die gegenwärtig durch die ständige Anwesenheit von verbündeten Militär-Elementen oder durch die zur Gewohnheit gewordene Benutzung seines Luftraumes angetastet ist, zurückzugewinnen, seine Teilnahme an den ‚integrierten‘ Kommandos zu beenden und der NATO keine Streitkräfte mehr zur Verfügung zu stellen“ (zitiert nach Grosser 1978: 299).

Am 10. und 11. März 1966 erhielten die anderen NATO-Partner in offiziellen Noten Kenntnis von diesen Maßnahmen. Ende März 1966 empfingen alle NATO-Partner ein offizielles französisches Memorandum, in dem ein Kalender für den französischen Rückzug aus der NATO und der NATO aus Frankreich aufgestellt wurde. So wurde die Beendigung der NATO-Unterstellung der in der Bundesrepublik Deutschland stationierten französischen Streitkräfte zum 1. Juli 1966 anvisiert, der Bundesrepublik aber gleichzeitig Verhandlungen über den Verbleib dieser Streitkräfte angeboten. Das französische Personal in den NATO-Stäben sowie aus bei NATO Verteidigungsakademie in Paris sollte bis zum 23. Juli 1966 zurückgezogen werden. Schließlich mussten auch alle NATO-Stäbe, das NATO-Hauptquartier, die NATO-Verteidigungsakademie, der Generalstab der US-Streitkräfte in Europa sowie alle militärischen Einrichtungen und Materialien der US-Amerikaner und der Kanadier bis zum 1. April 1967 vom französischen Territorium abgezogen werden. Zuletzt verzichtete Frankreich am 1. Oktober 1966 offiziell auf seine Mitgliedschaft im Militärausschuss, dem höchsten militärischen Organ der NATO. Damit hatte de Gaulle das Ziel der „Unabhängigkeit" erreicht, eine Unabhängigkeit, die sich gemäß seinen Denkkategorien als Befehlsgewalt über die eigenen Streitkräfte dokumentierte. Von allen militärischen Verpflichtungen gegenüber der NATO hatte man sich nun befreit. Sicherlich, Frankreich war nun nicht mehr in die militärische Organisation der NATO integriert, und die ausländischen Streitkräfte waren von seinem Territorium 1967 abgezogen. Aber dennoch blieb Frankreich als westliches Land Mitglied der NATO. Im NATO-Rat, dem obersten politischen Organ des Bündnisses, behielt es Sitz und Stimme. Die ausländischen, sprich vor allem die US-Truppen sollten Frankreich verlassen, nicht aber Mitteleuropa. Denn da gab es ja noch die Bundesrepublik Deutschland, die als Glacis zwischen Frankreich und dem Warschauer Pakt lag und deren Sicherheit durch die NATO und die Anwesenheit der Amerikaner gewährleistet wurde. Aber für die Bundesrepublik Deutschland galten andere Maßstäbe!

Dennoch gab es auch nach dem Ausscheiden Frankreichs aus der NATO-Organisation unter de Gaulle eine enge militärische Kooperation mit der Allianz. In bilateralen Abkommen zwischen dem französischen Generalstabschef Ailleret und dem NATO-Oberbefehlshaber in Europa, General Lemnitzer, wurden weitere Details der Kooperation zwischen Frankreich und der NATO vereinbart wie z. B. die Zusammenarbeit bei Manövern oder die militärische Kontingentplanung (vgl. Harrison 1981: 157). Auch konnte die NATO davon ausgehen, dass Frankreich im Kriegsfalle an ihrer Seite stände. Jedoch wurde deutlich, dass sich Frankreich immer die *politische* Entscheidung über gemeinsame militärische Maßnahmen offen hielt und somit seinen Souveränitätsanspruch aufs Neue sichtbar dokumentierte.

Die Ironie der Geschichte wollte es, dass de Gaulle mit Frankreichs Auszug aus der NATO-Organisation zu der von ihm ursprünglich beabsichtigten, dann jedoch von ihm nicht länger verfolgten Reform der Allianz beitrug. So beschloss die NATO den Umzug ihres politischen und militärischen Hauptquartiers nach Belgien, reorganisierte die militärischen Kommandostäbe und richtete 1968 die Nukleare Planungsgruppe (NPG) sowie die informelle Euro-Group ein. In der Nuklearen Planungsgruppe, die bis 1979 aus sieben Mitgliedern und später aus allen NATO-Partnern bestand, werden die Nuklearfragen des Bündnisses diskutiert. In der Euro-Group, dem periodischen Zusammentreffen der europäischen NATO-Verteidigungsminister, werden die spezifischen westeuropäischen Sicherheitsprobleme, vor allem im Rahmen der NATO, behandelt. Schließlich sollte sich innerhalb der NATO das ursprüngliche Dreierdirektorium auf eine andere Art und Weise realisieren. Aufgrund des Machtzuwachses der Bundesrepublik Deutschland konnten die Staats- und Regierungschefs der USA, Frankreichs, Großbritanniens und der Bundesrepublik Deutschland 1979 auf der französischen Karibikinsel Guadeloupe eine das Bündnis im höchsten Maße berührende Entscheidung treffen, nämlich den Nato-Doppel-Beschluss (vgl. Varwick/Woyke 2000).

Die französische Entscheidung, der Militärorganisation der NATO nicht länger anzugehören, führte zu deren Reform und neuer Blüte. Die Allianz konnte auch mit einem unter Sonderstatus stehenden Frankreich weiterhin ein wichtiger Gestaltungsakteur der internationalen Politik bleiben!

## 3.3 Für ein Europa der Nationalstaaten – gegen ein technokratisches Europa

Als de Gaulle 1958 erneut an die Spitze Frankreichs gerufen wurde, war das Land Mitglied im 1949 geschaffenen Europarat, in der 1951 gegründeten Europäischen Gemeinschaft für Kohle und Stahl (EGKS) und in den seit einem halben Jahr existierenden Gemeinschaften EWG und EURATOM. Die von den Regierungen der IV. Republik getroffenen europapolitischen Weichenstellungen zielten auf die Verschmelzung der europäischen Nationalstaaten zugunsten einer noch nicht näher definierten, jedoch supranational angelegten europäischen politischen Union. Wenn auch die Römischen Verträge nicht expressis verbis das politisch supranationale Europa als Ziel nannten, so entsprach jedoch der Geist dieser Verträge diesem Ziel. Von de Gaulle wusste man, dass er als entschiedener Gegner der Supranationalität galt. So hatten er und seine Anhänger sich gegen die EGKS ausgesprochen, die EVG bekämpft und mitverhindert und auch die Römischen Verträge vehement kritisiert. Umso gespannter war man bei Frankreichs europäischen Partnern auf die gaullistische Europapolitik. Doch das Frankreich de Gaulles akzeptierte die neuen Europäischen Gemeinschaften aus vielerlei Gründen. Einmal war de Gaulle Realist genug, um zu wissen, dass geschlossene Verträge zunächst einmal zu halten waren, wollte man für die eigene Politik Vertrauen gewinnen. Dies machte er noch als letzter Premierminister der IV. Republik in seiner ersten Regierungserklärung deutlich, als er die Einhaltung der Römischen Verträge ankündigte (pacta sunt servanda). Zweitens konnte Frankreich aus dem am 1. Januar 1958 in Kraft getretenen Gemeinsamen Markt ökonomische Vorteile, insbesondere für seine Landwirtschaft, ziehen. Der an das Revolutionäre grenzenden Unruhe, von der die französische Landwirtschaft befallen war, konnte die Pariser Regierung nur Herr werden, wenn sie die Märkte für die in Überproduktion befindliche Landwirtschaft erweitern konnte. Die wirtschaftliche Dynamik hatte sich inzwischen so weit entfaltet, dass die zunehmende Verflechtung der sechs Volkswirtschaften irreversibel wurde und sich daraus auch politische Konsequenzen für Westeuropa ergeben mussten. Drittens wusste de Gaulle, dass Frankreich in Kooperation mit den anderen westeuropäischen Staaten die von ihm angestrebte große Rolle eher spielen konnte. Nicht Frankreich allein, sondern die Gemeinschaft werde im Falle weiterer verstärkter Supranationalität die von de Gaulle Frankreich zugedachte Rolle in der westlichen Welt spielen. Viertens konnte de Gaulle durch die Mitarbeit in den Europäischen Gemeinschaften den Prozess der supranationalen Integration stoppen, also seine Verhinderungsmacht besser innerhalb als außerhalb der Gemeinschaft einsetzen und seine eigenen Vorstellungen in den Integrationsprozess einbringen. Frankreich erhoffte sich ökonomisch mit dem EWG-Beitritt eine Sicherung seiner traditionellen Absatzmärkte, die Modernisierung seiner Industrie und die Sanierung seiner Landwirtschaft. Europa fiel in der gaullistischen außenpolitischen Konzeption eine Schlüsselstellung zu. Es sollte als dritte Kraft neben den USA und der UdSSR eine eigene weltpolitische Rolle spielen, allerdings als eines der beiden Elemente der westlichen Welt. Somit besaß die Europapolitik für de Gaulle einen hohen Stellenwert.

Im Verlauf der ersten beiden Jahre schälte sich de Gaulles Europakonzeption immer deutlicher heraus. Ihm ging es vor allem um die politische Kooperation der Regierungen in Westeuropa. Die europäische Integration auf supranationaler Basis lehnte er ebenso ab wie das System der militärischen Integration in der NATO. Im wirtschaftlichen Bereich akzeptierte er zwar die europäischen Organisationen, gestand ihnen aber lediglich einen „technischen Wert" zu. „Solange sich nichts Ernsthaftes ereignet, funktionieren sie ohne viele Komplikationen. Sobald jedoch ein dramatisches Ereignis oder ein großes Problem zu lösen ist, da wird man gewahr, dass diese oder jene Hohe Behörde keine Macht hat über die verschiedenen Gruppen im Volk und dass nur Staaten sie besitzen", erklärte de Gaulle in seiner Pressekonferenz vom 3. September 1960. Nur den *Staaten* wird Macht und Kompetenz zugewiesen. So verfolgte de Gaulle die intergouvernementale Kooperation, d. h. die Zusammenarbeit der Regierungen in Westeuropa. Alle Fragen, die den europäischen Integrationsprozess betrafen, sollten durch die Regierungen und nicht durch „technokratische" Organisationen entschieden werden. Im Sommer 1960 entwickelte de Gaulle eine große Europainitiative, für die mehrere Gründe geltend gemacht werden können:

1. Da die Entkolonialisierung nicht mehr aufzuhalten oder gar rückgängig zu machen war, sollte Frankreichs außenpolitische Bindung dauerhaft auf Europa zielen und die durch die Entkolonialisierung entstandenen ökonomischen Probleme mit Hilfe Europas aufgefangen werden.
2. Innerhalb der NATO konnte de Gaulle seine Reformansätze nicht durchsetzen und musste erkennen, dass auch nach dem Scheitern der Pariser Gipfelkonferenz

1960 sowohl die USA als auch die UdSSR Interesse an der Gestaltung Europas hatten.

3. Die Entwicklung der EWG machte hinsichtlich der Zollunion und des Gemeinsamen Marktes große Fortschritte. Wichtige Problembereiche in der Handels-, Wettbewerbs- und Landwirtschaftspolitik standen zur Entscheidung an. Ein gemeinsames Handeln konnte den von de Gaulle gewünschten Einflussgewinn Westeuropas bewirken.
4. Die Beziehungen zur Bundesrepublik Deutschland hatten sich seit der Machtübernahme de Gaulles erstaunlich positiv entwickelt, so dass mit einer neuen französischen Europainitiative die Bundesrepublik noch fester in Westeuropa eingebunden werden konnte.
5. Mit dieser Initiative Frankreichs sollte seine Vormachtsstellung in Westeuropa betont werden, die ihm gleichzeitig – nach den verlorenen Kolonialkriegen der IV. Republik – neues Selbstbewusstsein vermitteln konnte.

In seiner Pressekonferenz vom 5. September 1960 entwickelte de Gaulle erste Umrisse dieses Konzepts, als er erklärte:

**Umrisse des gaullistischen Europakonzepts**

„Frankreich hält die Gewährleistung der regelmäßigen Zusammenarbeit der europäischen Staaten für wünschenswert, möglich und praktisch auf dem Gebiet der Politik, der Wirtschaft, der Kultur und der Verteidigung. Was ist hierzu notwendig? Das erfordert ein organisiertes, regelmäßiges Einvernehmen der verantwortlichen Regierungen und die Tätigkeit der den Regierungen unterstellten Spezialorganisationen auf jedem der gemeinsamen Gebiete. Das erfordert regelmäßige Beratungen einer von den Delegierten der nationalen Parlamente gebildeten Versammlung und, glaube ich, so schnell wie möglich eine feierliche europäische Volksbefragung, um diesen Start Europas mit der nötigen Zustimmung und dem Mitwirken der Völker vorzunehmen".

Die Vorschläge de Gaulles wurden mit den Regierungen der anderen fünf EWG-Staaten in bilateralen Gesprächen in der zweiten Jahreshälfte 1960 sondiert. Jedoch konnte das Misstrauen, insbesondere der Niederländer, vor einer französischen Hegemonie sowie die Kritik der mangelnden Supranationalität nicht beseitigt werden. Man einigte sich auf eine Konferenz der Staats- und Regierungschefs der sechs EWG-Staaten im Februar 1961, auf der die französischen Vorschläge diskutiert wurden. Es zeigte sich allerdings sehr schnell, dass über die zu errichtende politische Union zwischen den sechs Mitgliedstaaten sehr unterschiedliche Vorstellungen bestanden. Auch auf der Bonner Fortsetzungskonferenz vom Sommer 1961 traten erneut die Kontroversen – insbesondere das Verhältnis der EWG zu den USA und die Frage der Beteiligung Großbritanniens – in den Vordergrund. Man einigte sich auf die Einrichtung eines Studienausschusses, der einen Entwurf über die politische Union Europas ausarbeiten sollte. Frankreich ergriff erneut die Initiative, um die europäische Zusammenarbeit zu präjudizieren und legte in der Fouchet-Kommission am 19. Oktober 1961 einen Vertragsentwurf über die Bildung eines Staatenbundes vor (vgl. Couve de Murville 1973: 303).

Der am 2. November 1961 offiziell vorgelegte Fouchet-Plan I, benannt nach dem französischen Delegationsleiter Christian Fouchet, sah die Konstituierung einer „unauflöslichen" Union der europäischen Staaten vor. Die Union setzte sich das Ziel, zur Annahme einer gemeinsamen Außenpolitik zu gelangen, enge Zusammenarbeit auf wissenschaftlich-kulturellem Gebiet zu praktizieren und eine gemeinsame Verteidigungspolitik zu betreiben. Als Organe der Union waren der Rat der Regierungschefs, das Europäische Parlament und die europäische Politische Kommission vorgesehen. Im Rat sollten alle vier Monate die Regierungschefs und dazwischen mindestens einmal die Außenminister zusammentreten. Die europäische Politische Kommission hätte sich aus hohen Beamten der Außenministerien der Mitgliedsstaaten zusammensetzen und ihren Sitz in Paris haben sollen. Ihre Aufgabe hätte im Wesentlichen in der Unterstützung des Rats gelegen. Das Europäische Parlament schließlich sollte über die mit den Zielen der Union zusammenhängenden Fragen beraten. Der Union konnten alle Mitgliedstaaten des Europarats beitreten, wobei allerdings der Rat seine einstimmige Zustimmung geben musste. Eine große Bedeutung des Entwurfs besaß auch die Revisionsklausel, die drei Jahre nach Inkrafttreten des Vertrags eine allgemeine Überprüfung der bis dahin erreichten Vertragsergebnisse vorsah.

Da der von Fouchet vorgelegte Entwurf jedoch keinen Bezug zur NATO enthielt, betonten die anderen fünf EU6-Staaten in den Verhandlungen die Zuständigkeit der NATO für die Frage der Sicherheit. Auch sollte nach Auffassung der Fünf das integrationistische Instrument stärker herausgestellt werden, indem man sich für die Schaffung eines Generalsekretariats der Union, aus internationalen Beamten bestehend, einsetzte. Noch während der Verhandlungen legte Frankreich am 18. Januar 1962 den Fouchet-Plan II vor, der aber die Einwände der Fünf nicht berücksichtigte und den intergouvernementalen Charakter der europäischen Union noch verstärkte. Auch die Wirtschaft sollte nun in den Kompetenzbereich der Union einbezogen und damit der bestehenden EWG Kompetenzen entzogen werden. Die Fünf antworteten mit einem Gegenentwurf, der die unüberbrückbaren Differenzen zwischen Frankreich und seinen Partnern drastisch aufzeigte. Das Scheitern des erneuten, von Frankreich unter de Gaulles Führung initiierten, Ansatzes über die Verfassung der europäischen Union erfolgte, da die Niederlande und Belgien zur intergouvernementalen Zusammenarbeit gemäß den französischen Vorstellungen nur bereit waren, wenn Frankreich dem britischen Beitritt zur EWG zustimmte. Darüber bestand aber innerhalb der Fünf keine Einigkeit, und auch Frankreich weigerte sich während der Verhandlungen, darüber zu diskutieren. So scheiterte auf der Konferenz der Außenminister am 17. April 1962 der multilaterale Ansatz der europäischen Integration.

In seiner mit Spannung erwarteten Pressekonferenz vom 15. Mai 1962 erklärte de Gaulle noch einmal seinen Ansatz zur europäischen Zusammenarbeit eines Europas der Staaten und Nationen, machte dann aber seiner Enttäuschung über die gescheiterte französische Initiative Luft, indem er der supranationalen Integration eine radikale Absage erteilte:

**De Gaulles Europakonzeption der Staaten**

„... ich bin ihm (Europa) mehr verbunden als je zuvor, und außerdem glaube ich nicht, dass Europa eine lebendige Wirklichkeit sein kann, wenn es nicht Frankreich mit seinen Franzosen, Deutschland mit seinen Deutschen, Italien mit seinen Italienern usw. umfasst. Dante, Goethe, Chateaubriand gehören ganz Europa, gerade weil sie in erster Linie Italiener, Deutscher oder Franzose waren. Sie hätten Europa keinen großen Dienst erwiesen, wenn sie Staatenlose gewesen wären und in irgendeinem integrierten Esperanto oder Volapük geschrieben und gedacht hätten. Es ist richtig, dass das Vaterland ein menschliches, gefühlsmäßiges Element darstellt, und dass man Europa nur auf Elemente der Aktion, der Autorität, der Verantwortung gründen kann. Welche Elemente? – Die Staaten! Denn die Staaten allein sind hierfür zuständig, legitimiert in der Lage, etwas zu verwirklichen. Ich sagte bereits, ich wiederhole es: Zum gegenwärtigen Zeitpunkt ist kein anderes Europa möglich als das der Staaten, außer natürlich dem der Mythen, der Phantasie, des Scheins. Was in der Wirtschaftsgemeinschaft geschieht, beweist das jeden Tag, denn die Staaten sind es, die Staaten allein, die diese Wirtschaftsgemeinschaft geschaffen haben, die ihr Kredite gegeben und ihr Beamte zur Verfügung gestellt haben. Und die Staaten sind es, die ihr Realität und Wirksamkeit verliehen haben. Dies umso mehr, als man keine wichtige wirtschaftliche Maßnahme ergreifen kann, ohne einen politischen Akt zu vollziehen ...“.

Diese herbe Kritik an der bisher verfolgten supranationalen Integrationsmethode führte zum Rücktritt der fünf Minister des Mouvement Republicain Populaire (MRP), jener Partei, die sich wie ihre europäischen Schwesterparteien CDU und DCI für die supranationale Integration tatkräftig engagiert hatte, aus der Regierung Pompidou.

## 3.3.1 Die Ablehnung der britischen Beitrittsgesuche

Großbritannien war dem kontinentaleuropäischen Integrationsprozess in der Nachkriegszeit fern geblieben, da die politischen Führungen des Landes Großbritannien als Siegermacht des Zweiten Weltkrieges verstanden und der ehemaligen Großmacht immer noch eine besondere Position in der internationalen Politik zuwiesen. Die britische Außenpolitik vollzog sich im Schnittpunkt der drei Interessenkreise – Commonwealth, privilegierte Beziehungen zu den USA und Westeuropa –, wobei Westeuropa am Schluss der Interessen stand. Der Idee der supranationalen Integration standen die politischen Führungen der Insel ablehnend gegenüber, da dies die beiden ersten Interessenkreise nachdrücklich zu Ungunsten Großbritanniens beeinflusst hätte. Außerdem kamen grundsätzliche Bedenken gegen Souveränitätsverzicht zum Ausdruck.

Die britische Regierung musste jedoch erkennen, dass die Grundvoraussetzungen ihrer Außenpolitik verloren gingen. Der Entkolonialisierungsprozess brachte eine Veränderung des Verhältnisses der nun unabhängig gewordenen jungen Nationalstaaten zu Großbritannien, dessen Führungsanspruch von den Regierungen der jungen Staaten nicht mehr anerkannt wurde. Im Verhältnis zu den USA musste Großbritannien erleben, dass die US-Administration Kennedy im Rahmen ihres „Grand Design" für eine atlantische Partnerschaft ein integriertes Europa voraussetzte, so dass die Sonderbeziehungen zu den USA nicht länger existierten. Auch hatte die unter britischer Führung 1960 geschaffene Europäische Freihandelszone (EFTA) nicht die erfolgreiche Konkurrenzorganisation und das erhoffte Gegengewicht gegen die EWG werden können. Schließlich zeigte sich, dass die EWG ökonomisch in den ersten Jahren sehr stark prosperierte, in Großbritannien sich aber gleichzeitig die ökonomische Lage ungünstig entwickelte, d. h. dass auch aufgrund dieser ökonomischen und finanziellen Schwäche Großbritannien nicht länger Führungsfähigkeit im Commonwealth beanspruchen konnte. In dieser Situation kam es zu einer grundlegenden Änderung der britischen Europapolitik, so dass Großbritannien am 9. April 1961, also mitten in den Beratungen über den Verfassungsentwurf der Gemeinschaft, seinen Antrag auf Mitgliedschaft in der EWG stellte. Zwar wurde dieser Antrag grundsätzlich, formal auch von Frankreich, begrüßt, jedoch führte er während der Verhandlungen über die europäische Union zu schweren Auseinandersetzungen zwischen den sechs EWG-Staaten.

Am 14. Januar 1963 verkündete Präsident de Gaulle auf einer Pressekonferenz sein „Non" gegenüber dem britischen Beitrittsgesuch. Wenngleich de Gaulle die Zurückweisung des britischen Beitritts vor allem ökonomisch begründete und kritisierte, dass Großbritannien sich stets geweigert hätte, an der Gemeinschaft teilzunehmen, als diese sich noch im Aufbau befand, bestimmten vor allem politische Motive diesen Schritt. Wirtschaftlich hielt er den Inselstaat Großbritannien noch nicht reif für die Mitarbeit in der bereits im Entwicklungsstadium befindlichen Zollunion. Großbritannien würde außerdem zu viele Sonderrechte für sich beanspruchen, insbesondere im Agrarpreissystem. „Denn England ist insular, maritim und durch seinen Warenaustausch, seine Absatzmärkte, seine Lebensmittelversorgung mit den verschiedenartigen und häufig den entferntesten Ländern verbunden. Seine Aktivität erstreckt sich im Wesentlichen auf Industrie und Handel und sehr wenig auf die Landwirtschaft. In seinem ganzen Wirken hat es stark ausgeprägte und sehr eigenständige Gewohnheiten und Traditionen", erläuterte der General in seiner Pressekonferenz vom 14. Januar 1963.

Politisch sah de Gaulle die Engländer aber als Vasallen der Amerikaner, die mit der Aufnahme Großbritanniens ein trojanisches Pferd in Europa gehabt hätten. De Gaulle befürchtete eine „gigantische atlantische Gemeinschaft", die seinem Europakonzept diametral entgegenstand und von der er argwöhnte, dass die alten Abhängigkeiten, so wie sie nach dem Zweiten Weltkrieg von den USA für Europa bestanden, erneut auftreten müssten. Die enge Anlehnung Großbritanniens an die USA sah de Gaulle einmal darin, dass er vom britischen Premierminister MacMillan bei seinem Vorstoß eines politischen und strategischen Direktoriums 1958 nicht unterstützt wurde. Zum anderen – und das war der wesentliche Anlass für die Ablehnung des Beitritts – akzeptierte MacMillan im Nassauabkommen vom Dezember 1962 die amerikanischen Polarisraketen und vergrößerte damit die britische Abhängigkeit von den USA in der Sicherheitspolitik. Gerade aber diese Politik suchte de Gaulle zu verhindern, befürchtete er doch genau darin den amerikanischen Versuch, auch wiederum auf die europäische, sprich französische, Verteidigungspolitik Einfluss zu nehmen. So erklärte er am 29. Januar 1963: „Ich bin betrübt, Großbritannien sich den Vereinigten Staaten zuwenden zu sehen, da es riskiert, sich dabei wie ein Handelsreisender der USA zu betragen ... in Nassau, auf den Bahamas, hat Großbritannien das wenige, was es an Atomwaffen besitzt, den Amerikanern übergeben. Es hätte es an Europa übergeben können. Es hat somit seine Wahl getroffen."

Die fünf EWG-Partner Frankreichs protestierten zwar vehement gegen das Verhalten des französischen Staatspräsidenten, konnten jedoch aufgrund des Einstimmigkeitsprinzips bei Neuaufnahmen von Mitgliedern Großbritannien den Beitritt nicht ermöglichen. Nachdem auf niederländische Initiativen hin erneut ein Versuch zur Aufnahme der Briten unternommen wurde, stellte Großbritannien 1967 einen zweiten Beitrittsantrag. Doch auch dieses Mal sprach de Gaulle sein – wenn auch diesmal nicht so kategorisches – Nein gegen dieses Beitrittsgesuch. Nach Auffassung des Präsidenten hatten sich die Umstände gegenüber der Situation von 1963 nicht wesentlich verändert. Großbritannien blieb ante portas.

### 3.3.2 Französische Europapolitik 1963 bis 1969 – die Durchsetzung nationaler Interessen

Nach dem Scheitern der politischen Union und dem ersten Beitrittsgesuch Großbritanniens richtete Frankreich seine Europakonzeption vor allem auf die bilaterale Achse Paris-Bonn aus. Innerhalb der EWG praktizierte Frankreich bis zum Rücktritt de Gaulles die Durchsetzung nationaler Interessen, die sich insbesondere in der gemeinsamen Agrarpolitik und der weiteren Ablehnung des Supranationalitätsprinzips zeigen sollte. Bis Ende 1963 sollten gemäß einem Beschluss des Ministerrats weitere wichtige agrarpolitische Beschlüsse getroffen werden. Da Frankreich über einen großen Anteil von Erwerbstätigen in der Landwirtschaft verfügte, die insbesondere gaullistische Wähler waren, drohte de Gaulle Ende Juli 1963 mit dem „Untergehen" des Gemeinsamen Marktes, sollte es nicht zu einer Einigung kommen (vgl. Europa-Archiv 18/63 D 408 und 415). Jedoch konnte zu dieser Zeit eine Krise verhindert werden, da man sich einigte, schrittweise die für Frankreich so wichtigen Marktordnungen einzuführen und auch bei der Festsetzung der Preise für Milchprodukte, Rind- und Kalbfleisch zu einem Kompromiss gelangte. Keine Einigung konnte jedoch über die Getreidepreise erreicht werden, so dass die französische Regierung im Oktober 1964 erklärte, dass Frankreich sich nicht länger an der EWG beteiligen würde, sollte es zu keinem gemeinsamen Agrarmarkt kommen. Auch hier rauften sich die Vertragspartner schließlich zusammen, nicht ohne dass die Deutschen den Franzosen wieder finanzielle Zugeständnisse machen mussten, wenngleich die endgültige Finanzierung der gemeinsamen Agrarpolitik offen blieb. Hierzu sollte die Kommission dem Ministerrat bis April 1965 Vorschläge unterbreiten. Die EWG-Kommission, die sich als Motor des europäischen Integrationsprozesses wie auch als Gralshüter der Verträge verstand, koppelte die Finanzregelung des Agrarmarkts – nämlich keine Beiträge der Mitgliedstaaten mehr, dafür aber Agrarabschöpfungen und Zölle – mit einer Verstärkung der Haushaltsbefugnisse des Europäischen Parlaments sowie der Anregung von Mehrheitsentscheidungen im Ministerrat, um den europäischen Integrationsprozess voranzubringen. Außerdem schlug sie vor, die Zollunion für industrielle Produkte bis zum 1. Juli 1967, also vorzeitig, zu vollenden. Frankreich lehnte jedoch das von der EWG-Kommission geschnürte Paket ab.

Im Kommissionsvorschlag sah de Gaulle – nicht zu Unrecht – einen weiteren Schritt auf dem Weg zur von ihm so bekämpften und verhassten Supranationalität, die der Kommission größere Rechte gegeben hätte. So musste es zur bis dahin schwersten Krise der EWG kommen, als sich Außenminister Couve de Murville im Juni 1965 weigerte, weiter zu verhandeln, und Frankreich im Rat eine „Politik des leeren Stuhls" betrieb. Wenn auch der Kommissionsvorschlag Anlass für die französische Weigerung war, so dürfte aber die endgültige Erkenntnis de Gaulles, dass mit den fünf Partnern seine Europakonzeption eines von der doppelten Hegemonie der USA und der UdSSR befreiten Europas nicht realisiert werden konnte, der eigentliche Grund für die französische Blockadepolitik gewesen sein. Frankreich hatte Erfolg mit dieser Politik, als es sich der ab 1966 in den Römischen Verträgen vorgesehenen Mehrheitsentscheidung im Rat erfolgreich entgegenstellte und im Luxemburger Kompromiss von 1966 Mehrheitsentscheidungen, wenn sie vitale nationale Interessen des Partners berühren, verhindern konnte. Frankreich beendete die „Politik des leeren Stuhls" und kehrte in den Rat zurück, weil es erstens die Front der Fünf nicht aufbrechen, zweitens die Agrarregelungen durch ein Mitwirken im Rat optimaler durchsetzen konnte und drittens der Urnengang zu den nationalen Präsidentschaftswahlen in Frankreich am 5. Dezember 1965 für de Gaulle enttäuschend verlief – er musste in eine Stichwahl gegen den sozialistischen Kandidaten Mitterrand –, so dass er in der Zeit bis zum Zweiten Wahlgang die Kritiker seiner Europapolitik zu beruhigen versuchte.

Die ausgebrochene Krise sollte sich auch auf die im April 1965 verabschiedete Fusion der Organe von EGKS, EWG und EURATOM auswirken. In dem Luxemburger Abkommen von 1966 konnte die Rolle der Kommission etwas eingeengt werden; jedoch behielt die Kommission ihren Status und damit ihre Kompetenzen innerhalb des Organgefüges der Gemeinschaften. Die Politik Frankreichs gegenüber der EG hatte nach 1966 sekundären Rang. De Gaulle betrieb verstärkt seine auf Osteuropa ausgerichtete Entspannungspolitik und die Politik der „grandeur" mit spektakulären Reisen in die fernsten Länder der Welt und nach Europa. Seine Europapolitik scheiterte aber im Jahr 1968, als Frankreich, wirtschaftlich und politisch überfordert, sich auf der Bonner Währungskonferenz nicht mehr durchsetzen konnte und erkennen musste, dass die Bundesrepublik Deutschland eine wirtschaftliche Großmacht geworden war, die Frankreich ihre Stärke spüren ließ.

### 3.3.3 Der deutsch-französische Bilateralismus

Innerhalb der Europakonzeption de Gaulles nahm die Bundesrepublik Deutschland einen herausragenden Stellenwert ein. Nur mit Hilfe einer Unterstützung durch die Bundesrepublik konnte er sein Ziel eines starken, sowohl von den USA als auch der UdSSR unabhängigen und französisch geführten Westeuropa erreichen. Die deutsch-französisch organisierte Zusammenarbeit sollte nach Auffassung des französischen Präsidenten den Grundstein weiterer gemeinsamer europäischer Politik bilden. Frankreich wollte das Potential der Bundesrepublik für eine Veränderung des Statuts quo in Europa im Sinne einer Zurückdrängung der doppelten Hegemonie der Supermächte nutzen; die Bundesrepublik sollte als Gegenleistung französische Unterstützung in Bezug auf die Wiedervereinigung Deutschlands erhalten (Ziebura 1970: 162). Hatte Bundeskanzler Adenauer die Rückkehr de Gaulles zunächst mit Skepsis und Argwohn betrachtet, änderte er nach den ersten Gesprächen mit de Gaulle seine Einstellung sehr schnell. Adenauer wurde im September 1958 in de Gaulles Privathaus in Colombey-les-deux-Églises empfangen. Keinem anderen ausländischen Politiker war zuvor oder auch später vom General diese Ehre erwiesen worden. Obwohl Adenauer und de Gaulle ein persönlich gutes Verhältnis zueinander entwickelten, schlichen sich in die Beurteilung ihrer gegenseitigen politischen Zielvorstellungen immer wieder Missverständnisse ein. Ihre Beziehungen beruhten auf einem „sorgfältig kultivierten gegenseitigem Missverständnis" (Haffner). Dieses Missverstehen wurde noch dadurch gefördert, dass sich beide in ihrem ersten Gespräch ohne Dolmetscher unterhielten, obwohl sie die jeweils andere Landessprache nur unvollkommen beherrschten.

Verstand de Gaulle die Bundesrepublik Deutschland als Juniorpartner Frankreichs zur Abstützung seiner Großmachtinteressen, so sah Adenauer die Rolle Frankreichs als Verteidiger des Westens gegenüber der Sowjetunion *innerhalb* der Atlantischen Gemeinschaft. Gleichzeitig fand eine engere Anlehnung der Bundesrepublik an Frankreich in dem Maße statt, wie die weltpolitischen Krisen von Berlin 1961 und Kuba 1962 zu einem Wandel in der internationalen Politik führten, und der Kalte Krieg in die Entspannungspolitik überging. Adenauer verstand die Annäherung an Frankreich nicht als eine Abkehr von den USA und der NATO, sondern als eine sinnvolle Ergänzung. Mit der deutsch-französischen Zusammenarbeit, die kurzfristig nach der Regierungsübernahme durch Kennedy zu einer Abkühlung der deutsch-amerikanischen Beziehungen führte, glaubte Adenauer, Frankreich enger in die Nordatlantische Gemeinschaft einbinden zu können. Während Adenauer die supranationale Integration in Westeuropa und die militärische Integration der NATO stärken wollte, weil er darin für die Bundesrepublik Deutschland zu Recht eine größere Sicherheit sowie einen Bedeutungsgewinn erkannte, wollte de Gaulle Frankreich zu einer unabhängigen, statusgleichen Weltmacht führen, die in Form bilateraler Beziehungen zum Spannungsabbau und zur Verbesserung der Position Frankreichs im internationalen System beitragen sollte. Der Konflikt zwischen Frankreich und der Bundesrepublik Deutschland war damit vorprogrammiert und resultierte aus ihren unterschiedlichen Positionen und Konzepten im internationalen System.

Nachdem de Gaulle mit seinem multilateralen intergouvernementalen Europa-Ansatz in Form der Fouchet-Pläne 1962 gescheitert war, und Frankreich nun aufgrund des beendeten Algerienkriegs (März 1962) und der positiven Entwicklung seiner Wirtschaft und dem zügigen Ausbau seiner Atommacht einen außenpolitischen Statusgewinn erreicht hatte, suchte de Gaulle seine Europakonzeption mit Hilfe des deutsch-französischen Bilateralismus zu realisieren. Im September 1962 bot er der Bundesrepublik die „organische und regelmäßige Kooperation" mit

Frankreich an. Die spektakulären Staatsbesuche Konrad Adenauers im Sommer 1962 in Frankreich und Charles de Gaulles im Herbst 1962 in Deutschland, während derer die deutsch-französische Aussöhnung symbolhaft besiegelt wurde, bildeten die geistige Vorbereitung des am 22. Januar 1963 geschlossenen deutsch-französischen Freundschaftsvertrages. Er entstand insbesondere auf Drängen Adenauers, um seine Nachfolger in Bezug auf die deutsch-französische Zusammenarbeit zu binden. Die Aussöhnung stellte für Adenauer und de Gaulle einen wesentlichen Grund zum Abschluss des Vertrags dar, aber ihre jeweilige europapolitische Zielvorstellung sollte mit diesem Vertrag, wenn auch mit unterschiedlichen Absichten erreicht werden. Der Vertrag zielte auf eine engere politische, ökonomische und militärische Zusammenarbeit beider Staaten. Regelmäßige Treffen der Regierungschefs, der Außen- und Verteidigungsminister sollten dazu beitragen, dass man „soweit wie möglich zu einer gleichgerichteten Handlung" zwischen den Vertragspartnern gelangte. Vor jeder wichtigen außenpolitischen Entscheidung sollte der andere Partner konsultiert werden. Schließlich wurde auch die Einrichtung des deutsch-französischen Jugendwerks vorgesehen. Der Vertrag zielte darauf, ein „regionales Kerneuropa" zu schaffen, dessen magnetische Wirkung die anderen Staaten im Laufe der Zeit anziehen sollte. Ein „Umwegplan" für ein intergouvernementales Europa war in Szene gesetzt!

Doch der Vertragsabschluss fiel in eine Zeit, in der seine eigentlichen Ziele kaum erreichbar waren. Zum einen hatte de Gaulle wenige Tage vor der Unterzeichnung sein Veto gegen den britischen EWG-Beitritt ausgesprochen, und zum anderen versuchte US-Präsident Kennedy mit dem Projekt der multilateralen Atomstreitmacht die atlantische Integration voranzutreiben. Die EWG-Partner wie auch die Opposition in der Bundesrepublik Deutschland verurteilten den Abschluss des Vertrags. Besonders die Benelux-Staaten fürchteten, dass nun eine deutsch-französische Achse die Europapolitik dominieren und damit gegen ihre Interessen gehandelt werden könnte. So geriet die Bundesrepublik Deutschland in den Interessenschnittpunkt zwischen Frankreich einerseits und den USA sowie den übrigen westeuropäischen Partnern andererseits. Auch entstand ein Konflikt innerhalb der außenpolitischen Elite in der Bundesrepublik Deutschland, welchem der beiden Partner man sich nun mehr zuneigen sollte. Die Auseinandersetzung zwischen „Atlantikern" und „Gaullisten" bestimmte die Diskussion über die Außenpolitik in der Bundesrepublik Deutschland. Als schließlich der Deutsche Bundestag dem Vertrag im Juni 1963 eine Präambel voranstellte – sie bekräftigte die Sicherheitspartnerschaft mit den USA, die Vertiefung der Europäischen Integration und befürwortete den Beitritt Großbritanniens in die EWG – war der Vertrag für Präsident de Gaulle nur noch Makulatur, waren doch in der Präambel die von de Gaulle vehement abgelehnten Ziele formuliert.

Das gaullistische Europakonzept, zunächst auf multilateraler Basis in Form der Fouchet-Pläne und nun auf bilateraler Basis in Form der deutsch-französischen Zusammenarbeit, war gescheitert. So wurde das deutsch-französische Verhältnis zwischen 1963 und 1966 von Konflikten belastet, die eigentlich immer darin bestanden, dass die Deutschen nicht bereit waren, eine von den USA vollkommen unabhängige Europapolitik zu betreiben. Aber gerade durch den französischen Druck auf die Bundesrepublik Deutschland rückte diese immer enger an die USA heran und entfremdete sich Mitte der 60er Jahre zusehends von Frankreich. Die französische Europapolitik des „leeren Stuhls“ in der zweiten Jahreshälfte 1965, die Ablehnung der vertragsmäßig in der zweiten Stufe des Gemeinsamen Marktes vorgesehenen Mehrheitsbeschlüsse und schließlich der im März 1966 bekannt gegebene Austritt aus der militärischen Organisation der NATO vertieften die deutsch-französischen Gegensätze. Zwar konnten in der Zeit der Großen Koalition die Beziehungen zwischen Frankreich und der Bundesrepublik Deutschland atmosphärisch verbessert werden, jedoch blieben die Differenzen in den Sachfragen nach wie vor bestehen. Die erneute Ablehnung des britischen EWG-Beitrittsgesuchs und die gegenüber Bundeskanzler Kiesinger – er folgte als Kanzler einer großen Koalition dem Atlantiker Ludwig Erhard – von de Gaulle vorgetragene Begründung dieses Schritts ließen die Divergenzen nur allzu sichtbar werden.

Das Jahr 1968 entzog de Gaulle die Basis weiterer unabhängiger Außenpolitik. Die Maiunruhen von 1968 rüttelten ernsthaft an den Festen der V. Republik und leiteten de Gaulles 1969 erfolgten zweiten Rückzug aus der Politik ein. Darüber hinaus offenbarten sie die ökonomische Krisenanfälligkeit Frankreichs, was durch eine parallel verlaufende Prosperität der Volkswirtschaft der Bundesrepublik Deutschland begleitet und somit im französischen Verständnis verschlimmert wurde. Auf der Bonner Währungskonferenz vom November 1968 weigerte sich die Bundesrepublik, ihre DM auf- und Frankreich den französischen Franc abzuwerten, was zu erneutem Misstrauen in Frankreich gegenüber der Bundesrepublik führte. Jenseits des Rheins fragte man sich, ob denn der ökonomische Riese Bundesrepublik nun auch eine politische Rolle spielen und damit die Führungsrolle Frankreichs in Frage stellen wollte. Auch längst überwunden geglaubte Vorurteile, Aversionen und Klischees gegenüber dem Nachbarn sowie nationalistische Töne brachen auf beiden Seiten des Rheins durch. Nicht zuletzt aufgrund dieser deutsch-französischen Dissonanzen unternahm Frankreich 1968/69 noch unter de Gaulle eine Annäherung an Großbritannien, mit der eine Neuorientierung der Außenpolitik eingeleitet wurde. Jedoch scheiterte dieser Versuch im Frühjahr 1969. Indiskretionen des britischen Außenministeriums und der britischen Presse hatten diese Politik im Ansatz gefährdet.

## 3.4 Frankreichs Vorreiterrolle in der Entspannungspolitik

Innerhalb der außenpolitischen Konzeption de Gaulles nahm ein gutes Verhältnis zu Osteuropa und der Sowjetunion eine wichtige Rolle ein. Bereits 1944 hatte de Gaulle mit Stalin den französisch-sowjetischen Freundschafts- und Beistandspakt gegen ein mögliches wieder erstarkendes Deutschland geschlossen. Dieser Vertrag wurde jedoch durch die Entwicklung des Kalten Krieges obsolet. Als de Gaulle 1958 erneut die Regierungsgewalt übernahm, „war das Verhältnis Frankreichs zur Sowjetunion spärlich und zurückhaltend", erklärte Außerminister Couve de Murville. In de Gaulles Europakonzeption, für die er die Formel vom „Atlantik zum Ural" prägte, stellten Frankreich und die Sowjetunion die beiden Hauptpole dar. So lange allerdings Frankreich allein noch nicht in der Lage war diese Funktion auszuüben, sollte die (West-)Europäische Gemeinschaft den Widerpart zur Sowjetunion bilden. Mitte der 60er Jahre glaubte de Gaulle, die Stärke für Frankreich erreicht zu haben, um diese Polfunktion in seinem Europakonzept auszuüben. Bekannte sich de Gaulle in den großen Krisen wie Berlin (1958 – 1961) und Kuba (1962) eindeutig zum Westen und vertrat er mit Festigkeit eine harte Haltung gegenüber der UdSSR, so veränderte de Gaulle seine Haltung gegenüber der Sowjetunion Mitte der 60er Jahre.

Doch schon zu Beginn seiner Amtszeit fiel auf, dass de Gaulle in der Beurteilung wichtiger europäischer Fragen mit den Ländern des Warschauer Pakts übereinstimmte, wenn auch die Motive unterschiedlich waren. So anerkannte de Gaulle noch einmal – wie auch schon 1944 – die Oder-Neiße-Linie als endgültige deutsche Ostgrenze und bezeichnete das 1938 unter Zwang geschlossene Münchener Abkommen als nichtig. Auch den Zugang zu Atomwaffen für Deutschland lehnte de Gaulle ab und in Bezug auf West-Berlin erklärte er, dass dieses nicht der Bundesrepublik Deutschland angegliedert werden dürfte. Um für Frankreich den Status einer Weltmacht zu erreichen, suchte de Gaulle den bilateralen Dialog mit der Sowjetunion, nicht zuletzt um damit auch Frankreichs Einfluss auf den nach der Kuba-Krise einsetzenden Ost-West-Dialog zu mehren. So besuchte im Frühjahr 1960 KPdSU-Generalsekretär Chruschtschow Frankreich. Während dieses Besuches wurden ein Abkommen über die technisch-wissenschaftliche Zusammenarbeit sowie ein Abkommen über die friedliche Nutzung der Kernenergie vereinbart. Das Scheitern der im Mai 1960 in Paris vorgesehenen Gipfelkonferenz der Großen Vier – Eisenhower, Chruschtschow, MacMillan und de Gaulle – führte jedoch dazu, dass dieser erste ostpolitische Ansatz de Gaulles unterbrochen werden musste. In der Deutschland- und Berlinfrage war de Gaulles Haltung durch Entschlossenheit und Kompromisslosigkeit gekennzeichnet, was wiederum zu einer Verhärtung in den französisch-sowjetischen Beziehungen führte.

Nach dem Scheitern seiner Bemühungen um Gleichheit mit den USA und Großbritannien in der NATO und nach dem Scheitern seiner Europakonzeption auf multi- und bilateraler Ebene, vollzog de Gaulle einen europapolitischen Richtungswechsel, der vor allem Osteuropa betraf. Frankreich setzte sich nun in der nach der Kuba-Krise beginnenden Entspannungspolitik an die Spitze des Entspannungszuges, um somit das „System von Jalta", an dessen Etablierung Frankreich nicht beteiligt wurde, zu seinen Gunsten zu verändern. Die nun eingeleitete französische Ostpolitik sollte das Übergewicht der USA ausgleichen und zu einer Lockerung der Blöcke führen, gleichzeitig Frankreich für die Entwicklung in Europa neben der UdSSR zum Gestaltungsakteur werden lassen. Durch eine zunehmende Übereinstimmung in Fragen der europäischen Sicherheit mit der UdSSR glaubte de Gaulle für Frankreich eine günstigere Position gegenüber den USA und der ökonomisch aufstrebenden Bundesrepublik Deutschland erreichen zu können. Neben der Veränderung der internationalen Rahmenbedingungen kam es Frankreich zustatten, dass die Sowjets nach dem Sturz Chruschtschows und ihren Schwierigkeiten im sozialistischen Lager Mitte der 60er Jahre Interesse an einer sowjetisch-französischen Kooperation zeigten.

Parallel zur Öffnung nach Osten fand eine zunehmende Distanzierung von den USA statt, deren Politik im Nahen Osten, aber insbesondere in Vietnam von de Gaulle heftig kritisiert wurde. Die massiven Vorwürfe und die Theatralik in Stil, Sprache und Gestik de Gaulles machten aus seinen Vorhaltungen ein „gnadenloses Weltgericht gegen die Vereinigten Staaten" (Kapferer 1985). Zur sukzessiven NATO-Rückzugspolitik, die 1966 mit der Ankündigung des Austritts aus der NATO-Militärorganisation ihren Höhepunkt erfuhr, wurde parallel die Öffnung nach Osten eingeleitet. So sprach Frankreich als erstes westliches Land im Januar 1964 die diplomatische Anerkennung der Volksrepublik China aus, nachdem 1961 die chinesisch-sowjetische Allianz zerbrochen war und damit die neue Qualität der Beziehungen im Sozialismus eine Fiktion wurde: „Ein Ereignis, das gleich drei gaullistische Glaubenssätze exerzierte: die alte Gewissheit vom Leichtgewicht der Ideologien im Leben der Völker, die historische Erfahrung mit der Relativität der Allianzen und vor allem das de Gaullsche Erzdogma von der Nation als dem Grundbefund kollektiver Identität und von den nationalen Interessen als den obersten Maximen der Politik" (Kapferer 1985: 234). Ebenfalls im Januar 1964 fanden zwischen der Sowjetunion und Frankreich Regierungsverhandlungen statt, die zu einer Verbesserung der Wirtschaftsbeziehungen beider Staaten führten. Im Oktober 1964 wurde ein auf fünf Jahre angelegtes Handelsabkommen geschlossen, und eine umfangreiche Besuchsdiplomatie führender Politiker aus Frankreich in die osteuropäischen Staaten und Politiker aus Osteuropa nach Frankreich leiteten optisch eine Klimaverbesserung in den Beziehungen Frankreichs zu Osteuropa ein. In seiner

Pressekonferenz vom 4. Februar 1965, dem 20. Jahrestag des Beginns der Konferenz von Jalta, beschrieb de Gaulle seine ostpolitische Zielsetzung:

**Frankreichs ostpolitische Zielsetzung**

„Das ist der einzige Weg und das einzige Band, mit deren Hilfe ein Europa des Gleichgewichts, des Friedens und der Zusammenarbeit von einem Ende zum anderen Ende des Territoriums, das ihm die Natur zugewiesen hat, erstehen und erhalten werden kann ... Europa, Mutter der modernen Zivilisation, muss vom Atlantik bis zum Ural erstehen, in Eintracht zusammenarbeiten, um seine gewaltigen Hilfsmittel zu entwickeln, und damit es gemeinsam, mit Amerika, seiner Tochter, die Rolle spielt, die ihm zukommt ... Diese Bedingungen mögen sehr komplex und die Zeiträume sehr lang erscheinen".

Der wichtigste Staatsbesuch in der Entspannungsphase wurde de Gaulles spektakuläre Reise in die Sowjetunion. Mit dieser Mission beabsichtigte der General, sein Entspannungskonzept der *„détente, entente und coopération"* in die politische Praxis umzusetzen. Auch hierfür hatte der für Symbolträchtigkeit empfängliche Generalspräsident ein geschichtsträchtiges Datum gewählt, als er zum 25. Jahrestag des deutschen Einfalls in die Sowjetunion am 20. Juni 1966 nach Moskau reiste. Während dieser Reise wurde de Gaulles Anspruch erkennbar, dass es vor allem Frankreich und die UdSSR sein sollten, die für die Lösung der europäischen Fragen bestimmend sein müssten. Symbolisch den USA gleichgestellt wurde Frankreich, indem nun vereinbart wurde, zwischen dem Kreml und dem Elysée-Palast eine direkte Verbindung analog dem „heißen Draht" zwischen Moskau und Washington einzurichten. Anlässlich dieses Besuches vereinbarten Frankreich und die Sowjetunion auch die Installierung einer gemischten französisch-sowjetischen Regierungskommission zur Förderung der wirtschaftlichen und wissenschaftlichen Zusammenarbeit, die in der zweiten Hälfte der 60er Jahre auch zu verstärkten Wirtschafts- und Handelsbeziehungen zwischen beiden Staaten führte.

Auch gegenüber den anderen sozialistischen Staaten mit Ausnahme der DDR verfolgte Frankreich eine aktive Ostpolitik. Die DDR sah de Gaulle als ein Produkt Moskaus, das keine Eigenständigkeit besaß und von daher auch keine Nation wie z. B. Polen, Ungarn oder Rumänien darstellen konnte. Immer wieder warb de Gaulle für sein Konzept der Auflösung der Blöcke, nicht zuletzt in der Hoffnung, eine Lockerung der Beziehungen zwischen Moskau und seinen Satellitenstaaten zu erreichen. So erklärte er während seiner Polenreise im September 1967: „Frankreich ist nicht dazu bereit, Polen Ratschläge zu erteilen, aber weil es euch schätzt, freut sich Frankreich eurer neuen Berufung. Es hofft, es erwartet, dass ihr fortan ein wenig weiterblicken werdet, in größerer Sicht, als ihr bisher gezwungen wart, dann werdet ihr die Widerstände überwinden, weil es die Zukunft so verlangt." De Gaulle fügte hinzu: „Sie alle verstehen, was ich meine" (AdG 15.09.1967: 13403). Doch gerade mit diesem überzogenen Anspruch musste de Gaulle scheitern. Je mehr er die Staaten Osteuropas zu größerer Eigenständigkeit aufforderte, je enger wurden die Bande im Ostblock geknüpft. Die Invasion in der CSSR durch die UdSSR und die anderen Warschauer Pakt-Staaten mit Ausnahme Rumäniens im August 1968 bewies, dass de Gaulles ostpolitisches Konzept der *„détente, entente et coopération"* zumindest während seiner Amtszeit gescheitert war. Was blieb, war ein konzeptioneller Scherbenhaufen.

## 3.5 Die Dritte-Welt-Politik

Der Entkolonialisierungsprozess, der bereits als wesentlicher Faktor zum Scheitern der IV. Republik beigetragen hatte, sollte auch für die gaullistische Außenpolitik eine wichtige Rolle spielen. Für den General war klar, dass die Beziehungen zwischen Frankreich und den Kolonien in der Nachkriegszeit auf eine neue Grundlage gestellt werden mussten. Während des Zweiten Weltkriegs wurden die afrikanischen Kolonien Frankreichs Basis und Kräftereservoir für de Gaulles „Freie Französische Streitkräfte". Auch nach dem Krieg trugen die Kolonien mit ihren umfangreichen Ressourcen zum Wiederaufstieg Frankreichs als einer europäischen Großmacht entscheidend bei, so dass der Regelung der Beziehungen Frankreichs zu seinen Kolonien eine außerordentlich große Bedeutung zukam. Zwar hielten viele Politiker der IV. Republik wie auch einige Gaullisten zu Beginn der V. Republik die Fiktion von der Einheit Frankreichs mit seinen überseeischen Gebieten aufrecht, und Schlagworte wie das „Frankreich der 100 Millionen Franzosen" oder das „überseeische Frankreich" kennzeichneten diese Einstellungen. Die Idee einer Assimilierung und Integration der Kolonien in das politische System Frankreichs wurde von den meisten Franzosen gegen Ende der IV. Republik bevorzugt.

De Gaulles Äußerungen in Bezug auf den zukünftigen Status der Kolonien in der post-kolonialen Epoche waren allerdings sehr oft sibyllinisch, so dass sich sowohl Anhänger als auch radikale Gegner des Entkolonialisierungsprozesses durch den General bestätigt fühlen konnten. Sicher ist, dass de Gaulle den Unabhängigkeitsdrang der jungen Staaten kanalisieren und für die französische Politik nutzbar machen wollte. In seinen Memoiren lesen wir, dass es seine Absicht war, „die Völker des überseeischen Frankreichs zur Selbstbestimmung (zu) führen und gleichzeitig zwischen ihnen und uns eine direkte Zusammenarbeit zu gewährleisten" (de Gaulle 1954: 93).

Bei seinem Amtsantritt schien de Gaulle die Umwandlung der Französischen Union in eine Französische Gemeinschaft anzustreben, in der die formal unabhängigen Staaten enge Bindungen an Frankreich haben sollten. Ausgenommen von dieser Communauté war Algerien, das ein Sonderproblem der französischen Entkolonialisierungspolitik blieb. Diese allgemeinen Zielsetzungen des Präsidenten wurden im offiziellen Dokument der französischen Entwicklungspolitik, dem Jeanneney-Bericht von 1963 erläutert. Danach erhoffte sich Frankreich auf lange Sicht durch eine aktive Entwicklungspolitik ökonomische und kulturelle Vorteile mit Hilfe enger Kooperation mit den vormaligen Kolonien. Konsequenterweise musste seine Entwicklungspolitik in den Staaten der Dritten Welt eine ökonomische und kulturelle Präsenz Frankreichs zur Folge haben. Als Motive für französische Entwicklungspolitik wurden im Jeanneney-Report dann drei Motive genannt:

- Solidaritätsmotiv, d. h., dass Entwicklungshilfe aus der Pflicht zur allgemein menschlichen Solidarität begründet wird,
- Ausstrahlungsmotiv, d. h. der Wunsch Frankreichs nach Ausstrahlung seiner Kultur und Zivilisation, seiner politischen Einstellungen in die Entwicklungsländer, und
- Vorteilsmotiv, d. h. Frankreichs Erwartung politischer und wirtschaftlicher Vorteile.

Das Ziel Frankreichs war es zu verhindern, dass in der Dritten Welt Mächtegruppierungen entstanden, die Frankreich feindlich gegenüberstanden und damit sein politisches und gesellschaftliches System bedrohen konnten. Wichtige Richtlinie für die französische Entwicklungspolitik war deshalb der Verzicht der Übertragung des eigenen Gesellschafts- und Wirtschaftsmodells auf die Entwicklungsländer. Sie mussten bei der Entwicklung ihrer spezifischen politisch-gesellschaftlichen Ordnungsform Unterstützung durch Frankreich erhalten. Da Frankreich für sich die Rolle eines Promotors der Unabhängigkeit – auch und gerade – für die Staaten der Dritten Welt in Anspruch nahm, musste die neu gewonnene Souveränität der jungen Staaten gefördert und geschützt werden.

Entwicklungspolitik erfüllte für die gaullistische Außenpolitik folgende Funktionen:

- sie sollte zur Überwindung des Ost-West-Gegensatzes dienen;
- Instrument für Frankreichs Kampf gegen den „Neo-Imperialismus";
- sie sollte Frankreichs Anspruch als globale Macht stärken;
- sie sollte die Rolle Frankreichs als Ordnungsfaktor der Weltpolitik unterstützen;
- sie sollte ein Teil französischer Sicherheitspolitik bilden.

Die Entwicklungspolitik sollte im Gebäude der gaullistischen Außenpolitik fünf wichtige Funktionen erfüllen. Sie sollte einmal zur Überwindung des Ost-West-Gegensatzes dienen. Jenseits aller „territorialen Forderungen, ideologischen Prätentionen und imperialistischen Ambitionen" sollte Entwicklungshilfe in Form „einer internationalen brüderlichen Organisation" erfolgen und sich auf diese Weise zwischen Ost und West eine Gemeinsamkeit einstellen, die die allgemeine Zerstörung der Erde verhinderte (Le Monde v. 25.03.1959). Die Entwicklungspolitik sollte zweitens ein Instrument bilden, um Frankreichs Kampf gegen den Neo-Imperialismus, den de Gaulle weitgehend durch die USA praktiziert sah, zu unterstützen. Frankreich verstand sich unter de Gaulle geradezu als prädestiniert für diese Aufgabe, da es seine Kolonien besser auf die Unabhängigkeit vorbereitet hatte als alle anderen Kolonialmächte. Drittens sollte Entwicklungspolitik, die zu guten Beziehungen mit den Staaten der Dritten Welt führen sollte, gleichzeitig Frankreichs Anspruch als eine globale Macht gewährleisten helfen und die Rolle Frankreichs als Ordnungsfaktor der Weltpolitik betonen. Viertens schließlich bedeutete die Dritte-Welt-Politik auch einen Teil französischer Sicherheitspolitik. Mit Hilfe seiner traditionellen Verpflichtungen wollte Frankreich einen Beitrag zur Stabilisierung der Weltpolitik leisten und damit gleichzeitig seine unabhängige Position behaupten und fortentwickeln. So bot die V. Republik allen überseeischen Territorien, die seit 1946 verfassungsmäßig mit der IV. Republik verbunden waren, die Wahl zwischen folgenden Optionen:

1. Beibehaltung des bisherigen Status;
2. Umwandlung des bisherigen Status der überseeischen Departements;
3. autonomer Status innerhalb der neu zu bildenden französischen Gemeinschaft;
4. Lösung aller Bindungen zu Frankreich abzubrechen und Unabhängigkeit außerhalb der Französischen Gemeinschaft.

Zunächst wurde 1958 den überseeischen Besitzungen die neue Verfassung zur Zustimmung vorgelegt. Sie sah in Art. 77 für die alten Kolonien einen autonomen Status in innenpolitischen Angelegenheiten vor. Und in Art. 78 wurde der neu zu schaffenden Communauté, faktisch also Frankreich, die Zuständigkeit für folgende Bereiche übertragen: Außen- und Verteidigungspolitik, Währungs-, Finanz- und Wirtschaftspolitik, strategische Rohstoffe, Hochschule und Bildung. Selbstverständlich handelte es sich bei diesem Entwurf nicht um eine echte Unabhängigkeit, sondern um einen ersten Schritt zur Selbstbestimmung unter französischer Aufsicht und Kontrolle. Als einzige Kolonie stimmte Guinea gegen diesen Verfassungsentwurf und erhielt seine politische und völkerrechtliche Unabhängigkeit. Alle Verbindungen zu diesem neuen Staat wurden – als Bestrafungsaktion gedacht – von Frankreich abgebrochen, was dieses Land in die aufnahmebereiten Arme der Sowjetunion führte.

Doch de Gaulle musste erkennen, dass der Entkolonialisierungsprozess nicht aufzuhalten war. Die von ihm gegründete Communauté Française währte nur ein gutes Jahr. Ihre Institutionen, in der Verfassung und verfassungsändernden Gesetzen verankert, wurden obsolet. Nun änderte der Staatspräsident erneut seine politische Konzeption und machte deutlich, dass die jungen Staaten ihre Unabhängigkeit *und* französische Unterstützung erhalten konnten. De Gaulle erkannte, dass Frankreich den jungen Staaten politische und ökonomische Unterstützung gewähren musste, wollte es noch über weiteren Einfluss in diesen Gebieten verfügen. So setzte 1959 der Unabhängigkeitsprozess der französischen Kolonien in Afrika ein, der 13 neue afrikanische Staaten entstehen ließ. Die Trikolore wurde eingerollt, neue Flaggen wurden gehisst und symbolisierten die neugewonnene Unabhängigkeit der jungen Staaten. Mit ihnen schloss Frankreich nun 1960/61 bilaterale Abkommen. Danach sollte Frankreich die diplomatische Repräsentation jener Staaten in ausländischen Hauptstädten und internationalen Organisationen wahrnehmen, falls sie keine eigenen Botschaften eröffneten. Gegenseitige Beratung vor wichtigen außenpolitischen Entscheidungen, der Verbleib in der Franc-Zone sowie die Entwicklung einer Präferenzzone waren weitere wichtige Ergebnisse der Verträge. Frankreich versprach militärische Hilfe in Form von Waffen und Gerät und konnte auf diese Weise zahlreiche Soldaten in Afrika belassen. Die Anerkennung der französischen Sprache als offizielle Amtssprache in den frankophonen Staaten Afrikas beantwortete Frankreich mit der Unterstützung im Erziehungssystem. Schließlich erhielt Frankreich in den Verträgen ein Vorkaufsrecht bei strategisch wichtigen Rohstoffen (vgl. Kulski 1966: 338). Das französische Kolonialreich in Afrika war nahezu liquidiert.

Eine Ausnahme in der friedlichen Entkolonialisierung bildete Algerien, dem seitens Frankreichs eine Sonderrolle zugeschrieben wurde. Algerien wurde als dem Mutterland zugehörig betrachtet, nicht zuletzt, weil hier mehr als eine Million französischer Siedler lebten. Dennoch blieb Frankreich keine andere Möglichkeit, als Algerien die Unabhängigkeit zu gewähren. Nach einem furchtbaren Kolonialkrieg, der zwischen 1954 und 1962 Hunderttausende von Opfern forderte, wurde im Frieden von Evian 1962 die Unabhängigkeit Algeriens anerkannt und damit ein düsteres Kapitel französischer Kolonialgeschichte abgeschlossen. Mit der Beendigung des Algerienkrieges endete auch die erste Phase der Dritten-Welt-Politik der V. Republik, die im Wesentlichen durch die Gewährleistung der Unabhängigkeit an die schwarzafrikanischen Staaten gekennzeichnet war.

Nachdem de Gaulle mit der Beendigung des Algerienkrieges schweren innen- und außenpolitischen Ballast abgeworfen hatte, eröffnete er seine Dritte-Welt-Offensive. Gerade in der Dritten Welt wollte das Frankreich de Gaulles seine globalen Machtansprüche geltend machen und durch politische Präsenz in verschiedenen Teilen der Dritten Welt diesen Anspruch dokumentieren. Dazu unternahm der Generalspräsident einen Kreuzzug gegen die Hegemonialrolle der Supermächte, insbesondere gegenüber den Amerikanern. Nachdem die Kuba-Krise vom Herbst 1962 für de Gaulle erwiesen hatte, dass die Sowjetunion keine den USA ebenbürtige Supermacht darstellte, galt der Kampf in der Dritten Welt vor allem den USA. In den Vereinigten Staaten sah de Gaulle die neoimperialistische Macht, die den Ost-West-Konflikt auf die Dritte Welt übertragen wollte. Dies galt es mit aller Macht zu verhindern. Nun sollte sich seine Dritte-Welt-Politik nach folgendem Dreischritt vollziehen:

1. Gewährung ökonomischer und technischer Hilfe mit Schwerpunkt in den ehemaligen französischen Kolonien;
2. Verurteilung ausländischer Einmischung in die inneren Angelegenheiten jener Staaten und
3. verbale Angriffe gegen die Präsenz der beiden Supermächte in der Dritten Welt.

So stellte sich das Frankreich de Gaulles als Verteidiger der Unabhängigkeit der neuen Staaten dar. Gestützt auf seine unabhängige Politik innerhalb des NATO-Bündnisses, in den Europäischen Gemeinschaften und gegenüber den Ostblock-Staaten nahm Frankreich für sich in Anspruch, eine Weltmacht zu sein, die sich vor allem für die Interessen der Dritten Welt gegen die Supermächte stark engagierte. Mit seiner Unabhängigkeitspolitik appellierte de Gaulle auch an den Unabhängigkeitswillen und Stolz der jungen Staaten. Hierbei waren die Beziehungen zu Algerien von grundlegender Bedeutung, da Algerien eine Führungsrolle in der Dritten Welt übernehmen sollte. Algerien galt als Schlüsselstaat für die französische Entwicklungspolitik aufgrund seiner engen Bindungen zu Nordafrika, dem Nahen Osten und Schwarzafrika. Es musste vermieden werden, dass Algerien zum französischen Kuba wurde. Es gelang de Gaulle, gegen heftigen Widerstand im eigenen Land zu befriedigenden Ergebnissen im Verhältnis zwischen Frankreich und Algerien zu gelangen, so dass vor diesem Hintergrund die diplomatische Offensive gegen die USA in der Dritten Welt erfolgreich geführt werden konnte. Besonders in Süd-Ost-Asien, wo sich die USA in den immer größere Opfer fordernden Vietnam-Krieg verstrickt hatten, sah de Gaulle einen Hebel, seine Mentorposition für die Dritte Welt wahrzunehmen. Heftige Anklagen gegen die USA, die Forderung nach Neutralisierung des gesamten süd-ost-asiatischen Raumes sowie die teilweise Unterstützung von Forderungen der Staaten der Dritten Welt, sollten Frankreich auch in der Dritten Welt als Sachwalter ihrer Interessen glaubwürdig erscheinen lassen. In einer spektakulären Rede anlässlich eines Staatsbesuchs in Kambodscha forderte de Gaulle 1966 faktisch den Abzug der US-Streitkräfte aus Vietnam in einer angemessenen Frist, um zu Friedensverhandlungen zu gelangen.

Dem Anspruch als Treuhänder der Dritten Welt dienten auch die von de Gaulle unternommenen Reisen nach Afrika, Asien und Lateinamerika. So besuchte der Staatspräsident im März 1964 mit großem diplomatischen Aufwand Mexiko und in einer zweiten Reise im Herbst 1964 zehn lateinamerikanische Staaten, wobei sich ihm die Gelegenheit bot, die Hegemonie der zwei Weltmächte zu geißeln und die wirtschaftliche und kulturelle Zusammenarbeit mit Europa, nicht mit Frankreich allein, zu beschwören. Jedoch war de Gaulle Realist genug zu wissen, dass Frankreich ökonomisch den lateinamerikanischen Staaten praktisch mit leeren Händen gegenüberstand, da es seine ökonomischen Mittel in der Entwicklungspolitik auf die französisch ausgerichteten Staaten Afrikas konzentrierte.

Die Dritte-Welt-Politik de Gaulles beruhte neben machtpolitischen Aspekten auch auf einem moralischen Anspruch. Die Pflicht der reicheren Nationen den Entwicklungsländer zu helfen, machte er immer wieder deutlich. Nicht zu übersehen sind auch die nationalen Interessen, die Frankreich mit seiner Dritte-Welt-Politik verband. Sehr bald erkannte man, dass die beste Zukunftsinvestition die Aufrechterhaltung französischen Einflusses mit Hilfe französischer Kultur darstellte. So wurde neben der regionalen Schwerpunktbildung auf die früheren afrikanischen Kolonien die sehr stark kulturell ausgerichtete Entwicklungspolitik zu einem Markenzeichen französischer Dritte-Welt-Politik.

Die ökonomischen Leistungen, die Frankreich allerdings nur bilateral und damit unter seiner Kontrolle für die Dritte Welt aufbrachte, waren wesentlich höher als die Leistungen vergleichbarer anderer westlicher Industriestaaten. So konnten Mitte der 60er Jahre besonders die Elfenbeinküste, Senegal, Mauretanien und Kamerun Wachstumsraten ihres Nationalprodukts erreichen, die wesentlich höher als die anderer afrikanischer Staaten waren. De Gaulle hatte es verstanden, innerhalb kurzer Zeit aus der Kolonialmacht Frankreich eine angesehene unabhängige Großmacht zu machen, die in vielen Ländern der Dritten Welt als Sachwalter ihrer Interessen galt. 1965 war de Gaulle neben dem zweimaligen Olympiasieger im Marathon-Lauf, dem Äthopier Abebe Bikila, der populärste Mann in Afrika (Le Monde v. 28.7.1965) und zweifellos war der Generalpräsident in den Staaten der Dritten Welt der geachtetste Politiker des Westens.

## 3.6 1968 – Das Jahr des Scheiterns gaullistischer Außenpolitik

Bereits auf dem Höhepunkt seiner Macht setzte die Götterdämmerung für de Gaulle ein. So war der Ausgang der ersten direkten Präsidentschaftswahl in der V. Republik durch die französische Bevölkerung im Dezember 1965 ein „Schuss vor den Bug“ für den Generalspräsidenten, der sich erst in einem zweiten Wahlgang gegen seinen sozialistischen Herausforderer Mitterrand durchsetzen konnte. Und auch das für de Gaulle kaum befriedigende Ergebnis der Wahl zur Nationalversammlung im Frühjahr 1967 war ein Warnzeichen für die weitere Herrschaft des

Gaullismus. Zwar konnte de Gaulle mit Pathos, Theatralik und historisch geschickt gewählten Aktionen immer wieder die Größe des von ihm erneuerten gaullistischen Frankreichs medienwirksam darstellen, – und in der Tat gelang es ihm, Frankreich zu einer selbstbewussten und geachteten Nation zu machen – doch 1968 sollte ihm die Basis für seine mediengängige Außenpolitik entzogen werden.

Nahezu über Nacht, aber dennoch nicht vollkommen überraschend, brachen die Maiunruhen 1968 in Paris aus, die die gesamte französische Gesellschaft erfassten. „Zehn Jahre sind genug" – unter diesem Motto fand eine Kampfansage an das gaullistische Regime statt, das bis in seine Grundfesten erschüttert wurde. Mit ungeheurer Wucht machten sich Enttäuschungen über die Ergebnisse der Innen-, Wirtschafts-, Sozial- und Bildungspolitik Luft. Fast alle gesellschaftlichen Gruppen wurden in dem Taumel des Aufbegehrens gegen das gaullistische System mitgerissen. Rund zehn Millionen streikende Menschen lähmten das gesamte Wirtschaftsleben Frankreichs. Dagegen fiel die Kritik an der gaullistischen Außenpolitik äußerst moderat aus. Wollte man jedoch eine anspruchsvolle und wirksame Außenpolitik fortführen, bedurfte man der gesellschaftlichen Unterstützung und damit der innenpolitischen Befriedung. Nur unter großen Mühen, aber mit einer taktischen Meisterleistung gelang es der gaullistischen Führung, die Kontrolle über den gesellschaftlichen Prozess zurück zu gewinnen. „Vor die Alternative gestellt, de Gaulle zu folgen oder Chaos und Bürgerkrieg in Kauf zu nehmen, brach die Anfechtung in sich zusammen" (Schütze 1974: 354). Mit den im Juni 1968 abgehaltenen Wahlen zur Nationalversammlung errang die Regierung mehr als zwei Drittel der Mandate und hatte somit für die weitere Politik eine breite parlamentarische Unterstützung. Jedoch war es auch ein wesentliches Ergebnis der Maikrise, dass nun zunächst die Wirtschafts-, Sozial- und Bildungspolitik Priorität erhalten musste, um als Basis für eine unabhängige Außenpolitik dienen zu können. Die Maiunruhen zeigten schlaglichtartig, dass die Außenpolitik der *„grandeur"* auf tönernen Füßen stand und dass die Institutionen der V. Republik sich nur dank einer Summe von Fehlern der Linken hatten behaupten können.

Ein zweites Standbein gaullistischer Außenpolitik erlebte 1968 ebenfalls seine Demontage. Konnte seit 1967 aufgrund einer günstigen Entwicklung der französischen Zahlungsbilanz der „Goldkrieg" gegen die USA seitens Frankreich erfolgreich geführt werden, so musste es nach den Maiunruhen diese Politik einstellen. Der Franc geriet unter schweren Druck, nicht zuletzt durch Entscheidungen der Regierung, die eine Flucht aus dem Franc geradezu provozierten. Zwischen Juni und November 1968 hatte Frankreich Devisenreserven im Wert von 4,5 Mrd. Dollar verloren, während die Bundesrepublik Deutschland zu gleicher Zeit über 2 Mrd. Dollar Zufluss an Spekulationsgeldern verzeichnete. Der Versuch zur Lösung der internationalen Währungskrise im November 1968 auf der Bonner Währungskonferenz scheiterte und zeigte, dass das gaullistische Konzept des deutsch-französischen Bilateralismus als Grundlage eines intergouvernementalen Europas spätestens in dem Moment scheiterte, als es um die Durchsetzung nationaler materieller Interessen ging. Zum anderen aber sollte die Bonner Währungskonferenz auch zeigen, dass nun mit der Bundesrepublik Deutschland ein ökonomischer Riese auch politisch als Gestaltungsakteur in Europa auftrat und den gaullistischen Anspruch der Hegemonialstellung Frankreichs im europäischen Integrationsprozess in Frage stellte.

Schließlich erlitt der französische Präsident im Jahr 1968 mit seiner Konzeption eines „Europas vom Atlantik zum Ural" Schiffbruch. Vertrat de Gaulle mit seiner Entspannungskonzeption und der seit Mitte der 60er Jahre mit den osteuropäischen Ländern eingeleiteten Entspannungspolitik das Ziel der Auflockerung der Blöcke, so machte die 1968 erfolgte Intervention der UdSSR und vier weiterer Warschauer Pakt-Staaten in der CSSR drastisch klar, dass dieses Konzept Makulatur blieb. Anstelle der Auflösung der Blöcke wurden die Reihen fester geschlossen. Die Ermunterung zu größerer Selbstständigkeit in Osteuropa führte zum Gegenteil. Die Vision eines Frankreichs als planetarische Weltmacht war wie eine Seifenblase zerplatzt.

Und auch im Westen gab es letztendlich keine Auflösung des Blocks. Mit Ausnahme Frankreichs blieben alle NATO-Staaten Mitglied der militärischen Organisation, schlossen die Reihen fester und erhielten durch die Reform der NATO größere Mitwirkungsmöglichkeiten in der Atlantischen Allianz. Der Kampf des französischen Präsidenten gegen die doppelte Hegemonie der Supermächte, der in der Verhinderung der militärischen Strategie in alle Himmelsrichtungen (défense à tous azimuts) symbolisch seine militärische Entsprechung im Jahr 1968 erhielt, blieb ohne Erfolg. So leitete der französische Präsident noch während des Ausklangs seiner Amtszeit eine Änderung seines außenpolitischen Konzepts ein. In der Europapolitik unternahm er einen neuen Anlauf, nun ausgerechnet mit dem von ihm immer mit Hochmut abgelehnten Großbritannien. Doch die politisch erwachsen gewordene Bundesrepublik Deutschland, die während der Bonner Währungskonferenz nicht mehr unter französischer Kontrolle gehalten werden konnte, zwang de Gaulle zu dem Versuch einer neuen britisch-französischen Entente. Indiskretionen über die Gespräche de Gaulles mit dem britischen Botschafter in Paris, Christopher Soames, verhinderten jedoch eine Fortentwicklung dieses Ansatzes noch zur Amtszeit de Gaulles.

Auch nahm Frankreich Abschied von der Strategie der „defénse à tous azimuts". Eine Wiederannäherung Frankreichs an die NATO, wenngleich keine Rückkehr, zeichnete sich noch unter de Gaulle ab, als die ersten gemeinsamen Manöver französischer und NATO-Streitkräfte Anfang 1969 abgehalten und auch Absprachen zwischen den NATO-Stäben und dem französischen Generalstab getroffen wurden.

Jedoch blieb diese neue Konzeption des Staatspräsidenten ein Torso, den de Gaulle nicht mehr vollenden konnte. Nach einem verlorenen Referendum über innenpolitische Reformen trat de Gaulle am 28. April 1969 tief verbittert zurück. Er sah seine Leistungen durch die Franzosen nicht hinreichend gewürdigt. Eineinhalb Jahre später, am 9. November 1970, starb de Gaulle auf seinem geliebten nordostfranzösischen Landsitz Colombey-les-deux-Églises. Der zweifache Retter Frankreichs im Zweiten Weltkrieg und 1958, der Erneuerer Frankreichs zwischen 1958 und 1969, der Frankreich Achtung, Ehre, Prestige, Ansehen, Bewunderung, diplomatische Bewegungsfreiheit und zeitweise auch Macht zurückgegeben hatte, der letzte der Giganten des Zweiten Weltkriegs, blieb Legende. Seine unbestreitbaren Erfolge überstrahlen bei weitem seine Misserfolge und Niederlagen.

## 3.7 Zusammenfassung

Für de Gaulles politisches Denken und besonders für die Außenpolitik sind die Begriffe Nation, Unabhängigkeit und Größe konstitutive Bestandteile. Einen überragenden Stellenwert – auch gerade bei der Durchführung seiner Außenpolitik – erhielten Stil, Sprache, Attitüden, Gesten und Mimik des Generalspräsidenten. Seine Pressekonferenzen glichen einer feierlichen Zelebrierung des Hochamts, wobei de Gaulle als taktisch geschickter Zeremonienmeister die überaus zahlreich erschienenen Journalisten immer aufs Neue überraschte. Den höchsten Wert für de Gaulle stellten die Nationen dar, die für ihn die vollkommensten Produkte der Geschichte, Ziel und Krönung aller Politik waren. Für de Gaulle organisierte und strukturierte sich die Nation durch den Staat. Somit wurde der Nationalstaat in das Zentrum allen politischen Denkens gerückt. Er wurde verstanden als eine Institution der Entscheidung, die nur das nationale Interesse zum Ausdruck brachte und nur ihm diente. Nur die Nationen in Form des souveränen Nationalstaats zählten. Also konnten dementsprechend auch Koalitionen, Bündnisse und Machtblöcke nur für eine Übergangszeit geschaffen werden. Auch Ideologien hatten in de Gaulles Denken keinen Platz und mussten folgerichtig in der internationalen Politik bis zu ihrem Rückzug bekämpft werden. Der Nationalstaat allein musste sich in der internationalen Politik behaupten, die für de Gaulle lediglich die Auseinandersetzung zwischen den Nationalstaaten darstellte. Allein die Staaten hätten das Recht und die Macht, sich gehorsam zu verschaffen. Somit ergab sich zwangsläufig die Priorität, ja der Primat der Außenpolitik, die von de Gaulle als die eigentliche Politik verstanden wurde, der alle anderen Politiken untergeordnet zu sein und zu dienen hatten. So verstand der General auch das Außen-, Verteidigungs- und Innenministerium als die drei Schalthebel, die die Außenpolitik bewegten: nämlich die Diplomatie, die sie zum Ausdruck brachte, die Armee, die sie stützte, die Polizei, die sie absicherte. So betrieb de Gaulle zunehmend eine Unabhängigkeitspolitik, die sich u. a. in dem sukzessiven Auszug aus der militärischen Organisation der NATO zwischen 1959 und 1966 widerspiegelte. Die Entwicklung der Europäischen Gemeinschaft hemmte er, in dem er 1965 eine Politik des leeren Stuhls betrieb und damit den intergouvernementalen Entscheidungsprozess beibehalten konnte. Auch widersetzte er sich zweimal einem britischen Beitritt, da er in den Briten ein Trojanisches Pferd der Amerikaner vermutete. Es gelang ihm, Frankreich vom „kranken Mann Europas" in die Rolle einer selbstbewussten und geachteten Nation zurückzuführen – doch 1968 wurde ihm die Basis für seine mediengängige Außenpolitik entzogen. Die Maiunruhen zeigten schlaglichtartig, dass die Außenpolitik der *„grandeur"* auf tönernen Füßen stand und dass die Institutionen der V. Republik sich nur dank einer Summe von Fehlern der Linken hatten behaupten können.

Ein zweites Standbein gaullistischer Außenpolitik erlebte 1968 ebenfalls seine Demontage. Der Versuch zur Lösung der internationalen Währungskrise im November 1968 auf der Bonner Währungskonferenz scheiterte und zeigte, dass das gaullistische Konzept des deutsch-französischen Bilateralismus als Grundlage eines intergouvernementalen Europas spätestens in dem Moment scheiterte, als es um die Durchsetzung nationaler materieller Interessen ging. Schließlich erlitt der französische Präsident im Jahr 1968 mit seiner Konzeption eines „Europas vom Atlantik zum Ural" Schiffbruch. Vertrat de Gaulle mit seiner Entspannungskonzeption und der seit Mitte der 60er Jahre mit den osteuropäischen Ländern eingeleiteten Entspannungspolitik das Ziel der Auflockerung der Blöcke, so machte die 1968 erfolgte Intervention der UdSSR und vier weiterer Warschauer Pakt-Staaten in der CSSR drastisch klar, dass dieses Konzept Makulatur blieb. Anstelle der Auflösung der Blöcke wurden die Reihen fester geschlossen. Die Ermunterung zu größerer Selbstständigkeit in Osteuropa führte zum Gegenteil. Die Vision eines Frankreichs als planetarische Weltmacht war wie eine Seifenblase zerplatzt.

# 4. Außenpolitik unter Georges Pompidou

## 4.1 Persönlichkeit und außenpolitische Konzeption

Georges Pompidou, zwischen 1962 und 1968 Premierminister de Gaulles und nach den grandios gewonnenen Parlamentswahlen vom Sommer 1968 von de Gaulle „in die Reserve der Republik" versetzt, kam schneller aus dieser Reserve zurück, als es de Gaulle eigentlich lieb sein konnte. Die nach de Gaulles Abtritt vorgezogenen Neuwahlen für das Präsidentenamt gewann Pompidou mit großem Vorsprung gegenüber seinem zentristischen Gegenkandidaten Poher, da der sozialistische Kandidat Defferre nur 5 Prozent der Stimmen erhielt und sich damit nicht für den zweiten Wahlgang qualifizieren konnte.

Ebenso wie de Gaulle verstand auch der neue Staatschef die Präsidentschaft als Spitze der Exekutive, insbesondere in der Außenpolitik. Pompidou übte damit das Staatspräsidentenamt im Sinne de Gaulles aus. Auch unter Pompidou galt das Prinzip der *„domaines reservés"* in der Außenpolitik, die 1959 auf dem Parteikongress der Gaullisten Präsident de Gaulle zugestanden wurden. Pompidou nutzte die *„domaines reservés"* intensiver als sein Vorgänger. Pompidou stand während seiner ganzen Amtszeit im Schatten de Gaulles; sein Mantel schien ihm auch nicht recht zu passen. Gegenüber „dem größten Franzosen der Nachkriegszeit" besaß der treue Gefolgsmann auch strukturelle Nachteile. Zum Ersten verfügte er nicht über das Prestige und den Respekt seines Vorgängers, zum Zweiten musste er seine parlamentarische Basis durch die Einbeziehung der atlantisch und europäisch orientierten Zentristen erweitern und damit notwendigerweise seinen außenpolitischen Handlungsspielraum einschränken. Zum Dritten forderte die wirtschaftliche und gesellschaftliche Entwicklung Frankreichs ihren Tribut, so dass nach den Jahren des neuen Selbstverständnis als *„grande nation"* unter de Gaulle die ökonomischen Realitäten beachtet werden mussten. Es war klar, dass nicht nur der Stil de Gaulles keine Nachahmung finden konnte, sondern dass auch die Dimension der gaullistischen Außenpolitik heruntergeschraubt werden musste. Pompidou verstand Frankreich nicht als einen der „großen Vier", sondern für ihn war Frankreich nur noch eine „Weltmacht mittlerer Größe". Die Abkehr von der Politik der Größe – bei de Gaulle in Stil, Form und Pathos medienwirksam zelebriert – führte zu einer nüchternen und realitätsbezogenen Außenpolitik. Pompidou trat unter dem Motto „Kontinuität und Öffnung" an, wobei er Frankreich nun vor allem als Gleichen unter Gleichen begriff und besonders die europäische Rolle Frankreichs betonte. Hatte de Gaulle noch eine Vision über die weltpolitische Rolle Frankreichs, so konzentrierte sich Pompidou auf Europa, das Mittelmeer, den Nahen Osten und Afrika (Vaisse, in: Villepin 2005: 899).

Frankreichs Außenpolitik unter Pompidou lässt sich in zwei Phasen einteilen. Die erste von 1969 bis 1972 dauernde Phase wird durch die Rückbesinnung auf Europa gekennzeichnet. Die zweite Phase, nach dem relativen Misserfolg des Europareferendums und die für Pompidou enttäuschende Pariser EG-Gipfelkonferenz im Oktober 1972 einsetzend, lässt eine stärkere Rückkehr zu gaullistischen Positionen erkennen. Internationale Rahmenbedingungen als auch innerfranzösische Entwicklungen bestimmten die außenpolitische Konzeption Pompidous. Die generellen Vorgaben de Gaulles, die in den 60er Jahren unter den Franzosen immer stärker Anklang gefunden hatten, standen nicht zur Disposition. Somit beanspruchte Frankreich auch unter dem zweiten gaullistischen Präsidenten außenpolitische Handlungsfreiheit. Es akzeptierte keine Mehrheitsbeschlüsse internationaler Organisationen. Die eigene nationale Landesverteidigung, die die politische Unabhängigkeit symbolisierte, blieb eine heilige Kuh. Der Aufbau Europas wurde unterstützt, wenn er französischen Interessen nützte und nicht mit den anderen Prinzipien kollidierte.

## 4.2 Frankreichs aktive Europapolitik

Da Pompidou die französische Wirtschaft erneuern wollte, dieses aber nur mit Hilfe der Europäischen Gemeinschaft möglich war, setzte er zunächst seinen außenpolitischen Schwerpunkt eindeutig auf die Europapolitik. Pompidou bekannte sich prinzipiell zur politischen europäischen Integration, wenngleich er eine „wirkliche Wirtschaftsgemeinschaft“ favorisierte. Ihm ging es, wie er es in seinem Triptychon formulierte, um Vollendung, Vertiefung und Erweiterung der Europäischen Gemeinschaft. In einer von Pompidou angeregten und im Dezember 1969 abgehaltenen Konferenz der Staats- und Regierungschefs der EG-Staaten wurden Umrisse des Europakonzepts von de Gaulles Nachfolger erkennbar. Ausgangspunkt für ihn war eine Verbesserung der Stellung Europas in der internationalen Politik, die nicht durch Abschottung sondern durch aktives europäisches Engagement erreicht werden sollte.

**Pompidous Europakonzept**

Europa muss sich in den Dienst der Entspannung stellen, und um unsere Einheit zu zeigen, müssen wir besondere Gesten, z. B. den freien Verkehr der Menschen, vollbringen, indem wir alle Grenzkontrollen abschaffen. Die Außenminister sollen in regelmäßigen Abständen zusammentreffen, um über die Probleme der Außenpolitik und über die Beziehungen Europas mit der übrigen Welt, besonders mit den Vereinigten Staaten und den Ländern des Ostens zu diskutieren, und den Versuch unternehmen, die Außenpolitik zu harmonisieren, und um sich auf jeden Fall über die jeweilige Politik der anderen Länder unterrichten ... Wir müssen alles tun, um unsere Wirtschaftspolitik zu koordinieren und wir müssen systematische und regelmäßige Treffen unserer Finanz- und Wirtschaftsminister organisieren, z. B. zwei Mal im Jahr, um über die Expansion unserer Wirtschaft und die Harmonisierung unserer Wachstumsraten zu sprechen.

AdG v. 4.12.1969: 15096

Deutlicher, wenngleich immer noch unverbindlich, wurde Pompidou in einer Rede 1970 in Straßburg, als er sagte:

„Um welches Europa kann es sich handeln, wenn nicht um *ein Europa, das souveräne Staaten gruppiert,* die die Senkung der sie trennenden Schranken frei akzeptieren und schrittweise ihre Agrar-, Währungs-, Industrie- und Sozialpolitik miteinander abstimmen, um mit Nüchternheit, das heißt mit Vorsicht und stufenweise zu einer Union zu gelangen, die, wenn sie sich genügend in Tatsachen und im Geiste bestätigt hat, aber nur dann, ihre eigene Politik, ihre eigene Unabhängigkeit, ihre eigene Rolle in der Welt haben können wird."

AdG v. 2.7.1970: 15576

Pompidou wollte zwar eine engere Zusammenarbeit der EWG-Partner als de Gaulle realisieren, aber auch er lehnte als Gaullist die Integration ab. Ein Bruch mit der gaullistischen Tradition war damit also nicht verbunden, zumal de Gaulle 1968/69 einen neuen europapolitischen Ansatz unternommen hatte. Pompidou schwebte eine Konföderation vor, deren Endstufe aber nie genau von ihm definiert worden ist. Daran lässt sich ablesen, dass Pompidous Handeln stärker pragmatisch orientiert war als das de Gaulles und dass er sich so genannten Sachzwängen einsichtiger gegenüber zeigte. Pompidou hatte erkannt, dass die klassische Außen- und Militärpolitik – von de Gaulle noch als Garant der nationalen Unabhängigkeit angesehen – nicht mehr die alles allein bestimmenden Faktoren für die Entwicklung und Zukunft eines Nationalstaats darstellten, sondern dass die ökonomische Potenz eines Landes und der damit verbundene soziale Frieden ein immer stärkeres Gewicht erhielten.

Der nach dem Rücktritt de Gaulles unter Pompidou entwickelte „nationale Realismus“ bedeutete Einsicht in das Bestehen der ökonomischen Verhältnisse. Pompidou verstand dementsprechend Europapolitik zu aller erst als Chance, eine Wandlung der französischen Wirtschaft vorzunehmen, um damit Frankreichs führende Position in Europa aufrechtzuerhalten bzw. wiederzugewinnen. Deshalb war auch die Reihenfolge der Entwicklung der Europäischen Gemeinschaft für Frankreich unter Pompidou von so großer Bedeutung. Die französische Forderung nach Vertiefung der EWG als ersten Schritt bedeutete konkret die endgültige Finanzregelung der gemeinsamen Agrarpolitik noch vor dem 1. Januar 1970, d. h. dem Inkrafttreten einer neuen Stufe der Entwicklung der EWG. Pompidou hatte dabei auf die bäuerlichen Wähler der Gaullisten und Zentristen Rücksicht zu nehmen. Die EG-Agrarpolitik sollte somit als Integrationselement beibehalten werden. Die Landwirtschaftspolitik war es vor allem, die Frankreich zu jener Zeit den größten Nutzen von allen EWG-Partnern brachte.

Die Wirtschafts- und Währungsunion, deren Vollendung noch vor 1980 von den EWG-Mitgliedstaaten anvisiert wurde, sollte die EWG fortentwickeln und zu einer Koordinierung und Harmonisierung der Wirtschafts- und Währungspolitik führen, die bestehende strukturellen und regionalen Ungleichgewichte in der Gemeinschaft abbauen, den Beitrag der EG zur internationalen wirtschaftlichen und monetären Zusammenarbeit stärken und auf diese Weise die Gemeinschaft zu einem wichtigen Gestaltungsakteur der internationalen Politik entwickeln. Jedoch führten die Europapläne zu großen Auseinandersetzungen zwischen den Regierungen, insbesondere denen Frankreichs und der Bundesrepublik Deutschland. Frankreich widersetzte sich allen Bestrebungen, die auf einen Automatismus hinausliefen, wie z. B. der Einführung einer einheitlichen Währung, der Zentralisierung der wichtigsten Entscheidungen auf währungspolitischem Gebiet und der Errichtung eines unabhängigen Entscheidungszentrums zur Steuerung der Wirtschafts- und Währungspolitik in der Gemeinschaft. Auch die Weiterentwicklung der EG in Richtung auf mehr Integration, z. B. durch Mehrheitsentscheidungen im Rat, wurde unter seiner Präsidentschaft blockiert. Bei der Errichtung der Wirtschafts- und Währungsunion machten sich die grundsätzlichen Differenzen der „Ökonomisten“ und „Monetaristen“ bemerkbar, deren jeweiliger Hauptsprecher die Bundesrepublik und Frankreich waren. Nicht nur das deutsch-französische Verhältnis wurde durch diesen Konflikt einer erneuten Belastung ausgesetzt, sondern auch die unterschiedlichen Europavorstellungen beider Staaten traten deutlich zu Tage. Beide Regierungen unterstützten immer dann bereitwillig das Ziel der europäischen Integration, wenn es der eigenen wirtschaftlichen Lage zustatten kam. Beide Staaten widersetzten sich aber der Integration, wenn sie zu einer Einschränkung der einzelstaatlichen Handlungsautonomie führte. So hoffte Frankreich insbesondere, aus dem zu bildenden Reservefonds umfangreiche Mittel zu erhalten, um seine Investitionen zu erhöhen und keine weitere Arbeitslosigkeit aufkommen zu lassen, während die Bundesrepublik mit ihren Zielvorstellungen eine importierte Inflation vermeiden wollte. Deshalb verwundert es nicht, wenn angesichts der Differenzen der europäischen Partner auch bei der französischen Regierung kein endgültiges Europakonzept vorhanden war.

Auf seiner Pressekonferenz vom 16. März 1972 erinnerte Georges Pompidou sehr stark an de Gaulle, als er mit fast beschwörenden Worten von einem Vergleich mit den Staatengebilden USA, Sowjetunion und China ausging und betonte, dass sie alle – unabhängig von ihrem Ursprung, ihrem Alter und ihrer jüngsten Vergangenheit – von einem Gefühl der nationalen Einheit und nationalen Leidenschaft durchdrungen seien. Wenngleich räumliche Ausdehnung, Bevölkerungszahl, wirtschaftliche und militärische Macht für die Vereinigung Europas Anreize böten, so stände doch die Geschichte dieser Entwicklung entgegen, „insoweit nämlich diese europäischen Nationen alle eine jahrhundert alte Realität, eine Sprache, einen Nationalstolz und die Erinnerungen an ihre feindseligen Haltungen besitzen". Damit war aber die französische Europakonzeption keineswegs klarer geworden. Sie erschien den meisten Beobachtern nur deshalb integrationsfreundlicher, weil Pompidou ein pragmatischeres Vorgehen als de Gaulle praktizierte. Dieses pragmatische Vorgehen Frankreichs in der Europapolitik zeigte sich insbesondere in der Haltung des französischen Staatspräsidenten gegenüber dem Beitritt der britischen und skandinavischen Staaten zur Europäischen Wirtschaftsgemeinschaft.

Nachdem Pompidou auf der Haager Konferenz die Erweiterung an dritter Stelle nach der Vollendung und der Vertiefung genannt und seine Vorbedingungen hatte durchsetzen können, nämlich die endgültige Einigung der Sechs über die Finanzierung der Gemeinschaft bis Ende 1969 und die Bestimmung der Beitrittsbedingungen durch die Sechs allein, stand einem britischen EWG-Beitritt und dem der Staaten Irland, Dänemark und Norwegen nun nichts mehr entgegen, da auch die deutsche Regierung sich für den Beitritt der Briten zur Gemeinschaft einsetzte. Frankreich sah inzwischen in Großbritannien ein nützliches Gegengewicht zur ökonomisch immer stärker werdenden Bundesrepublik, und die Bundesrepublik Deutschland brauchte unter der Regierung Brandt Fortschritte in der Westeuropapolitik, um ihre Öffnung zum Osten abzusichern. Das Referendum, das Pompidou der französischen Bevölkerung zur Zustimmung über den britischen EWG-Beitritt unterbreitete, war der erste große Misserfolg der Pompidouschen Außenpolitik und gleichzeitig der Wendepunkt der französischen Europapolitik. Außenpolitisch sollte mit Hilfe des Referendums den anderen EWG-Partnern die besondere französische Legitimation des britischen EWG-Beitritts dokumentiert werden; innenpolitisch erhoffte die Regierung zum einen die Spaltung der Opposition – der im Entstehen begriffene Einigungsprozess der Linken sollte durch den Gegensatz zwischen sozialistischem Europabekenntnis und kommunistischer Ablehnung verhindert werden – und zum anderen eine Stärkung der Position des Präsidenten. Die Formulierung des Referendums für eine Zustimmung „in den Perspektiven, die sich für Europa ergeben" war zu vage und angesichts des für den Wähler nicht erkennbaren Europakonzepts Pompidous kaum geeignet, überwältigende Zustimmung in der französischen Bevölkerung zu erzielen. Kein Wunder, wenn nur 10,8 Mio. Franzosen – das waren 36,4 Prozent der Stimmberechtigten – den britischen EWG-Beitritt guthießen und damit Pompidou die von ihm erhoffte große Legitimation versagten.

Im Frühjahr 1972 ergriff der Präsident erneut eine europapolitische Initiative, nachdem im August 1971 Präsident Nixon durch die Washingtoner Wirtschafts- und Währungsbeschlüsse eine neue Runde im Verhältnis zwischen den USA und Westeuropa eingeleitet hatte. Die Gelegenheit einer „relance européenne" schien günstig. Die Einberufung der Pariser Gipfelkonferenz durch Pompidou bildete den Auftakt dieser neuen Initiative. Als Fernziel für 1980 proklamierte die Konferenz die „Europäische Union", die konkrete Festlegungen der Teilnehmer geradezu verhinderte. Die französische Position kam in Pompidous Eröffnungsrede zum Ausdruck, als er erklärte, dass es nicht natürlich wäre, Staaten zu vereinigen, die die Jahrhunderte so geformt hätten, dass sie eine sehr unterschiedliche Physiognomie erlangt und häufig auseinander laufende Interessen hätten. Pompidou äußerte lediglich ein platonisches Bekenntnis zu Europa.

Das Konferenzergebnis war sowohl für Pompidou als auch den Integrationsprozess enttäuschend. Zwar erlitt das Integrationskonzept keinen verheerenden Rückschlag, doch zeigte die Gipfelkonferenz, dass definitive europapolitische Entscheidungen aufgeschoben waren. Die EG-Staaten bekundeten in allgemein gehaltenen Worten, den Ausbau der Gemeinschaft vorantreiben zu wollen. Es wurde der Wille der Mitglieder geäußert, „die Entwicklung ihrer Gemeinschaft auf Demokratie, Meinungsfreiheit, Freizügigkeit von Personen und Ideen sowie Mitverantwortung der Völker über ihre frei gewählten Vertreter zu gründen". Die Errichtung einer Wirtschafts- und Währungsunion vor 1980, die Intensivierung der Europäischen Politischen Zusammenarbeit, die Verbesserung der Entscheidungsverfahren und der Arbeitsweise der Organe der Gemeinschaft waren weitere wichtige Ziele. Die Staats- und Regierungschefs sprachen die Hoffnung aus, dass das europäische Aufbauwerk seiner politischen Zielsetzung gemäß Europa die Möglichkeit geben wird, „sich in Treue zu seinen traditionellen Freundschaften und zu den Bündnissen seiner Mitgliedstaaten zu profilieren und seinen Platz in der Weltpolitik als Ganzes einzunehmen, das entschlossen ist, unter Einhaltung der Grundsätze der Vereinten Nationen ein besseres internationales Gleichgewicht zu fördern". Die französischen Einflüsse im Abschlussdokument waren unübersehbar, besonders in Hinblick auf die Rolle der Nationen im Integrationsprozess und die Stellung der EG in der Weltpolitik.

In der Spätphase der kurzen Amtszeit Pompidous schlug das gaullistische Moment stärker durch. Dieser europapolitische Kurswechsel wird durch die Berufung Michel Joberts zum Außenminister, einem in der internationalen Politik mit Ecken und Kanten auftretenden treuen gaullistisch orientierten Gefolgsmann Pompidous, symbolisiert. Nun spielt die Unabhängigkeit Frankreichs, und damit nach französischer Auffassung Europas, – insbesondere gegenüber den USA – die dominierende Rolle. Die einseitige amerikanische Erklärung, 1973 zum Jahr Europas zu deklarieren und die amerikanisch-europäischen Beziehungen neu zu regeln; die Doppelhegemonie der Supermächte, symbolisiert durch den 1973 zwischen den Vereinigten Staaten und der Sowjetunion abgeschlossenen Vertrag zur Verhinderung eines Nuklearkriegs – von Paris als Katastrophe betrachtet –; die Missachtung aller Konsultationsregeln durch die Amerikaner in der weltweiten Alarmübung in den Nachwehen des Yom-Kippur-Krieges im Oktober 1973; die Missachtung der im französisch-sowjetischen Protokoll von 1970 niedergelegten Konsultationspflicht durch die Sowjetunion während dieses Krieges; das von Präsident Nixon gebilligte Jackson-Nunn-Amendment, wonach ab November 1975 US-Truppen nur noch in dem Prozentsatz in Europa bleiben sollten, zu dem die Europäer Devisenausgleich leisten – all diese Vorgänge hatten die Franzosen bewogen, sich wieder stärker auf ihre nationale Unabhängigkeit zu besinnen.

Der europäische Integrationsprozess, der nach französischer Auffassung zu einer europäischen Emanzipation führen sollte, aber durch die zu engen Bindungen einiger EG-Staaten zu den USA behindert wurde, verlief nach Meinung der französischen Regierung parallel zu einem die Weltpolitik revolutionierenden Ereignis: der wirtschaftlichen Entkolonialisierung der Dritten Welt. In dieser Situation versuchte Frankreich eine Neuverteilung der Gewichte der Weltpolitik, indem die europäische Karte stärker gespielt werden sollte. Da die wirtschaftliche Entkolonialisierung der Dritten Welt zwangsläufig zu Interessengegensätzen der beiden Supermächte führen musste, konnte auch das Anfang der 70er Jahre praktizierte Kondominium zwischen den USA und der Sowjetunion nicht von Dauer sein. Nach französischer Überzeugung bot sich die Chance einer größeren europäischen Unabhängigkeit. Nun verstärkte die politische Führung Frankreichs ihre Bemühungen, zu einer neuen europäischen Identität zu gelangen. Frankreich versuchte gerade in der Dritten-Welt-Politik seine eigenständige Position auf die Europäer zu übertragen. Es trug wesentlich dazu bei, dass die EG gegenüber den Nahost-Staaten eine entgegenkommende Haltung einnahm und die harte Position der Amerikaner dadurch konterkariert wurde. Frankreich war der Auffassung, dass nur eine enge Kooperation der europäischen Regierungen mit den europäischen Hauptlieferanten des Erdöls, also den Nahost-Staaten, eine auf Dauer zufrieden stellende Grundlage der gesamten europäischen Energieversorgung leisten könnte. Somit bedeutete in der Spätphase Pompidous französische Europapolitik gleichzeitig auch Wahrung der nationalen Interessen, die Frankreich als identisch mit europäischen Interessen begriff.

## 4.3 NATO und USA – Frankreich als kritischer Verbündeter

Die französisch-amerikanischen Beziehungen sind während der Präsidentschaft Pompidous durch eine einer Wellenbewegung gleichende Entwicklung gekennzeichnet. Verbesserungen werden durch Spannungen abgelöst – und umgekehrt. Die noch unter de Gaulle eingeleitete und durch den Amtswechsel Johnson-Nixon atmosphärisch geförderte Verbesserung des amerikanisch-französischen Verhältnisses setzte sich unter Pompidou zu Beginn seiner Amtszeit fort; sie musste auch Rückwirkungen auf das Verhältnis Frankreichs zur Atlantischen Allianz haben. In Frankreich gab es eine atlantische Lobby, bestehend aus Vertretern der bürgerlichen Parteien, aus dem Offizierkorps und der Industrie, die unter dem neuen Präsidenten eine stärkere Hinwendung Frankreichs zur NATO, wenn nicht sogar die militärische Reintegration erwartete. Präsident Pompidou hätte, selbst wenn er eine Rückkehr Frankreichs in die NATO gewünscht hätte, diese nicht erreichen können, da mittlerweile neben den Gaullisten und Kommunisten auch Vertreter der anderen Parteien und große Teile der Bevölkerung die gaullistische Politik der nationalen Unabhängigkeit unterstützten. So war auch die NATO-Politik Pompidous durch eine prinzipielle Ablehnung der militärischen Integration bei gleichzeitiger Wiederannäherung an das Bündnis und Aufrechterhaltung der politischen und militärischen Entscheidungsfreiheit Frankreichs gekennzeichnet. Anders als sein Vorgänger betonte Präsident Pompidou die Notwendigkeit des politisch-militärischen Bündnisses mit den USA sowie die Anwesenheit amerikanischer Truppen in Mitteleuropa – aber nicht in Frankreich. Der Anspruch auf Handlungsfreiheit war während der Präsidentschaft Pompidous das von de Gaulle übernommene Leitmotiv. Das Recht auf Unabhängigkeit beeinflusste insbesondere die französisch-amerikanischen Beziehungen. Versuche, Frankreich zur Rückkehr in die militärische Organisation der NATO zu bewegen, mussten fehlschlagen. Bereits seit 1968, also noch während de Gaulles Amtszeit, nahmen französische Luftwaffeneinheiten und Seestreitkräfte an NATO-Manövern im Mittelmeer teil, in denen französische Admirale zeitweise die gemeinsamen NATO-Manöver kommandierten! Es bestanden also ausgezeichnete Kontakte zwischen den Streitkräften der NATO und den Streitkräften Frankreichs. Sie führten dazu, dass unter Pompidou die militärische Zusammenarbeit Frankreichs mit der NATO unproblematischer verlief als unter seinem Vorgänger. Somit bewegte sich Frankreichs NATO-Politik auf der Ebene eines kritischen Verbündeten, der zwar nicht in der integrierten Organisationsstruktur mit den anderen Staaten des Bündnisses zusammenarbeitete, aber doch eine aktivere Kooperation betrieb als zu den Zeiten Präsident de Gaulles. Die politische und militärische Führung hatte zu Beginn der 70er Jahre erkannt, dass die von de Gaulle kurzzeitig praktizierte Strategie der Verteidigung in alle Himmelsrichtungen nicht glaubhaft vertreten werden konnte. So blieb als einzige Alternative die schrittweise Annäherung an die NATO unter gleichzeitiger Behauptung der nationalen Unabhängigkeit. Im französischen Verteidigungsweißbuch von 1972 kommt diese Rolle eines kritisch-loyalen NATO-Verbündeten zum Ausdruck, wenn Frankreich darin die atlantische Solidarität betont, die Fortdauer der NATO begrüßt und erklärt, an einer eventuellen Verteidigung Europas teilzunehmen. Allerdings behielt sich Frankreich auch unter Pompidou die Entscheidungsfreiheit über den Eintritt in einen Krieg vor, der keinesfalls automatisch erfolgen dürfte. Zwar war ein allein gegen Frankreich gerichteter Angriff zu jener Zeit unwahrscheinlich – eher war ein Angriff auf das gesamte Westeuropa vorstellbar –, doch blieb eine Identifizierung Frankreichs hinsichtlich einer gemeinsamen europäischen Sicherheitsposition aus. Nur das Ziel einer europäischen Verteidigung wurde seitens Frankreichs unter Pompidou proklamiert.

Parallel zu dieser Annäherung an die NATO verlief auch die Verbesserung der amerikanisch-französischen Beziehungen. Mit den zunehmenden amerikanischen Bemühungen, den Vietnamkrieg zu beenden, entfiel auch diese Belastung des französisch-amerikanischen Verhältnisses. Während seines – im Übrigen einzigen – Staatsbesuches in den USA im Februar 1970 sprach sich Pompidou für die Anwesenheit der amerikanischen Truppen auf dem europäischen Kontinent aus – eine Forderung, die er später mehrmals wiederholte. Damit entfernte er sich von de Gaulle, der zwar in seinem Konzept auch noch von einer vorläufigen Anwesenheit der Amerikaner in Europa ausging, diese jedoch offiziell nicht wünschte. Die politische Führung des Post-Gaullismus hatte erkannt, dass durch die zunehmende partielle Kooperation der beiden Supermächte Tendenzen für eine eventuelle Neutralisierung Mitteleuropas entstanden und sich damit für Frankreich eine unerwünschte außenpolitische Entwicklung anbahnen könnte. Aus diesem Grund unterstützte Frankreich die Anwesenheit der Amerikaner auf dem europäischen Kontinent.

Die sich verbessernden französisch-amerikanischen Beziehungen wurden allerdings durch den „Währungsschock" von Washington 1971 jäh unterbrochen, als die USA die Nichtkonvertierbarkeit des Dollar und eine zusätzliche zehnprozentige Importabgabe auf bestimmte, vor allem von Westeuropa und Japan exportierte, Güter durchsetzten. Diese einseitigen amerikanischen Maßnahmen belasteten das amerikanisch-europäische Verhältnis in einem bisher unbekannten Ausmaß, wodurch sich Staatspräsident Pompidou an Ted Roosevelts Politik des „big stick" zu

Beginn des 20. Jahrhunderts erinnert fühlte. Das grundsätzliche Misstrauen der Franzosen gegenüber den Amerikanern, das nicht nur Kennzeichen für die Gaullisten, sondern für einen Großteil der französischen Bevölkerung seit den Zeiten der Suez-Krise 1956 ist, wurde erneut geweckt. Daraus erklärte sich auch die besondere französische Haltung im protokollarischen Bereich gegenüber den USA. Während die anderen europäischen Regierungschefs nach Washington reisten, musste Präsident Nixon dem französischen Präsidenten sowohl im Dezember 1971 auf die Azoren als auch im Juli 1973 in jenen „gottverlassenen Ort“ (Nixon) Keflavik auf Island entgegenkommen. „Während die anderen Regierungen ihre Gegensätze zu Washington möglichst diskret behandelten, sichert Frankreich seinen Fragen – die einer polemischen Widerlegung gleichkommen – große Publizität“ (Bondy 1973: 76).

Mitte 1971 setzte bereits wieder eine Verschlechterung des französisch-amerikanischen Verhältnisses ein, die ihren Höhepunkt aber erst nach der Unterzeichnung des Nuklearpakts der beiden Supermächte und dem Ausbruch des vierten Nahost-Kriegs im Jahr 1973 erreichte. Auch aufgrund der EG-Norderweiterung um Großbritannien, Irland und Dänemark verstärkten sich die Spannungen zwischen den USA und der Europäischen Gemeinschaft, da sich nun die Interessengegensätze der beiden Weltwirtschaftszentren vor allem in der Handels- und Währungspolitik immer deutlicher niederschlugen. Notwendigerweise mussten sich die ökonomischen Differenzen auch auf dem politischen Sektor und damit auch auf das gesamte westeuropäisch-amerikanische Verhältnis auswirken.

Nachdem sich die USA mit den erfolgreichen Friedensgesprächen von Paris zu Beginn des Jahres 1973 aus den unseligen Verstrickungen des Vietnamkriegs gelöst hatten, verkündete Außenminister Kissinger im Frühjahr 1973 – ohne Rücksprache mit europäischen Staatsmännern und zur höchsten Überraschung vieler europäischer Regierungen – „das Jahr Europas“. Kissinger zeigte die Veränderungen in der internationalen Politik auf – Aufstieg Westeuropas, Wandel des strategischen Kräfteverhältnisses zugunsten der Sowjetunion, Aufstieg Japans zur ökonomischen Weltmacht, Entspannung zwischen Ost und West und Energieproblematik – und forderte die Europäer wie auch die Kanadier und die Japaner auf, zusammen mit den USA eine neue Atlantikcharta auszuarbeiten. Der amerikanische Außenminister diagnostizierte die atlantischen Differenzen wie folgt: „... Die Vereinigten Staaten haben globale Interessen und Verantwortungen. Unsere europäischen Verbündeten haben regionale Interessen. Diese widersprechen einander nicht notwendigerweise, aber in der neuen Ära sind sie auch nicht automatisch identisch. ... Kurz gesagt, wir verkehren miteinander regional und sogar als Konkurrenten in der Wirtschaft, auf einer integrierten Basis in der Verteidigung und als Nationalstaaten in der Diplomatie ... Die atlantischen Nationen müssen eine Lösung für die Bewältigung ihrer Vielfalt finden. Wir können es uns nicht mehr leisten, nationale oder regionale Selbstinteressen ohne einen einigenden Rahmen zu verfolgen. Wir können nicht zusammenhalten, wenn jedes Land oder jedes Gebiet seine Autonomie behauptet, wann immer es zu seinem Nutzen ist, und auf Einigkeit besteht, wenn es darum geht, die Unabhängigkeit anderer zu beschneiden" (Europa-Archiv 10/ 73: D 221 f.).

Die EG hatte sich zu einem ernsthaften Konkurrenten für die USA entwickelt, ohne dass gleichzeitig eine Entlastung der USA durch Europa in der Sicherheitspolitik erfolgt war. Ziel der USA war es, mit Hilfe einer neuen Atlantikcharta eine Bestätigung ihrer Rolle als Supermacht, die Steigerung des militärischen Beitrags der Westeuropäer in der Allianz, ein Entgegenkommen der Europäer in der Wirtschaftspolitik und die Konzentration der europäischen Politik auf die Region Europas zu erreichen. Wurden die Kissinger-Vorschläge in der EG bereits mit Skepsis aufgenommen, so sah der französische Außenminister Jobert in ihnen sogar eine Provokation. Der Vorschlag Kissingers musste Frankreich umso mehr beunruhigen, als mit dem Abschluss des SALT-Vertrages, der Moskauer Prinzipienerklärung und dem Abkommen zur Verhinderung eines Atomkrieges 1972/73 eine exklusive Verantwortungsgemeinschaft zwischen den beiden Supermächten entstanden war, die Kissinger mit seinem Vorschlag bestätigt wissen wollte und zu der Frankreich der Zugang weiterhin versperrt bleiben sollte. Darüber hinaus begann zu gleicher Zeit in Wien die Konferenz über Truppenreduzierung (MBFR), von der Frankreich einen Rückzug der US-Truppen aus Europa und damit eine amerikanisch-sowjetische Einigung auf Kosten Westeuropas befürchtete.

Wenngleich Frankreich eine Abstimmung mit seinen westeuropäischen Partnern in Bezug auf die Haltung zu den USA suchte, so reagierte es doch empfindlich auf die Qualifizierung als eine „regionale Macht". Die französische Regierung sagte zwar eine genaue Prüfung der amerikanischen Vorschläge zu, konnte sich aber mit dem amerikanischen Vorschlag einer komplexen Neuregelung der westeuropäisch-amerikanischen Beziehungen in Form einer neuen Atlantikcharta nicht anfreunden. Nicht umsonst erhob Frankreich nun auch unter Pompidou den Anspruch auf seine über Europa hinausreichende Macht. Der Generalsekretär der Gaullisten, Alain Peyrefitte, erkannte im Kissinger-Vorschlag gar ein neues Jalta. Die Europäische Gemeinschaft beantwortete die amerikanische Initiative, insbesondere auf Drängen Frankreichs, mit zwei unterschiedlichen Erklärungen. Nachdem sich die Neun im September 1973 im Rahmen einer Erklärung über die „Europäische Identität" auf die Rolle Europas in der internationalen Politik geeinigt hatten und eine stärkere Eigenrolle der Europäer erkennbar wurde, gaben sie eine Erklärung über die allgemeinen Beziehungen zwischen der EG und den USA sowie eine Stellungnahme zu den Problemen der Sicherheit ab. Frankreich ergriff im Sicherheitsbereich die Initiative und legte einen eigenen Entwurf zu den atlantischen Sicherheitsbeziehungen vor. Mit diesem Entwurf anerkannte Frankreich die zentrale Rolle der USA für die europäische Verteidigung – und damit auch indirekt für die französische – und versuchte, die USA zu einer größeren Berücksichtigung westeuropäischer Interessen in ihrem bilateralen Dialog mit der Sowjetunion zu bewegen. Doch bevor es zur Verabschiedung der Atlantikcharta von Ottawa im Juni 1974 kam, verschärfte der Yom-Kippur-Krieg vom Oktober 1973 die Auseinandersetzungen zwischen den Europäern und den USA, namentlich Frankreich und den USA. Frankreich widersetzte sich vor allem der einseitigen amerikanischen Unterstützung Israels, die ohne Konsultation und Information der Europäer erfolgt war. So verbot es – wie auch andere NATO-Staaten – den US-Militärmaschinen das Überfliegen französischen Territoriums, um Waffen nach Israel zu bringen. Auf Initiative Frankreichs forderten die Europäer den Rückzug Israels aus den besetzten arabischen Gebieten. Auf diese Weise fand die pro-europäische Einstellung Frankreichs, die seit 1967 unter de Gaulle deutlich erkennbar wurde, die Unterstützung der anderen EG-Staaten.

Die Konflikte zwischen Frankreich und den USA verstärkten sich 1973 mit der im Gefolge des vierten Nahost-Kriegs ausbrechenden Ölpreiskrise. Während US-Außenminister Kissinger das Problem der Energie- und Rohstoffknappheit mit Hilfe eines multilateralen Verbraucherkartells lösen wollte und einen konfrontativen Kurs befürwortete, wählte Frankreich den bilateralen Weg einer engen Kooperation mit den arabischen Förderländern. Konsequenterweise wurde Frankreich auch nicht Mitglied in der Internationalen Energieagentur (IEA), die 1974 aus den OECD-Staaten gebildet wurde. Auseinandersetzungen im NATO-Rat, die sich auf den bilateralen Entspannungsprozess zwischen den USA und der Sowjetunion bezogen, kennzeichneten das französisch-amerikanische Verhältnis in der Spätphase der Präsidentschaft Pompidous. Besonders die beiden Außenminister, Jobert und Kissinger, lieferten sich heftige Wortgefechte, die den Tiefstand der amerikanisch-französischen Beziehungen dokumentierten.

## 4.4 Osteuropa – enttäuschte Hoffnungen

Die große Offensive Charles de Gaulles, als Mittler zwischen Ost und West und als Repräsentant eines unabhängigen Europas in die Geschichte eingehen zu können, erlebte 1965/66 ihren Höhepunkt in der Verbesserung der Beziehungen Frankreichs zu Osteuropa. Doch das Ergebnis der französisch-sowjetischen Beziehungen war enttäuschend und stand in keinem Verhältnis zum investierten Aufwand. Pompidous Ostpolitik stand unter einem anderen Vorzeichen als die de Gaulles, zumal sich auch die Voraussetzungen geändert hatten. Konnte Frankreich unter de Gaulle als politischer Pionier eine Führungsrolle in der Öffnung nach Osten spielen, so hatte sich spätestens ab 1969 auch der internationale Entspannungszug in Bewegung gesetzt und Frankreich vom Zugführer zum Mitfahrer degradiert. Nun waren es auf westlicher Seite vor allem die USA und die Bundesrepublik Deutschland, die Art, Form, Inhalt, Verlauf und Geschwindigkeit des Entspannungsprozesses weitgehend bestimmten. Zwar unterstützte Präsident Pompidou offiziell die Entspannungspolitik der sozial-liberalen Koalition; jedoch blieb nicht verborgen, dass Frankreich über die selbstständige deutsche Ostpolitik mehr als beunruhigt war. Durch die neue deutsche Ostpolitik – praktiziert von der sozial-liberalen Regierung unter Bundeskanzler Willy Brandt – erlitt Frankreich einen Bedeutungsverlust, denn nun konnte es nicht länger wie in den 60er Jahren das ostpolitische Mandat für die Bundesrepublik Deutschland wahrnehmen, da die Bundesrepublik für die Sowjetunion zum bevorzugten Partner in Westeuropa avanciert war. Es war die Bundesrepublik Deutschland, die durch den Moskauer und Warschauer Vertrag 1970 die von der Sowjetunion immer wieder geforderte Anerkennung des territorialen Status quo in Europa aussprach und die aufgrund ihres zunehmenden ökonomischen Potentials zu einem favorisierten Handelspartner für die Sowjetunion wurde. Die Beunruhigung über die neue deutsche Ostpolitik machte sich in Frankreich breit im Wiederaufleben des *Rapallogedankens,* d. h. einer deutsch-russischen Vertragspolitik, deren Opfer Frankreich sein konnte. Eine neue sowjetisch-deutsche Annäherung, wie sie in der Zeit zwischen 1970 und 1971 durch die Besuchsdiplomatie von Bundeskanzler Brandt und KPdSU-Chef Breschnew praktiziert wurde, führte in Frankreich zu Unsicherheit und beeinträchtigte französische Sicherheitsinteressen. So galt es für Frankreich, deutsche Entspannungspolitik in Westeuropa einzubinden. Wollte Frankreich in den in Bewegung geratenen Ost-West-Beziehungen weiterhin eine bedeutsame Rolle spielen, musste es ein aktives Bekenntnis und Engagement für die Entspannung ablegen.

Pompidou setzte sich für den Entspannungsprozess ein, ohne mit dem Konzept de Gaulles fundamental zu brechen. Allerdings wurde doch erkennbar, dass – im Gegensatz zu de Gaulle – der zweite Präsident der V. Republik eine eher nüchterne und realistische Analyse der Ost-West-Beziehungen vornahm. Anders als de Gaulle akzeptierte er den Status quo in Europa, d. h. die in Jalta geschaffene, internationale Ordnung. Auch für Pompidou war es klar, dass Sicherheit in Europa nur durch Kooperation und nicht durch Konfrontation, also nur durch Entspannung möglich war. Für Pompidou sollte aus dem Triptychon „détente, entente und coopération" aber besonders der Teil der Kooperation die entscheidende Rolle spielen. Auch unter ihm hielt Frankreich an der bilateralen Ostpolitik, insbesondere mit der Sowjetunion fest, doch zeigten sich in Pompidous Ostpolitik Unterschiede in Bezug auf die Rolle Frankreichs. Sah de Gaulle in seinem Europakonzept Frankreich bereits Mitte der 60er Jahre als Widerpart zur Sowjetunion, so war für Pompidou Frankreich allein aufgrund seiner schwachen ökonomischen Situation zu Beginn der 70er Jahre nicht in der Lage, diese Funktion zu erfüllen. Nur gemeinsam im Rahmen der Europäischen Gemeinschaft konnte Frankreich im System der europäischen Nationalstaaten zum europäischen Gegenpol der Sowjetunion werden. Die westeuropäische Zusammenarbeit diente als Voraussetzung für französische Ostpolitik, ohne allerdings die bilaterale Entspannungspolitik, insbesondere mit der Sowjetunion, zu vernachlässigen. Doch musste gerade auch Pompidou erkennen, dass die privilegierten Beziehungen zwischen Frankreich und der Sowjetunion seit Beginn der neuen deutschen Ostpolitik durch die sozial-liberale Koalition nicht mehr existierten.

Aus diesen Gründen erklärte sich auch Frankreichs Bereitschaft zur Teilnahme an der KSZE, die von de Gaulle noch als eine Veranstaltung angesehen wurde, auf der einzelne Nationen und keine Blöcke verhandeln sollten. Pompidou unterstützte einerseits den multilateralen Abstimmungsprozess der europäischen Position im Rahmen der europäischen Zusammenarbeit für die KSZE, da er darin eine von ihm favorisierte Stärkung der Rolle Westeuropas gegenüber der UdSSR erblickte und gleichzeitig die Bundesrepublik in ein gemeinsames westeuropäisches Entspannungskonzept einband; zum anderen versuchte Frankreich aber während der Präsidentschaft Pompidous, mit Hilfe einer ostpolitischen Doppelstrategie die Beziehungen auf der bilateralen Ebene zu vertiefen, um französische politische und ökonomische Interessen wahrzunehmen (Schwarz 1973: 65). Innerhalb seines ostpolitischen Konzepts versuchte Pompidou, Frankreichs Industrialisierungsprozess durch eine Stärkung des Exports zu fördern. Ökonomische Stärke, so hatte es die Bonner Währungskonferenz vom November 1968 den Franzosen bewiesen, bedeutete gleichzeitig politische Macht. Und die wollte Pompidou mit Hilfe der Ostpolitik für Frankreich zurückgewinnen. Die Sowjetunion sollte auch in seiner bilateralen Ostpolitik zum bevorzugten Partner Frankreichs werden. Es fällt auf, dass in Pompidous knapp fünfjähriger Amtszeit zwischen ihm und KPdSU-Generalsekretär Breschnew fünf Gipfeltreffen stattfanden, während in der gleichen Zeit der französische Präsident mit seinem amerikanischen Kollegen nur drei Mal zusammentraf.

Neben den ökonomischen Zielen verfolgte Frankreich auch die Absicht, seinen Großmachtstatus durch die bilateralen Beziehungen mit der Sowjetunion bestätigen zu lassen. In dem am 13. Oktober 1970 anlässlich Pompidous erstem Moskaubesuch verabschiedeten französisch-sowjetischen Kommuniqué wurde erklärt, dass sich Frankreich und die Sowjetunion gemeinsam von dem Wunsch leiten lassen, einen Beitrag zur Aufrechterhaltung des Friedens in allen Teilen der Welt zu leisten und sich der Verantwortung bewusst sind, die sich daraus für Frankreich und die Sowjetunion als ständigen Mitgliedern des Sicherheitsrats der Organisation der Vereinten Nationen ergibt „... 2. Die Sowjetunion und Frankreich erweitern und vertiefen politische Konsultationen zu wichtigen internationalen Problemen, die von gemeinsamem Interesse sind. Derartige Konsultationen werden beinhalten:

– die Entwicklung der Lage in Europa, Beiträge zur Entspannung, der Zusammenarbeit und zur Festigung der Sicherheit auf dem Kontinent, – die Lage in allen Räumen der Welt, in denen die internationale Sicherheit in Gefahr ist“ (AdG v. 14.10. 1970: 15801). Damit wurde Frankreichs weltpolitische Rolle von der Sowjetunion in jenem Augenblick anerkannt, in dem durch den Abschluss des deutsch-sowjetischen Vertrages vom August 1970 auch die deutsch-sowjetischen Beziehungen eine qualitative Änderung erfuhren. Das alte sowjetische Ziel, die Einigkeit der Westmächte zu stören – bereits unter Stalin und Molotow vergeblich versucht – sollte unter Breshnew durch die enge Kooperation der UdSSR mit ausgewählten europäischen Staaten erreicht werden. Doch der Abschluss eines sowjetisch-französischen Vertrages, den Breschnew bei seinem Paris-Besuch im Oktober 1971 geplant hatte, scheiterte an Pompidou. Er war lediglich zu einer Unterzeichnung der Grundsätze der französisch-sowjetischen Zusammenarbeit bereit, in der sich Frankreich noch einmal von der Sowjetunion seine weltpolitische Rolle bestätigen ließ. Wenngleich enge Konsultationen in „Krisensituationen“ über „wichtige internationale Probleme“ zwischen Frankreich und der Sowjetunion verabredet wurden, blieben die französisch-sowjetischen Beziehungen nur auf der ökonomischen Ebene von besonderer Bedeutung. Auf der politischen Ebene hatte während der Amtszeit Pompidous die Bundesrepublik Deutschland Frankreich als ersten Ansprechpartner der Sowjetunion abgelöst. Auch die bilateralen Kontakte mit den anderen Staaten des Ostblocks sollten zu verbesserten wirtschaftlichen, industriellen, technischen und wissenschaftlichen Beziehungen führen, was allerdings nicht in erhofftem Maße gelang.

In Bezug auf die Rüstungskontrolle, verstanden als Teil der Entspannungspolitik, übernahm Pompidou strikte gaullistische Positionen. So wurde seitens Frankreichs immer eine allgemeine, universelle Abrüstung einschließlich der Atomwaffen gefordert. Den bilateralen Rüstungskontrollgesprächen (SALT) beziehungsweise dem bilateral in Co-Präsidentschaft seitens der USA und UdSSR geführten Abrüstungsausschuss der Vereinten Nationen trat Frankreich skeptisch, ambivalent und mit Misstrauen gegenüber und betrieb eine Politik des leeren Stuhls. Zwar erkannte Frankreich die Nützlichkeit der SALT-Gespräche für die internationale Entspannung an, betonte aber zu Recht, dass es sich hier um keine echten Abrüstungsverhandlungen handelte. Hinter der französischen Haltung verbarg sich die alte gaullistische Sorge, dass sich die USA und die UdSSR über die Köpfe der Europäer – und damit über den Kopf Frankreichs – hinweg einigen und damit das gefürchtete Kondominium in die Tat umsetzen könnten. Frankreich befürchtete – und dies sollte sich später bewahrheiten –, dass durch SALT die Kapazität der Kernwaffen nicht verringert würde, sondern sogar neue Impulse für jene Waffensysteme entstanden, die von SALT I nicht erfasst wurden. Insbesondere durch das Moskauer Abkommen zwischen den USA und der UdSSR zur Verhinderung eines Atomkrieges von 1973 sah Frankreich den nuklearen Schutz Westeuropas durch die USA in Frage gestellt und die Möglichkeit einer militärischen Destabilisierung mit Erhöhung der Kriegsgefahr in Europa gegeben.

Schließlich lehnte Frankreich neben der bilateralen amerikanisch-sowjetischen Rüstungskontrollpolitik und der Abrüstungspolitik der Vereinten Nationen die regionale Rüstungskontrolle im Rahmen von MBFR entschieden ab. Frankreich konnte an dieser Veranstaltung allein schon deshalb nicht teilnehmen, weil mit NATO und Warschauer Pakt zwei Militärallianzen verhandelten und damit eine Vertiefung der Blöcke stattfand, die auch von Pompidou nicht gewünscht wurde. Konkret wurde in französischen Regierungskreisen zu Beginn der 70er Jahre befürchtet, dass durch positive Ergebnisse von MBFR eine militärisch verdünnte Zone in Mitteleuropa entstehen könnte, die zu Lasten der französischen Sicherheit gehen musste. Das Gespenst eines „neutralen Deutschlands", das in schwierigen Situationen in Frankreich immer wieder an die Wand gemalt wurde – so auch während des Prozesses der deutschen Wiedervereinigung –, war ein wichtiger Grund französischer Teilnahmeverweigerung an MBFR. Die französische Entspannungspolitik unter Pompidou verlief somit ambivalent. Der politisch-ökonomische Bereich der Entspannung wurde von Frankreich gehegt und gepflegt, während es dem militärischen Bereich der Entspannung fernblieb. Nicht zuletzt die nationale französische Sicherheitspolitik sollte das Festhalten an dieser dualistischen Entspannungspolitik bedingen.

## 4.5 Mittelmeer, Nahost und Schwarzafrika – die Verfolgung traditioneller Interessen

Hatte de Gaulle den Schwerpunkt seiner Dritte-Welt-Politik auf Schwarzafrika gelegt, so wurden der Nahe Osten und das Mittelmeer seit dem dritten Nahostkrieg von 1967 zu einem bedeutenden Experimentierfeld französischer Außenpolitik. Die allgemein pro-israelische Einstellung Frankreichs seit den Zeiten der IV. Republik wurde von de Gaulle zumindest seit Mitte der 60er Jahre nicht mehr geteilt und schlug im Sechs-Tage-Krieg in eine Verurteilung Israels um. Die Politik de Gaulles war auf die Gewinnung der arabischen Staaten gerichtet, da er erstens die Supermächte aus dem Mittelmeer fernzuhalten dachte, um damit auch eine Konfrontation zwischen ihnen mit all ihren negativen Auswirkungen vermeiden, zweitens durch Mitwirkung an der Lösung des Nahost-Konfliktes Frankreichs Stellung als Weltmacht bestätigt wissen und drittens auf diese Weise Frankreichs Einfluss im Nahen Osten zugunsten seiner Import- und Exportinteressen vergrößern wollte. Die Annäherung an die arabischen Staaten, insbesondere die Ölförderländer, war für Frankreich ein akzeptabler Preis, um die guten französisch-israelischen Beziehungen aufzugeben. Der spektakulärste Schritt war das von Frankreich am 2. Juni 1967 ausgesprochene Waffenembargo für den Nahen Osten, das zwar für alle Staaten Gültigkeit besaß, aber Israel besonders treffen sollte. Israel hatte zu großen Teilen französische Rüstungsgüter erhalten, so z. B. das Kampfflugzeug Mirage, so dass es in diesem Krieg auf französischen Nachschub verzichten musste.

Als Georges Pompidou de Gaulle im Präsidentenamt nachfolgte, wies er der Mittelmeer- und Nahostpolitik einen wichtigen Stellenwert zu. In seiner ersten Pressekonferenz kündigte er an, dass Frankreich seine eigenen moralischen und materiellen Interessen verteidigen müsste, „die im ganzen Mittelmeerraum beträchtlich und sehr verschiedener Natur sind und besonders durch die guten alten und erneuerten Beziehungen bedingt sind, die wir mit den arabischen Nationen unterhalten" (AdG v. 20.7.1969: 14797). Pompidou war überzeugt, dass Frankreich für seine internationale Rolle eine Art Hinterland benötigte, das sich aus den Mittelmeerländern sowie den frankophonen Staaten Afrikas zusammensetzen sollte. Da schließlich Westeuropa keine konsistente Mittelmeerpolitik praktizierte, sah Pompidou die Rolle Frankreichs in diesem Gebiet auch stellvertretend für Westeuropa. In der Nahostpolitik erkannte die französische Diplomatie vor allem eine Möglichkeit, den Anspruch einer Macht zu dokumentieren, deren Interessen über Europa hinausreichten. Der französische Vorschlag zur Lösung des Nahost-Konflikts auf der Ebene der vier Sicherheitsratsmächte USA, UdSSR, Großbritannien und Frankreich war der Versuch, wiederum größeres Gewicht im Kreise der Weltmächte zu erlangen und gleichzeitig französischen Einfluss auf diesem Gebiet zu verstärken. Frankreich wollte mit dieser Politik darüber hinaus auch seine Ordnungsfunktion für dieses Gebiet dokumentieren. Jedoch schlug die Politik Frankreichs, als Vermittler im Nahost-Konflikt zu wirken, fehl, da es nicht über ausreichend politisches Potenzial zur Lösung dieser schweren Aufgabe verfügte.

Das bereits unter de Gaulle ausgesprochene Waffenembargo beendete auf brutale Weise die privilegierten französisch-israelischen Beziehungen und wurde auch unter Pompidou fortgesetzt. Zwar wurde formal das Recht des Staates Israel auf Existenz innerhalb gesicherter und anerkannter Grenzen betont, gleichzeitig aber durch eine weit reichende Waffenhandelspolitik mit den Feindstaaten Israels dessen Existenzrecht partiell in Frage gestellt. Von israelischer Seite wurde darüber hinaus auch die französische Forderung nach Räumung der im Anschluss an den Sechs-Tage-Krieg besetzten Gebiete als Infragestellung seiner Existenz angesehen. Israel wurde unter Pompidou als die in Nahost dominierende politische und ökonomische, mit den USA aufs Engste verbundene Macht angesehen. Wollte man aber die Sowjetunion aus Nahost heraushalten bzw. gar herausdrängen, galt es, der UdSSR das Monopol auf Freundschaft mit den arabischen Staaten streitig zu machen. Auf diese Weise hoffte das Frankreich Pompidous gegenüber den Arabern ein adäquater Ansprechpartner zu werden, der als Alternative zu den Sowjets akzeptiert wurde.

Eine zu enge Anlehnung der arabischen Staaten an die Sowjetunion sollte damit verhindert werden. Natürlich dürfen die wirtschaftlichen Interessen Frankreichs bei dieser Öffnung gegenüber den arabischen Staaten nicht übersehen werden. Mit Hilfe einer umfangreichen Besuchsdiplomatie schloss Außenminister Jobert Anfang der 70er Jahre mittelfristige Erdöllieferungsverträge mit arabischen Förderländern, wobei das Erdöl vor allem mit französischen Waffen bezahlt wurde.

Pompidous Mittelmeerpolitik war zunächst schwerpunktmäßig auf eine Verbesserung der Beziehungen zu den westlichen Mittelmeer-Anrainern angelegt. Durch ein Netz bilateraler Verträge militärischer und wirtschaftlicher Zusammenarbeit mit Spanien, Tunesien, Marokko, Libyen und Algerien sollte eine Stabilisierung im westlichen Mittelmeer erreicht und gleichzeitig die Vertiefung französischen Einflusses abgesichert werden.

Auch die Schwarzafrikapolitik Pompidous war von Kontinuität gekennzeichnet. Die unter de Gaulle unternommene zweimalige Regelung der Beziehungen zu den ehemaligen französischen Kolonien in Form der Communauté und Communauté renouvée erfuhr durch Pompidou eine weitere Neuordnung. Der zu Beginn der 70er Jahre besonders stark einsetzende Emanzipationsprozess der afrikanischen Länder, der mit einem starken Nationalismus gekoppelt war, stellte die französische Vorherrschaft in Schwarzafrika in Frage. Im Juli 1972 kündigte Nigeria den französisch-nigerianischen Militärpakt. Bald danach folgten Togo, Kongo, Mauretanien, Madagaskar, Kamerun und Dahomey, die entweder die Verträge auf eine andere Basis stellen oder ganz neu aushandeln wollten (Chipman 1985: 11). Die schwarzafrikanischen Staaten argumentierten, dass die Beziehungen nun endlich normalisiert werden müssten, was nichts anderes bedeutete, als dass die französische Vorherrschaft abgebaut werden sollte. Eine zweite, politische, Entkolonialisierung wurde von den afrikanischen Staaten angestrebt. So fand unter der Präsidentschaft Pompidous der Versuch einer Abwendung einiger schwarzafrikanischer Länder von Frankreich statt, die nun durch verstärkte Kooperation mit anderen afrikanischen oder westeuropäischen Staaten, aber auch der Sowjetunion und China, größere Unabhängigkeit zu erlangen suchten. Da aber Frankreich weiterhin auch vitale sicherheitspolitische Interessen in Afrika berührt sah, kam es den afrikanischen Staaten in den neu geschlossenen bilateralen Beistandsverträgen mit Zugeständnissen entgegen, was zu einer Verbesserung der kurzzeitig belasteten Beziehungen führte. So wurde auf Wunsch des Präsidenten von Niger, Diori, 1973 die erste französisch-afrikanische Gipfelkonferenz unter Beteiligung zahlreicher bekannter afrikanischer Politiker abgehalten, die seit dieser Zeit jährlich stattfindet. Am Ende der Amtszeit Pompidous war die Afrikapolitik durch die Beibehaltung französischen Einflusses in dieser Region gekennzeichnet. Die schwarzafrikanischen Staaten akzeptierten die besonderen Beziehungen zu Frankreich, die ihnen im militärischen Bereich nicht nur Sicherheit gewährleisteten, sondern ökonomisch mit Hilfe Frankreichs in der EG Vorteile verschafften.

## 4.6 Sicherheitspolitik – die partielle Rückkehr zur Realität

Wenn auch Pompidous Ehrgeiz während seiner Präsidentschaft vor allem darin bestand, Frankreich mit Hilfe der Europapolitik industriell der Bundesrepublik anzugleichen, blieb die nationale Landesverteidigung ein wichtiges außenpolitisches Betätigungsfeld. Die Landesverteidigung war auch für de Gaulles Nachfolger ein bedeutsames außenpolitisches Instrument zur Aufrechterhaltung der nationalen Souveränität. Hier wahrte der zweite Präsident der V. Republik die Kontinuität, indem er die „force de frappe“ beibehielt und ausbaute, die militärische Reintegration in die NATO verhinderte und das gaullistische „Dogma der Unabhängigkeit“ – unter argwöhnischer Bewachung der „Barone des Gaullismus“ – treuhändlerisch hütete. Die Grundzüge der Landesverteidigung unter Pompidou wurden vom Minister für nationale Landesverteidigung, Michel Debré, wesentlich geprägt. Debré, einer der engsten Mitarbeiter de Gaulles und selbst ernannter Gralshüter des Gaullismus, brachte die Grundsätze der französischen Sicherheitspolitik in den 70er Jahren im Verteidigungsweißbuch von 1972 erstmals klar und deutlich zum Ausdruck. Danach benötigte Frankreich in der Sicherheitspolitik volle nationale Unabhängigkeit, d. h. die Entscheidungs- und Aktionsfreiheit in allen militärischen Fragen. Eine Politik des „non-alignment“ bedeutete den Verzicht auf eine Integration in Bündnisse, die die nationale Aktionsfähigkeit in Frage gestellt hätte. Auch unter Pompidou galt die Unteilbarkeit des nuklearen Einsatzbefehls durch den französischen Präsidenten. Allein auf diese Weise meinte man in Paris, eine glaubwürdige Abschreckung praktizieren zu können. Unter de Gaulle wie unter Pompidou nahm die „force de frappe“ eine überragende Position ein, denn in ihr wurde nach wie vor der Garant der nationalen Unabhängigkeit gesehen. Jedoch mäßigte der zweite Präsident die politische Großmachtrolle Frankreichs, die ihm geradezu symbolhaft mit der Strategie der „défense à tous azimuts“ unter de Gaulle zugewiesen worden war. Dazu heißt es im Weißbuch von 1972: Es „gilt aber für Frankreich, die Konsequenzen zu ziehen, d. h. sich selber eine Abschreckungsstrategie zu geben, die auf einem nationalen Nuklearpotential beruht. Seine Stellung als mittlere Macht erlaubt es, einen Rüstungsstand anzustreben, der nicht mit demjenigen der größeren Mächte vergleichbar zu sein braucht, aber einen Stand, der mit den verfügbaren technischen, industriellen und finanziellen Hilfskräften erreichbar ist ... Frankreich lebt in einem Gewebe von Interessen, das über seine Grenze hinausreicht. Es ist nicht isoliert. Westeuropa kann deshalb in seiner Gesamtheit nicht verhehlen, indirekt

Nutzen aus der französischen Strategie zu ziehen, die einen stabilen und bestimmenden Faktor der Sicherheit in Europa bildet. Die Option zugunsten der Nuklearstrategie war für Frankreich notwendig, sowohl weil sie heute die einzige wirklich wirksame ist als auch weil es für uns keine Ersatzlösung gibt. Früher wurde die militärische Stärke unseres Landes an der Zahl gemessen, doch heute gehört Frankreich zu den am schwächsten bevölkerten mittleren Mächten, und im Atomzeitalter beruht die Glaubwürdigkeit der Wehrpolitik nicht mehr auf der Zahl" (Europa-Archiv 22/72: D 537).

Dass Pompidou die nationale Verfügungsgewalt über die Kernwaffen beibehalten wollte, zeigte der missglückte Versuch über ein britisch-französisches Zusammengehen im Nuklearbereich. Trotz zunehmender Übereinstimmung mit der konservativen Regierung Heath zu Beginn der 70er Jahre erklärte Pompidou, dass es möglich wäre, in diesem sensiblen Bereich zu *Absprachen* zwischen Frankreich und Großbritannien zu gelangen. Die französische Sicherheitspolitik unter Pompidou bildete damit zu Beginn der 70er Jahre ein objektives Hemmnis weiterer europäischer Integration, da zwar Frankreich auf der einen Seite auch durch Zusammenarbeit in der Sicherheitspolitik Vorteile erreichen wollte, andererseits aber immer dann vor weiterer Integration zurückschreckte, wenn politische Bindungen eingegangen werden sollten.

Wenngleich sich in der „force de frappe" als Abschreckungsinstrument die Kontinuität zu de Gaulle zeigte, wurde die Strategie doch modifiziert. Zwar wurde auch noch unter Präsident de Gaulle eine moderate Strategieänderung in Ansätzen erkennbar, doch erfolgte unter Präsident Pompidou die eigentliche Modifizierung. Galt bis 1968 die Strategie der „dissuasion totale", d. h. der automatische Vergeltungseinsatz französischer strategischer Kernwaffen bei jeder Verletzung nationalen Territoriums, so erhielten unter Pompidou die taktischen Nuklearwaffen – Mirage und Jaguarkampfflugzeuge sowie Pluton-Raketen des Heeres – eine Aufwertung, die auch finanziell im dritten Militärprogramm von 1971 bis 1975 ihren Niederschlag fand. Einerseits wurde an der Drohung mit einem massiven strategischen Nuklearschlag zum Schutze der Unabhängigkeit Frankreichs festgehalten, andererseits gingen aber die „vitalen Interessen" Frankreichs über das Hexagon, also das französische Territorium, hinaus. Frankreich näherte sich somit etwas der NATO-Strategie der „flexiblen Reaktion" an und entwickelte eine eigene, flexiblere Strategie. Die französische Strategie richtete sich nun auch offiziell an einem Gegner aus, der aus dem Osten kam. Nun sollten die französischen taktischen Kernwaffen den Auftrag haben, auf einen konventionellen Angriff zu antworten. Ihr Einsatz hatte einen eher demonstrativen Zweck, denn aufgrund der geringen Anzahl taktischer Kernwaffen wie auch konventioneller Waffen wäre Frankreich gar nicht in der Lage, einen Konflikt – wie z. B. die NATO – zu eskalieren. „Der Gegensatz zur geltenden NATO-Strategie der angemessenen (flexiblen) Erwiderung tritt in aller

Schärfe hervor, denn in Ermangelung sowohl der konventionellen wie nukleartaktischen Mittel ist die französische Strategie nicht flexibel, sondern völlig starr, indem der atomare Stolperdraht, glaubt man den Vätern dieser Doktrin, sofort den massiven Gegenschlag auf das sowjetische Sanktuarium auslöst. Die Frage nach der Glaubwürdigkeit einer derartigen Drohung mit dem nationalen Selbstmord in den Augen eines in jeder Hinsicht erdrückend überlegenen Gegners wird hier anscheinend nicht gestellt" (Schütze 1983: 15).

Der Zeitpunkt des Einsatzes der taktischen Nuklearwaffen und ihr Einsatzgebiet blieben somit offen. Damit wurde nicht nur die Sowjetunion als denkbarer Angreifer über die französischen Nuklearwaffen im Unklaren gehalten, sondern auch die Verbündeten. Dies galt natürlich zuallererst für die Bundesrepublik Deutschland, deren Territorium vom französischen Kernwaffeneinsatz zuerst hätte betroffen sein können, ohne dass sie auch nur den Hauch eines Mitspracherechtes gehabt hätte. Die französische Regierung behielt sich die Definition ihrer Sicherheitsinteressen vor. Danach unterschied Frankreich als ersten Sicherheitsbereich das französische Mutterland. Den zweiten Sicherheitsbereich bildeten die strategischen Zugänge in Europa und das Mittelmeer und den dritten Sicherheitsbereich stellten die französischen Besitzungen in Übersee dar sowie die afrikanischen Staaten, die mit Frankreich Militär- und Verteidigungsabkommen geschlossen haben. Die Strategiediskussion sollte unter Pompidous Nachfolger erneut in den Blickpunkt öffentlicher Auseinandersetzungen geraten.

## 4.7 Zusammenfassung

Pompidou verstand Frankreich nicht mehr als einen der „großen Vier", sondern für ihn war Frankreich nur noch eine „Weltmacht mittlerer Größe". Die Abkehr von der Politik der Größe führte zu einer nüchternen und realitätsbezogenen Außenpolitik. Pompidou trat unter dem Motto „Kontinuität und Öffnung" an, wobei er Frankreich nun vor allem als Gleichen unter Gleichen begriff und besonders die europäische Rolle Frankreichs betonte. Hatte de Gaulle noch eine Vision über die weltpolitische Rolle Frankreichs, so konzentrierte sich Pompidou auf Europa, das Mittelmeer, den Nahen Osten und Afrika. Pompidou bekannte sich prinzipiell zur politischen europäischen Integration, wenngleich er eine „wirkliche Wirtschaftsgemeinschaft" favorisierte. Ihm ging es, wie er es in seinem Triptychon formulierte, um Vollendung, Vertiefung und Erweiterung der Europäischen Gemeinschaft.

Pompidou ergriff europapolitische Initiativen. Die Einberufung der Pariser Gipfelkonferenz durch Pompidou bildete den Auftakt dieser neuen Initiative. Als Fernziel für 1980 proklamierte die Konferenz die „Europäische Union", die konkrete Festlegungen der Teilnehmer geradezu verhinderte. Die französische Position kam in Pompidous Eröffnungsrede zum Ausdruck, als er erklärte, dass es nicht natürlich wäre, Staaten zu vereinigen, die die Jahrhunderte so geformt hätten, da sie eine sehr unterschiedliche Physiognomie erlangt und häufig auseinander laufende Interessen hätten. Pompidou äußerte lediglich ein platonisches Bekenntnis zu Europa. Doch hinsichtlich des britischen Beitritts gab es eine Veränderung zu de Gaulle. Pompidou ermöglichte den britischen EG-Beitritt, da sich innerhalb der EG die Kräftestruktur zuungunsten Frankreichs entwickelt hatte und Großbritannien nun zusammen mit Frankreich ein Korrektivelement gegen das aufstrebende Deutschland sein konnte.

In den französisch-amerikanischen Beziehungen lösten sich Verbesserungen durch Spannungen ab – und umgekehrt. Präsident Pompidou hätte, selbst wenn er eine Rückkehr Frankreichs in die NATO gewünscht hätte, diese nicht erreichen können, da mittlerweile neben den Gaullisten und Kommunisten auch Vertreter der anderen Parteien und große Teile der Bevölkerung die gaullistische Politik der nationalen Unabhängigkeit unterstützten. So war auch die NATO-Politik Pompidous durch eine prinzipielle Ablehnung der militärischen Integration bei gleichzeitiger Wiederannäherung an das Bündnis und Aufrechterhaltung der politischen und militärischen Entscheidungsfreiheit Frankreichs gekennzeichnet. Anders als sein Vorgänger betonte Präsident Pompidou die Notwendigkeit des politisch-militärischen Bündnisses mit den USA sowie die Anwesenheit amerikanischer Truppen in Mitteleuropa – aber nicht in Frankreich. Der Anspruch auf Handlungsfreiheit war während der Präsidentschaft Pompidous das von de Gaulle übernommene Leitmotiv.

# 5. Giscard d'Estaing – Mondialismus und Realismus

## 5.1 Persönlichkeit und außenpolitische Konzeption

Die Wahl Valery Giscard d'Estaings zum dritten Präsidenten der V. Republik am 19. Mai 1974 sollte – so Giscard – eine neue Ära in der französischen Politik einleiten. Jedoch währte die „Ära Giscard d'Estaing" lediglich ein Septennat, denn 1981 musste Giscard seinem sozialistischen Gegenkandidaten Mitterrand weichen. Bei der Präsidentschaftswahl 1974 hatte sich somit ein Wechsel in der V. Republik vollzogen, denn zum ersten Mal wurde im gaullistischen Frankreich das allüberragende Präsidentenamt von einem Nicht-Gaullisten ausgeübt. Mit 48 Jahren wurde Giscard d'Estaing jüngster Präsident der V. Republik. Sorgsam und systematisch hatte er seinen Aufstieg in die höchste Machtposition der V. Republik vorbereitet. Nach kurzer politischer Lehrzeit wurde er 1959 Staatssekretär im Finanzministerium und 1962 übernahm er mit erst 35 Jahren das Superministerium für Wirtschaft und Finanzen. Damit war Giscard d'Estaing nicht nur jüngster Minister der V. Republik, sondern neben dem Präsidenten, dem Premierminister und dem Außenminister übte er auch das wichtigste politische Amt Frankreichs aus.

Giscard besaß gegenüber seinen Amtsvorgängern de Gaulle und Pompidou eine schwächere Ausgangsposition. Erstens hatte er gegen die Gaullisten im ersten Wahlgang kandidiert; zweitens konnte er die Wahl gegen seinen Rivalen Mitterrand nur mit hauchdünner Mehrheit gewinnen, und drittens waren die Gaullisten innerhalb der ihn unterstützenden parlamentarischen Mehrheit nach wie vor die stärkste parlamentarische Kraft. Das bedeutete, dass Giscard zur Durchführung seiner Politik auf die Unterstützung der Gaullisten angewiesen war, die er aber wiederum nur dann erhalten konnte, wenn er die gaullistischen Dogmen, also insbesondere die Unabhängigkeit und Größe der Nation, nicht in Frage stellte. Für die Außenpolitik musste die parlamentarische Einbindung die Berücksichtigung gaullistischer Positionen auch unter der Präsidentschaft Giscard d'Estaings bedeuten. Allerdings erfolgte unter Giscard eine Entdramatisierung der internationalen Beziehungen, die unter Präsident de Gaulle in der Anwendung einer gewissen Theatralik natürlich ganz besonders die Journalisten zufrieden stellen konnte.

Hinsichtlich der Besetzung der außenpolitischen Spitzenpositionen zeigte sich, dass auch unter Giscard die von de Gaulle eingeführten *„domaines reservés"* in der

Außenpolitik ihren Fortbestand haben sollten, wenngleich – wie auch bei seinen beiden Vorgängern – der Einfluss seiner Berater nicht zu unterschätzen war. Erster Außenminister unter Giscard wurde Jean Sauvagnargues, der bis dahin Botschafter seines Landes in Bonn war. Symbolhaft wurde damit der hohe Stellenwert der deutsch-französischen Beziehungen betont. Auch unter de Gaulle wurde der damalige Bonner Botschafter Couve de Murville Außenminister. Auf Sauvagnargues folgte 1976 unter dem neuen Premierminister Raymond Barre mit Louis de Guiringaud ebenfalls ein Karrierediplomat auf dem Chefsessel am Quai d'Orsay. Schließlich übernahm mit Jean François Poncet im November 1978 der dritte Diplomat unter Giscard d'Estaing das Außenministerium. Musste er als ersten Premierminister wegen des Einflusses der Gaullisten noch Jacques Chirac einsetzen, so unterstrich er mit der Ersetzung Chiracs durch Raymond Barre – „dem besten Ökonomen Frankreichs" (Giscard) – die Priorität seines ökonomischen Ansatzes in den internationalen Beziehungen. Neben den Außenministern waren seine einflussreichsten Berater Gabriel Robin (als technischer Berater), Jean François Poncet als langjähriger Generalsekretär des Präsidialamts und René Journiac, der bis zu seinem Tode 1980 für die afrikanischen Angelegenheiten verantwortlich zeichnete.

In Bezug auf den außenpolitischen Entscheidungsprozess erfuhr Präsident Giscard d'Estaing durch den Ausgang der Wahlen zur Nationalversammlung 1978 eine Stärkung seiner Position. Wenngleich die Gaullisten stärkste Fraktion innerhalb des bürgerlichen Lagers blieben, konnten die Giscard unterstützenden Parteien – kurz vor der Wahl 1978 zur „Union pour la democratie française" (UDF) zusammengefasst – wichtige Positionen gutmachen; zweifellos wurde dadurch der Spielraum des Präsidenten im Bereich der Exekutive vergrößert.

Ausgangspunkt für die Außenpolitik Frankreichs unter Giscard war einmal die innenpolitische Konstellation sowie zum anderen die Erkenntnis, dass es 1974 eine Weltkrise gab, die sich insbesondere im Ungleichgewicht der Weltwirtschaft zeigte (vgl. Dulphy 1994: 89). Sie war gekennzeichnet durch eine weltweite Inflation, den völligen Verfall des internationalen Währungssystems und den starken Preisanstieg wichtiger Rohstoffe. Da eine Interdependenz aller Nationen aufgrund der ökonomischen Gegebenheiten bestand, musste die französische Außenpolitik weltweit (mondialistisch) orientiert sein.

**Staatspräsident Giscard d'Estaings Mondialismusansatz 1976**

„Frankreich hat, anstatt der Versuchung nachzugeben und das Risiko der Frontenbildung einzugehen, den Weg des Gesprächs gewählt ... Die Bevorzugung der Verständigung gegenüber der Frontenbildung ergab sich nicht aus den Umständen. Sie war vielmehr Ausdruck unserer ständigen Überzeugung, dass die Lösung der großen Probleme, welche die wirtschaftliche Entwicklung oder

> die Sicherheit der Welt betreffen, nicht mehr in einem rein nationalen oder regionalen Rahmen gesucht werden kann, sondern dass sie in zunehmendem Maße die ganze Weltgemeinschaft angeht."

Giscard d'Estaing 1977: 188 f.

Als rohstoffabhängiges Land sah sich Frankreich unter Giscard d'Estaing gezwungen, eine Außenpolitik zu betreiben, die die von de Gaulle eingeleitete militärische Unabhängigkeitspolitik auch auf dem ökonomischen Sektor gewährleisten sollte. Die Idee einer Neuen Weltwirtschaftsordnung bildete daher ein Leitmotiv der Außenpolitik Giscard d'Estaings. Zwar wurde auch unter ihm das Postulat der nationalen militärischen Unabhängigkeit aufrechterhalten; doch konnte sie angesichts ihres zunehmend bedeutsameren ökonomischen Unterbaus nicht mehr so rigoros wie unter de Gaulle gehandhabt werden. Die Durchführung der Politik der nationalen Unabhängigkeit verlangte darüber hinaus die weitere Mitwirkung Frankreichs in den westlichen Gemeinschaften, wobei allerdings die französische Entscheidungsfreiheit gewährleistet bleiben musste. Frankreich musste darüber hinaus auch aktives Engagement in der internationalen Politik beweisen, das sich einmal in den Beziehungen zu den osteuropäischen Ländern und der Sowjetunion und zum anderen gegenüber den Ländern der Dritten Welt niederschlagen sollte. Entspannte und nach Möglichkeit gute Beziehungen zur Sowjetunion waren im Verständnis Giscards eine wesentliche Voraussetzung französischer Unabhängigkeit und Sicherheit. Giscard d'Estaing anerkannte die weltpolitischen Realitäten mit dem das internationale System strukturbestimmenden Antagonismus zwischen den USA und der Sowjetunion, der sowohl durch globale Konfrontation als auch antagonistische Kooperation gekennzeichnet war. Das Ziel des dritten Präsidenten der V. Republik war es, Frankreichs unter de Gaulle eingenommenen Platz zu verteidigen, als Mittler im internationalen System zu agieren und die Unabhängigkeit zu wahren. Wesentliche Politikbereiche, in denen die eigene Position Frankreichs zum Ausdruck kam, waren die Ost-West-Beziehungen, die Europa- und Deutschlandpolitik sowie die Dritte-Welt-Politik.

## 5.2 Ost-West-Beziehungen – Giscard als Weltkind in der Mitte

Die Amtszeit Giscards von 1974 bis 1981 wurde durch einen permanenten Verfall des Entspannungsprozesses zwischen Ost und West gekennzeichnet. Erlebte die Entspannung in der ersten Hälfte der 70er Jahre sowohl auf bilateraler als auch auf multilateraler Ebene ihre Höhepunkte – erwähnt seien nur die umfangreichen amerikanisch-sowjetischen Vereinbarungen wie SALT I und das Abkommen zur Verhinderung eines Atomkrieges, die deutschen Ostverträge (Moskauer Vertrag, Warschauer und Prager Vertrag), das Berlinabkommen von 1971 und die Schlussakte von Helsinki im Sommer 1975 – so verlor die Entspannung in der zweiten Hälfte der 70er Jahre an Unterstützung, besonders in den USA und der Sowjetunion. Die politischen Führungen in diesen Ländern sahen in den Ergebnissen der Entspannungspolitik für ihre Länder negative Auswirkungen, die es aufzuhalten bzw. zu ändern galt. Anders dagegen Frankreich. Die große Entspannungsoffensive nach Osten, die unter de Gaulle Mitte der 60er Jahre eingesetzt hatte und von Pompidou fortgesetzt wurde, sollte auch unter der Präsidentschaft Giscards weitergeführt werden. Frankreichs Haltung zur Entspannung kennzeichnete Giscard wie folgt:

**Frankreichs Haltung zur Entspannung unter Giscard d'Estaing**

„Es wird geduldig weiter auf die Entspannung hinarbeiten. Wenn diese auch nicht alle Probleme löst, so stellt sie doch zumindest den einzigen Weg dar, der einer friedlichen Entwicklung geöffnet ist. Die wirtschaftliche und technische Zusammenarbeit, die kulturellen Beziehungen, die periodischen Gipfeltreffen der führenden Persönlichkeiten ermöglichen zwischen Ländern, die sich für verschiedene Systeme entschieden haben, einen Informations- und Gedankenaustausch, der die Lösung der konkreten Probleme erleichtert. Frankreich ist glücklich über die Geisteshaltung, die es bei seinen wichtigsten Partnern der Entspannung vorfindet. Es möchte ihren konkreten Gehalt intensivieren durch eine bilaterale Annäherung und die erstrebenswerte Milderung der ideologischen Gegensätze."

Giscard d'Estaing 1977: 187

Giscard d'Estaing musste die Entspannungspolitik sowohl aus innenpolitischen als auch konzeptionellen Gründen fortführen, wollte Frankreich weiterhin den Anspruch einer unabhängigen, substantiellen und originären Ostpolitik vertreten. Einmal bestand in der französischen Öffentlichkeit ein breiter Grundkonsens über ein wesentliches Grundprinzip der gaullistischen Außenpolitik, nämlich die Entspannungspolitik, dem Giscard Rechnung tragen musste. Zum anderen diente die Entspannungspolitik als flankierende Maßnahme französischer Unabhängigkeitspolitik, die nur dann erfolgversprechend sein konnte, wenn ein annäherndes militärisches Gleichgewicht zwischen Ost und West aufrechterhalten blieb und die Ost-West-Entspannung fortgesetzt wurde. Gerieten beide Elemente, also sowohl das militärische Gleichgewicht als auch die Entspannung ins Wanken, so verringerte sich auch der Spielraum Frankreichs; eine Entwicklung, die die französische Regierung mit aller Macht vermeiden wollte. Drittens musste einer im internationalen Entspannungsprozess zunehmend selbstbewussteren Bundesrepublik Deutschland mit einer eigenen Entspannungspolitik begegnet werden.

Eine Sonderrolle in der französischen Entspannungspolitik unter Giscard nahm die Sowjetunion ein. Auch das sowjetische Interesse an einem Präsidenten Giscard wurde symbolhaft 1974 deutlich, als vor dem zweiten Wahlgang zu den Präsidentschaftswahlen der sowjetische Botschafter in Paris dem Präsidentschaftskandidaten Giscard seine Aufwartung machte und damit dokumentierte, dass er von Giscards Gegenkandidaten, Mitterrand, eine Verschlechterung der französisch-sowjetischen Beziehungen erwartete, wie sie sieben Jahre später, nach der Wahl Mitterrands 1981, auch tatsächlich eintreten sollte.

Im Dezember 1974 traf KPdSU-Generalsekretär Leonid Breschnew in Paris zum ersten offiziellen Besuch mit dem dritten Präsidenten der V. Republik zusammen. Giscard versuchte bereits hier, seiner Entspannungspolitik eine eigene Note zu geben. Ihm ging es vor allem auch um die ideologische Entspannung. In seiner Schlusserklärung zur KSZE in Helsinki sagte der Präsident, dass die Unterschiede der beiden Systeme akzeptiert und respektiert werden, dass aber eine Grenze des „ideologischen Wettstreits ohne Einmischung und ohne Intoleranz gefunden werden sollte“. Giscards Entspannungspolitik zielte also darauf hin, die Sowjetunion zur Anerkennung des Status quo zu bewegen. Seine Absicht war die vertrauensvolle Kooperation zwischen Staaten, wobei die UdSSR auf einen Teil des Konzepts der friedlichen Koexistenz hätte verzichten sollen, nämlich auf die Fortsetzung der ideologischen Auseinandersetzung. Wie weit Giscard bereit war, diese ideologische Entspannungspolitik zu verfolgen, zeigt seine Haltung gegenüber sowjetischen Dissidenten. So weigerte er sich 1977 – im Gegensatz zu US-Präsident Carter –, sowjetische Dissidenten zu empfangen. Ja, Giscard warf Carter sogar vor, mit seiner rigorosen Menschenrechtspolitik, welche die USA auf der KSZE-Folgekonferenz in Belgrad 1977/78 besonders publikumswirksam verfolgten und mit der sie die Sowjetunion vor der Weltöffentlichkeit bloßzustellen versuchten, eine ideologische Dimension in die internationale Politik eingebracht zu haben, die den internationalen Entspannungsprozess erschwert hätte.

In der ersten Hälfte seiner Amtszeit waren die Ost-Beziehungen Frankreichs noch von einem relativen Erfolg gekrönt. Nachdem die USA mit der Beendigung des Vietnamkrieges, mit dem Nixon-Schock in der Handels- und Währungspolitik von 1971 (die USA erhoben auf bestimmte Produkte erhöhten Einfuhrzoll und gaben die Konvertibilität des US-Dollars auf) sowie der Watergate-Affäre einen außenpolitischen Machtverlust erlitten hatten und dadurch bedingt auch im bilateralen Entspannungsprozess mit der Sowjetunion an Wert verloren, versuchte Frankreich unter Giscard in diese Lücke zu stoßen. Mehrfache Gipfeltreffen zwischen Giscard und Breshnew in Moskau, Paris und Warschau zwischen 1974 und 1981 symbolisierten die atmosphärisch guten Beziehungen zwischen Frankreich und der Sowjetunion. Frankreich konnte in diesem Beziehungsgeflecht seine Rolle als Mittelmacht steigern; ein Prozess, der zusätzlich durch Präsident Carters offensive Menschenrechtspolitik und die Stagnation bei den Verhandlungen über die strategischen Waffen beschleunigt wurde. Auch durch den Abschluss der aktiven deutschen Entspannungspolitik, die seit Mitte der 70er Jahre mehr auf eine Konsolidierung des Erreichten und auf eine weniger spektakuläre Verbesserung der Ost-West-Beziehungen ausgerichtet war, erhöhte sich Frankreichs Bedeutung für die UdSSR.

Im Juni 1977, als Breschnew Paris erstmals in seiner Funktion als Staatsoberhaupt besuchte, schlug sich die besondere Rolle Frankreichs als bevorzugter Verhandlungspartner im Westen nieder. Giscard konnte erreichen, dass sich die UdSSR in einem gemeinsamen Kommuniqué verpflichtete, das Recht der afrikanischen Staaten auf Freiheit von Einmischung Dritter in ihre inneren Angelegenheiten zu achten. Nun fühlte sich Frankreich in seinem Status gleichberechtigt mit der Sowjetunion, versuchte mit dieser Politik die beiden Supermächte aus Afrika herauszuhalten und konnte gleichzeitig als Verteidiger der Entspannung erscheinen. Der französische Präsident wollte aber die Entspannung nicht nur auf Europa beschränkt wissen, sondern er wollte den Geist und die Prinzipien der Entspannung auf alle Krisengebiete ausdehnen.

Mit der Invasion in Afghanistan Ende Dezember 1979 wurde deutlich, dass die Sowjetunion gar nicht daran dachte, die Entspannungspolitik auf außereuropäische Regionen auszudehnen. Giscard sah in dieser Invasion keinen grundsätzlichen Wandel der sowjetischen Außenpolitik, doch erkannte auch er in dieser Aktion einen schweren Fehler der Sowjetunion, der seinen Entspannungsbemühungen zuwiderlief. In dieser Situation der Sprachlosigkeit zwischen den Supermächten – Präsident Carter hatte sich durch Breschnew getäuscht gefühlt und ging zu einer harten Haltung gegenüber der Sowjetunion über – versuchte Frankreich die Rolle eines Mittlers zu übernehmen. Die französisch-sowjetischen Gespräche fanden auf den verschiedensten Ebenen statt. In Paris verfolgte man den amerikanischen Grundsatz: *business as usual*. Ja, es kam sogar zu einem spektakulären Treffen Giscards und Breschnews am 19. Mai 1980 in Warschau. Auch nach der sowjetischen Invasion in Afghanistan war Giscard nicht bereit, ein Verhalten gegenüber der Sowjetunion an den Tag zu legen, das als Blockverhalten und „Bestrafung“ der UdSSR hätte verstanden werden können. Frankreich weigerte sich, ökonomische Sanktionen gegen die UdSSR durchzuführen. Es widersetzte sich dem von den USA initiierten Boykott der Olympischen Spiele 1980 in Moskau. Der französische Botschafter in Moskau nahm am 1. Mai 1980 an der traditionellen Maiparade auf dem Roten Platz teil. Giscard wollte die unabhängige Politik Frankreichs, von de Gaulle eingeleitet, nun auch gerade gegenüber den USA fortsetzen. In dem kurzfristig anberaumten, auf die Initiative des polnischen PVAP-Chefs Gierek zurückgehenden Treffen mit Breshnew verdeutlichte Giscard die Haltung Frankreichs aus der neu entstandenen Lage und erfuhr in dieser Krisensituation die Einschätzung der Lage durch Breschnew aus erster Hand. Der französische Präsident verlangte von der UdSSR den Rückzug ihrer Truppen aus Afghanistan; ein Unterfangen, mit dem er bei Breschnew auf Granit biss. Allerdings wurde durch dieses überraschende Treffen der Anspruch Frankreichs deutlich, den nach der Afghanistan-Invasion und dem im Dezember 1979 verabschiedeten Nato-Doppelbeschluss abgebrochenen Ost-West-Dialog wieder zu beleben. Waren auch die Beziehungen zwischen den beiden Ländern während der Amtszeit Giscards Wechselbädern unterworfen, so fand doch eine relativ gute Kooperation zwischen Frankreich und der Sowjetunion in den Handels- und Kulturbeziehungen statt, von der beide Seiten profitierten. Die spektakulärste Zusammenarbeit erfolgte in der Raumfahrttechnik, wo gemeinsame Raumprogramme angestrebt wurden. Nicht zuletzt kann auch die gute Kooperation mit der Sowjetunion vor dem Hintergrund der innenpolitischen Entwicklung in Frankreich gesehen werden, wo er seine Ausgangsposition für die nächsten Präsidentschaftswahlen gegenüber dem Kandidaten der Sozialistischen Partei verbessern wollte. Dass ihm das gelungen war, zeigte ein Artikel in der Prawda im März 1981 während des Wahlkampfs, als François Mitterrand kritisiert und Giscard d'Estaing gelobt wurde (vgl. Vaisse 2005: 925).

## 5.3 Europapolitik – der deutsch-französische Aktionismus

Das Jahr 1974 brachte einen Wechsel in den politischen Führungen der wichtigsten vier westlichen Industrieländer. Im Februar ersetzte der Labour-Vorsitzende Harold Wilson nach gewonnener Wahl den Konservativen Edward Heath, unter dessen Führung die Briten 1973 nach zwei vergeblichen Anläufen endlich den EG-Beitritt vollzogen hatten. Im Mai 1974 wurde Valery Giscard d'Estaing neuer Herr im Elysée-Palast. Im Juni löste der Sozialdemokrat Helmut Schmidt den zuletzt glücklosen Bundeskanzler Willy Brandt ab und im August wurde der Republikaner Gerald Ford Nachfolger des durch die Watergate-Affäre innenpolitisch diskreditierten, außenpolitisch aber äußerst erfolgreichen Richard Nixon. Angesichts des restriktiven Europakurses der Labour-Party, der permanenten italienischen Regierungskrisen sowie des Rückzugs der USA auf die innenpolitische Bewältigung der Watergate-Affäre ergaben sich günstige internationale Rahmenbedingungen zu Beginn der Amtszeit Präsident Giscards, da in den wichtigsten westlichen Ländern nun neue Regierungen amtierten. Die Chance zur aktiven Gestaltung war gegeben! Der französische Staatspräsident und der deutsche Bundeskanzler galten bei ihrer jeweiligen Amtsübernahme als pragmatisch ausgerichtete Europäer, die den europäischen Integrationsprozess fortsetzen wollten. So führte auch der erste Auslandsbesuch Helmut Schmidts, kurz nach seiner Wahl zum Bundeskanzler, nach Paris. Diese Geste war ein unübersehbares Symbol deutsch-französischer Zusammenarbeit, war es doch sowohl für Giscard als auch Schmidt die erste Begegnung seit Amtsantritt mit dem Regierungschef eines anderen Landes. Einen Schwerpunkt ihrer Gespräche nahm die Europäische Gemeinschaft ein. Beide Politiker stimmten überein, den vollen Bestand der Gemeinschaft zu erhalten und den gegenwärtigen Prozess der Schwächung aufzuhalten. Vorrangiges Ziel sollte die Rückkehr zur internen Stabilität der Volkswirtschaften sein. Schließlich vereinbarten beide, dass die EG eine größere Eigenständigkeit zeigen und eine einheitliche Position zu den großen monetären, wirtschaftlichen und weltpolitischen Fragen einnehmen sollte. Der französische Präsident strebte mit seiner Europapolitik die Reduzierung des wirtschaftlichen Gefälles zwischen der Bundesrepublik Deutschland und Frankreich an, um Frankreich auf die gleiche Ebene zu führen. Gemäß seiner europapolitischen Philosophie mussten sich die wichtigsten EG-Partner in einer vergleichbaren politischen Situation befinden. Aus diesem Grund sah er es auch als unabdingbar an, dass Frankreich Einfluss in Europa ausübte, indem es den Organisationsprozess der EG weitgehend zu bestimmen versuchte. Allerdings war auch Giscard d'Estaing kein supranational ausgerichteter Europäer, nicht zuletzt weil die die Regierung mittragenden Gaullisten einen solchen Wandel der französischen Europapolitik vehement blockiert hätten. Auch der dritte Präsident der V. Republik verfügte ebenso wie sein Vorgänger Pompidou – aber anders als de Gaulle – über keine letztendlich geschlossene Europakonzeption, sondern nur über allgemeine europapolitische Vorstellungen. In seinem 1977 erschienenen Buch „Französische Demokratie" deutete Giscard seine Ideen bezüglich der europäischen Integration nur an, wenn er schrieb:

**Giscard d'Estaings vage Europavorstellungen**

„Um uns herum organisiert sich Europa. Frankreich leistet dazu einen positiven Beitrag durch seinen Beitritt zu den Römischen Verträgen, durch die französisch-deutsche Versöhnung ... Unser Land betrachtet es als eine Notwendigkeit für die Nationen Westeuropas, die einander durch ihre Lebensweise, ihre Zivilisation und ihre politischen Institutionen nahe stehen, sich zu vereinen in einer Welt, in der Supermächte auftreten und Staaten sich in verschiedenen Formen gruppieren: Erdöl produzierende Länder, blockfreie Staaten, Mitglieder der Organisation für afrikanische Einheit. Von der europäischen Einheit hat die französische Demokratie eine klare Vorstellung; sie versucht nicht, anderen diese Vorstellung in allen Einzelheiten aufzudrängen, aber sie wird auch nicht zulassen, dass sie sich in verworrene oder machtlose Gebilde auflöst.

Zunächst geht es darum, die wirtschaftliche und währungstechnische Einheit nach den Bedingungen der Römischen Verträge herbeizuführen. Wir müssen feststellen, dass diese notwendige Einheit von ihrer endgültigen Verwirklichung noch weit entfernt ist. Sie zu erreichen, ist die erste Aufgabe. Als Nächstes muss die föderalistische Tätigkeit der Europäischen Union gefördert werden. Eine schwierige, einzigartige Aufgabe, die von Seiten aller Partner der Union Einsatz, Phantasie und pragmatisches Denken verlangt. Aber eine notwendige Aufgabe, damit Europa imstande ist, an den Neuorientierungen teilzunehmen, die das Schicksal unseres Planeten bestimmen werden. Was zu tun ist, um dieses Ziel zu erreichen, hängt von den Entscheidungen der Regierungen und Parlamente der einzelnen Länder ab, die allein in der Lage sind, die föderalistische Union Europas zu organisieren.

Die Wirtschafts- und Währungsunion errichten, die Funktion der europäischen Föderation sicherstellen – das ist für Frankreich der erste Kreis der Solidarität."

Giscard d'Estaing 1977: 185.

Die Gründe für Giscards konföderalen Ansatz lagen in seiner Einsicht in die Realitäten, da er zu jener Zeit keine Möglichkeit sah, über diese Integrationsform hinauszugehen. Auch wünschte er wohl nicht die supranationale Integration. 1979 wurde die Konzeption Giscards klarer, als er in einem Spiegel-Gespräch folgende Gedanken äußerte: „Es geht darum, eine europäische Konföderation zu bilden. Dieser Staatenbund wird keine Regierung haben wie die einzelnen Nationen, er wird von einer Exekutive geführt werden, die aus dem gegenwärtigen Rat hervorgeht ... man muss sich damit abfinden, dass der europäische Staatenbund so gegliedert sein wird: eine aus dem Europäischen Rat hervorgegangene Exekutive, eine aus der Kommission entstandene Verwaltung der Gemeinschaftsangelegenheiten und ein aus der Versammlung gebildetes legislatives Organ für Fragen der Gemeinschaft. Diese drei Organe müssen voneinander getrennt bleiben. Denn Gewaltenteilung ist notwendiger Bestandteil einer konföderativen Organisation" (Der Spiegel 1/1979: 47). Die weitere Entwicklung sollte zukünftigen Generationen vorbehalten bleiben, denen nicht vorgegriffen werden dürfte.

Am 1. Juli 1974 übernahm Frankreich turnusmäßig die halbjährige Präsidentschaft in der Europäischen Gemeinschaft, um sie zu europapolitischen Initiativen zu nutzen. Vor dem Hintergrund, dass beim Amtswechsel Nixon/Ford keiner der beiden Präsidenten in seiner Abschieds- bzw. Antrittsrede das Wort Europa auch nur erwähnt hatte und dass es der Europäischen Gemeinschaft nicht gelungen war, den Konflikt zwischen den zwei der EG assoziierten Mitgliedern Griechenland und

Türkei im Sommer 1974 zu verhindern, forderte der französische Präsident eine größere Eigenständigkeit Europas. Im Herbst 1974 unternahm er erste europapolitische Initiativen und schlug politische Institutionen vor, die dem europäischen Integrationsprozess Impulse verleihen konnten. Der französische Präsident forderte die Einrichtung eines europäischen Rates der Staats- und Regierungschefs als oberstes Entscheidungsorgan für die Mitglieder der Gemeinschaft, der sich anstelle der bisherigen unregelmäßigen Gipfelkonferenzen in regelmäßigen Abständen versammeln sollte. Der Rat sollte nicht nur als reaktiver Krisenstabilisator wirken, sondern die Tätigkeit der Gemeinschaft kontrollieren, ihr Impulse verleihen und als oberstes Koordinationsgremium dienen. Auf diese Weise sollte die von Giscard angestrebte Identität Europas als Akteur in der internationalen Politik besser verwirklicht werden. War dieser Vorschlag der klassischen intergouvernementalen Integrationsmethode entlehnt, so kam die supranationale Komponente in der Akzeptanz der Kompetenzen der bestehenden Organe (vor allem der Kommission) und in der Forderung nach Direktwahlen für das Europäische Parlament noch vor 1980 zum Ausdruck. Auch beim Problem der Mehrheitsentscheidungen zeigte Frankreich größeres Entgegenkommen und praktizierte nicht mehr solch rigorose Verfahrensweisen wie noch unter de Gaulle und Pompidou. Allerdings gestand es keineswegs eine automatische Zustimmung für den Mehrheitsentscheid zu. Somit stellte sich in der Tat die französische Europapolitik Ende 1974 in einem neuen Gewand vor und ließ Hoffnungen für einen Integrationsfortschritt aufkommen. Weitere Vorschläge Giscards betrafen die Wiederaufnahme des Projekts der Wirtschafts- und Währungsunion sowie die Ausarbeitung einer gemeinsamen europäischen Energiepolitik. Die Ölpreiskrise im Gefolge des Yom-Kippur-Krieges vom Herbst 1973 zeitigte ihre Folgen.

In dieser Situation war der deutsch-französische Gleichklang hinsichtlich der europapolitischen Ziele von außerordentlicher Bedeutung. Die zurückhaltende Aufnahme der französischen Vorschläge, insbesondere bei den Benelux-Staaten, die einen Kompetenzverlust der EG-Organe befürchteten, konnte ausgeräumt werden, da Frankreich in den meisten Fragen Entgegenkommen signalisierte. So wurde auf der Konferenz der Staats- und Regierungschefs der neun EG-Staaten im Dezember 1974 in Paris die Errichtung des Europäischen Rats als oberstes Koordinationsgremium der Europäischen Gemeinschaft beschlossen, das von nun an drei Mal jährlich und so oft wie nötig mit den Außenministern als Rat der Gemeinschaft und im Rahmen der Europäischen Politischen Zusammenarbeit zusammentreten sollte. Damit entstand in der verfassten periodischen Zusammenarbeit der Regierungschefs eine intergouvernementale Autorität, eine Art oberstes politisches Konsultations-, Abstimmungs- und Entscheidungsgremium, das nun die Zukunft der Gemeinschaft in immer stärkerem Maße bestimmen sollte. Auf diese Weise hat der Europäische Rat der Absicht Giscards Rechnung getragen, als Überzeugungsforum wie auch als Gremium zur Aufwertung französischer Außenpolitik zu dienen. Der Europäische Rat bildete für Giscard das Instrument zur Präsentation seines Projekts eines „Trilogs“ (Verhandlungen zwischen Europa, der Arabischen Liga und der Organisation Afrikanische Einheit), für seinen Vorschlag einer europäischen Abrüstungskonferenz (1978) oder das Projekt einer internationalen Konferenz für Afghanistan. Darüber hinaus wurden die Direktwahl des Europäischen Parlaments sowie eine Erweiterung seiner Kompetenzen beschlossen. Die Einrichtung eines EG-Regionalfonds zum 1. Januar 1975 war ein weiteres Ergebnis der Pariser Gipfelkonferenz.

Der europäische Integrationsprozess hatte zweifellos einen Schritt nach vorn getan. Abermals wurde – wie auch bei Gründung der EWG 1957 – ein Grundtausch der Interessen zwischen Frankreich und der Bundesrepublik Deutschland vorgenommen. Die Deutschen gestanden den Franzosen den Europäischen Rat zu und als Gegenleistung erhielten sie die französische Zustimmung zu der von ihnen propagierten Direktwahl des Europäischen Parlaments. Damit wurde auch den Realitäten des Gemeinschaftsprozesses Rechnung getragen, denn der Europäische Rat entwickelte sich – wie vorhersehbar – zum eigentlichen Steuerungsorgan der Gemeinschaft. Nahezu alle Politikbereiche wurden von ihm vorentschieden, wenngleich die formelle Entscheidungskompetenz bei den EG-Organen verblieb.

Neben der Veränderung der Organisationsstruktur war ein zweites wichtiges europapolitisches Ziel in der Amtszeit Giscards die Vertiefung der ökonomischen Integration. Instrumente dafür wurden vor allem die sektoralen Politiken der Landwirtschaft, der Währung und der Energie. Frankreich verteidigte nachdrücklich das gemeinsame, in die Krise geratene EG-Agrarpreissystem, das insbesondere von der Bundesrepublik Deutschland und Großbritannien in Frage gestellt wurde. Frankreich widersetzte sich einer Produktionsbegrenzung von Agrargütern, da durch die Erhöhung der französischen Agrarproduktion die Einkommen der in der Landwirtschaft Beschäftigten stiegen und vermehrte Agrarexporte zu einer Verbesserung der französischen Außenhandels- und Zahlungsbilanz führten. Die deutschen Drohungen, sich einer Agrarpreiserhöhung zu widersetzen, führten immer wieder zu Spannungen zwischen den beiden landwirtschaftlich verschieden ausgerichteten Nachbarn. Jedoch konnte Frankreich sich in den ausgehandelten Kompromissen meistens als Sieger fühlen.

Eine weitere wichtige ökonomische Integrationsmaßnahme war die Errichtung des Europäischen Währungssystems (EWS), das offiziell am 1. Januar 1979, faktisch aufgrund agrarpolitischer Differenzen aber erst im März 1981 in Kraft trat. Präsident Giscard und Bundeskanzler Schmidt schmiedeten dieses Projekt in ihren zahlreichen bilateralen Treffen und nutzten den nun neu geschaffenen Europäischen Rat, um ihre Kollegen von der Notwendigkeit dieses Projekts zu überzeugen. Äußere und binnengemeinschaftliche Entwicklungen führten zu einem Handlungsdruck. Giscard und Schmidt wollten mit Hilfe des EWS dem massiven Kursverfall des US-Dollars begegnen. Auch wurden Desintegrationstendenzen in der Gemeinschaft mit diesem Projekt aufgefangen. Das Ziel des EWS war eine „stabile Währungszone" in der Gemeinschaft, die allein die Hälfte des Handels der Mitgliedsländer abwickelt. Die acht Mitglieder des EWS – Ausnahme Griechenland, Spanien, Portugal und Großbritannien – bildeten einen Wechselkursverbund, in dem die nationalen Währungen nur begrenzt untereinander schwankten, gegenüber Drittländerwährungen aber frei floateten.

Einen dritten Bereich zu mehr ökonomischer Integration stellte die gemeinsame Energiepolitik dar. Als im Gefolge des Yom-Kippur-Krieges in Form der 1974 geschaffenen internationalen Energieagentur (IEA) eine gemeinsame europäisch-atlantische Energiekrisenkoordinierung versucht wurde, blieb Frankreich außerhalb dieses Verbundsystems und verfolgte eine eigenständige Energiepolitik. Frankreich suchte eine kooperative Energiepolitik mit den Erdölförderländern und wollte Konflikte vermeiden. Deshalb schlug Präsident Giscard im Oktober 1974 einen Nord-Süd-Dialog zwischen den Industriestaaten, den Erdölstaaten und den Entwicklungsländern vor. Auf dieser Konferenz, die im April 1975 in Paris stattfand, konnte jedoch keine Einigung erzielt werden, so dass Frankreich mit seinem europapolitischen Ansatz zur Energie-Integration Schiffbruch erlitt. Auch gegenüber den 1976 vorgeschlagenen gemeinsamen energiepolitischen Maßnahmen blieben die anderen europäischen Staaten zurückhaltend. Erst 1979 beschloss der Europäische Rat, wiederum auf Initiative Frankreichs, die Erdölimporte der Gemeinschaft zu begrenzen und auf dem Niveau von 1978 oder einem noch niedrigerem Niveau einzufrieren. Somit war die französische Energiepolitik letzten Endes doch noch erfolgreich, konnte sie doch zu dem von Giscard angestrebten Ziel einer größeren europäischen Identität und einem gegenüber den Erdölförderländern eigenständigeren Europa beitragen.

Giscard strebte für die Europäische Gemeinschaft eine größere weltpolitische Rolle an, die er allerdings aufgrund seines Ausscheidens aus dem Präsidentenamt nicht mehr verwirklichen konnte. So wurde Ende 1979 US-Präsident Carter von Giscard und Schmidt aufgefordert, die Ratifizierung des SALT II-Abkommens voranzutreiben. Das deutsch-französische Communique von Anfang 1980 stellte die besondere westeuropäische Verantwortung angesichts der neuen Spannungen und Konflikte in der Welt (Iran, Afghanistan) heraus. Schließlich betonte Giscard d'Estaing anlässlich seines Deutschlandbesuches 1980 die Bedeutung eines starken Europas als eines ausgleichenden Elementes der Weltpolitik. Die besonders enge Verflechtung der deutschen und französischen Volkswirtschaft erforderte die Absprache in der Europapolitik zwischen Frankreich und der Bundesrepublik. Gleichzeitig ermöglichte die gemeinsame deutsch-französische Europapolitik trotz aller nach wie vor bestehenden unterschiedlichen Interessen eine bessere Verhandlungsposition gegenüber den USA in der Wirtschafts- und Währungspolitik.

## 5.4 Die deutsch-französischen Beziehungen – Schmidt und Giscard als die dominanten Europa-Akteure

Nach den beiden harmonierenden deutsch-französischen Gespannen – Robert Schuman und Konrad Adenauer sowie Charles de Gaulle und Konrad Adenauer – sollten Valéry Giscard d'Estaing und Helmut Schmidt das dritte Harmoniebündnis in den deutsch-französischen Nachkriegsbeziehungen bilden. Beide Spitzenpolitiker kannten sich seit längerer Zeit recht gut. Bereits während des ersten Zusammentreffens in ihren neuen Funktionen vom 31. Mai bis 1. Juni 1974 in Paris erzielten die auf keine Doktrinen festgelegten Politiker Giscard und Schmidt Einigung über einen Katalog außenpolitischer Fragen, der die deutsch-französischen Beziehungen während des Septennats Giscards begleitete. Man versprach sich gegenseitige Konsultation vor Gesprächen mit der UdSSR, ein Vorgang, der als Reaktion auf die nicht mit Frankreich abgesprochene Reise Bundeskanzler Brandts im September 1971 auf die Krim gewertet wurde. Sie hatte in Frankreich zu Irritationen und Befürchtungen über die deutsche Verlässlichkeit innerhalb des Westens geführt. Ebenso wurden gegenseitige intensivere Konsultationen über die Beziehungen zu den USA vereinbart. Giscard und Schmidt schrieben den Kampf gegen die Inflation und die Rückkehr zu innerer Stabilität bei gleichzeitigem Verzicht auf protektionistische Maßnahmen in ihr Programm. Die Fortentwicklung der EG zu einer Stabilitätsgemeinschaft, deren Institutionen entsprechend dem Geist der Römischen Verträge Anwendung finden sollten sowie die Stärkung der Solidarität der Mitglieder einer zunehmend unabhängiger werdenden EG waren weitere außenpolitische Zielsetzungen. Nach den „exemplarischen Beziehungen" – so charakterisierte Präsident Pompidou die deutsch-französischen Beziehungen – entwickelten sich unter Giscard und Schmidt „privilegierte Beziehungen" zweier schwieriger Nachbarn. Sie zeigten sich sowohl zahlenmäßig als auch in ihrer politischen Substanz. Die aufgrund des deutsch-französischen Vertrags vom 22. Januar 1963 vorgesehenen halbjährigen Konsultationen wurden zwar auch unter de Gaulle und Pompidou eingehalten. In der Amtszeit von Präsident Giscard trafen der französische Präsident und der deutsche Bundeskanzler neben den 14 vertragsmäßigen Begegnungen noch weitere zehn Mal auf bilateraler Basis zusammen. Darüber hinaus erfolgten zahlreiche Treffen anlässlich internationaler Konferenzen wie dem Europäischen Rat, dem Weltwirtschaftsgipfel, der KSZE-Schlussveranstaltung in Helsinki sowie dem Vierergipfel 1979 auf der Karibik-Insel Guadeloupe. Zusätzlich trugen nahezu wöchentliche Telefongespräche – für viele Franzosen pikanterweise in der englischen Sprache geführt – zu weiterer Konzertierung der deutschen und französischen Außenpolitik bei. Die Zahl wie auch die Intensität der Kontakte der politischen Spitzen beider Länder war bis dahin ohne Beispiel und ermöglichte einen deutsch-französischen Gleichklang bei den wichtigsten die beiden Staaten betreffenden außenpolitischen Problemen. So bewirkte diese ungewöhnlich enge Kooperation zwischen dem französischen Präsidenten und dem deutschen Bundeskanzler die Initiative zur Errichtung des Europäischen Rates, die Durchführung der Ersten Direktwahl zum Europäischen Parlament, die Schaffung des Europäischen Währungssystems (EWS), die Regelung der Grenzausgleichsproblematik in der EG-Agrarpolitik und die verstärkte Präsenz EG-Europas in der internationalen Politik, z. B. in der Afghanistankrise und dem Nahostkonflikt.

Der wichtigste Bereich der deutsch-französischen Kooperation war die ökonomische Zusammenarbeit, in der der französische Präsident eine Konzertierung der ökonomischen Teilpolitiken anstrebte. Frankreich und die Bundesrepublik Deutschland erlebten eine zunehmende ökonomische Verflechtung, ja, eine gegenseitige Durchdringung, so dass beide Staaten sich zum jeweils größten Handelspartner des anderen entwickelten. Seit Schaffung der Europäischen Wirtschaftsgemeinschaft im Jahr 1958 wurde die Bundesrepublik Deutschland Frankreichs größer Lieferant und rückte damit vor die USA, und seit 1961 wurde die Bundesrepublik auch Frankreichs größter Kunde. Der Handelsaustausch zwischen den beiden Nachbarn stieg überproportional, gemessen am Handelsaustausch der EG-Länder. 1980 bezog Frankreich mehr als 20 Prozent seiner Importe aus der Bundesrepublik Deutschland, während es für die Bundesrepublik nur 11 Prozent aus Frankreich waren. Durch einen vermehrten deutschen Export nach Frankreich führten die deutsch-französischen Handelsbeziehungen zu einem starken Ungleichgewicht, das sich in den 70er Jahren in einem Negativsaldo für Frankreich niederschlug und dessen Tendenz auch in den 80er Jahren anhielt. Nicht selten kam daher in Frankreich das Gefühl auf, dass man der wirtschaftlichen Macht der Bundesrepublik weitgehend ausgeliefert wäre. So war es nicht nur das Ziel Präsident Giscards, den „exemplarischen Charakter" der wirtschaftlichen Beziehungen beider Länder und deren „Vorreiterrolle" im ökonomischen Integrationsprozess in Europa hervorzuheben, sondern er wollte mit Hilfe der immer dichteren ökonomischen Kooperation den Abstand zwischen den beiden Volkswirtschaften verringern. Es sollte eine Konzertierung der Konjunktur- und Handelspolitik erreicht werden, die Frankreich langfristig eine parallele ökonomische Entwicklung zur Bundesrepublik Deutschland ermöglichte.

Ein deutsch-französisches Gleichgewicht, das Giscard darüber hinaus auch im sicherheitspolitischen Sektor hinsichtlich der konventionellen Armeen anstrebte, war seiner Auffassung nach die beste Grundbedingung für harmonische deutsch-französische Beziehungen. Der permanente Kampf Frankreichs mit dem Handelsbilanzdefizit engte seinen wirtschaftspolitischen Handlungsspielraum ein und die getroffenen Maßnahmen zur Ankurbelung seines Binnenmarktes wirkten sogar kontraproduktiv und führten zu vermehrten Importen. Auch für die Bundesrepublik konnten sich aus dem ständigen Handels- und Zahlungsbilanzungleichgewicht

Probleme ergeben, da Turbulenzen im Welthandel die besonders exportabhängige deutsche Wirtschaft gefährdeten. Allerdings konnte Präsident Giscard während seiner Amtszeit seine hochgesteckten ökonomischen Zielsetzungen nicht erreichen; ja die ökonomischen Daten entwickelten sich in dieser Zeit zwischen beiden Ländern weiter scherenförmig auseinander. Während in der Bundesrepublik Deutschland Erfolge in der Preisniveaustabilität erreicht wurden, setzte sich in Frankreich trotz massiver staatlicher Maßnahmen der Inflationsprozess fort. Nur für kurze Zeit konnte in den fünf Jahren unter Premierminister Barre die Inflationsdifferenz zur Bundesrepublik verringert werden. Und auch das Handelsbilanzdefizit mit der Bundesrepublik Deutschland vergrößerte sich zu Ungunsten Frankreichs. Wenngleich die nationalen ökonomischen Ziele Frankreichs mit der intensivierten deutsch-französischen Kooperation nicht erreicht wurden, führte die französische Wirtschaftspolitik unter Giscard und seinem Premierminister Barre doch in der zweiten Hälfte der 70er Jahre zum Abbau des gesamten französischen Handelsdefizits, allerdings unter Inkaufnahme einer höheren Arbeitslosigkeit und zahlreicher Konkurse. Die enge ökonomische Kooperation beider Länder bewirkte zusätzliche positive Impulse für den europäischen Integrationsprozess, z. B. beim EWS und der EG-Agrarpolitik. Der deutsch-französische Gleichklang verhinderte einen fortschreitenden Renationalisierungsprozess in der Gemeinschaft, konnte jedoch desintegrierende Effekte auf den angestrebten Binnenmarkt nicht vollkommen vermeiden. Die positiv verlaufenden deutsch-französischen Beziehungen fanden trotz aller immer wieder auftauchenden Probleme ihren Niederschlag in der französischen Öffentlichkeit. Im März 1980 hielten 68 Prozent der befragten Franzosen die enge Bindung zur Bundesrepublik Deutschland für eher gut, während 13 Prozent dies als eher schlecht bezeichneten.

Mag man den deutsch-französischen Gleichklang in Bezug auf den europäischen Integrationsprozess auch unterschiedlich beurteilen, so stellte die enge Zusammenarbeit unter Präsident Giscard und Bundeskanzler Schmidt in den Ost-West-Beziehungen ein verändertes und neues Element dar und betonte den europäischen Behauptungswillen. Sowohl gegenüber der Sowjetunion als auch gegenüber den USA versuchten Giscard und Schmidt durch ihre gegenseitigen Konsultationen die besondere Rolle und das Gewicht Europas in die internationale Politik einzubringen. Hatte Frankreich vor allem unter de Gaulle gegenüber den USA sowohl inhaltlich, aber noch mehr in Stil und Form seine Unabhängigkeit zum Ausdruck gebracht und damit die Bundesrepublik Deutschland, die von den USA sicherheitspolitisch abhängig war, fast immer in einen französisch-amerikanischen Zwiespalt geführt, brachte Präsident Giscard zwar auch die unabhängige Position Frankreichs gegenüber den USA zur Geltung, ohne allerdings den deutschen Partner zu provozieren. Somit wurde es der Bundesrepublik Deutschland erleichtert, in Sachfragen gemeinsam mit Frankreich europäische Interessen gegenüber den USA zu vertreten. Auf diese Weise konnten Giscard und Schmidt in der Wirtschafts- und Währungspolitik wie auch in der Entspannungspolitik gemeinsame Positionen beziehen. In der Geschichte der westeuropäisch-amerikanischen Beziehungen war es ein einmaliger Vorgang, dass die beiden europäischen Politiker US-Präsident Carter nachdrücklich aufforderten, für eine Beschleunigung der Ratifizierung von SALT II im amerikanischen Senat zu sorgen. Die beiden europäischen Staaten suchten ihre Vorteile in der Entspannungspolitik auch gegenüber den USA abzusichern, welche sich von dem schmalen Pfad der Entspannung schon seit Mitte der 70er Jahre langsam, aber sicher entfernten. In dem Maße, in den die USA einen militärischen, ökonomischen, psychologischen und allgemeinpolitischen Machtverlust erlitten – Stichworte sind die Währungskrisen, die Watergate-Affäre und der Vietnamkrieg –, gewann die deutsch-französische Allianz an internationaler Bedeutung. Zwar konnten Giscard und Schmidt nicht die amerikanische Führung innerhalb des Westens ersetzen, jedoch konnten sie diesen Führungsverlust etwas auffangen und gleichzeitig die europäischen Interessen stärker in das internationale System einbringen. Noch deutlicher zeigte der deutsch-französische Gleichklang aber seine Harmonie gegenüber der Sowjetunion. Bereits 1975 wurde das deutsch-französische Harmoniebündnis im Rahmen der Europäischen Politischen Zusammenarbeit (EPZ), in den Verhandlungen über die Schlussakte der KSZE einer erfolgreichen Bewährungsprobe unterzogen. Besonders sichtbar wurde die gemeinsame französisch-deutsche Haltung nach der sowjetischen Invasion in Afghanistan im Dezember 1979. Das Kommuniqué vom 5. Februar 1980, nach Abschluss der 35. deutsch-französischen Konsultationen, verurteilte die sowjetische Invasion in Afghanistan und forderte die Sowjetunion zur Rücknahme der Maßnahme auf, bekräftigte vor dem Hintergrund der Verschärfung der Ost-West-Beziehungen die Treue beider Staaten zur Atlantischen Allianz, stellte fest, „dass durch die Ereignisse in Afghanistan die Entspannung schwieriger und unsicherer geworden ist ... (und) dass die Entspannung einem neuen Schlag gleicher Art nicht standhalten würde" (AdG v. 5.2.1980: 23241) beschwor die Vermeidung der Übertragung des Ost-West-Konflikts auf die Dritte Welt und bekräftigte die besondere Verantwortung der europäischen Staaten in dieser Situation.

Trotz guter Beziehungen stellten sich auch während der Amtszeit Giscards Probleme im deutsch-französischen Verhältnis ein. So mussten die Deutschen zur Kenntnis nehmen, dass Frankreich trotz all der aufrechten Kooperation mit der Bundesrepublik Deutschland sich qualitativ in der Machthierarchie unterschied und sich oberhalb der Bundesrepublik einordnete. Frankreich hatte sich unter der Präsidentschaft Giscards immer als eine „Potsdamer Macht" verstanden, d. h., es hielt an seiner Verantwortung für Deutschland als Ganzes und Berlin fest. Diesen besonderen Status einer für Deutschland als Ganzes verantwortlichen Macht – neben den USA, Großbritannien und der Sowjetunion – machte Präsident Giscard anlässlich seines Besuch 1979 in West-Berlin überaus deutlich, als er die Schutzmachtfunktion Frankreichs für Berlin im französischen Sektor Berlins klar herausstellte, wenngleich er auch nachdrücklich die französische Garantieerklärung für Berlin abgab. Psychologisch war für die Franzosen sehr wichtig, zu den „Großen Vier" zu gehören und sich somit gegenüber dem ökonomisch mächtigen und manchmal unheimlichen Rheinnachbarn abzugrenzen.

Auch unter Giscard konnten französische Vorbehalte einer zu engen Anlehnung der Bundesrepublik an die USA nicht vollständig beseitigt werden, sah man in dieser deutschen Politik doch ein Hindernis für die Errichtung eines unabhängigen Europa. Noch immer wurde in Frankreich, insbesondere in deutsch-französischen Spannungszeiten, die Bundesrepublik als unsicherer westeuropäischer Kantonist und als amerikanisches Trojanisches Pferd verstanden. Und diese Spannungen zwischen den beiden Völkern entstehen immer wieder – trotz Elysée-Vertrag, trotz der mehr als 1 400 Gemeindepartnerschaften und mehr als 2 500 Schulpartnerschaften und trotz des deutsch-französischen Jugendaustausches – in unregelmäßigen Abständen neu und führen zu kollektiver Hysterie auf beiden Seiten des Rheins. Dabei übernehmen die Massenmedien die Rolle des Trägers deutsch-französischer Krisen. Trotz des für die internationale und europäische Politik sowie das deutsch-französische Verhältnis sich als Glücksfall erweisenden Tandems Giscard/Schmidt gab es zahlreiche Krisen in den deutsch-französischen Beziehungen. Mit dem Tandem Giscard-Schmidt wurde deutlich, „dass ab der Präsidentschaft Giscard d'Estaings die französische Europapolitik mit der französischen Deutschlandpolitik quasi synonym und deckungsgleich ist: kein Fortschritt für Europa ohne deutsch-französische Initiative, kein deutsch-französisches Agieren ohne Auswirkungen auf Europa" (Müller-Brandeck-Bocqet 2004: 37).

## 5.5 Giscard – der Atlantiker?

Bei der Wahl Giscard d'Estaings 1974 waren die französisch-amerikanischen Beziehungen durch vielfältige Turbulenzen gekennzeichnet. Die atlantischen Beziehungen waren gestört, weil die Vereinigten Staaten von Amerika den europäischen Mächten lediglich die Rolle von Regionalmächten zuerkennen wollten. Bei der Lösung des Nahostproblems türmten sich die französisch-amerikanischen Differenzen wie auch bei der Behandlung der Beziehungen zwischen den Erdölförderstaaten und den Erdöl importierenden Ländern. Die französisch-amerikanischen Beziehungen bewegten sich in gaullistischen Bahnen, die Alfred Grosser treffend wie folgt kennzeichnete: „Wann immer eine mehr oder minder physische Bedrohung von der Sowjetunion ausgeht, ist Frankreich, eben weil westlich, vollkommen solidarisch mit den anderen Ländern des Westens ... Doch wenn keine Bedrohung vorliegt (oder kein Gefühl von Bedrohung), muss Frankreich, eben weil es ein westliches Land ist, Unabhängigkeit und Einfluss gegenüber den USA zu gewinnen bestrebt sein. Als westliches Land hat es kaum Verknüpfungen mit der Sowjetunion. Als westliches Land ist es ökonomisch, technologisch, militärisch und kulturell in einer Situation von ungleicher Interdependenz mit den USA. Gewiss muss Amerika mächtig sein, um die russische Macht in Schach zu halten. Doch sobald die UdSSR in Schach gehalten ist, gilt es der amerikanischen Übermacht entgegenzutreten, um Frankreich gegenüber seinem amerikanischen Bündnispartner aufzuwerten" (Grosser 1978: 411).

Mitte 1974 hofften nicht wenige politische Beobachter, dass mit der Wahl Giscard d'Estaings dieses gaullistische Bewegungsgesetz durchbrochen wurde und eine engere französisch-amerikanische Kooperation sich Bahn brechen würde, ja sogar eine Reintegration in die militärische Organisation der NATO erfolgen könnte. Giscard versuchte zunächst die französisch-amerikanischen Beziehungen auf eine neue Grundlage zu stellen, wohl wissend, zu welchen negativen Auswirkungen de Gaulles Politik der „Grandeur" und Pompidous ambivalente Amerikapolitik in den USA geführt hatten. So akzeptierte er in der NATO-Erklärung von Ottawa im Juni 1974, dass die französische Atomwaffen vom Bündnis als ein Gewinn für dessen kollektive Sicherheit angesehen wurden. Dennoch handelte es sich im Großen und Ganzen nicht um inhaltliche Verbesserungen, sondern nur um atmosphärische Korrekturen. Eine qualitative Kehrtwendung wurde bereits durch die Einbindung Giscards in die Koalition mit den Gaullisten verhindert. Die Auswechselung von Außenminister Michel Jobert, der insbesondere durch seine scharfzüngigen Attacken gegenüber den USA von sich Reden machte, war ein erster Schritt zur Verbesserung der Tonart in den zweiseitigen Beziehungen. Auf der ökonomischen Ebene erfolgte ebenfalls eine Annäherung an die USA. Sie wurde in der Fusion der „Compagnie internationale pour l'informatique", einer 1966 mit staatlicher Unterstützung gegründeten Vereinigung mehrerer französischer Gesellschaften mit der US-Firma Honeywell-Bull sichtbar und veranlasste Le Monde zu der Schlagzeile „Lieber die USA als Europa". Und die 1975 erstmals in das Schloss Rambouillet einberufene Gipfelkonferenz der sechs – heute G 8 – wichtigsten westlichen Industrieländer, die der Beginn der jährlichen westlichen Wirtschaftsgipfel werden sollte, diente nicht zuletzt zur Harmonisierung der europäisch-amerikanischen und damit auch der französisch-amerikanischen Wirtschaftsbeziehungen. Auch in den Problembereichen, dem französischen Prestigeobjekt Concorde, der zivilen Nuklearpolitik, der Währungspolitik sowie der Waffenexportpolitik brachte Giscard Verständnis für den amerikanischen Partner auf. So konnte US-Außenminister Henry Kissinger 1975 feststellen, dass sich die französisch-amerikanischen Beziehungen im besten Zustand befanden. Dennoch musste Giscard erkennen, dass ihm gerade in den ökonomischen Fragen die USA nicht entgegenkamen. Innenpolitische Angriffe, insbesondere der Kommunisten und der orthodoxen Gaullisten, die Giscard einer Rückkehr in die Atlantische Allianz verdächtigten, mussten dem Bild einer engeren Anlehnung an die USA weiteren Auftrieb geben, obwohl Giscard an Frankreichs Sonderrolle innerhalb der Atlantischen Allianz festhielt. Auch Giscards anfänglich zögernd eingeleitete, später aber wieder revidierte, Strategieänderung weckte Befürchtungen über eine zu stark atlantisch orientierte französische Außenpolitik.

Doch sollte die Politik gegenüber den USA immer vor dem Hintergrund der Unabhängigkeit Frankreichs und damit Europas betrieben werden. Wenngleich auch die Treue zum Atlantischen Bündnis ebenso eine Konstante der Außenpolitik Giscards war – und sein Staatsbesuch 1976 in den USA legte davon zuverlässig Zeugnis ab – wie die kategorische Verweigerung der militärischen Reintegration, so war auf der anderen Seite die Errichtung eines starken und einigen Europas, das in der Weltpolitik seine Stimme erheben und ein gleichberechtigter Partner der USA sein sollte, die andere Konstante. Wenn auch die französisch-amerikanischen Interessen in der ersten Phase des Septennats von Giscard nicht gegensätzlich waren, so waren sie aber auch nicht identisch.

Die Wahl Carters zum 39. US-Präsidenten im November 1976 verschlechtete aber die französisch-amerikanischen Beziehungen. Im US-Präsidenten sah Präsident Giscard – wie auch Bundeskanzler Schmidt – einen Zauderer, der darüber hinaus aus Giscards Sicht unglücklicherweise noch die ideologische Dimension der Außenpolitik betonte. Die von Carter betriebene Außenpolitik bedeutete eine Gefahr für die von Frankreich und der Bundesrepublik praktizierte Entspannungspolitik, barg sie doch das Risiko einer erneuten Einordnung der Westeuropäer in den atlantischen Block unter US-Führung. Frankreich sah seine Rolle und seinen Einfluss in den Ost-West-Beziehungen schwinden, was Giscard auf alle Fälle zu verhindern suchte.

## 5.6 Sicherheitspolitik: Modifizierter Gaullismus

Giscard war weiterhin gewillt, gaullistischen Grundsätzen der Verteidigungspolitik zu folgen und auf keinen Fall eine militärische Reintegration in die NATO vorzunehmen, kündigte aber bei Amtsantritt im Sommer 1974 eine Überprüfung der Verteidigungspolitik an und begründete dies mit den veränderten internationalen Rahmenbedingungen. Die ersten Ergebnisse der Überprüfung der Verteidigungspolitik wurden in der Rede von Premierminister Chirac vom 10. Februar 1975 sichtbar, als besonders die europäische Dimension der französischen Nuklearwaffen betont wurde. Chirac erklärte: „Sein Schicksal mit dem Europas verbunden wissend, gedenkt Frankreich, in der Verteidigung des Kontinents, zu dem es gehört, eine seinen Fähigkeiten entsprechende Rolle zu spielen. Um das zu erreichen, dürfen wir uns nicht damit begnügen, unser eigenes Gebiet ‚sakrosankt' zu machen, sondern müssen über unsere Grenzen hinausschauen. In diesem Sinne leisten diese Waffen, da sie französisch sind und da sie auf unserem Kontinent genuin europäisch sind, schon durch ihre bloße Existenz einen Beitrag zur Verteidigung Europas. Einen Beitrag, dessen Umfang unsere Verbündeten – und wir selbst – noch gar nicht voll ermessen haben" (zitiert nach Grosser 1978: 411). Aber bereits im November 1975 entfernte sich der Präsident von der gaullistischen Strategie, als er erklärte, dass Frankreichs Problem gleichzeitig darin bestände, mit den zur Verfügung stehenden Mitteln zu vermeiden, dass ein Angriff gegen Frankreich stattfände, sowie darin, Frankreich dieses Gefühl der Sicherheit, das Gefühl einer gewissen Macht, zu geben. Es dürfe nicht sein, so Giscard, dass die französische Bevölkerung bei Zwischenfällen, die sich hier oder dort ereignen können, oder bei Drohungen das Gefühl haben könnte, eine schwache Gemeinschaft zu sein. Damit sie also dieses Gefühl der Sicherheit und der Macht hätte, müsste Frankreich eine gewisse Anzahl konventioneller Mittel zur Verteidigung haben. Damit wurde die bisher mit Priorität geförderte strategische Nuklearrüstung in ihrer Bedeutung relativiert und der Gedanke an andere mögliche Konfliktformen, die bei einem Angriff nicht sofort den strategischen Gegenschlag erfordern, der Bevölkerung bewusst gemacht. So sollte 1976 durch den neuen Generalstabschef der Armee, General Méry, auch eine Modifizierung der bisherigen Verteidigungsdoktrin erfolgen. Méry erklärte, dass die Sicherheit Frankreichs nicht mehr ausschließlich an seinen Grenzen begänne. Falls es in Europa zu Kampfhandlungen kommen sollte, hinge Frankreichs Schicksal von deren Verlauf und Ergebnis ab, so dass eine frühe Teilnehme an solchen Kampfhandlungen im nationalen Interesse liege. Méry beanspruchte für Frankreich ein „erweitertes Sanktuarium", das den ersten Kreis der französischen Sicherheitszone, nämlich ganz Westeuropa und seine unmittelbaren Zugänge, insbesondere den Mittelmeerraum, umschließt. Innerhalb dieser Sicherheitszone müsse Frankreich mit der Gesamtheit seiner Streitkräfte oder Teilen davon operieren können. Diese Gedankengänge führten die französische Strategie erkennbar in Richtung einer verstärkten Solidarität mit den westeuropäischen Bündnispartnern, ja auch mit der Atlantischen Allianz. Allerdings wurde das Prinzip der nationalen Unabhängigkeit weiterhin von Frankreich beansprucht, wenngleich die Unabhängigkeit bei der Entscheidung nicht zwangsläufig zu einer Handlungsautonomie führen musste. Nach wie vor wurde jeder Automatismus der Einbeziehung Frankreichs in einen militärischen Konflikt in Europa als unvereinbar mit der nationalen Unabhängigkeit angesehen, doch zeigte die Absicht Mérys, die französischen Truppen an der Vorne-Verteidigung des Bündnisses zu beteiligen, dass auch die Handlungsautonomie Frankreichs in der Sicherheitspolitik unter Giscard eingeschränkt war. Somit wurde die Abkehr von der starren gaullistischen Doktrin in folgenden

Bereichen sichtbar: in der Relativierung der Bedeutung von strategischen Kernwaffen; in der Zusammenarbeit mit den Verbündeten, insbesondere im „erweiterter Schutzbereich“ und in der Möglichkeit einer europäischen Verteidigung.

Die eingeleiteten Änderungen der französischen Strategie durch Giscard und Méry fanden auch ihren Niederschlag in der Organisation der Streitkräfte sowie in dem im Juni 1976 verabschiedeten militärischen Fünf-Jahres-Programm für die Zeit von 1977 bis 1982. Einmal wurden die seit de Gaulle entwickelten Grundsätze der französischen Sicherheitspolitik und Militärstrategie ausdrücklich bestätigt: Frankreich bedurfte aus Gründen der Glaubwürdigkeit seiner Außenpolitik und Sicherheitspolitik einer unabhängigen und autarken Verteidigung. Zum anderen wurde die Abschreckungsstrategie bestätigt, aber gleichzeitig einer Modifizierung unterworfen. Erstmalig erhielten in einem offiziellen Regierungsdokument die taktischen Nuklearwaffen eine besondere Bedeutung: Das französische Heer wurde mit diesen Waffen ausgerüstet; die Verbindung der Anwendung taktischer und strategischer Nuklearwaffen dokumentierte eine Entfernung von der „Alles-oder-nichts-Strategie“.

Die Umstrukturierung und Verkleinerung des Heeres, das durch eine umfassende Rüstungserneuerung in seiner Kampfkraft gesteigert werden sollte, bedeutete weiterhin, dass die französische Strategie nach einer Vervollständigung ihres Abschreckungssystems strebte. Nun hatte man eine eigene Strategie, eine in Ansätzen „flexible Reaktion“ geschaffen, die zwar vorgab, die Unabhängigkeit des Handelns zu besitzen, die aber aufgrund der geopolitischen französischen Situation im Falle eines Konflikts keine Handlungsautonomie erlaubte. Die Behauptung, dass Frankreich auch in seinem unmittelbaren Vorfeld, also besonders in der Bundesrepublik Deutschland, entsprechend seiner autonomen Entscheidung in Abwehrkämpfe eingreifen würde – allerdings nicht im Rahmen einer von der NATO vorher festgelegten Aufgabe, sondern um das eigene Gebiet in einer Art Vorneverteidigung durch eine kombinierte Anwendung verbesserter konventioneller und taktisch-nuklearer Waffen zu schützen –, sollte eigentlich mehr als Argument für die innenpolitische Diskussion dienen. Präsident Giscard fand sich nach dem Ausscheiden von Premierminister Chirac im Jahre 1976 unter dem doppelten Druck der sozialistischen Opposition sowie der unter Chiracs Führung stehenden Gaullisten. Chiracs Nachfolger, Raymond Barre, relativierte die 1976 vorgenommenen Strategie-Modifikationen erneut, als er 1977 erklärte: „Das Konzept der Abschreckung wird zur Verteidigung unserer vitalen Interessen angewandt, dass heißt im Wesentlichen auf unser nationales Gebiet, auf das Herz unserer Existenz als Nation, doch ebenfalls auf seine angrenzenden Gebiete, dass heißt auf die seiner Nachbarn und Verbündeten“ (Revue de Défense Nationale Aug./Sep. 1977: 7-19).

In der Spätphase der Amtszeit Präsident Giscards entfachte sich erneut eine Diskussion über die französische Militärstrategie, da Frankreich die Entwicklung der

Neutronenwaffe genau zu dem Zeitpunkt anstrebte, da US-Präsident Carter den Verzicht auf den Bau dieser Waffe ausgesprochen hatte. Damit stellte sich die Frage nach der Auswirkung der Neutronenwaffe auf die französische Strategie, da sie mit der bis dato geltenden Nukleardoktrin nicht vereinbar war. Folgerichtig lehnten die Gaullisten auch die Entwicklung und den Bau der Neutronenwaffe ab. Jedoch sollte die Neutronenwaffendiskussion während der Amtszeit Giscards nicht zu Ende gehen.

## 5.7 Giscard – Der Afrikaner?

Giscard versuchte mit seiner Afrikapolitik (als wichtigstem Teil der französischen Dritte-Welt-Politik, aber auch als Teil französischer Sicherheitspolitik), einmal die Bipolarität der Supermächte aufzulockern, ihnen den Zugang nach Afrika zu versperren, zum anderen durch eine enge französisch-afrikanische Kooperation die europäische Position in der internationalen Politik zu stärken und schließlich spezifische französische politische, wirtschaftliche und militärische Interessen zu verfolgen.

Giscard machte sich kurz nach der Amtsübernahme für eine Neue internationale Wirtschaftsordnung stark, um ein System der Aussöhnung zwischen Nord und Süd zu schaffen. Konnte Pompidou durch eine Erneuerung und Modifizierung der bilateralen Verträge mit verschiedenen schwarzafrikanischen Ländern eine drohende Abwendung dieser Staaten von Frankreich gerade noch verhindern und somit französischen Einfluss im von ihm doch eigentlich vernachlässigten Schwarzafrika aufrechterhalten, nahm der schwarzafrikanische Teil des Kontinents in Giscards außenpolitischem „Konzept des Mondialismus" einen hervorragenden Stellenwert ein. Giscard versuchte mit seiner Afrikapolitik (als wichtigstem Teil der französischen Dritte-Welt-Politik, aber auch als Teil französischer Sicherheitspolitik) einmal die Bipolarität der Supermächte aufzulockern, ihnen den Zugang nach Afrika zu versperren, zum anderen durch eine enge französisch-afrikanische Kooperation die europäische Position in der internationalen Politik zu stärken und schließlich spezifische französische politische, wirtschaftliche und militärische Interessen zu verfolgen. Die hastig vollzogene Auflösung des portugiesischen Kolonialreiches, die mit der „Revolution der Nelken" von 1974 ihren Höhepunkt erfuhr, sowie das sowjetisch-kubanische Vordringen auf dem afrikanischen Kontinent ab Mitte der 70er Jahre und die gleichzeitige US-Abstinenz auf diesem Erdteil setzten Rahmenbedingungen und waren gleichzeitig schwere Herausforderungen an die französische Afrikapolitik. Das sowjetisch-kubanische Vordringen, obwohl regional begrenzt, wurde von der politischen Führung in Paris als Bedrohung französischer und europäischer Interessen wahrgenommen – als eine Blockierung der Versorgungswege und eine Bedrohung für die Rohstoffquellen –, der massiv zugunsten der afrikanischen Staaten begegnet werden musste. In Frankreich erkannte man nun, dass mit der Sowjetunion eine Weltmacht auf dem afrikanischen Kontinent Fuß zu fassen suchte, und befürchtete damit nicht nur die Übertragung des Ost-West-Konflikts auf Afrika, sondern gleichzeitig auch den eigenen Einflussverlust, da eventuell frankophil ausgerichtete Staaten sich auf die Seite der Sowjetunion schlagen könnten. Deshalb entwickelte Präsident Giscard eine Afrikapolitik, die sowohl politisch-strategische und militärische als auch ökonomische und kulturelle Elemente in sich barg. Wenngleich die militärischen Interventionen die spektakulärste Wirkung in der internationalen Öffentlichkeit hervorriefen, durften doch andererseits die wirtschaftlichen, aber auch die kulturellen Aspekte in ihrer Bedeutung nicht vernachlässigt werden. So waren viele der sub-saharischen Staaten Afrikas wichtige Wirtschaftskunden Frankreichs, d. h., dass der französische Anteil am Im- und Exportgeschäft mit diesen Staaten überproportional hoch war und sich in Größenordnungen zwischen 30 und 60 Prozent des jeweiligen Außenhandels dieser Länder bewegte. Noch bedeutsamer waren aber einige frankophone afrikanische Staaten als Frankreichs verlässliche Lieferanten wichtiger strategischer Rohstoffe. 1977 führte Frankreich zur Aufrechterhaltung und zum Funktionieren seiner Industriegesellschaft aus den sub-saharischen Ländern 10 Prozent seines Erdöls, 30 Prozent seiner Steinkohle, 78 Prozent seines Urans, 86 Prozent seines Bauxits, 16 Prozent seiner Phosphate und 86 Prozent seines Mangans ein (Cohen/Smouts 1985: 305). Ohne die konstanten Uranlieferungen aus Niger und Gabun wären sowohl die ehrgeizigen militärischen als auch die zivilen Atomenergieprogramme der V. Republik nicht zu realisieren gewesen. Die „Unabhängigkeitspolitik" hätte dann schon damals ein Traum bleiben müssen. Der ökonomische Reichtum strategischer Rohstoffe in jenen Ländern bildete somit einen ganz wesentlichen Aspekt der französischen Afrikapolitik unter Giscard, die auf eine Stabilisierung und Beruhigung der konfliktträchtigen Gebiete auf jenem Kontinent zielte.

Die theoretische Rechtfertigung der in der zweiten Hälfte der 70er Jahre erfolgten Invasionen in Afrika fand sich bereits in der modifizierten Verteidigungsdoktrin Giscards, die nicht mehr ausschließlich die Ost-West-Dimension beinhaltete, sondern – was zu jener Zeit meistens übersehen wurde – auch eine Nord-Süd-Dimension in sich barg. So hielt sich Frankreich in dieser Strategie auch die Option offen, auf Bedrohungen in der Dritten Welt militärisch zu reagieren. Daher entschied der Staatspräsident, die französischen Interventionsstreitkräfte zu verstärken, damit Frankreich über eine Interventionskapazität verfügte, die seinem Rang als moderner Staat entsprach und für die Durchsetzung französischer Interessen in Afrika eingesetzt werden konnte. Parallel zu dieser Modifizierung der Militärstrategie wurde das unter Pompidou vernachlässigte vertragliche Kooperations- und Beistandsnetz wieder neu geknüpft. So wurden zum Beispiel mit Mauretanien und dem

Tschad Verträge abgeschlossen, nachdem diese beiden Staaten sich zeitweise von Frankreich losgesagt hatten.

Politisch für Frankreich missliebige Entwicklungen im Afrika der zweiten Hälfte der 70er Jahre führten zum Einsatz der französischen Interventionsstreitkräfte aus humanitären, politischen, ökonomischen und strategischen Gründen. Während der Präsidentschaft Giscards intervenierte Frankreich aufgrund bilateraler Abkommen zwischen 1977 und 1981 in Zaire (April 1977; Mai/Juni 1978), in Mauretanien (November 1977 bis Juli 1978), im Tschad (Anfang 1980 bis Mai 1980) und in Zentralafrika (September 1979). Hierbei wurde sowohl französische Macht demonstriert als auch die Wiederherstellung des Friedens nach mehrfachem Bruch von Waffenstillstandsabkommen vorgenommen. Frankreich hatte dabei immer wieder geltend gemacht, dass es Aggressionen von außen gegen seine afrikanischen Bündnispartner abwehren und mit der Sicherung der vorhandenen Grenzen zu einer Stabilisierung des afrikanischen Kontinents beitragen wollte. Die spektakulärsten Interventionen erfolgten 1977/78 in Zaire, wo aus primär humanitären Gründen – nämlich der Rettung von Europäern – interveniert wurde, und zwar auf Wunsch der Regierung Zaires, mit der die französische Regierung ein Geheimabkommen über Militärhilfe abgeschlossen hatte (Chipman 1985: 13). Frankreich entwickelte sich somit in der zweiten Hälfte der 70er Jahre zu einer Ordnungsmacht in Afrika, die zunehmend von den meisten afrikanischen Staaten akzeptiert wurde, weil auf diese Weise die beiden Supermächte USA und Sowjetunion weitgehend aus Afrika herausgehalten werden konnten.

Waren auch die militärischen Aktionen Frankreichs Aufsehen erregend und wurde Frankreich nicht selten als „Frontsoldat des Westens gegen eine von der Sowjetunion ausgehende Bedrohung“ (Moisi/Lellouche: 1979: 34) angesehen, so sollte aktives politisches Engagement und eine im Wesentlichen lautlose auswärtige Kulturpolitik die Entwicklungspolitik in Afrika vervollständigen. Dabei erfüllte die französische Sprache nicht nur die Funktion der Verbindung vom Mutterland zu den ehemaligen Kolonien, sondern sie ist auch das Medium der Eliten im frankophonen Afrika. „Frankreich versteht sich noch immer als führender Kulturstaat, und der Glaube an die eigene zivilisatorische Mission, die ‚mission civilisatrice‘, ist ungebrochen. Frankreich, so das eigene Selbstverständnis, ‚beglückt‘ und ‚beschenkt‘ die Welt mit seiner Sprache und seinen geistig-kulturellen Errungenschaften. Die Sprachgemeinschaft mit dem frankophonen Afrika ist für Frankreich der wichtigste Grund, das Besondere seiner Beziehungen zu diesem Teil der Welt zu unterstreichen. Die Eliten dieser Länder denken und sprechen französisch; sie pflegen einen französischen Lebensstil, und sie konsumieren französische Waren. Daraus ergibt sich ganz natürlich eine Parallelität ihrer Interessenlage mit der Interessenlage Frankreichs“ (Sieberg 1985: 32). So gelang es Frankreich, seinen Einfluss in Afrika nicht nur aufrechtzuerhalten, sondern über die alten Kolonialgrenzen hinaus auch auszudehnen. Die ehemaligen belgischen Kolonien, der frühere belgische Kongo, das heutige Zaire, Ruanda und Burundi wurden inzwischen zu „frankophonen“ Staaten des sub-saharischen Afrikas. Auch der Einfluss Frankreichs auf die ehemaligen portugiesischen Kolonien ließ sich in der Amtszeit Giscards nicht übersehen. Die von Pompidou erstmalig 1973 einberufene Gipfelkonferenz der afrikanischen Staaten und Frankreichs wurde unter Giscard zu einer festen Einrichtung. Giscard sah in diesem euro-afrikanischem Dialog, der seit dieser Zeit jährlich abwechselnd in Frankreich und einem afrikanischen Staat abgehalten wird, sicherlich die besondere Rolle Frankreichs in der internationalen Politik und den Nutzen für Frankreich.

Ein weiteres französisches Ziel war die Multipolarisierung der internationalen Politik, wobei Afrika einen regionalen Block bildete, der auch als Gegengewicht zu den Supermächten gedacht war und gleichzeitig einen eigenen Beitrag zur Aufrechterhaltung der internationalen Ordnung leisten konnte. Mit seiner Afrikapolitik wollte Frankreich gleichzeitig den mondialistischen Anspruch seiner Außenpolitik dokumentieren. Allerdings zog Giscard mit seinen militärischen Aktionen nicht nur Unterstützung sondern auch Kritik auf sich. Die Interventionspolitik führte zu Anklagen seitens eines zum Teil ausgeprägten afrikanischen Nationalismus. Gleichzeitig musste Giscard sich vorwerfen lassen, dass den Militärinterventionen in Afrika der Geruch des Neo-Kolonialismus anhaftete und vor allem auch kaum der vom Präsidenten verfolgten Absicht entsprach, zu einem kooperativen Nord-Süd-Verhältnis zu gelangen. „Es fällt in der Tat schwer, die neue ‚mondialistische‘ Doktrin des Präsidenten und seine eigenen Initiativen zu einem wirtschaftspolitischen Nord-Süd-Dialog mit einer aktiven militärischen Präsenz auf dem schwarzen Kontinent zu vereinbaren“ (Moisi/Lellouche 1979: 35).

Giscard wurde sich der Ambivalenz seiner Afrikapolitik bewusst, so dass er letztlich eine Multilateralisierung seiner Afrikapolitik bloß theoretisch favorisierte, ohne sie allerdings tatsächlich zu betreiben. Mit Hilfe dieser Multilateralisierung hätte den einseitigen Neo-Kolonialismus-Vorwürfen begegnet werden können, da die doch begrenzten französischen Mittel in der Entwicklungspolitik vergrößert werden sollten und militärische Aktionen die Solidarität der Europäer untereinander sowie mit den Afrikanern hätten fördern können. Jedoch sollte dieser Ansatz Theorie bleiben.

## 5.8 Nahost – Erdöl, Waffen und Friedensprozess

Hatte bereits Außenminister Jobert in der Schlussphase der Amtszeit Pompidous zahlreiche bilaterale Lieferabkommen mit den Erdölländern in Nahost getroffen und damit Frankreichs Erdölversorgung mittelfristig – wenn auch zu hohen Preisen

– gesichert, steigerte Giscard d'Estaing Frankreichs Engagement in Nahost ganz erheblich. Die Nahostpolitik des dritten französischen Präsidenten wurde dabei sowohl durch ökonomische als auch durch politisch-strategische Koordinaten bestimmt. Die Erdölpreiskrise von 1973/74 enthüllte dramatisch die einseitige französische Energieabhängigkeit vom Nahen Osten, aus dem Frankreich 1973 etwa drei Viertel seines benötigten Erdöls bezog. Und mit der Veränderung des Kräfteverhältnisses in Nahost am Ende des Jahrzehnts – Besetzung Afghanistans durch die UdSSR, Regimewechsel im Iran vom Schah zu Khomeini – war die französische Diplomatie bemüht, das Übergreifen des Ost-West-Konflikts, den sie aus Afrika einigermaßen fernhalten konnte, in diesem Bereich zu verhindern. So war die Nahostpolitik Giscards von der Fortsetzung der Kooperationspolitik mit den Nahoststaaten sowie einem speziellen französischen Beitrag zur Regelung des Nahostkonflikts gekennzeichnet.

Ausgangspunkt für Frankreich war die Anerkennung der PLO als politischer Kraft im Nahen Osten sowie die Akzeptanz des Rechts der Palästinenser auf eine eigene Heimat. Im Oktober 1974 traf Außenminister Sauvagnargues als erster westlicher Regierungsvertreter den Chef der PLO, Yassir Arafat, in Beirut, und ein Jahr später erlaubte Frankreich der PLO, ein Informations- und Verbindungsbüro in Paris einzurichten. Während einer Reise in mehrere arabische Hauptstädte im Frühjahr 1980 bekräftigte Präsident Giscard, dass die Palästinenser-Frage nicht nur ein Flüchtlingsproblem darstellte, sondern das Problem eines Volkes, das im Rahmen eines gerechten und dauerhaften Friedens das Selbstbestimmungsrecht genießen müsste. „Ihre besondere Schärfe erhielten die Ausführungen dadurch, dass es der französische Präsident vermied, gleichzeitig die Notwendigkeit sicherer Grenzen und der diplomatischen Anerkennung aller Staaten des Nahen Ostens als wesentliche Elemente einer Gesamtlösung ausdrücklich zu erwähnen" (Steinbach 1981: 202). Wichtiges Ziel der auf Kooperation angelegten französischen Nahostpolitik war die Stabilisierung der Nahostregion. Letztendlich wollte man die eigene Erdöleinfuhr nicht gefährden, gleichzeitig Frankreichs Absatzmärkte erweitern und seinen politischen Einfluss in dieser Region vergrößern. So konzentrierte sich die Kooperationspolitik Frankreichs auf die wirtschaftlich und politisch-strategisch interessanten Nahoststaaten wie Saudi Arabien, den Irak, Libyen, Syrien und den Iran. War Saudi-Arabien bei Giscards Amtsantritt Frankreichs wichtigster Erdöllieferant mit nahezu 50 Prozent aller französischen Erdölimporte und lag der Irak hier an zweiter Stelle, war die bevorzugte Kooperation mit Ägypten, besonders durch den Auszug der Sowjetunion aus diesem Land, durch seine strategisch bedeutsame Lage bedingt. Frankreich zeigte Flagge im Nahen Osten, wollte durch seine Unterstützung für Ägypten das entstandene Vakuum füllen und gleichzeitig einen Beitrag zur Stabilisierung der Nahostregion leisten. Seine Rohstoffeinfuhren aus Nahost bezahlte Frankreich vor allem mit zwei Exportschlagern: dem Verkauf von Waffen und von zivilen Nuklearanlagen. So gingen allein 1980 von den verkauften französischen Waffen im Wert von 23,4 Milliarden Francs für 13,5 Milliarden Francs Waffen in die Maghreb-Staaten und den Nahen Osten (Cohen/Smouts 1985: 357). Die spektakulärste Atomenergie-Zusammenarbeit vollzog sich mit dem Irak, dem Frankreich den Nuklearreaktor „Osirak" lieferte, der 1981 durch einen israelischen Luftangriff zerstört wurde.

Die guten Beziehungen Frankreichs zu den arabischen Staaten, die Anerkennung der PLO und die Waffenverkaufspolitik in die von Israel als Feinde betrachteten Nahoststaaten verschlechterten das französisch-israelische Verhältnis. Als schließlich 1977 Menachim Begin zum israelischen Ministerpräsidenten gewählt und der bilaterale ägyptisch-israelische Verständigungsprozess eingeleitet wurde, kühlten sich auch die Beziehungen zu Ägypten ab. Giscard stand den von US-Präsident Carter geförderten bilateralen Friedensbemühungen skeptisch bis ablehnend gegenüber. Man konstatierte in Paris, dass der bilaterale Ansatz trotz amerikanischer Unterstützung in Camp David gescheitert war. Die Pariser Regierung strebte eine Friedenslösung in Nahost an, die alle betroffenen arabischen Staaten sowie die PLO umfassen sollte. In diesem Ansatz kam auch Giscards Europakonzeption deutlich zum Vorschein, nämlich dass Europa nicht mehr Zaungast der Weltpolitik sein dürfe, sondern sich aktiv an einer Friedensordnung in Nahost beteiligen müsse. Somit führte die französische Politik zur Deklaration der Europäischen Gemeinschaft von Venedig im Jahr 1980, in der die Europäer ihre Mitsprache an einer Lösung des Nahostkonflikts anmeldeten. Auch akzeptierte die EG erstmals offiziell die Einbeziehung der PLO in Friedensvertrags-Verhandlungen in Nahost, so dass diese Deklaration weitgehend die französische Handschrift trug. Frankreich erreichte mit seiner beharrlichen Nahostpolitik, dass die bisherige labile EG-Nahostpolitik eine araberfreundliche Schlagseite erhielt, ohne dass dabei das Existenzrecht Israels in Frage gestellt wurde. Als jedoch 1980 zwischen dem Irak und dem Iran der dann acht Jahre währende Golf-Krieg ausbrach, verstärkte Frankreich seine Zusammenarbeit mit dem Irak des Saddam Hussein, das nun als neue Ordnungsmacht im arabischen Raum und als Gegengewicht gegen den islamischen Fundamentalismus des Khomeini-Regimes französische Unterstützung fand.

Die Nahostpolitik Frankreichs wurde darüber hinaus durch seine Politik gegenüber den Maghreb-Staaten geprägt, wobei Algerien und Libyen eine bedeutsame Rolle spielten. Die Beziehungen zu Algerien als Schlüsselstaat der Dritten Welt, der darüber hinaus auch durch seine besondere mit Frankreich verbundene Geschichte geprägt war, sollten sich während der Amtszeit Giscards verschlechtern. Da Frankreich seine Erdöleinfuhren aus Algerien massiv reduzierte und im West-Sahara-Konflikt Marokko und Mauretanien gegen die von Algerien unterstützte Polisario-Front, die die Schaffung eines eigenen Staates forderte, unterstützte, musste sich das algerisch-französische Verhältnis drastisch verschlechtern. So blieb am Ende der

Amtszeit Giscards das französisch-algerische Verhältnis problematisch und verkrampft.

## 5.9 Asien – ein vernachlässigter Kontinent

War für Präsident de Gaulle Asien noch ein wesentliches Element, um den Weltmachtanspruch Frankreichs zu dokumentieren und deutete sich unter Präsident Pompidou bereits eine Wende in der Bedeutungseinschätzung dieses Gebiets an, so hatte Asien im Septennat Giscard d'Estaings keinen großen Platz (Devillers, in: Cohen 1985: 379). Verglichen mit den wirtschaftlichen und sicherheitspolitischen Herausforderungen, denen sich Frankreich in der zweiten Hälfte der 70er Jahre gegenüber sah, wurden die asiatischen Entwicklungen als entfernt und nicht besonders wesentlich für Frankreich wahrgenommen. Frankreich hatte nun in Asien weder politische noch militärische Interessen, so dass es vor allem in wirtschaftlicher und kultureller Hinsicht engagiert war. So wurden die wirtschaftlichen Beziehungen mit den ASEAN-Staaten intensiviert, allen voran Indonesien. Das Land war reich an Ölvorkommen und durch den Erlös des Verkaufs konnte es mit Frankreich in anderen Wirtschaftszweigen ins Geschäft kommen. Nach Malaysia, den Philippinen und Singapur verkaufte Frankreich vor allem Maschinen und Fahrzeuge. Offiziell gab Frankreich der Entwicklung von ASEAN seine Unterstützung, so dass Frankreich von den ASEAN-Ländern auch als wichtiges Sprungbrett für die Ausweitung der Beziehungen mit den anderen EG-Ländern gesehen wurde.

Natürlich hatte Frankreich, wie auch die anderen Staaten des Westens, den Wunsch, sowjetisches Vordringen in Asien zu verhindern. So konnte Frankreich am Ende des Indochinakrieges 1974/75 zwischen Vietnam und den USA keine vermittelnde Rolle spielen. Mit China wurden die Beziehungen intensiviert, besuchte doch der gerade inthronisierte Generalsekretär der Kommunistischen Partei, Deng Xiaoping, Frankreich 1975 als erstes westliches Land und nahm Präsident Giscard 1980 einen Gegenbesuch vor. Mit Japan blieben die Beziehungen formalisiert, wenngleich im wirtschaftlichen und kulturellen Bereich durchaus erfolgreich zusammen gearbeitet wurde. In einem sich im Entspannungsprozess befindlichen Asien betrieb Frankreich eine Diplomatie in alle Richtungen (tous azimuts), die sich auf keine Region konzentrierte und auch kein Land bevorzugte.

## 5.10 Zusammenfassung

Ausgangspunkt für die Außenpolitik Frankreichs unter Giscard d'Estaing war einmal die innenpolitische Konstellation sowie zum anderen die Erkenntnis, dass es 1974 eine Weltkrise gab, die sich insbesondere im Ungleichgewicht der Weltwirtschaft zeigte. Diese Krise war gekennzeichnet durch eine weltweite Inflation, den völligen Verfall des internationalen Währungssystems und den starken Preisanstieg wichtiger Rohstoffe. Da eine Interdependenz aller Nationen aufgrund der ökonomischen Gegebenheiten bestand, musste die französische Außenpolitik weltweit (mondialistisch) orientiert sein.

Als rohstoffabhängiges Land sah sich Frankreich unter Giscard d'Estaing gezwungen, eine Außenpolitik zu betreiben, die die von de Gaulle eingeleitete militärische Unabhängigkeitspolitik auch auf dem ökonomischen Sektor gewährleisten sollte. Die Idee einer Neuen Weltwirtschaftsordnung bildete daher ein Leitmotiv der Außenpolitik Giscard d'Estaings. Zwar wurde auch unter ihm das Postulat der nationalen militärischen Unabhängigkeit aufrechterhalten; doch konnte sie angesichts ihres zunehmend bedeutsameren ökonomischen Unterbaus nicht mehr so rigoros wie unter de Gaulle gehandhabt werden. Die Durchführung der Politik der nationalen Unabhängigkeit verlangte darüber hinaus die weitere Mitwirkung Frankreichs in den westlichen Gemeinschaften, wobei allerdings die französische Entscheidungsfreiheit gewährleistet bleiben musste. Frankreich musste darüber hinaus auch aktives Engagement in der internationalen Politik beweisen, das sich einmal in den Beziehungen zu den osteuropäischen Ländern und der Sowjetunion und zum anderen gegenüber den Ländern der Dritten Welt niederschlagen sollte. Entspannte und nach Möglichkeit gute Beziehungen zur Sowjetunion waren im Verständnis Giscards eine wesentliche Voraussetzung französischer Unabhängigkeit und Sicherheit. Giscard d'Estaing anerkannte die weltpolitischen Realitäten mit dem das internationale System strukturbestimmenden Antagonismus zwischen den USA und der Sowjetunion, der sowohl durch globale Konfrontation als auch antagonistische Kooperation gekennzeichnet war. Das Ziel des dritten Präsidenten der V. Republik war es, Frankreichs unter de Gaulle eingenommenen Platz zu verteidigen, als Mittler im internationalen System zu agieren und die Unabhängigkeit zu wahren. Wesentliche Politikbereiche, in denen die eigene Position Frankreichs zum Ausdruck kam, waren die Ost-West-Beziehungen, die Europa- und Deutschlandpolitik sowie die Dritte-Welt-Politik.

# 6. Mitterrand – 14 Jahre Außenpolitik unter einem „sozialistischen" Präsidenten

## 6.1 1981 – endlich am Ziel

Am 10. Mai 1981 war es endlich so weit. Nach zwei vergeblichen Anläufen 1965 gegen General de Gaulle und 1974 gegen Giscard d'Estaing gewann François Mitterrand die Präsidentschaftswahl in der V. Republik. Mit 51,8 Prozent gegenüber 48,2 Prozent der abgegebenen Stimmen für seinen Gegenkandidaten Giscard siegte Mitterrand deutlich. So konnte er auch das Stigma des ewigen Verlierers ablegen. Mitterrand, 1916 im Departement Charente (Südfrankreich) geboren, studierte Rechtswissenschaften, war aktiv im französischen Widerstand gegen das deutsche Besatzungsregime tätig und begann nach dem Krieg seine politische Karriere als Abgeordneter des Departements Nièvre. Zwischen 1947 und 1957 übernahm Mitterrand in elf Regierungen der IV. Republik unterschiedliche Ministerposten. Zu Beginn der V. Republik wurde Mitterrand ein entschiedener Gegner de Gaulles, dem er einen „permanenten Staatsstreich" durch Missbrauch der Verfassung vorwarf.

Nachdem Mitterrands politischer Stern nach seiner Wahlniederlage 1965 und dem darauf folgenden Siechtum der französischen Linken in der zweiten Hälfte der 60er Jahre erloschen zu sein schien, tauchte er Anfang der 70er Jahre wie Phönix aus der Asche auf. 1971 wurde er als Mitglied einer kleineren sozialistischen Partei zum Ersten Sekretär der 1969 neugegründeten Sozialistischen Partei gewählt, wobei er geschickt die alten sozialistischen Parteichefs Guy Mollet und Gaston Defferre auspunktete. Kamen die Präsidentschaftswahlen von 1974 noch etwas früh, so dienten sie doch dazu, die politische Stellung Mitterrands zu festigen. Unangefochten wurde er zum Führer der nicht kommunistischen Linken. Aus dieser Position heraus gelang ihm dann 1981 der Wahlsieg über den bisherigen Präsidenten Giscard d'Estaing. Zum ersten Mal in der V. Republik wurde ein Präsident abgewählt!

## 6.2 Ausgangspunkt und außenpolitischer Entscheidungsprozess

Die Wahl Mitterrands zum vierten Präsidenten der V. Republik sowie die sich daran anschließenden Neuwahlen zur Nationalversammlung hatten nicht nur eine tief greifende Änderung in der französischen politischen Landschaft bewirkt, sondern gleichzeitig auch das ordnungsgemäße Funktionieren des semipräsidialen bzw. semiparlamentarischen Systems bewiesen. Viele politische Beobachter mussten nach den Doppelwahlen von 1981 verwundert erkennen, dass Frankreich nicht mehr in zwei etwa gleich große Blöcke gespalten war. Nicht länger war das sozialistische Lager durch zwei annähernd gleich starke Parteien – Sozialisten und Kommunisten – gekennzeichnet, sondern die Sozialisten hatten die Kommunisten in der Wählergunst weit überflügelt. Bei den Wahlen zur Nationalversammlung errangen sie einen erdrutschartigen Sieg. Frankreichs politische Landschaft hatte sich am Abend des 21. Juni 1981 total verändert. Die Sozialisten besaßen die absolute Mehrheit: ein Geschenk des Himmels, auf das selbst führende Linkspolitiker in ihren kühnsten Träumen nicht zu hoffen gewagt hatten. Die bürgerlichen Parteien waren abgeschmettert; sie hatten sich ihre katastrophale Niederlage selbst zuzuschreiben.

Aufgrund der so glanzvoll gewonnenen Doppelwahlen mit der absoluten Mehrheit seiner Sozialistischen Partei besaß François Mitterrand einen wesentlich größeren Handlungsspielraum als alle seine drei bürgerlichen Vorgänger. Er zögerte keinen Augenblick und setzte die von de Gaulle eingeführte – und von ihm früher leidenschaftlich bekämpfte – Tradition der „domaines reservés“ fort. Die während seiner Oppositionszeit kritisierte Machtfülle des Präsidenten gefiel ihm nun recht gut. Auch unter ihm wurden die wichtigsten außenpolitischen Entscheidungen im Elysée-Palast getroffen, so dass der Quai d'Orsay im Wesentlichen zum Zuarbeiter des die Außenpolitik zelebrierenden Präsidenten wurde. Auch wenn Mitterrand und sein erster Premierminister Mauroy mit der Umbenennung des Ministeriums für Auswärtige Beziehungen (von Ministère des Affaires Etrangères in Ministère des Relations Extérieures) und einer Vergrößerung seiner Kompetenzen für eine protokollarische Aufwertung des Ministeriums sorgten, blieb nach wie vor der Elysée-Palast die außenpolitische Schaltzentrale.

**Mitterands Vorstellungen über die Außenpolitik**

„Ich bestimme die Außenpolitik Frankreichs, nicht meine Minister ... Es ist meinen Ministern nicht untersagt, eine Meinung zu haben, aber es ist undenkbar, dass eine Politik ohne meine Zustimmung, genauer gesagt ohne meinen Impuls, umgesetzt wird."

zitiert nach Chafer 1992: 42

Erster Außenminister Mitterrands wurde Claude Cheysson, bis zu jener Zeit französischer EG-Kommissar. Nachdem Cheysson zu Beginn des Jahres 1985 erneut in die EG-Kommission entsandt wurde – er hatte oft eine eigenständige Außenpolitik versucht –, übernahm mit Roland Dumas der bisherige, dem Außenminister zugeordnete Europaminister den Chefsessel am Quai d'Orsay. Dumas galt als enger Vertrauter von Staatspräsident Mitterrand. Da allerdings die Konzeption der französischen Außenpolitik auch unter Mitterrand weitgehend im Elysée-Palast erfolgte, kam für den außenpolitischen Entscheidungsprozess dem Beraterstab des Präsidenten eine außerordentliche Bedeutung zu. Der Stab wurde im Wesentlichen gebildet aus Jacques Attali, dem Generalsekretär des Präsidialamtes, Regis Débray als außenpolitischem Berater (einem langjährigen Mitarbeiter des legendären lateinamerikanischen Guerillaführers Ché Guevarra), dem Sonderbotschafter für Südamerika, Zentralamerika und die Karibik, Antoine Blanca, der als Spezialist der Sozialistischen Partei für die spanisch sprechende Welt gilt, sowie Guy Penne, dem Berater für Afrikafragen. Aufgrund dieses dualistisch – und je von den außenpolitischen Ambitionen des Premierministers abhängend –, auch triolistisch angelegten außenpolitischen Entscheidungsprozesses gab es immer wieder Reibungsverluste zwischen präsidial konzipierter und ministeriell durchgeführter Außenpolitik. Sie fanden Ende 1981 mit dem Rücktritt des Ministers für wirtschaftliche Zusammenarbeit, Jean Pierre Cot, einen Höhepunkt. Er musste erkennen, dass das „außenpolitische Küchenkabinett" des Präsidenten sich gegen ihn in der Afrikapolitik durchsetzte (Le Monde v. 10.12.1981).

Eine wesentliche Neuerung im außenpolitischen Entscheidungsprozess war die Einbeziehung vier kommunistischer Minister in die Regierung, die allerdings aus primär innenpolitischen Gründen erfolgte. Mit diesem geschickten Schachzug zwang Mitterrand die Kommunisten zur Unterstützung seiner innen- und gesellschaftspolitischen Reformen. Indem Mitterrand einen problematischen Partner in die Kabinettsdisziplin einbezog, war es diesem schwerer möglich, dem Präsidenten Knüppel zwischen die Beine zu werfen. Wenngleich einige politische Beobachter befürchteten, dass die kommunistische Regierungsbeteiligung sich zum außenpolitischen Nachteil auswirken könnte, sollte Frankreich auch in dieser Zeit weiterhin eine wichtige Rolle in der internationalen Politik spielen. Die Regierungsbeteiligung der Kommunisten bis zum Sommer 1984 – nach einer deprimierenden Niederlage bei den zweiten Direktwahlen zum Europäischen Parlament verließen sie aus taktischen Gründen frustriert das Kabinett – erweiterte einerseits die französische Außenpolitik in ihrer Aktionsfreiheit, schränkte sie andererseits aber auch etwas ein. In vielen Politikfeldern wie dem Verhältnis zu den USA und zur NATO, in der Europapolitik, in der Haltung gegenüber Polen und vor allem hinsichtlich der Afghanistan-Frage und der Nachrüstung lagen die Positionen von Sozialisten und Kommunisten weit auseinander.

Diese günstigen Voraussetzungen bestanden aber nur bis 1986, denn im März 1986 entzogen die Wähler der sozialistischen Regierung das Vertrauen und gaben den bürgerlichen Parteien – Gaullisten, Giscardisten und einigen Unabhängigen – die Mehrheit in der Nationalversammlung. Erstmals in der V. Republik hatte sich damit eine Situation ergeben, in der die Mehrheit des Präsidenten und die Mehrheit im Parlament nicht mehr übereinstimmte. Der sozialistische Präsident, 1981 von einer linken Mehrheit bis 1988 gewählt, musste sich nun für den Rest seiner Amtszeit mit einer bürgerlichen Mehrheit in der Nationalversammlung arrangieren. Mitterrand ernannte vier Tage nach der Wahl den Pariser Bürgermeister, Oppositionsführer und Gaullistenchef Jacques Chirac zum neuen Premierminister und Nachfolger des Sozialisten Laurent Fabius. Der für die V. Republik nahezu Gesetzeskraft erzielende Grundsatz, dass der Premierminister immer ein Mann des Präsidenten, also aus dem gleichen politischen Lager stammen muss, war durchbrochen. Von März 1986 bis Mai 1988 wurde die „Cohabitation" praktiziert, also die Zusammenarbeit eines sozialistischen Präsidenten mit einem gaullistischen Premierminister. Ohne Zweifel mussten als Rückwirkungen der Parlamentswahlen vom März 1986 Kompetenzverlagerungen zwischen dem Präsidenten und dem Premierminister die Folge sein.

Die Rolle des Staatspräsidenten wandelte sich, denn er musste bisherige Machtbefugnisse an die Regierung abtreten – wie z. B. die Richtungsentscheidungen in der Innenpolitik – und schlüpfte hier in die Rolle eines Hüters der Verfassung. Anders dagegen ist die Rolle des Staatspräsidenten in der Außen- und Verteidigungspolitik. Hier weisen einzelne Verfassungsartikel dem Präsidenten wichtige Aufgaben zu. So ist er nach Art. 5 „Garant der nationalen Unabhängigkeit, der Integrität des Staatsgebietes" und wacht über die Einhaltung der auswärtigen Verträge. Art. 52 gibt ihm das Recht, Verhandlungen über die Verträge zu führen und sie zu ratifizieren. In der Sicherheitspolitik muss er jedoch formal die Kompetenzen mit der Regierung teilen. Zwar weist ihm die Verfassung den Oberbefehl über die Streitkräfte zu, doch ist der Premierminister gemäß der Verfassung für die Landesverteidigung verantwortlich. Auch verfügt die Regierung über die bewaffnete Macht. Eine eindeutige Abgrenzung besteht hinsichtlich des Einsatzes für die Nuklearstreitkräfte, über die allein der Präsident verfügt. Die in der Verfassung niedergelegte Ambivalenz in der Außen- und Sicherheitspolitik bezüglich der Kompetenzen zwingt sowohl den Präsidenten als auch den Premierminister zu einer weit gehenden Zusammenarbeit wie auch zu einer generellen Übereinstimmung in diesen Gebieten.

Bereits während der Regierungsbildung zeigte sich, dass Präsident Mitterrands Wünsche hinsichtlich der Besetzung des Außen- und Verteidigungsministeriums berücksichtigt wurden. Mit dem parteilosen Botschafter in Moskau, Raimond, wurde erneut ein Diplomat auf den Chefsessel am Quai d'Orsay berufen. Und auch Verteidigungsminister Giraud genoss das Vertrauen des Staatspräsidenten. Die besondere Rolle der Außen- und Verteidigungspolitik kam symbolhaft und sichtbar in den wöchentlichen Konferenzen des Staatspräsidenten mit diesen beiden Ministern zum Ausdruck, während die anderen Minister mit dem Staatspräsidenten nur während der routinemäßigen Kabinettssitzung zusammentrafen. Auch das Verhalten ausländischer Gesprächspartner, nämlich die Fixierung auf den Präsidenten sowie der Wunsch der Armeeführung, die Entscheidungsbefugnis über den Nuklearwaffeneinsatz beim Präsidenten zu belassen, hatten die Position des Präsidenten in der Außen- und Sicherheitspolitik gefestigt. Doch auch Premierminister Chirac beanspruchte hier zunehmend Kompetenzen, die er dem Präsidenten nicht allein zu überlassen gedachte. Dabei entbehrte dieser Mitbestimmungsanspruch nicht einer gewissen Pikanterie, galt es doch als offenes Geheimnis, das Premierminister Chirac als gaullistischer Kandidat bei den Präsidentschaftswahlen 1988 in den Wahlkampf ziehen wollte und bei einem Sieg für sich die „domaines reservés“ in der Außen- und Sicherheitspolitik beansprucht hätte.

Wenngleich in den grundlegenden Fragen der französischen Außenpolitik Übereinstimmung zwischen Mitterrand und Chirac bestand, so fiel doch auf, dass Chirac sich in gewisser Weise von der Außenpolitik Mitterrands distanzierte und versuchte, diese auch in seinem Sinne zu beeinflussen. So richtete er eine eigene diplomatische Abteilung als Beraterstab im Hotel Matignon, dem Amtssitz des Premierministers, ein. Er holte Jacques Foccart, unter de Gaulle bereits außenpolitischer Berater und unter Pompidou „graue Eminenz“ für die Afrikapolitik, zurück. Chirac kritisierte, wenn auch nicht offen, die Dritte-Welt-Politik Frankreichs, die Sympathie Mitterrands für Nicaragua, die Forderungen des Präsidenten nach Sanktionen gegenüber Südafrika, Mitterrands Verteidigungspolitik u. a. m. Besonders deutlich machte Chirac seinen Mitbestimmungsanspruch auf großen internationalen Konferenzen. So reiste er in der Funktion als Finanzminister zum Weltwirtschaftsgipfel in Tokio 1986 wie auch zum Europäischen Rat in London 1986 und Brüssel 1987. Auf diesen Sitzungen war Frankreich bisher immer durch den Präsidenten und den jeweiligen Fachminister vertreten (vgl. Bozo 1997: 91). Die Unstimmigkeiten zwischen Präsident und Premierminister in der Außenpolitik waren zahlreich, doch wurden sie als nicht so wichtig perzipiert, so dass sie das bizarre Bündnis der Cohabitation nicht sprengen konnten (vgl. Cohen 1989: 492).

Präsident Mitterrand begegnete diesem zunehmenden Mitbestimmungsanspruch des Premierministers in der Außenpolitik durch eine demonstrative Hervorhebung seiner protokollarischen Vorrechte. Dadurch wollte er der Öffentlichkeit dokumentieren, dass es nach wie vor der Präsident war, der die außenpolitischen Grundsatzentscheidungen fällt. Die Dominanz des Präsidenten in der Außen- und Sicherheitspolitik blieb auch während der Cohabitationsphase bestehen. Es fiel auf, dass auch Mitterrand sich als Verteidiger gaullistischer Dogmen gegenüber seinem Premierminister gerierte.

Nachdem Mitterrand bei den Präsidentschaftswahlen 1988 über seinen Widersacher Chirac einen eindeutigen Wahlsieg errungen hatte, löste er die Nationalversammlung auf. Durch den eindeutigen Sieg der Linken wurde eine der Grundvoraussetzungen für das Funktionieren des politischen Systems der V. Republik wiederhergestellt: die Übereinstimmung von präsidialer und parlamentarischer Mehrheit. Mitterrand ernannte zunächst Michel Rocard zum Premierminister, der von Mai 1988 bis 1991 amtierte. Er wurde von Edith Cresson abgelöst, die von Mai 1991 bis 1992 regierte. Schließlich wurde Pierre Bérégevoy der dritte Premierminister Mitterrands in dieser Wahlperiode. Allerdings wies das Außenministerium insofern Kontinuität auf, als Mitterrand von 1988 bis 1993 seinen Vertrauten Roland Dumas zum Chefdiplomaten bestellte.

1993 musste sich Mitterrand erneut einer Cohabitation stellen, als bei den Wahlen zur Nationalversammlung die bürgerliche Linke wiederum die Mehrheit, und zwar eine außerordentlich große, gewann. Mitterand war für den Rest seiner Amtszeit doppelt geschwächt: einmal durch sein 1995 auslaufendes Mandat und zum zweiten durch seine Erkrankung. Zum Premierminister wurde mit Edouard Balladur ein prominenter Gaullist ernannt, während Alain Juppé das Außenministerium und François Léotard das Verteidigungsministerium erhielten. Dennoch gab es in der zweiten Phase der Cohabitation weniger Konflikte in der Außenpolitik als in der ersten. Diese Cohabitation wird gemeinhin als konsensuell bezeichnet (vgl. Müller-Brandeck-Bocquet 2004: 53).

Die Außenpolitik Präsident Mitterrands kann in zwei große Abschnitte eingeteilt werden. Da ist zum einen die Phase der 80er Jahre mit der Wiederbelebung des Kalten Krieges zwischen 1981 und 1986/88 und zum anderen die Auflösung des Ost-West-Konflikts ab 1987 mit der Suche nach einer neuen Weltordnung. Es stellte sich nach der deutschen Wiedervereinigung ganz besonders für Frankreich die Frage nach seiner weiteren außenpolitischen Rolle im internationalen System.

## 6.3 Die außenpolitische Konzeption Mitterrands und der Sozialisten

**Mitterrands außenpolitisches Konzept:**

- Förderung der Allianz von Sozialismus und Freiheit;
- nationale Unabhängigkeit;
- Gleichgewicht der militärischen Blöcke und ihre langfristige Überwindung;
- „antitotalitaristische" Politik gegenüber der UdSSR;
- Aufbau Europas als bedeutsamer Akteur in der internationalen Politik;
- Recht der Völker auf Selbstbestimmung und Entwicklung der armen Länder.

## 6.4 Die Politik nach Westen – Treue zum Atlantischen Bündnis und Kritik an den USA

Das Regierungsabkommen zwischen der Sozialistischen und der Kommunistischen Partei vom 23. Juni 1981 enthält zum Ost-West-Verhältnis folgende Aussage: „Die beiden Parteien werden das internationale Wirken Frankreichs – bei Respektierung seiner Allianz – für den Frieden und für die schrittweise Abrüstung mit dem Ziel der gleichzeitigen Auflösung der militärischen Blöcke unterstützen, bei Sicherung des Kräftegleichgewichts in Europa und in der Welt und der Sicherheit jedes einzelnen Landes. In diesem Geiste sprechen sie sich dafür aus, dass schnell internationale Verhandlungen aufgenommen werden über die Begrenzung und Reduzierung der Waffen in Europa. Diese Verhandlungen müssen vor allem die Präsenz sowjetischer ‚SS-20'-Raketen und den Beschluss zur Stationierung der amerikanischen ‚Pershing II'-Raketen betreffen" (zitiert nach Blätter für deutsche und internationale Politik 7/1981: 895). Doch schon zwei Wochen später schien Premierminister Mauroy diese Ziele vergessen zu haben, als er in seiner Regierungserklärung die Treue zum Atlantischen Bündnis und zu den USA betonte. Gewiss verbeugte er sich symbolisch vor dem Regierungsabkommen der beiden Parteien, als auch er das Ziel auf Frieden und Fortschreiten der Abrüstung mit gleichzeitiger Auflösung der Militärblöcke, allerdings unter Wahrung des Gleichgewichts der Kräfte in Europa, bekräftigte.

Die atlantische Politik Präsident Mitterrands lässt sich in drei Phasen unterteilen. In der ersten, bis Ende 1983/Anfang 1984 dauernden Phase, erfolgt eine weit gehende sicherheitspolitische Gemeinsamkeit mit den USA, bei anhaltenden Konflikten in anderen Bereichen. Ab Mitte 1984 unternahm Mitterrand eine eigene Ostpolitik und geriet damit auch in seiner sicherheitspolitischen Konzeption in einen Gegensatz zu den USA. Nach dem Ende des Ost-West-Konflikts hatten sich die Rahmenbedingungen verändert, was auch zu einem veränderten Verhalten gegenüber den USA führte.

Waren die französisch-amerikanischen Beziehungen auch unter Mitterrands Vorgängern nicht widerspruchsfrei, so vollzogen sie sich in den 80er Jahren in einer sonderbaren Ambivalenz. Für viele politische Beobachter überraschend – und zum Entsetzen seiner politischen Freunde in der Sozialistischen Internationale – entwickelte sich Mitterrand zum nachhaltigsten Befürworter des NATO-Doppelbeschlusses. Von seinem Vorgänger Giscard d'Estaing unterschied sich Mitterrand, indem er die Installierung von 108 Pershing II-Raketen (in Deutschland) und 464 „cruises missiles" (Marschflugkörper) in Westeuropa – aber nicht in Frankreich! – forderte. In den Augen nicht weniger politischer Beobachter hatte sich eine unheilige Allianz des Konservativen Ronald Reagan mit dem Sozialisten François Mitterrand herausgebildet. Ihre Übereinstimmung blieb aber nicht allein auf die Nachrüstung beschränkt. Sie setzte sich in der Verurteilung der Sowjetunion fort, in deren Politik beide Präsidenten expansionistische Tendenzen sahen – nicht zuletzt durch die sowjetische Invasion in Afghanistan. Und erst Recht wurde die Ausrufung des Kriegsrechts in Polen im Dezember 1981 eine gemeinsame Beurteilungsgrundlage für Mitterrand und Reagan, um nun endlich der ungeliebten Entspannungspolitik endgültig „fare well" zu sagen. Im Weißen Haus wurde Mitterrands Absage an den Neutralismus dankbar begrüßt, befürchtete man hier doch unter einer sozialistisch/kommunistischen Regierung das Abdriften Frankreichs aus dem Atlantischen Bündnis. Auch die Entsendung französischer Truppen in den Tschad 1983 und in den Libanon 1983 bewerteten die USA positiv. In Frankreichs interventionistischem Vorgehen wurde seine Rolle als „Frontsoldat des Westens" in Washington dankbar zur Kenntnis genommen.

Die neuen, fast komplikationsfreien Beziehungen des sozialistischen Frankreich zur Atlantischen Allianz kamen symbolhaft in der Tagung des Atlantikrats in Paris 1983 zum Ausdruck. Zum erst Mal seit 1966, dem Jahr, als de Gaulle den französischen Rückzug aus der Militärorganisation der NATO ankündigte, versammelten sich die NATO-Außenminister in Paris. Frankreich entfernte sich somit immer mehr von der „splendid isolation policy" des Generals de Gaulle. Kein Wunder, wenn in Frankreich die Rechte unruhig wurde und die Unabhängigkeit der „grande nation" durch den Atlantismus Präsident Mitterrands in Frage gestellt sah. Allerdings sollte der neue sicherheitspolitische Honigmond in den französisch-amerikanischen Beziehungen durch mehrere Konflikte in anderen Politikfeldern getrübt werden. Bereits die Aufnahme von vier kommunistischen Ministern in die Regierung führte in Washington zu unüberhörbaren Warnungen, die sich aber nicht nur an Paris, sondern auch an andere europäische NATO-Partner richteten und die Botschaft enthielten: Nachahmung verboten. Für den amerikanischen Präsidenten Reagan bedeutete die Einbeziehung von Kommunisten in eine westliche Regierung ein Bündnis mit dem Teufel. Sah er nicht gerade im Kommunismus das Grundübel aller Dinge und führte er nicht deshalb zu Beginn seiner Amtszeit einen Kreuzzug gegen den Kommunismus? So erschien ihm diese Regierungsbeteiligung als Sakrileg, die darüber hinaus viel Sprengstoff für die Atlantische Allianz enthielt. Jedoch wies die französische Regierung – zu Recht – wie auch die Opposition die amerikanischen Warnungen als Einmischung in die inneren Angelegenheiten Frankreichs zurück, die unklugerweise nicht nur einmal vorgebracht wurden. Präsident Mitterrand erklärte, dass er gar nicht daran denke, jedes Mal, wenn Reagan niest, „die Hände an die Hosennaht zu legen". Schließlich wehrte sich Mitterrand auch 1985 vehement gegen das von den USA während des 11. Weltwirtschaftsgipfels in Bonn verkündete US-Handelsembargo gegen Nicaragua.

Darüber hinaus differierten die amerikanischen und französischen Vorstellungen hinsichtlich der Lagebeurteilung und der Lösungsansätze für eine Neue Weltwirtschaftsordnung. Während die USA unter Präsident Reagan eher zu einer Konfrontationspolitik neigten, zielte der französische Ansatz auf verstärkte Kooperation mit den Dritte-Welt-Ländern, wobei besonders „fortschrittliche" Staaten eine Förderung erfahren sollten. Schließlich entwickelte sich das Projekt Präsident Reagans für eine umfassende Raketenabwehr – die Strategische Verteidigungsinitiative (SDI) – zum Streitpunkt in den französisch-amerikanischen Beziehungen. Die sozialistische Regierung in Paris befürchtete zu Recht, dass bei einer Realisierung dieses Projekts die UdSSR beim Aufbau eines solchen Raketenabwehrsystems hätte nachziehen müssen. Damit wäre aber die französische Abschreckungsstreitmacht und somit die Glaubwürdigkeit der französischen Sicherheitspolitik in Frage gestellt gewesen. Neben einem dadurch verursachten Wettrüsten befürchteten die verantwortlichen Politiker in Paris eine erneute Stärkung der Anti-Nuklearbewegung in der Bundesrepublik Deutschland und eine Schwächung der Atlantischen Allianz.

Präsident Mitterrand mied demonstrativ den westlichen Gipfel in Washington im Herbst 1985, der zu einer Abstimmung der amerikanischen und der westeuropäischen Positionen in Bezug auf die Gipfelgespräche zwischen Präsident Reagan und KPdSU-Generalsekretär Gorbatschow im November 1985 in Genf dienen sollte. In Paris weigerte man sich, zum „Befehlsempfang" nach Washington zu reisen. Frankreich präsentierte eigene Vorstellungen und legte 1984 dem Abrüstungsausschuss der Vereinten Nationen einen Vertragsentwurf für ein fünfjähriges Moratorium in der Entwicklung, Erprobung und Stationierung von weltraumgestützten Waffen und für das Verbot der Bekämpfung von Erdsatelliten auf hohen (geostationären) Umlaufbahnen vor. Frankreich blieb jedoch ohne große Unterstützung, so dass sich die seltsame Konstellation ergab, dass Frankreich und die UdSSR SDI ablehnten, die Bundesrepublik und Großbritannien jedoch ihre Beteiligung signalisierten. Die französische Regierung hatte sich in ein Dilemma manövriert, da sie sowohl innerhalb als auch außerhalb der NATO keine europäische Einheitsfront gegen SDI schaffen konnte. Andererseits konnte Präsident Mitterrand aber auch trotz des Gleichklangs der objektiven Interessen nicht die Position der UdSSR gutheißen, da dies zu nicht gewünschten Schwierigkeiten sowohl mit den USA als auch mit den europäischen Partnern Frankreichs geführt hätte.

Wollten Sozialisten und Kommunisten in ihrem „gemeinsamen Regierungsprogramm“ von 1972 noch auf jegliche strategische atomare Bewaffnung verzichten, die nationale Atomwaffenproduktion einstellen und die weltweite nukleare und konventionelle Abrüstung vorantreiben, so waren die militärpolitischen Passagen in den 110 Vorschlägen der Sozialistischen Partei anlässlich der Wahlen zur Nationalversammlung im Frühjahr 1981 bereits zurückhaltender. Dennoch wurde auch in diesem Wahlprogramm eine im Wesentlichen restriktive Militärpolitik angekündigt, die auch viele Verbesserungen im inneren Gefüge der Streitkräfte vorsah. Die „force de frappe“ allerdings – zu dieser Erkenntnis war Ende der 70er Jahre auch die Sozialistische Partei als letzte der großen politischen Parteien gelangt – sollte einsatzbereit (en état) gehalten werden.

Fünf Jahre nach dem überwältigenden Sieg der Linken ließ sich feststellen, dass Frankreich unter dem Sozialisten Mitterrand eine durchaus gaullistische Sicherheitspolitik betrieb, so dass sich sowohl in Frankreich als auch im Ausland Freunde und Gegner Mitterrands verwundert die Augen rieben. Ausgangspunkt seiner Sicherheitspolitik war die Erkenntnis, dass erstens eine aggressive und expansionsbereite Sowjetunion das militärische Kräfteverhältnis in Mitteleuropa einseitig zu ihren Gunsten verändert hatte und zweitens die Bundesrepublik Deutschland aufgrund ihrer unsicheren Haltung in der Nachrüstungsfrage, dem Wachsen der Friedensbewegung und ihrer Deutschlandpolitik in einen Neutralismus abzugleiten drohte. Ergebnis dieser Analyse war eine Annäherung Frankreichs an die NATO, die 1983 mit der Unterzeichnung eines Communiques auf dem Weltwirtschaftsgipfel von Williamsburg ihren Höhepunkt erfuhr. Hier wurde die Sicherheit des Westens als unteilbar bezeichnet. Die Annäherung an die NATO bedeutete allerdings keine Reintegration in die militärische Organisation des Bündnisses, sondern Frankreich verstand sich unter sozialistischer Führung zwar eindeutig als westliches Land, das aber die Unabhängigkeit der Entscheidung des Einsatzes seiner Waffen kompromisslos in nationaler Verantwortung beibehielt. Und dass Mitterrand diesen alleinigen Einsatzbefehl nicht zu teilen gedachte, daran ließ er keinen Zweifel aufkommen. So formulierte er einmal, dass er die Abschreckung wäre, so dass man in Frankreich nicht selten von der „Nuklearmonarchie“ sprach.

Die französischen Kernwaffen wurden und werden ausdrücklich als nationale Waffen verstanden. Sie dienen der Strategie der nationalen Abschreckung. Zeitpunkt und Ort des Einsatzes französischer Kernwaffen sind ungewiss, wenngleich sich das Land im Falle eines Krieges eindeutig an der Seite des Westens sieht. Allerdings gibt es keine vertragliche Pflicht zum Eingreifen, so dass letztlich die französische Zusage immer unverbindlich bleiben muss. Der Schwerpunkt sozialistischer Sicherheitspolitik lag aufgrund der Beibehaltung der Nuklearstrategie auf der Fortentwicklung des strategischen Abschreckungspotentials. Die Greenpeace-Affäre vom Sommer 1985 – französische Geheimdienstbeamte versenkten das Greenpeace-Flaggschiff „Rainbow Warrier" in einem neuseeländischen Hafen und hinderten somit die internationale Umweltschutzorganisation an Protesten gegen die französischen Atomwaffenversuche im Pazifik – sowie die weiteren Nuklearversuche im Pazifik wie auch der demonstrative Besuch Präsident Mitterrands auf dem Mururoa-Atoll im Spätherbst 1985 dokumentierten die Absicht der Pariser Regierung, auch in Zukunft das strategische Nuklearpotential fortzuentwickeln.

Die neue Regierung akzeptierte die gaullistische These der „Abschreckung der Schwachen gegenüber den Starken". Das bedeutete, dass sich der eventuelle Einsatz strategischer Nuklearstreitkräfte gegen Städte des Gegners richten konnte. Die Philosophie dieser Strategie liegt in der Möglichkeit, selbst einem wesentlich stärker atomar ausgerüsteten Gegner solch unannehmbare Schäden zufügen zu können, dass er von einem präventiven Kernwaffeneinsatz ablässt. Um die Glaubwürdigkeit dieser Abschreckungsstrategie weiterhin zu gewährleisten, durfte die sozialistische Regierung die „force de frappe" nicht lediglich aufrechterhalten, sondern sie musste sie sogar ausbauen. Die Regierung gewann zunehmend die Einsicht, „dass der bloße Nuklearwaffenbesitz keine politische Vorteile mehr bietet, wenn er nicht für Dritte erkennbar – Verbündete wie Gegner – auch denkbare nukleare Reaktionsmöglichkeiten in plausiblen Eventualfällen schafft" (Nerlich 1986: 174). Deshalb forcierte die Regierung unter Präsident Mitterrand mit dem Eifer eines Konvertiten den Ausbau der strategischen Streitkräfte. So wurde am 1. April 1985 das sechste Atom-U-Boot „L'inflexible" („Der Unbeugsame") in Dienst gestellt und als erstes U-Boot mit M-4 Mehrfachsprengköpfen ausgerüstet, so dass sich die atomare Schlagkraft der U-Boot-Flotte zu dieser Zeit verdoppelte. Kurz nach seiner Amtsübernahme 1981 wurden ein Modernisierungsprogramm der Atomstreitkräfte und der Bau eines siebten Atom-U-Boots beschlossen. Danach sollte Frankreich innerhalb von zehn Jahren die Zahl der auf U-Booten stationierten Sprengköpfe von 80 Stück (1983) auf 496 (1993) Stück erhöhen. Entgegen ihrer verbalen Abrüstungsrabulistik forcierten die Sozialisten – mit Unterstützung der bis 1984 die Regierung tragenden Kommunisten – die Atombewaffnung. Entsprechend der Strategie der proportionalen Abschreckung erhielten die strategischen Nuklearwaffen auch absolute finanzielle Priorität, was zu einer Vernachlässigung der taktischen Atomwaffen und der konventionellen Streitkräfte führte. Mehrfach hatten französische Generäle gegen diese Vernachlässigung protestiert und mussten aus politischen Opportunitätsgründen ihren Hut nehmen, auch wenn sie die Wahrheit sagten. Die taktischen nuklearen Streitkräfte wurden zunächst nur als Elemente der Abschreckung begriffen, erhielten jedoch Mitte der 80er Jahre auch eine operative Funktion zur Unterstützung des konventionellen Abwehrkampfes. In Anlehnung an die Sicherheitsdoktrin unter Pompidou schienen die Sozialisten ihre Sicherheitspolitik auf drei Kreise auszurichten. Den ersten Kreis bildete das französische Staatsgebiet, das Sanktuarium. Den zweiten Kreis stellten die strategischen Zugänge in Europa und im Mittelmeer dar, während der dritte Kreis die französischen Besitzungen in Übersee sowie die mit Frankreich vertraglich verbundenen afrikanischen Staaten umfasste.

Zur Realisierung der Sicherheitspolitik im zweiten und dritten Kreis baute die sozialistische Regierung ab 1983 die schnelle Eingreiftruppe (force d'action rapide = FAR) auf. Die FAR blieb selbstverständlich unter nationalem Kommando, wobei ihr Einsatz keinesfalls automatisch erfolgte. Mit der Schaffung der FAR, deren Vorbild die amerikanische Rapid Deployment Force darstellte, wollte Frankreich sich zusätzliche Optionen eröffnen. Bereits im frühen Stadium eines Konflikts in Europa sollte die FAR eine militärisch begrenzte, aber politisch wirkungsvolle Demonstration der Verteidigungsabsichten Frankreichs ermöglichen. Sie wurde als politisches Zeichen französischer Bündnispolitik verstanden. Sie war Ausdruck für ein neues französisches Sicherheitsbewusstsein, das nun unmittelbarer zur Geltung kam. Gemeinsam mit der NATO, aber unter französischer Entscheidungsbefugnis sollte die FAR Angriffe des Gegners zurückschlagen.

Auch unter Mitterrand bestand das französische sicherheitspolitische Dilemma fort. Die konventionellen Streitkräfte waren als Ergänzung zur nuklearen Abschreckungsstrategie zu groß. Sie waren aber gleichzeitig zu schwach, um eine konventionelle Verteidigung Frankreichs zu gewährleisten. Schließlich waren sie für eine entscheidende Unterstützung der NATO-Verbündeten insgesamt zu schwach ausgerüstet und zu ungünstig disloziert. So stellte sich die Sicherheitspolitik Frankreichs Mitte der 80er Jahre in einer merkwürdigen Ambivalenz dar. Einerseits näherte man sich der NATO an, andererseits betonte man die Unabhängigkeit der Entscheidung. Einerseits erkannte man, dass auf Dauer eine eigenständige nationale Verteidigung nicht möglich sei, andererseits ging man allerdings nicht den notwendigen Schritt in Richtung einer sicherheitspolitischen Integration in Westeuropa. So verharrte die Sicherheitspolitik der sozialistischen Regierung in einer Mischung aus gaullistischen Dogmen und politisch-ökonomischen Realitäten.

Der Strukturbruch der internationalen Beziehungen 1989/90 bewirkte, dass sich auch die Rahmenbedingungen für die Sicherheitspolitik dramatisch veränderten. Die sowjetische Bedrohung, an der sich u. a. Frankreichs Sicherheitsdoktrin ausrichtete, war mit der Implosion der Sowjetunion verschwunden. Die Nachfolgestaaten, seit 1991 zusammengefasst in der brüchigen Gemeinschaft Unabhängiger Staaten (GUS), suchten kooperative Beziehungen mit Westeuropa und unterzeichneten 1990 die Schlussakte der KSZE in Paris. Damit verpflichteten sie sich, liberal-pluralistische Systeme mit demokratischen Strukturen und freien Wahlen, Mehrparteiensysteme, Pressefreiheit, Grundrechte u. a. m. einzuführen. Aus der Überwindung der Bipolarität war auf diese Weise ein multilaterales, normativ einheitliches, Staatensystem entstanden. Zum ersten Mal erkannten die europäischen Staaten die liberal-pluralistische Demokratie als ihre verbindliche Staatsordnung an. Diese Veränderungen hatten auch die Parameter für die Konzepte von europäischer Sicherheit und damit für die Sicherheitspolitik der einzelnen europäischen Staaten fundamental verändert, wenngleich durch das Ende des Ost-West-Konflikts vielfältigere und undurchschaubarere Risiken wie ethnische Konflikte, Proliferation von Massenvernichtungswaffen, Migration und Terrorismus in den Vordergrund getreten sind.

Die französische Besorgnis, dass Deutschland bei der künftigen Gestaltung der gesamteuropäischen Ordnung entweder federführend sein würde, oder aber auch das Interesse an der westeuropäischen Integration verlieren könnte (vgl. Meimeth 1993: 16), und das bereits 1989 erstmals eröffnete und 1990 wiederholte Angebot des US-Präsidenten Bush an Deutschland für eine *„partnership in leadership"* forcierten die französische Konzeption einer noch engeren Anbindung Deutschlands an die westeuropäischen Organisationen. Frankreich unternahm fast reflexartig nach dem Fall der Berliner Mauer die weitere Verflechtung der Bundesrepublik mit Westeuropa (vgl. Maull u. a. 1997: 16). Die Zusammenarbeit in der Sicherheitspolitik in den 90er Jahren wurde zu einem Schwerpunkt in der deutsch-französischen Sonderbeziehung. Von beiden Ländern gingen in diesem Jahrzehnt zahlreiche gemeinsame Initiativen aus, die die Schaffung einer sicherheitspolitischen Dimension im Rahmen des europäischen Integrationsprozesses zum Ziel hatten.

Die französische Grundauffassung zur Sicherheitspolitik in den 90er Jahren unter Mitterrand unterschied sich gegenüber der Situation vor dem Ende des Ost-West-Konflikts dahingehend, dass die NATO innerhalb der europäischen Sicherheitsarchitektur nicht die einzige und ultimative Sicherheitsorganisation, sondern nur ein Instrument unter anderen darstellte. Die Vereinten Nationen, die Organisation für Sicherheit und Zusammenarbeit sowie die WEU mussten auch in die Sicherheitsstruktur einbezogen werden. Eine europäische Sicherheits- und Verteidigungsidentität konnte sich nur im Rahmen einer neuen gesamteuropäischen Sicherheitsarchitektur entwickeln. Dennoch war man sich in den unterschiedlichen Lagern der französischen Politik darüber im Klaren, dass die NATO auch in Zukunft für die Sicherheit Europas unverzichtbar bleiben würde. Doch diese Anerkennung der prinzipiellen stabilitätsfördernden Wirkung der NATO bedeutete noch nicht die Rückkehr Frankreichs in die militärische Integration der NATO.

Nach dem Fall der Berliner Mauer besaß die NATO für Frankreich nach wie vor eine wichtige Bedeutung, wenngleich nicht unmittelbar für seine Sicherheitspolitik. Viele französische Politiker sahen in der NATO und dem europäischen Engagement der USA eine zentrale Bedingung europäischer Stabilität. Die NATO war gerade unmittelbar nach dem Mauerfall im französischen Verständnis weiterhin ein wichtiger Garant für die Einbindung Deutschlands, auch des vereinten, der möglichen Neutralisierungstendenzen erfolgreich entgegensteuern konnte. Gleichzeitig konnte mit der Fortexistenz der NATO die Präsenz der amerikanischen Truppen in Europa, allerdings nicht in Frankreich, gesichert werden, und die USA konnten ihre Funktion als „balancer" in Europa wahrnehmen. So betonte Präsident Mitterrand im April 1990, die Allianz müsse „zunächst ihren Zusammenhalt wahren und folglich erneut die Notwendigkeit der Präsenz amerikanischer Streitkräfte in Europa bekräftigen. Sie muss die Zugehörigkeit des vereinten Deutschlands zum Atlantischen Bündnis verfechten ... und keinen Aspekt der Sicherheitsprobleme im Hinblick auf das Gleichgewicht in Europa aus ihrer Zuständigkeit ausklammern" (Mitterrand, zitiert nach Meimeth 1993: 18 f.). Das bedeutet, dass in der kritischen Phase des Wiedervereinigungsprozesses der Atlantischen Allianz der Vorzug vor einer wie auch immer gearteten europäischen Lösung gegeben wurde. Dennoch war keine grundlegende Revision Frankreichs in Bezug auf seine Haltung zur NATO zu erwarten (vgl. Meimeth 1998: 173). Andererseits befürchtete Mitterrand aber auch eine wachsende Auseinanderentwicklung der europäischen und amerikanischen Sicherheitsinteressen, weshalb Europa langfristig seine eigenen sicherheitspolitischen Interessen auch eigenständig verfolgen müsste. Diesem Anliegen wurde auch im Kommuniqué der NATO-Gipfelkonferenz von Rom 1991 Rechnung getragen, in dem es u. a. heißt: „... Die Entwicklung einer europäischen Sicherheitsidentität und Rolle in der Verteidigung, reflektiert in der weiteren Stärkung des europäischen Pfeilers im Bündnis, wird die Integrität und Wirksamkeit des Atlantischen Bündnisses verstärken. Die Ausweitung der Rolle und Verantwortung der europäischen Bündnismitglieder ist eine wichtige Grundlage für die Umgestaltung der Allianz".

Auch nach der deutschen Vereinigung blieb Frankreich der militärischen Integration fern, ja verstärkte sogar zunächst seine traditionelle Frontstellung gegen die NATO-Militärorganisation, da sie nach dem Ende des Ost-West-Konflikts und dem Wegfall der Bedrohung nach französischer Auffassung ihren eigentlichen Sinn verloren hätte. Die NATO-Organisation wurde als Instrument der USA perzipiert, mit deren Hilfe die amerikanische Dominanz auf dem europäischen Kontinent weiterhin ausgeübt werden konnte. Zwar machten der Golf-Krieg 1991 und ganz besonders der Kosovo-Krieg 1999 deutlich, dass auch die Sicherheit und Verteidigung Europas nicht ohne die USA und damit die NATO gewährleistet werden konnte. Mitterrand suchte zunächst eine Funktionsausweitung der NATO zu verhindern und wollte ihre politische Bedeutung reduzieren. Frankreich lehnte vorerst jede Ausweitung der politischen Rollen der NATO in Europa ab und verweigerte ihr den Monopolanspruch auf die militärischen Aspekte der Sicherheit. In den Bemühungen der Atlantischen Allianz, sich sowohl inhaltlich als auch geographisch auszudehnen, vermuteten nicht wenige französische Politiker eine neue Hegemonie der USA in Europa, die es konsequent zu verhindern galt. Im französischen Verständnis sollten die europäischen Institutionen EG und WEU die „politischen Aspekte" der Sicherheit in Europa übernehmen. Der französische Präsident setzte sich für eine Reform der NATO ein und nannte als Frankreichs Ziel: „Es geht nicht darum, eine Verteidigungsorganisation zu schaffen, die an die Stelle der NATO tritt; es geht nur darum, die Grenzen der Atlantischen Allianz und ihrer militärischen Organisation zu erkennen, um zu begreifen, dass Europa als solches keine Gelegenheit verpassen darf, sich durch eine gemeinsame Politik und von daher durch eine eigene Verteidigung zu strukturieren" (Frankreich-Info 10/90: 3). Mitterrand wollte somit verdeutlichen, dass die westeuropäischen Staaten größere Verantwortung in der Sicherheitspolitik übernehmen sollten, was notwendigerweise zu einem Einflussverlust der USA hätte führen müssen. So widersetzte sich Frankreich zunächst der Ausweitung der NATO-Funktionen in den Bereichen des Krisenmanagements durch die Übernahme von UN-Mandaten und der kooperativen Sicherheit durch die Bildung des Nordatlantischen Kooperationsrats (NAKR). Frankreich stimmte diesen Beschlüssen erst zu, als auch gewährleistet war, dass die WEU und die EG eigene Kompetenzen in den gleichen Bereichen entwickeln konnten. So sah Frankreich den NAKR „als politischen Rahmen für Anbindung und Einbindung der ehemaligen Warschauer-Pakt-Staaten an den Westen sowie für die Implementierung des Vertrages über konventionelle Abrüstung" (Schmidt 1997: 120). Der Beschluss des NATO-Ministerrates vom Juni 1992, der KSZE auf Anfrage Truppen für *peace-keeping-Operationen* zur Verfügung zu stellen, wurde von der französischen Regierung als weiteres Instrument amerikanischer Einflussnahme in Europa angesehen und von Frankreich nur sehr zögernd mitgetragen. Frankreich verfolgte Anfang der 90er Jahre eine Politik, die die Westeuropäische Union als Konkurrenzorganisation zur NATO stärken sollte. „Der Aufbau einer weitgehenden strategischen Autonomie Westeuropas erschien den Regierenden in Paris damals in dieser Perspektive als der einzig mögliche Weg, um das zu erwartende amerikanische Disengagement aufzufangen und zugleich eine entsprechende Risikovorsorge gegen mögliche militärische Eventualfälle zu schaffen" (Meimeth 1998: 174). Mit der Petersberger Erklärung vom Juni 1992 (vgl. Varwick 1998: 187 ff.) wurde die regionale Entgrenzung der militärischen Aktionen der WEU durchgesetzt und diese Organisation formal der NATO gleichgestellt.

Erst nach dem Wahlsieg der Konservativen und der Übernahme des Premierministeramts durch Edouard Balladur kam während der zweiten Cohabitation Bewegung in die französische Haltung gegenüber der NATO. Zwar hielt auch die Regierung Balladur an der Forderung nach größerer Eigenständigkeit Europas fest, doch sah man dieses Ziel nicht mehr zwangsläufig als gegensätzlich zu einer NATO-Annäherung (vgl. Schmitt 1996: 345). So erklärte Verteidigungsminister Léotard kurz nach seinem Amtsantritt, dass es absurd wäre, die Rolle der NATO einzig auf die Abwehr und Abschreckung einer inzwischen als unwahrscheinlich gewordenen Bedrohung zu beschränken. Das Bündnis müsse sich vielmehr auf neue und weitergehende Aufgaben in und um Europa einstellen. In diesem Prozess der Neubestimmung der Aufgaben der Atlantischen Allianz dürfe Frankreich nicht abseits stehen, weshalb der Verteidigungsminister die Mitarbeit französischer Militärs in den entsprechenden Bündnisinstanzen befürwortete (vgl. Le Monde v. 13.5.1993). Die personellen wie auch programmatischen Veränderungen sowohl in Frankreich als auch den USA – mit Bill Clinton kam 1993 ein Präsident, der einer größeren europäischen Rolle aufgeschlossener gegenüberstand als sein Vorgänger Bush – bildeten die Voraussetzungen für eine Annäherung Frankreichs an die NATO. In der französischen Regierung wuchs die Überzeugung, nicht zuletzt vor dem Hintergrund der Erfahrungen mit den multinationalen Truppen im Rahmen des UNO-Mandats auf dem Balkan, dass die aktive Mitwirkung an friedenserhaltenden und friedenschaffenden Operationen ein adäquates Mittel für nationale Größe und weltpolitischen Einfluss sei. So stellte Frankreich mit 7 500 Soldaten 1993 im Jugoslawienkonflikt das größte Kontingent an Blauhelmen. Ein französischer General wurde zum Oberbefehlshaber der UNPROFOR in Jugoslawien ernannt. Auch setzte sich in der französischen innenpolitischen Diskussion zunehmend bei liberal-konservativen Politikern wie Léotard, Madelin, Giscard und Lamoussure, aber auch Neo-Gaullisten wie Baumel, Juppé, Fillon und Balladur wie auch einigen Sozialisten wie Verteidigungsminister Joxe oder Gérard Fuchs die Erkenntnis durch, dass eine Annäherung an die NATO wie auch eine bedingte NATO-Re-Integration Frankreichs seinen Einfluss in diesem Bündnis vergrößern könnte. Mit dem Abkommen vom 21. Januar 1993, dem „SACEUR-Abkommen“, wurde für das neu geschaffene EURO-Korps vorgesehen, dass es als „Teil der NATO-Hauptverteidigungslinie unter dem Befehl des alliierten Europa-Oberkommandos an einer Verteidigung der Zentralregion und außerdem als Teil der Krisenreaktionskräfte des Bündnisses im gesamten Befehlsbereich teilnehmen kann“ (Meimeth 1998: 178). Seit April 1993 nahm Frankreich wieder uneingeschränkt an der Arbeit des NATO-Militärausschusses teil, den es z. T. boykottiert hatte (vgl. Gordon 1995: 85). Im gleichen Monat beteiligte sich Frankreich an der von der UN gestützten militärischen Durchsetzung der Flugverbotszone über Jugoslawien. Dies war überhaupt die erste Militäroperation der NATO außerhalb des Vertragsgebiets. Frankreich unterstrich mit seiner aktiven Beteiligung bei den *peace-keeping-Aktionen* wie auch seiner Annäherung an die NATO seine weltpolitischen Ambitionen. Gleichzeitig war die Beteiligung an den internationalen Militäreinsätzen wie auch die beginnende Annäherung an die NATO durch die Befürchtung initiiert, in der internationalen Politik marginalisiert und bei den anstehenden NATO-Reformen in eine Nebenrolle gedrängt zu werden. Mitterrands Auftritt auf dem Brüsseler NATO-Gipfel im Januar 1994 war noch von Skepsis geprägt (vgl. Racine 1998: 20); dennoch engagierte sich Frankreich wie kein anderes europäisches Land für ein stärkeres US-Engagement in Jugoslawien. Zunehmend drängte Frankreich auf die politische Rolle der NATO. Die auf dem Brüsseler Gipfel erfolgte Zustimmung der NATO zur Entwicklung einer Europäischen Verteidigungsidentität hat in Frankreich zur Bereitschaft zu einer größeren Annäherung beigetragen. Auch das im Frühjahr 1994 veröffentlichte Verteidigungsweißbuch, das erste seit 22 Jahren, kodifizierte Frankreichs wachsenden Wunsch nach engerer Zusammenarbeit mit der NATO, der OSZE wie auch der UNO, doch schloss es ebenso eine Rückkehr in die Militärorganisation der NATO aus:

**Französisches Weißbuch 1994**

„Die NATO bleibt weiterhin die wichtigste Organisation zur Verteidigung ... Die höchsten Behörden haben immer wieder darauf hingewiesen, dass Frankreich, seit jeher Verbündeter der Vereinigten Staaten, wünscht, dass das Engagement der Vereinigten Staaten weiterhin in Europa aufrechterhalten bleibt. ... Die 1966 festgelegten Grundsätze (Nicht-Teilnahme an der integrierten militärischen Organisation, freie Verfügbarkeit der französischen Streitkräfte und des Staatsgebietes, Unabhängigkeit der französischen Atommacht, Einschätzungsfreiheit der französischen Sicherheitsbedingungen in Krisenzeiten, Wahlfreiheit der französischen Mittel bei Aktionen) werden weiterhin unsere Beziehungen zur integrierten militärischen Organisation bestimmen. ...

Die gegenseitige Verflechtung unserer Interessen mit denen unserer wichtigsten Partner nimmt ständig zu. Unser relativ bedeutendes Gewicht im Konzert der Staaten veranlasst uns, die günstigsten Bündnisse und das beste Instrumentarium für eine sinnvolle Umsetzung unserer Macht zu suchen. Daher werden die Aktivitäten des französischen Staates immer weitergehender in einen multilateralen Rahmen der Zusammenarbeit eingeordnet werden – vor allem mit Blick auf die Europäische Union, die Atlantische Allianz, die OSZE und die Vereinten Nationen."

Französisches Weißbuch 1994: 265 ff.

Die französische Annäherungsstrategie an die NATO wurde symbolisch durch Verteidigungsminister Léotard praktiziert, als er im September 1994 an einem – informellen – Treffen der NATO-Verteidigungsminister teilnahm; ein Vorgang, der seit dem Austritt Frankreichs aus der NATO-Organisation 1966 nicht mehr stattgefunden hatte. Auf diesem Treffen ging es vor allem um Entscheidungen in Bezug auf Bosnien, so dass Frankreich auf Grund der realpolitischen Entwicklung auch immer stärker gezwungen war, sich der NATO anzunähern, wollte es seinen Einfluss im Entscheidungsprozess des Bündnisses ausüben. In Frankreich befürchtete die politische Klasse eine wachsende Marginalisierung des Landes in den internationalen Beziehungen sowie einen Einflussverlust bei der anstehenden Reform des Bündnisses. Schließlich hatte Frankreich sein IFOR-Kontingent der operationellen Kontrolle eines US-Generals unterstellt. Je stärker sich Frankreich im NATO-Rahmen engagierte, um so mehr nahm sein Einfluss auf den Umbau der NATO zu (vgl. Varwick 1997: 290). Dieses Engagement wurde zudem durch die Tatsache begünstigt, dass sich die US-amerikanische Clinton-Administration zunehmend der Forderung nach größerer europäischer Eigenständigkeit in der Allianz öffnete. „Zwischen Washington und Paris wuchs dadurch das Einvernehmen darüber, die NATO von einer integrierten Verteidigungsorganisation in ein flexibles Militärbündnis für Einsätze außerhalb des Bündnisgebiets zu entwickeln und die europäische Handlungsfähigkeit zu stärken“ (Schmitt 1996: 350). Eine vollständige Rückkehr Frankreichs in die militärischen Strukturen der NATO stand allerdings in der Mitterrand-Zeit nicht zur Disposition, denn die Regierung knüpfte die Rückkehr u. a. an die Bedingung, „dass für die neuen Aufgaben des Bündnisses im Bereich des kollektiven militärischen Krisenmanagements ein neues Führungsmodell in der NATO geschaffen werden müsse.“ Die Kompetenzen des NATO-Oberbefehlshabers in Europa (SACEUR) sollten erheblich beschnitten „und das eigentliche Entscheidungs- und Führungszentrum auf die Ebene des NATO-Rates zurückverlagert werden, um damit die politische Kontrolle über die integrierten NATO-Stäbe bei derartigen Operationen sicherzustellen“ (Meimeth 1998: 181).

## 6.5 Europa – privilegiertes Territorium

Keinem Gebiet schenkte Mitterrand während seiner Präsidentschaft solch eine Aufmerksamkeit wie Europa. Es war unter seiner Präsidentschaft, dass sich Frankreich in den europäischen Integrationsprozess in einem Maße einbrachte, dass von den ursprünglichen gaullistischen Dogmen wie z. B. der Unabhängigkeit nichts mehr übrig blieb (bzw. zu bleiben schien). Allerdings sollte Mitterrand knapp zwei Jahre dafür benötigen, um zu erkennen, dass es aufgrund der sehr engen wirtschafts-, finanz- und währungspolitischen Verflechtungen im EG-Europa kaum noch nationale Handlungsspielräume in diesen Bereichen gab. Die innenpolitischen Rahmenbedingungen einer sozialistisch-kommunistischen Regierung wie auch anfängliche Überzeugungen Mitterrands ließen erst langsam die Erkenntnis reifen, dass Frankreichs Zukunft in der Europäischen Gemeinschaft läge.

Es waren sowohl internationale Entwicklungen – Befürchtung eines erneuten Zusammengehens der Sowjetunion und der USA auf Kosten Europas, möglicher Verlust des Glacis Bundesrepublik Deutschland, internationale technologische Herausforderung – als auch nationale Herausforderungen – rapide Verschlechterung der französischen Wirtschaft, Finanzierungsprobleme der „force de frappe“ und die Notwendigkeit der Modernisierung der Wirtschaft –, die Frankreich in den 80er Jahren zu einer engagierten Europapolitik veranlassten. „Von nun an wird die Europapolitik einen ganz herausgehobenen Stellenwert in Mitterrands politischem Handeln einnehmen“ (Müller-Brandeck-Bocquet 2004: 62).

### 6.5.1 West-Europa – bevorzugtes Aktionsfeld

Zu Oppositionszeiten vertrat François Mitterrand den Anspruch, dass Europa entweder sozialistisch oder überhaupt nicht sein werde. Die Bilanz des ersten Septennats zeigte jedoch, dass Frankreich auch unter dem ersten sozialistischen Präsidenten eher Kontinuität mit den vorangegangenen bürgerlichen Regierungen pflegte und sich durch eine pragmatische Europapolitik auszeichnete. Als Mitterrand Präsident wurde, hatten sich die Verhältnisse – insbesondere die sicherheitspolitischen – in Europa gegenüber den Zeiten de Gaulles und Pompidous grundlegend geändert:

- Es gab ein nuklearstrategisches Gleichgewicht zwischen den USA und der UdSSR mit tendenzieller quantitativer Überlegenheit der Sowjetunion.
- Die Bundesrepublik Deutschland hatte durch ihre erfolgreiche Ost- und Deutschlandpolitik größeren außenpolitischen Handlungsspielraum gewonnen und Frankreich als privilegierten Partner der Sowjetunion abgelöst.
- Die Bundesrepublik Deutschland war aus französischer Sicht zum „unsicheren Kantonisten“ im Atlantischen Bündnis geworden.
- Die wirtschaftliche Verflechtung in Europa hatte sich enorm ausgeweitet und
- die wirtschaftspolitischen Auseinandersetzungen zwischen Westeuropa und den USA hatten zugenommen.

Vor dieser gewandelten Situation war nun französische Europapolitik zu praktizieren. Hatten die Sozialisten in den 50er und 60er Jahren für eine enge militärische Kooperation Westeuropas mit den USA votiert, änderten sie in den 70er Jahren ihre Positionen. Nun akzeptierten sie zunehmend die von ihnen zuvor bekämpfte

„force de frappe" als Kernstück der nationalen Verteidigung und näherten sich gaullistischen Positionen an.

„Ohne diesen Teil des gaullistischen Erbes aufzugeben, mussten die Sozialisten doch nach ihrem Regierungsantritt nach neuen Formen der sicherheits- und verteidigungspolitischen Zusammenarbeit in Europa und innerhalb der NATO Ausschau halten. Ähnliches gilt für die Industrie- und Technologiepolitik, wo zunächst das deprimierende Bild einer vorrangig mit der Beseitigung von Butterbergen und Milchseen beschäftigten Europäischen Gemeinschaft den im linken PS-Flügel und der KP vorherrschenden Drang nach nationalen Alleingängen auch in diesem Bereich stärkte" (Veit 1984: 23). Es war daher auch kein Wunder, dass Europa sowohl in der öffentlichen Meinung Frankreichs als auch in den politischen Chefetagen in den 80er Jahren eine gute Konjunktur besaß.

Die Bedeutung EG-Europas für die sozialistische Regierung wurde bereits in ihrer Personalpolitik erkennbar. Erster Außenminister wurde Claude Cheysson, ein überzeugter Europäer. Bereits von 1973 bis 1981 war Cheysson Mitglied der EG-Kommission und u. a. für die Beziehungen der EG zur Dritten Welt zuständig. Sein Nachfolger, Roland Dumas, löste Cheysson 1984 ab. Dumas war zuvor Mitglied des Europäischen Parlaments und unter Cheysson Staatsminister und Beauftragter für Europäische Fragen. Auch der langjährige Minister für Wirtschaft, Finanzen und Haushalt, Jacques Delors, war ein in der Europapolitik ausgewiesener Politiker. Delors und Cheysson wurden zu Beginn des Jahres 1985 zu Mitgliedern in der EG-Kommission ernannt. Einerseits wurde darin die besondere Rolle der EG anerkannt, andererseits waren diese beide Minister allerdings auch besonders unbequeme Kabinettsschwergewichte, so dass nicht selten vom „Wegloben nach Brüssel" gesprochen wurde.

Bereits in der Wahlplattform der Sozialisten wurden unter dem Motto „Ein starkes Frankreich in einem unabhängigen Europa" die strikte Anwendung der Römischen Verträge sowie die Fortführung der Demokratisierung seiner Institutionen und die unverzügliche Inangriffnahme der sozialen Bestimmungen gefordert. Eine tief greifende Reform der Agrar- und Regionalpolitik vor der Aufnahme Spaniens und Portugals sowie die Errichtung eines Rats der Mittelmeerländer waren weitere Forderungen sozialistischer Europapolitik. Das Europakonzept des Präsidenten zielte auf folgende drei Felder: „Erstens verwarf er die Übertragung von verteidigungspolitischen Kompetenzen an Gemeinschaftsorgane und betrieb als Alternative die Reaktivierung der Westeuropäischen Union (WEU), um im engeren Kreis der sieben Mitglieder zur sicherheitspolitischen Ausformung der ‚europäischen Identität' zu gelangen. Zweitens bestand er auf dem Luxemburger Kompromiss von 1966, das heißt bei möglicher Erweiterung von Mehrheitsbeschlüssen des EG-Ministerrats in Sachfragen auf dem Vetorecht bei vitalen nationalen Interessen ... Drittens suchte er entgegen ambitiösen supranationalen Tendenzen pragmatisch das ‚Europa der Technologie' zu verwirklichen" (Schütze 1983: 37).

Die erste Stoßrichtung der neuen sozialistischen Regierung galt der europäischen Sozialpolitik. In ihrem im Oktober 1981 vorgelegten Memorandum unterstrich sie die erstrangige Bedeutung, die sie einem problemlosen Funktionieren der EG sowie deren Fortentwicklung zuwies. Als Instrument dafür sollte die Sozialpolitik genutzt werden. Das Ziel der neuen sozialistischen Regierung bei Amtsbeginn war es, durch Überwindung des europäischen Stagnationsprozesses zu einer dynamischen Gemeinschaft zu gelangen. Die EG sollte sich danach zu einem Hort des Wachstums, der Stabilität und der politischen Initiative entwickeln. Nicht hehre Visionen über die Fortsetzung des Integrationsprozesses trieben die Sozialisten, sondern mit Hilfe praktischer, in unmittelbarer Zukunft zu verwirklichender Maßnahmen sollte EG-Europa fortentwickelt werden. Deshalb stand die Sicherung von Arbeitsplätzen an erster Stelle. Die Regierung strebte eine Sozialunion an, wobei dem europäischen Sozialraum folgende Inhalte zugewiesen wurden: stärkere Kooperation der EG in der Beschäftigungspolitik; Intensivierung des sozialen Gesprächs auf Gemeinschaftsebene; bessere Zusammenarbeit und bessere Abstimmung in Fragen der sozialen Sicherung. Frankreichs öffentlichkeitswirksame Initiative versandete jedoch sehr schnell im Dickicht des EG-Alltags. Haushaltsprobleme, Agrar- und Milchüberschüsse, Währungsprobleme, die Beitrittsgesuche Spaniens und Portugals und die institutionelle Reform der Gemeinschaft standen auf der europäischen Tagesordnung. Mitterrand widersetzte sich zunächst massiv den britischen Forderungen nach Verringerung britischer EG-Beitragszahlungen und nahm somit eine Verschlechterung des französisch-britischen Verhältnisses in Kauf. Trotz pathetischer Unterstützung der britischen Position im Falklandkrieg 1982 wurde das englisch-französische Verhältnis einer weiteren Belastung unterzogen, und dieser Umstand förderte automatisch eine weitere deutsch-französische Kooperation. Mit seiner Europapolitik wollte Mitterrand Großbritannien zwingen, sich entweder außerhalb der Gemeinschaft zu stellen oder der weiteren Integration, wie sie von den meisten anderen Mitgliedsländern angestrebt wurde, Folge zu leisten.

Im institutionellen Bereich sah die französische Regierung keinen Handlungsbedarf für eine Änderung der Kompetenzen der EG-Organe. Daher unterstützte sie auch nur halbherzig die Genscher-Colombo-Akte, die auf eine Zusammenlegung des Europäischen Rats, der Europäischen Politischen Zusammenarbeit und der EG-Organe zielte. Staatsminister Chandaganor erklärte dazu: „Wir hegen keine allzu großen Illusionen über die Tragweite der zu realisierenden institutionellen Reformen. Institutionen dürfen niemals ein Selbstzweck sein, sie sind nur ein Mittel zur Durchsetzung politischer Absichten. Woran es uns in Wirklichkeit am meisten fehlt, ist der gemeinsame Wille, in den entscheidenden Fragen voranzukommen" (Weidenfeld/Wessels 1983: 334).

Nachdem die sozialistische Regierung zu Beginn ihrer Amtszeit eine rigide Verstaatlichungspolitik betrieben und mit ihrer sozialistischen Wirtschaftspolitik schnell Schiffbruch erlitten hatte, führte sie Mitte 1982 strenge Sparprogramme ein, um eine Modernisierung der französischen Wirtschaft zu erreichen. Auch drei Abwertungen des Französischen Franc innerhalb von achtzehn Monaten konnten nicht verhindern, dass eine Revision der Wirtschaftspolitik vorgenommen werden musste. Man erkannte nun in Paris, dass man die EG als Instrument für die Erhöhung der Wettbewerbsfähigkeit der eigenen Wirtschaft nutzen musste. Mitterrand musste erkennen, dass eine eigenständige Wirtschaftspolitik in der Verflechtungsgemeinschaft EG nicht länger möglich war. Frankreich gab seine Einwilligung zur fortgeschriebenen EG-Agrarpolitik. Mitterrands pro-europäische Position kam darin zum Ausdruck, dass innenpolitische Opfer – Schließung von Stahlwerken in Lothringen, Verschlechterung der Situation der Landwirte – in Kauf genommen wurden in dem Bewusstsein, dass verstärkter Protektionismus der französischen Wirtschaft noch erheblich größere Schwierigkeiten bereitet hätte. Gleichzeitig konnte Mitterrand durch seine Europapolitik in der innenpolitischen Diskussion die Forderungen nach einer alternativen Wirtschaftspolitik, die insbesondere vom linken Flügel der Sozialistischen Partei und der Kommunisten gestellt wurden, zurückweisen.

Frankreich ging unter Mitterrand konsequent den Weg eines engeren Zusammenschlusses auf dem Gebiet der Industrie- und Technologiepolitik und strebte die europäische Technologiegemeinschaft an. In Paris hatte man klar erkannt, dass in den Zukunftstechnologien nationale Alleingänge nicht länger erfolgreich sein konnten, also bediente man sich der Europäischen Gemeinschaft. Die industrielle Produktion und die technologischen Entwicklungen verlangten eine effiziente Arbeitsweise und den optimalen Einsatz der Ressourcen. Dieses setzte wiederum ein gemeinsames wissenschaftlich-technisches Vorgehen voraus. Ferner forderte der verschärfte internationale Wettbewerb eine Erweiterung des Absatzmarktes der europäischen Wirtschaften, damit deren jeweilige Produktion rentabel bliebe. Und schließlich veränderte die Umwandlung der Kommunikationsmittel alle herkömmlichen gesellschaftlichen Strukturen im Produktions- und Marktbereich. Deshalb visierte Frankreich eine europäische Strategie gemeinsamer Industrie- und Forschungspolitik an, versuchte die Zersplitterung der Märkte zu überwinden und setzte alles daran, den internationalen Herausforderungen europäisch zu begegnen.

Die Präsidentschaft in der EG nutzte die Pariser Regierung, die sowohl aus innen- als auch außenpolitischen Gründen einen europapolitischen Erfolg benötigte, zu einem verstärkten europäischen Engagement. Mitterrand hatte in seiner kurzen Amtszeit den größten Popularitätsverlust eines Präsidenten in der V. Republik erlitten. Jedoch konnte er mit Hilfe seiner engagierten Europapolitik sowohl in Frankreich als auch in Europa Boden gutmachen. Ziel der französischen Regierung war es, das festgefahrene Europaschiff wieder flott zu machen. In seiner richtungweisenden Rede vor dem Europäischen Parlament am 24. Mai 1984, also vier Wochen vor den Zweiten Direktwahlen zum Europäischen Parlament, befürwortete Mitterrand den Abschluss eines die Römischen Verträge ergänzenden Vertragswerks, um dem Kompetenzbereich der Gemeinschaft zu erweitern. Anpassungsmaßnahmen, die der unterschiedlichen Integrationsbereitschaft und -fähigkeit einzelner europäischer Länder Rechnung trugen, hielt er für unabdingbar. Darüber hinaus rief Mitterrand dazu auf, die ursprünglichen Arbeitsweisen und Funktionen von Rat und Kommission wieder zu beleben, welche die Konferenz der Staats- und Regierungschefs, der Europäische Rat, seit 1975 ausgehöhlt hatte.

Unter der französischen Präsidentschaft erzielten die Mitgliedsstaaten Fortschritte im Integrationsprozess, da sich Frankreich nun – anders als unter de Gaulle – nachdrücklich engagierte. So unternahm man Anstrengungen, die Kostenentwicklung auf dem Agrarmarkt zu stabilisieren; die britischen Beitragszahlungen zum bzw. Rückerstattungen aus dem EG-Haushalt wurden geregelt und verschiedene Maßnahmen zur Förderung eines Europas der Bürger wurden auf den Weg gebracht (Europäischer Pass, Einheitsdokumente für den Warenverkehr, Erleichterung der Polizei- und Zollformalitäten an den Grenzen). Zwischen der Bundesrepublik und Frankreich wurde die so genannte Europaspur, eine Spur, auf der Autofahrer mit einer besonderen Europaplakette ohne Kontrolle die Grenze passieren konnten, an den Grenzübergängen eingeführt. Diese Regelung konnte dann ebenfalls auf die Benelux-Staaten ausgedehnt werden. Schließlich gab die Regierung in Paris auch grünes Licht für den Beitritt Spaniens und Portugals zur EG zum 1. Januar 1986, nachdem man sich in der EG über eine gemeinsame Politik gegenüber den Mittelmeer-Anrainern geeinigt hatte. Die positive europäische Einstellung Frankreichs ermöglichte letzten Endes die EG-Regierungskonferenz im Dezember 1985 in Luxemburg, bei der eine moderate Reform der EG auf den Weg gebracht wurde. Der bereits mit der Genscher-Colombo-Initiative 1981 eingeleitete Prozess um die Erneuerung der EG mündete in der 1986 verabschiedeten Einheitlichen Europäischen Akte (EEA), die die erste große Reform der Römischen Verträge darstellte. Wichtigste Bestimmung der EEA war, bis Ende 1992 den *Gemeinsamen Binnenmarkt* zu vollenden. Der wichtigste Fortschritt der EEA wurde mit der Einführung des Mehrheitsprinzips als Entscheidungsregel in allen Angelegenheiten des Binnenmarkts mit Ausnahme der Steuerpolitik erzielt, das nicht ohne die dezidierte französische Zustimmung zu erreichen war. Auch setzte sich Mitterrand in dieser Zeit sehr stark für die Süderweiterung der EG um Spanien und Portugal ein, obwohl die französischen Landwirte durch ihre spanischen und portugiesischen Kollegen Konkurrenz bekamen. Letztendlich stimmte die Nationalversammlung im November 1985 mit großer Mehrheit für die Erweiterung.

Zwei Herausforderungen kennzeichneten die französische Europapolitik besonders in der zweiten Phase der Amtszeit Mitterrands: zum einen die Wirtschaftspolitik (und hier wiederum die Technologie- und Industriepolitik) und zum anderen die Sicherheitspolitik. So unterbreitete die französische Regierung im September 1983 ein neues Memorandum mit dem richtungweisenden Titel: „Eine neue Stufe Europas, ein gemeinsamer Raum für Industrie und Forschung“ (Europa-Archiv 24/1983: D 695 f.). Ausgehend von einem im Vergleich zu Japan und den USA als gefährlich erachteten technologischen und industriellen Rückstand forderte die französische Regierung ein wissenschaftliches und industrielles Europa. Im Einzelnen hielt sie einen neuen Impuls auf dem Gebiet der Forschung für zwingend erforderlich, d. h. insbesondere einen höheren Anteil der Forschungsmittel am EG-Haushalt. Zweitens sollten europäische Waren-Normen definiert und die öffentlichen Märkte zugänglicher gemacht werden, um industrielle Effizienz zu erreichen. Drittens sollte die EG-Handelspolitik, analog zu den USA und Japan, in den Dienst einer EG-Industriepolitik gestellt werden. Viertens befürwortete man eine Begünstigung von Absprachen und Kooperation europäischer Firmen. Fünftens sollten die Interventionsmöglichkeiten der Gemeinschaft erweitert werden und sechstens schließlich sprach man sich für eine industriepolitische europäische Infrastruktur aus, die die Zusammenarbeit der Unternehmen in den EG-Ländern fördern soll. Am Ende des Memorandums heißt es: „Die großen Industriezweige der Zukunft ins Zentrum der europäischen Solidarität zu rücken ist ein ehrgeiziges Ziel. In Wirklichkeit gibt es keinen anderen Weg, Europa zu konsolidieren, als die Gemeinschaft in die Lage zu versetzen, unsere Zukunft zu beeinflussen und den zukunftsträchtigen Bereichen gemeinschaftliche Dimensionen zu geben“ (Europa-Archiv 24/1983: D 695).

Frankreich verfolgte mit Vehemenz den Plan einer europäischen Technologiegemeinschaft und konnte bei den Konferenzen des Europäischen Rats in Stuttgart (Juni 1983) und in Brüssel (März 1985) erste Erfolge erzielen. Auch vor dem Europäischen Parlament beschwor Präsident Mitterrand 1984 die Abgeordneten geradezu, eine europäische Technologiegemeinschaft zu gründen: „Jedes europäische Land verteidigt eifersüchtig seine Techniken, kann aber seine Verteidigungsstellung gegen den amerikanischen und japanischen Druck nicht halten. Die protektionistische Versuchung gewinnt an Boden und Europa wird, wenn es erwacht, die Schlacht verloren haben, die alle anderen beeinflussen wird ...“. Jedoch sollte erst die intensive Diskussion um das amerikanische militärische Forschungsprogramm für eine Raketenabwehr im Weltraum (SDI) einen wichtigen Unterstützungsschub für die französischen Vorschläge bringen. Im Frühjahr 1985 übermittelte die französische Regierung ihren EG-Partnern und den Regierungen der damaligen Beitrittskandidaten Spanien und Portugal einen Entwurf über die Gründung eines Amts für die Koordinierung der europäischen Forschung (EUREKA). Die Agentur sollte in folgenden Forschungsgebieten die Zusammenarbeit der europäischen Staaten gewährleisten helfen: Großrechenanlagen; „künstliche Intelligenz" und ihre Anwendungsbereiche; leistungsfähige Hochgeschwindigkeitsrechner; Robotertechnik der dritten Generation; vollautomatische Fabrikanlagen (elektronisches Engineering); Opto-Elektronik; Laser-Entwicklung; Elektronik unter extremen Bedingungen (Hitze, Kälte, Vakuum, Radioaktivität); neue Werkstoffe und Bio-Technologien im Nahrungsmittelbereich. Mit Hilfe der EUREKA-Initiative, die als technologische Teilantwort auf das umfassende politisch-strategische SDI-Konzept der USA verstanden wurde, hoffte Frankreich ein „technologisches Jalta" zu verhindern. War der französische Ansatz ursprünglich auf eine supranational organisierte Technologiegemeinschaft ausgerichtet, so stand EUREKA neben der EG und geriet damit in eine gewisse Konkurrenz zu der Forschungs- und Technologiepolitik der EG. Mit Hilfe der EUREKA-Initiative suchte Frankreich erstens eine technologische Abkoppelung Frankreichs und auch Europas von den USA und Japan zu vermeiden, zweitens eine gemeinsame Gegenposition der Westeuropäer gegen das amerikanische SDI-Projekt aufzubauen und drittens die westeuropäische Technologie für Frankreich optimal nutzbar zu machen.

Die zweite große Herausforderung für Europa sah Präsident Mitterrand, und mit ihm der überwiegende Teil der französischen Öffentlichkeit, in der Sicherheitspolitik. Zwar akzeptierte Präsident Mitterrand die NATO als ein Bündnis, das auch zur Verteidigung Frankreichs eingesetzt werden konnte. Jedoch hatte die Entwicklung in Deutschland – hier insbesondere das starke Aufkommen der Friedensbewegung, die mehrheitliche Ablehnung des NATO-Doppelbeschlusses in der Bevölkerung und die trotz der amerikanisch-sowjetischen Eiszeit weiterhin erkennbar gut verlaufenden deutsch-deutschen Beziehungen – in Frankreich die Furcht geweckt, dass die Bundesrepublik in Neutralisierungs- und Pazifismustendenzen abgleiten und letztendlich aus der NATO ausscheiden könnte. Dadurch hätte Frankreich sein strategisches Vorfeld verloren. Das Sicherheitsproblem wäre in einem neuen Licht erschienen. So war es das Ziel der politischen Führung in Paris, die Bundesrepublik noch fester in die westlichen Gemeinschaften NATO, EG und WEU einzubinden. Daher erklärte sich die vehemente Unterstützung Mitterrands für den Nato-Doppelbeschluss.

Da diese Ängste in der französischen Gesellschaft bestanden und gleichzeitig auch eine Wiederkehr des alten gaullistischen Traumas einer Komplizenschaft zwischen den USA und der Sowjetunion nicht ausgeschlossen wurde, zielte die französische Regierung auf eine gemeinsame europäische Sicherheitspolitik. Frankreich wünschte größere Verantwortung der Westeuropäer für ihre eigene Verteidigung. Es wollte die Abhängigkeit Westeuropas von der Sicherheitsgarantie der USA langfristig abbauen. So visierte die französische Regierung analog zum „europäischen Sozialraum“ einen „europäischen Verteidigungsraum“ an. Premierminister Mauroy erklärte, wenn man das europäische Einigungswerk nicht auseinander brechen lassen wollte, müsse sich Westeuropa selber schützen und ein „autonomes europäisches militärisches Entscheidungszentrum“ geschaffen werden. Frankreich zielte – mit deutscher Rückendeckung – auf eine sicherheitspolitische Identität Westeuropas, die durch eine Revitalisierung der Westeuropäischen Union erreicht werden sollte. Die seit 1954 im Dornröschenschlaf schlummernde Westeuropäische Union, eine politische Union ohne militärischen Unterbau, schien gut geeignet, eine europäische Sicherheitsidentität herzustellen und gleichzeitig den schon von Präsident Kennedy zu Beginn der 60er Jahre anvisierten europäischen Pfeiler der NATO zu schaffen. Im Oktober 1984 wurde auf der Jubiläumstagung der Außenminister zum 30-jährigen Bestehen der WEU dem französischen Ansinnen Rechnung getragen, als man zum Ergebnis gelangte, „die Zusammenarbeit der Mitgliederstaaten in der Sicherheitspolitik zu verstärken und einen Konsens zu fördern“. Frankreich hatte also ein Ziel erreicht, indem es die Sicherheitspolitik multilateralisiert hatte und als Integrationsinstrument erfolgreich nutzte. Wenngleich auch dadurch noch keine sicherheitspolitische Identität Westeuropas erreicht wurde (denn im Herbst 1985 konnten sich die Außenminister der sieben WEU-Staaten noch nicht einmal auf eine gemeinsame Stellungnahme zu dem US-amerikanischen SDI-Projekt einigen), so könnte doch diese Institution langfristig die für die Sicherheitspolitik Westeuropas zuständige Kernorganisation werden.

In der Zeit zwischen 1986 und 1988 gab es in Frankreich die Cohabitation, d. h. der sozialistische Präsident Mitterrand musste sich die Exekutive mit dem neogaullistischen Premierminister Chirac teilen. Auch wenn Chirac als Euroskeptiker galt, setzte er sich für die Ratifikation der Einheitlichen Europäischen Akte und die Realisierung des Binnenmarkts ein. Für ihn war die Bewahrung der Prinzipien der gemeinsamen Agrarpolitik von fundamentaler Bedeutung, nicht zuletzt weil Frankreichs Bauern davon sehr stark profitierten. „Die französische Europapolitik während der Amtszeit des Kohabitationspremiers Chirac war insgesamt recht profillos“ (Müller-Brandeck-Bocquet 2004: 81).

Im zweiten Halbjahr 1989 übte Frankreich erneut die Präsidentschaft in der EG aus. Mitterrand knüpfte an die bereits in den beiden ersten Präsidentschaften eingebrachten Vorschläge an, in dem er die Schaffung eines europäischen Sozialraums gerade vor dem Hintergrund der Binnenmarktrealisierung als wichtigen Aspekt seiner Europavorstellungen realisieren wollte. Dabei unterhielt er Unterstützung vom spanischen Premierminister Gonzales. Des Weiteren wollte Mitterrand das von ihm bereits schon früher initiierte Europa der Forschung und Technologie voranbringen. Allerdings stand im Zentrum seiner Präsidentschaft die Schaffung der Wirtschafts- und Währungsunion, die bereits vom Europäischern Rat im Juni 1988 in

Hannover im Grundsatz beschlossen worden war und für die inzwischen eine Expertengruppe unter Führung des EU-Kommissionspräsidenten Delors einen Drei-Stufen-Plan entwickelt hatte. Die mittlerweile im Ostblock einsetzenden Veränderungen – angefangen von der Grenzöffnung in Ungarn im Mai, über die Einsetzung der ersten nichtkommunistischen Regierung in Polen bis hin zu den Umwälzungen in den Warschauer-Pakt-Staaten im Herbst 1989 – bestimmten in zunehmenden Maße die französische Europapolitik.

## 6.6 Die Veränderungen der Rahmenbedingungen durch das Ende des Ost-West-Konflikts

Mit dem Ende des Ost-West-Konflikts, – dem die Öffnung der Mauer in Berlin am 9. November 1989 ebenso voranging wie die Auflösung des Warschauer Pakts und des Rats für Gegenseitige Wirtschaftshilfe (RGW) –, der deutschen (Wieder-) Vereinigung am 3. Oktober 1990 sowie dem Zusammenbruch der Sowjetunion waren neue Rahmenbedingungen nicht nur für Deutschland, sondern auch für Europa wie auch für das gesamte internationale System entstanden. „Der staatliche Wiedervereinigungsprozess Deutschlands im Jahre 1989/90 stürzte die französische Öffentlichkeit in ein Dilemma, denn er zwang sie, zwischen dem Selbstbestimmungsrecht der Völker und den nationalen Interessen Frankreichs zu wählen" (Höhne 1991a: 10). Die französische Öffentlichkeit hatte sich in der politischen Praxis an die Hinnahme der deutschen Teilung stillschweigend gewöhnt; andererseits wurde aber das Selbstbestimmungsrecht des deutschen Volkes grundsätzlich anerkannt. Diese Haltung stand solange nicht im Widerspruch, als die machtpolitischen Realitäten einer Überprüfung entgegenstanden. Mit dem Fortfall des Ost-West-Konflikts musste dieses Problem für Frankreich nun aber gelöst werden.

Die deutsche Wiedervereinigung und das Ende des Ost-West-Konflikts brachten eine vollständige Veränderung der Parameter im deutsch-französischen Verhältnis. Frankreich musste seine als Siegermacht im Zweiten Weltkrieg gewonnene Rolle, eine für Deutschland verantwortliche Macht zu sein, ebenso aufgeben wie seine Schutzmachtfunktion für Berlin. Hinzu kam, dass das Ende des Ost-West-Konflikts auch die Bedeutung von Nuklearwaffen drastisch reduzierte. Konnte man ihnen während des Ost-West-Konflikts, und hier wiederum besonders im Kalten Krieg, noch eine gewisse politische Funktion im Abschreckungssystem zubilligen, so kann ihre Drohfunktion aufgrund des abhanden gekommenen Abschreckungssystems nicht mehr überzeugend ausgeübt werden. Damit wurde das lange Jahre perzipierte Selbstverständnis – wir, die Franzosen, haben die Bombe, die Deutschen haben die Mark – überholt. Die Entwicklung sollte sich im französischen Verständnis noch verschlechtern: Das vereinte Deutschland war mit Abstand zum bevölkerungsreichsten und wirtschaftlich dominierenden Staat in Europa geworden. Die politischen, wirtschaftlichen und auch die demographischen Folgen der Vereinigung wurden zur größten Herausforderung des deutsch-französischen Verhältnisses seit dem Beginn des Integrationsprozesses Ende der 40er Jahre. Frankreich bleibt in seinem Selbstverständnis als Großmacht nur noch die ständige Mitgliedschaft im Sicherheitsrat der Vereinten Nationen. Diesen exklusiven Status würde Frankreich aber in dem Augenblick verlieren, wenn Deutschland – das Mitte der 90er Jahre solch einen ständigen Sitz anstrebte – ebenfalls ständiges Ratsmitglied des Sicherheitsrates würde. Daneben ist natürlich die Rolle Frankreichs als Führungsmacht der Francophonie zu erwähnen, die allerdings mehr unter symbolischen als realpolitischen Machtaspekten gesehen werden muss. Frankreich hatte sich seit Bildung der EWG 1957 immer als die entscheidende europäische Führungsmacht begriffen. Die Machtverhältnisse haben sich jedoch durch das Ende des Ost-West-Konflikts und die deutsche Wiedervereinigung zu Lasten Frankreichs und damit zu Gunsten Deutschlands verschoben.

Die deutsche Wiedervereinigung rief für Frankreich einen tendenziellen Macht- und Statusverlust hervor, dem in Frankreich höchste Bedeutung zugemessen wurde und auch heute noch wird. Die deutsche Vereinigung veränderte tatsächlich das eingependelte deutsch-französische, nämlich das auf dem Ausgleich von Bombe und Mark beruhende, Gleichgewicht (Minc). Nach der Vereinigung wurde die Bundesrepublik Deutschland der mit Abstand bevölkerungsreichste Staat der EU (82 Mio. gegenüber jeweils 57 Mio. in Frankreich, Italien und Großbritannien). Das deutsche Bruttoinlandsprodukt (BIP) lag 1996 um 52,8 Prozent über dem französischen. Der deutsche Anteil am BIP der EU lag in der EU 15 immer noch bei fast 28 Prozent. Mehr als ein Viertel der jährlich erwirtschafteten Wohlstandsgewinne in der Europäischen Union stammte somit aus Deutschland. Neben der Veränderung dieser objektiven Kriterien kam hinzu, dass in der französischen Perzeption Deutschland den jahrzehntelang akzeptierten französischen Führungsanspruch in Frage stellte. Die Aufgabe der von der Bundesrepublik Deutschland über Jahrzehnte praktizierten „Kultur der Zurückhaltung" in der Außen- und Sicherheitspolitik (Volker Rühe) ließ das vereinte Deutschland immer stärker als Konkurrenten denn als Partner bei nicht wenigen Franzosen erscheinen. Es wurde z. T. sogar offen, verstärkt jedoch latent, eine deutsche Dominanz in Europa befürchtet, wie Valence deutlich machte: „le géant économique allemand se métamorphose sous nos yeux en géant politique. L'Europe se décentre vers Berlin et Paris prend des airs de cité méridionale" (Valence 1990: 9).

Zweifellos hatte aufgrund der Wiedervereinigung die deutsch-französische Zusammenarbeit eine andere Dimension erhalten. Die klassische Geschäftsgrundlage hatte sich aufgelöst. Aufgrund seiner territorialen und demographischen Größe, seines wirtschaftlichen Potenzials wie auch seiner geographischen Lage ist Deutschland gleichzeitig strukturabhängig wie auch strukturbildend, so dass ihm als Akteur in Europa eine Schlüsselrolle zukommt. Deutschland hatte seine Akteursqualität deutlich gesteigert, so dass die Machtbalance zwischen Frankreich und Deutschland nicht mehr wie früher gegeben war. Dennoch mussten beide Staaten miteinander kooperieren, wollten sie ihre außenpolitischen Zielvorstellungen auch nur annäherungsweise realisieren. Die durchgängige, nach dem Zweiten Weltkrieg praktizierte französische Deutschlandpolitik, nämlich Kontrolle über Deutschland, wenn nicht direkt, so doch indirekt mit Hilfe von (supranationaler) Integration zu erreichen, schien durch die Wiedervereinigung in Gefahr zu geraten, nämlich dann, wenn Deutschland sich nicht mehr so stark im europäischen Integrationsprozess engagierte. Die Wiedervereinigung an sich rief in Frankreich nicht allzu große Befürchtungen hervor, aber die daran perzipierten Folgewirkungen, wie z. B. ein Abdriften aus den europäischen Integrationsverbünden, ängstigte einen Teil der Franzosen. Deutschland hatte nun mehrere, auch miteinander verknüpfbare, Optionen zur Auswahl: eine Europapolitik, die auf den deutsch-französischen Sonderbeziehungen aufbauen konnte; eine Politik der engen Partnerschaft mit den USA und eine Politik, die auf einer starken Präsenz in Osteuropa rekurrierte.

Frankreich dagegen besaß nur eine Option: die Europapolitik. Europapolitik bedeutete aber zunehmend Deutschlandpolitik. Noch stärker als früher sollte Deutschland die französische Europapolitik bestimmen. Die Zukunft der deutsch-französischen Beziehungen hing nun vor allem davon ab, wie Frankreich den von Deutschland eingeschlagenen Weg wahrnehmen würde. Würde Deutschland im supranationalen Integrationsprozess verhaftet bleiben oder würde das vereinte Deutschland langsam aus der Gemeinschaft ausscheiden? Oder noch schlimmer, würde sich das vereinte Deutschland von der Gemeinschaft abwenden und eine neue enge Bindung mit den Staaten Mittel- und Osteuropas eingehen? Oder würde Deutschland gar eine enge Kooperation mit Russland suchen, um mit diesem neuen (alten) Partner den europäischen Kontinent zu kontrollieren? Vorausgesetzt, Deutschland bliebe in den Integrationsverbünden – und diese Option war bei den wichtigsten politischen Akteuren in Deutschland eigentlich unbestritten –, stellte sich die Frage, ob Europa stärker deutsch ausgerichtet oder ob Deutschland europäischer würde. Thomas Manns Frage nach einem europäischen Deutschland oder einem deutschen Europa schien auf einmal mehr als aktuell. Solche und ähnliche Fragen beschäftigten 1989/90 die politische Klasse – also vor allem Politiker, Spitzenbeamte, Wissenschaftler, Journalisten – in Frankreich. Doch in der Zeit zwischen Sommer 1989 und dem Fall der Berliner Mauer am 9. November 1989 reagierte die „classe politique" kaum auf die Ereignisse in der DDR. Präsident Mitterrand erklärte anlässlich des Besuches des sowjetischen Präsidenten Gorbatschow in Frankreich das Streben der Deutschen nach Wiedervereinigung für legitim. Noch am 3. November 1989, also sechs Tage vor der Öffnung der Berliner Mauer, erklärte Präsident Mitterrand im Zusammenhang der 54. deutsch-französischen Konsultationen in Bonn:

**Mitterrand und die deutsche Wiedervereinigung**

„Ich habe keine Angst vor der Wiedervereinigung ... Frankreich wird seine Politik so anpassen, dass es zum Besten der europäischen und seiner eigenen Interessen handeln kann ... in dem Maße, in dem sich Osteuropa entwickelt, muss sich Westeuropa stärken, seine Strukturen stärken und seine Politik definieren."

Frankreich-Info v. 10.11.1989: 2

Bis zum Fall der Mauer betrachtete die französische „classe politique" die Möglichkeit einer Wiedervereinigung als verfrüht. Allerdings musste man sich diesem Prozess mittelfristig stellen. Frankreich stand angesichts der bevorstehenden deutschen Einigung unter dem Zwang, sich zwischen der Verteidigung des Status quo und der Anpassung an die europäische Entwicklung zu entscheiden.

### 6.6.1 Frankreich und der Prozess der deutschen Wiedervereinigung

In der Zeit zwischen Öffnung der Mauer am 9. November 1989 und den Wahlen zur Volkskammer in der DDR am 18. März 1990 kam es zu einigen, offiziell als „Irritationen" bezeichneten, tief greifenden Spannungen in den deutsch-französischen Beziehungen, die das bis dahin öffentlich gute Verhältnis nachhaltig belasten sollten. Da Frankreich eine für Deutschland als Ganzes verantwortliche Macht war, setzte Mitterrand alles daran, den Prozess der Wiedervereinigung zu kontrollieren und möglichst viele französische Interessen in diesem Prozess durchzusetzen. Bereits im Juni 1989 hatte der französische Staatspräsident in einem Gespräch mit Journalisten die französischen Bedingungen für die Wiedervereinigung formuliert: „Sie sei legitim, müsste aber demokratisch und friedlich verwirklicht werden, was das Einverständnis zwischen der Sowjetunion und den Westmächten, also einen ‚regelrechten Dialog' voraussetzen würde, mit anderen Worten: Sie müsste unter der Kontrolle der vier Siegermächte stattfinden" (Ziebura 1997: 365). Als am 9. November 1989 dann die Mauer gefallen war, befand sich Frankreich in einer strategisch schlechteren Situation als Deutschland, war doch nun klar, dass es kurz- bis mittelfristig seine Mentorenrolle für Deutschland würde aufgeben müssen. Als Bundeskanzler Kohl am 28. November 1989 sein Zehn-Punkte-Programm formulierte, ohne dass eine Absprache mit Frankreich oder anderen europäischen Verbündeten, aber auch nicht mit den innenpolitischen Koalitionspartnern stattgefunden hatte (vgl. Schöllgen 1999: 189), verschlechterte sich das deutsch-französische Verhältnis zunehmend. In diesem Zehn-Punkte-Programm schlug der Bundeskanzler als eine Art Zwischenschritt die Entwicklung von „konföderative(n) Strukturen zwischen beiden Staaten in Deutschland" (Bulletin Nr. 134/89: 1147) vor, was nichts anderes bedeutete, als dass langfristig die Wiedervereinigung kommen musste. Dieser Gedanke war bereits in den 50er und 60er Jahren geäußert worden, allerdings in der DDR! In Punkt 10 des Programms hieß es: „Mit dieser umfassenden Politik wirken wir auf einen Zustand des Friedens hin, in dem das deutsche Volk in freier Selbstbestimmung seine Einheit wiedererlangen kann. Die Wiedervereinigung, dass heißt die Wiedergewinnung der staatlichen Einheit Deutschlands, bleibt das politische Ziel der Bundesregierung". Mit der Verkündung des Zehn-Punkte-Programms im Bundestag, über das selbst Außenminister Genscher nur kurz zuvor informiert worden war (vgl. Genscher 1997: 671), wollte die Bundesregierung auf die innere unsichere Entwicklung in Deutschland reagieren, um den Prozess unter Kontrolle zu halten. Auch wollte sie eine Orientierungsleistung im Vorfeld der anstehenden Treffen auf internationaler Ebene erbringen. Die Bundesregierung verstieß mit diesem Plan aber nicht nur gegen den Geist des 1963 geschlossenen Elysée-Vertrags, nämlich sich vor allen wichtigen außenpolitischen Maßnahmen abzusprechen, sondern sie provozierte in der französischen politischen Führung auch Reaktionen, die den Prozess der deutsch-deutschen Annäherung zumindest verzögern sollten. Auch dass Kohl weder eine Garantie über die Grenzen des zukünftigen Deutschlands abgab, noch die Verantwortlichkeiten der Vier Mächte für Deutschland in sein Zehn-Punkte-Programm einbezog, befremdete in der politischen Führung in Paris (vgl. Haski 1998: 14). „Insgesamt waren es weniger Inhalt und Zielsetzung des von Kohl vorgelegten Programms, welches den französischen Präsidenten und sein Umfeld verärgerte, als vielmehr die Tatsache, vom Bundeskanzler nicht vorab informiert worden zu sein" (Weidenfeld 1998: 136). In Paris fragten sich einige politische Akteure, ob Deutschland mit dem Zehn-Punkte-Programm die europäische Integration zugunsten seiner nationalen Einheit opfern wollte.

Sowohl in Bonn als auch in Paris wurde versucht, die Verblüffung über das Zehn-Punkte-Programm herunterzuspielen. Zunächst glaubte Frankreich sich noch in einer Position der Stärke und sah eine ähnliche Interessenlage bei der Sowjetunion und Großbritannien gegeben. Gemäß dem damaligen Präsidentenberater Attali soll Mitterrand gegenüber Außenminister Genscher geäußert haben: „Entweder die deutsche Einheit geschieht nach der europäischen Einheit oder Sie werden sich gegen eine Dreier-Allianz (Frankreich, Großbritannien, Russland) finden, und das wird in einen Krieg führen. Wenn die deutsche Einheit nach derjenigen Europas stattfindet, werden wir Ihnen helfen" (Attali 1995: 354). Indirekt bestätigt Genscher in seinen Erinnerungen die starken französischen Vorbehalte (Genscher 1997:

678). Präsident Mitterrand nahm die Entwicklung in Deutschland mit einem gewissen Fatalismus zur Kenntnis, als er in einem Gespräch mit Bundeskanzler Kohl am 15. Februar 1990 sagte: „Deutschland sei eine historische Realität, mit der man sich abfinden müsse, ob es einem gefällt oder nicht. Ihm gefalle es. ... Er habe auch schon gesagt, dass die Franzosen an die Deutschen als Nachbarn gewöhnt seien. Es habe unglückliche Perioden in der Geschichte gegeben, aber auch glücklichere Zeiten" (BMI: 1998: 842). So war nun die französische Position gekennzeichnet einerseits durch eine Beschleunigung der (west-)europäischen Integration und der darin liegenden Einbettung der Bundesrepublik Deutschland sowie andererseits durch eine Verzögerung und Kontrolle des deutschen Wiedervereinigungsprozesses.

Mit seiner Reise nach Kiew am 6. Dezember 1989 unternahm Mitterrand einen Versuch, die sowjetische Position auszuloten. Dabei musste er feststellen, dass seitens Gorbatschows einer deutschen Wiedervereinigung kaum noch Widerstand entgegengesetzt werden würde. Mitterrand betonte zwar das Selbstbestimmungsrecht der Deutschen, wies aber gleichzeitig auf die französisch-sowjetische Waffenbrüderschaft, auf den Siegermachtstatus und den minderen Status Deutschlands sowie die Existenz zweier deutscher Staaten und ihrer Bedeutung für das europäische Gleichgewicht hin (vgl. Politique Etrangère Nov./Dez. 1989: 137). Für Robert Picht schien Mitterrand mit der Kiew-Reise an „die alte Tradition des französisch-russischen Bündnisses zur Eindämmung Deutschlands und zur Bekräftigung des französischen Großmachtstatus anzuknüpfen" (Picht 1990: 47). Auch seine Reise am 21./22. Dezember 1989 in die DDR, „eine Geisterfahrt zu einem Regime in Auflösung" (Vannahme 1990: 7), sollte zum einen auf die Notwendigkeit der Existenz zweier deutscher Staaten für das europäische Gleichgewicht hinweisen, zum anderen die sich reformierende DDR aufwerten. Das führte jedoch zu einer Verschlechterung der deutsch-französischen Beziehungen. Mit den beiden Reisen wollte Mitterrand sicherlich nicht die Wiedervereinigung verhindern – Mitterrand war sich zu dieser Zeit der strategisch schwächeren Position Frankreichs mit Sicherheit bewusst –, aber er wollte mit der Betonung der Aufrechterhaltung des Gleichgewichts in Europa den Prozess der Wiedervereinigung unter französischer Kontrolle im Rahmen des europäischen Integrationsprozesses halten (vgl. Védrine: 1996: 425). Auch verdeutlichte Frankreich zu jener Zeit seinen Siegermachtstatus und die daraus abgeleiteten Rechte.

In dieser Zeit der „Irritationen", besser des Misstrauens und des Zweifelns der Partner aneinander, schien die Haltung der französischen Regierung zur Entwicklung in Deutschland eher von Ratlosigkeit und Taktiererei geprägt, als von einer klaren deutschlandpolitischen Konzeption. Sie führte dazu, dass „das ‚offizielle' Paris mit seiner zögerlich-vorsichtigen, konservativen Fixierung auf die Formel vom ‚europäischen Gleichgewicht' wohl mehr als eine Gelegenheit versäumte, in einer Situation des Umbruchs in Europa seinem Anspruch auf einen europäischen Führungsanspruch wirklich gerecht zu werden" (Kolboom 1991: 470 f.). Die Unschlüssigkeit der französischen Politik und die daraus resultierenden Ungeschicklichkeiten lassen sich auf zwei Irrtümer zurückführen: „Paris unterschätzt die Intensität des Einheitsgefühls in Ostdeutschland (und in Westdeutschland) und es überschätzt den sowjetischen Widerstand, also die internationalen Probleme in diesem Fall" (Vernet 1993: 175 f.). In dieser Zeit der Irritationen gab es einen doppelten nationalen Alleingang auf beiden Seiten des Rheins, der mangelndes Gespür für eine notwendige bilaterale deutsch-französische Politik und mangelnde Sensibilisierung für die jeweiligen Empfindungen auf der Nachbarseite offen legt. „Er macht aber auch deutlich, dass die deutsch-französische Annäherung zumindest zu einem Teil auf der deutschen Teilung beruhte und dass es zwischen Frankreich und der Bundesrepublik einen latenten Interessenkonflikt gab, der mit der zunehmenden Status-Quo-Orientierung der französischen Politik seit Beginn der 70er Jahre manifest wurde" (Loth 1992: 48).

Nachdem die Bundesregierung der DDR im Februar 1990 eine deutsch-deutsche Währungsunion angeboten hatte, Präsident Gorbatschow im gleichen Monat Bundeskanzler Kohl und Außenminister Genscher anlässlich ihrer Reise nach Moskau die sowjetische Zustimmung zur deutschen Einheit signalisierte, war die Wiedervereinigung nicht länger aufzuhalten. Frankreich musste sich diesen Entwicklungen anpassen, wollte es nicht in eine Isolierung geraten und auf jegliche Einflussnahme im Prozess der deutschen Wiedervereinigung verzichten. So betrieb Frankreich ab dem Frühjahr 1990, genauer nach den Volkskammerwahlen im März 1990, die faktisch ein Plebiszit für die nationale Einheit darstellten, eine realistische Deutschland- und Europapolitik. Man richtete sich jetzt in der „classe politique" auf die deutsche Wiedervereinigung ein. Mitterrand versuchte nun, den Vereinigungsprozess aktiv zu beeinflussen und die Bedingungen für die Vereinigung durch französische „préalables" festzuzurren. So forderte er, dass die deutsche Vereinigung die europäischen Spannungen nicht vergrößern dürfe, dass die deutsche Einigung der Zustimmung der für die Sicherheit der Bundesrepublik zuständigen Mächte, also der drei Westmächte, inklusive Frankreichs, sowie der Sowjetunion bedürfe; eine Forderung, die im übrigen vollkommen legitim und seitens Deutschlands auch nicht in Frage gestellt worden war. Und schließlich betonte Mitterrand noch die Unverletzlichkeit der Grenzen in Europa, besonders der Oder-Neiße-Grenze. Bereits am 12. Dezember 1989 wurde während einer Debatte in der französischen Nationalversammlung Einstimmigkeit bei den Abgeordneten darüber erzielt, dass eine Bedingung der deutschen Einheit die Unverletztlichkeit der Oder-Neiße-Grenze sei. Eine weitere Forderung Mitterrands war, dass sich die deutsche Wiedervereinigung innerhalb des europäischen Integrationsprozesses vollziehen sollte. Das Beharren des französischen Präsidenten auf dem Mitspracherecht der Siegermächte des Zweiten Weltkriegs in der Frage der deutschen Wiedervereinigung entsprach der langfristigen außenpolitischen Konzeption Frankreichs. Mitterrand knüpfte damit an de Gaulles Forderungen vom 25. März 1959 an, als er die „Anerkennung der gegenwärtigen Grenzen" (also der Oder-Neiße-Grenze) und die vertragliche Einfügung Deutschlands in eine ganz Europa umfassende Organisation für Zusammenarbeit, Einheit, Frieden und Rüstungsbeschränkung forderte. Die französische Regierung hat der Viermächteverantwortung für Deutschland als einem seiner Großmachtattribute bis zum Abschluss des Zwei-Plus-Vier-Vertrags immer große Bedeutung beigemessen. Insbesondere die aus französischer Sicht hinausgezögerte Anerkennung der Oder-Neiße-Grenze durch Bundeskanzler Kohl trübte das deutsch-französische Verhältnis. Es wurde im Verlauf der deutschen Einigung aber sehr schnell deutlich, dass auch das vereinte Deutschland ein treues Mitglied der westlichen Gemeinschaften blieb, das die bestehenden Grenzen in Europa vorbehaltlos akzeptierte.

### 6.6.2 Der deutsch-französische Bilateralismus während des Wiedervereinigungsprozesses

Die französische Politik hatte die Wiedervereinigung zu jeder Zeit als ein legitimes Anliegen der Deutschen betrachtet. Allerdings versuchte Frankreich, den Prozess der deutschen Wiedervereinigung zu kontrollieren und war in seiner Unterstützung für Deutschland deutlich zurückhaltender als die USA. Frankreich hatte zunächst ein Interesse an der Aufrechterhaltung des Status quo. Solange kein neues Gleichgewicht die von französischer Seite seit de Gaulles Zeiten bekämpfte „Ordnung von Jalta" ersetzt hatte, hielt es an der Ordnung fest. Frankreich verfolgte im deutsch-französischen Verhältnis nach Öffnung der Mauer unterschiedliche Strategien. Zunächst suchte Mitterrand der Entwicklung mit einer Vertiefung der europäischen Integration zu begegnen, indem ein Beschluss über die schnelle Einberufung einer Regierungskonferenz über die Wirtschafts- und Währungsunion herbeigeführt werden sollte. Gleichzeitig spielte Frankreich die sowjetische Karte, womit dem deutschen Partner die Bedeutung der Vier-Mächte-Verantwortung, und damit auch Frankreichs und der Sowjetunion, verdeutlicht werden sollte. Durch verstärkte internationale Präsenz suchte François Mitterrand aktiv den Prozess der deutschen Wiedervereinigung zu beeinflussen.

Der deutsch-französische Bilateralismus, der seit der Zusammenarbeit von Giscard d'Estaing und Helmut Schmidt überwiegend ein Aktivposten im europäischen Integrationsprozess gewesen war, konnte seine Tragfähigkeit im Prozess der deutschen Wiedervereinigung nur mühsam beweisen. In Deutschland führte die zurückhaltende Position Präsident Mitterrands zu Enttäuschungen sowohl bei der politischen Führung wie auch in der Bevölkerung. Bei einer im Herbst 1990 im Auftrag der Süddeutschen Zeitung durchgeführten Meinungsumfrage wurde die UdSSR mit 59 Prozent vor den USA mit 44 Prozent und Frankreich mit 36 Prozent als der beste Freund Deutschlands bezeichnet (SZ-Magazin v. 4.1.1991: 10). Noch zwei Jahre zuvor wurde Frankreich als bester Freund Deutschlands vor den USA (57 Prozent) und der UdSSR (7 Prozent) in der öffentlichen Meinung gesehen (Figaro-Magazine v. 12.11.88: 108).

Der deutsch-französische Bilateralismus wurde nicht nur durch das französische Verhalten von der Zeit der Maueröffnung bis zu den Volkskammerwahlen beeinträchtigt, sondern auch durch das Verhalten der Bundesregierung. Der Informationspflicht, die zumindest durch den Geist des Elysée-Vertrags gegeben war, war die Bundesregierung mit dem Zehn-Punkte-Programm nicht nachgekommen (Schabert 2002: 434). Dies verwunderte umso mehr, da sich die Foren und Kooperationsbeziehungen dynamisch entwickelt hatten und bei gutem Willen der Beteiligten auch hätten genutzt werden können. Es herrschte aber zunächst Misstrauen. Mit dem Abstand von fünfzehn Jahren schrieb Helmut Kohl über seinen engsten politischen Partner und Freund: „Die Rolle von François Mitterrand war zumindest undurchsichtig“ (Kohl 2005: 1033). Erst im Verlauf der Gespräche über den Zwei-Plus-Vier-Vertrag und mit dem Fortgang der europäischen Integration konnte dieses Misstrauen überwunden werden.

1990 war ein Schicksalsjahr für die französische Europapolitik. Sollte Frankreich trotz der Veränderung der politischen Parameter zu seinen Lasten zwecks einer noch stärkeren Integration des vereinten Deutschlands den europäischen Einigungsprozess intensivieren, gleichzeitig dabei aber das Risiko eingehen, dass das vereinte Deutschland von seiner wirtschaftlichen und politischen Macht in den europäischen Organisationen zunehmend Gebrauch machen würde? Oder sollte Frankreich das gaullistische Konzept des „Europas der Staaten“ verfolgen, wobei hier die Gefahr bestand, dass auch in einer solchen Konzeption das vereinte Deutschland erst recht seine politische und ökonomische Macht anwenden könnte. Die deutsche Wiedervereinigung war für Frankreich die große Herausforderung, der am besten durch eine weitere Vertiefung der europäischen Gemeinschaften und damit einer neuen Einbindungsoffensive begegnet werden konnte. Theoretisch hätte Frankreich auch die Einbindungsstrategie aufgeben und zu einer Strategie der Gegenmachtbildung zurückkehren können, wodurch das deutsche Machtpotential durch eine Koalition mit anderen Staaten hätte ausbalanciert werden müssen. Frankreich entschied sich für eine noch stärkere Einbindung Deutschlands in den europäischen Integrationsprozess.

Für Frankreich besaß die Vertiefung der europäischen Integration auch eindeutig Priorität vor einer Erweiterung der Gemeinschaft. Noch vor dem Mauerfall hatte Präsident Mitterrand vor dem Europäischen Parlament eine Beschleunigung des Integrationsprozesses angemahnt, eine Forderung, die er anlässlich der 54. deutsch-französischen Konsultationen Anfang November 1989 in Bonn erneuerte. Die Vertiefung der Gemeinschaft sollte nach Auffassung von Mitterrand noch erfolgen, bevor Deutschland die Wiedervereinigung vollzog. Das Drängen des französischen Präsidenten auf Vertiefung der Europäischen Gemeinschaft resultierte aus der Furcht vor einem neuen, unberechenbaren und unkontrollierbaren Deutschland sowie der Erkenntnis, dass die Sowjetunion bereit war, Deutschlands Wiedervereinigung zuzustimmen. Die Vertiefung der europäischen Integration entsprach der französischen Einbindungsstrategie seit mindestens vier Dekaden. Mitterrand suchte verstärkt die bilaterale Zusammenarbeit mit Deutschland, ohne allerdings die multilaterale europäische Zusammenarbeit zu vernachlässigen.

Mit Blick auf den deutschen Wiedervereinigungsprozess und die Realisierung des Ziels der Vertiefung der europäischen Integration drängte die französische Regierung auf die Festlegung eines Termins für die Regierungskonferenz zur WWU, deren Schaffung bereits vor dem Fall der Mauer verbindlich beschlossen worden war. So wurde auf der Gipfelkonferenz von Straßburg im Dezember 1989 entschieden, dass noch vor Ende des Jahres 1990 eine intergouvernementale Konferenz zur Errichtung der Wirtschafts- und Währungsunion einberufen werden sollte.

Eine wesentliche Verbesserung der deutsch-französischen Beziehungen konnte Bundeskanzler Kohl in einem Gespräch mit Präsident Mitterrand Anfang Januar 1990 erreichen, zu dem der Bundeskanzler in das Privathaus des Präsidenten nach Latché an der französischen Atlantikküste reiste. In diesen Unterredungen versicherte der Bundeskanzler erneut, dass die deutsch-französische Partnerschaft der Motor des europäischen Integrationsprozesses bleiben solle, in den die deutsche Einigung eingebettet werden müsse. Für einen Teilnehmer des Gesprächs, den Kanzleramtsberater Horst Teltschik, war diese Unterredung ein „Schlüsselgespräch" zur Festigung der deutsch-französischen Freundschaft (vgl. Teltschik 1991: 98 ff.). Offensichtlich konnte der Bundeskanzler seinen französischen Partner, inzwischen zum zuverlässigen Freund geworden, von der Aufrichtigkeit der deutschen Europapolitik überzeugen und hinreichend klar machen, dass deutsche Einheit und europäische Integration tatsächlich zwei Seiten derselben Medaille waren. Wieder einmal war Frankreich nach dem Zweiten Weltkrieg gefordert, deutschen Realitäten zu folgen. „Es schien, als sei Frankreich in seinem Verhältnis zu Deutschland wieder einmal bereit, sich mit den Realitäten früher abzufinden als Großbritannien. Schon vierzig Jahre zuvor hatte Frankreich den Wiederaufstieg Westdeutschlands relativ früh als unausweichlich akzeptiert und mit einer Einbindungsstrategie – der Europäischen Gemeinschaft für Kohle und Stahl – geantwortet. Jetzt zeichnete sich die gleiche Strategie ab: Hinnahme der deutschen Einheit, falls sie wirklich unvermeidlich war, aber nur, wenn zugleich die europäische Integration, vor allem die deutsch-französische Zusammenarbeit, vorankam" (Grosser 1998: 387).

### 6.6.3 Die Blüte der Französisch-deutschen Kooperation 1990–1993 – Das deutsch-französische Tandem fasst wieder Tritt

**Zielkonflikte**

„Unter der Prämisse einer fortgesetzten Einbindungsstrategie kann Deutschland in einer vertieften EU fest eingebunden werden, und nur wenn die Union nicht erweitert wird, können die hierfür erforderlichen Souveränitätsverzichte Frankreichs begrenzt werden. Nur dann kann der Zielkonflikt zwischen Einbindung und Selbstbindung kontrolliert werden. Eine ähnliche Überlegung gilt auch für den zweiten Zielkonflikt der französischen Europapolitik: ein außenpolitisch handlungsfähigeres Europa kann ohne weitreichende Souveränitätsverzichte nur verwirklicht werden, wenn die Zahl der Mitgliedstaaten klein bleibt und wenn die Interessenheterogenität der beteiligten Staaten nicht allzu groß wird. Auch hier kann der Zielkonflikt nur dann entschärft werden, wenn die Europäische Union nicht in großem Umfang erweitert wird.“

Nachdem die Phase der deutsch-französischen Irritationen spätestens mit dem Ergebnis zur Wahl der ersten freien Volkskammer am 18. März 1990 beendet war, startete das Tandem Kohl-Mitterrand neue Initiativen in der Europapolitik. Der Tenor beider Regierungen war nicht weniger, sondern mehr Integration in Europa. Frankreich hatte sich von einer Politik mit zwei deutschen Staaten verabschiedet. Mitterrand versuchte, wie auch Helmut Kohl, insbesondere eine irreversible Verankerung des vereinten Deutschlands in der Europäischen Union vertraglich abzusichern. Während für Mitterrand diese Verankerung eine Garantie gegen eine neue deutsche Vorherrschaft in Europa darstellte, sollte für Kohl die irreversible Einbindung Deutschlands in den Integrationsprozess auch zukünftige Regierungen binden und damit die verhängnisvolle nationale deutsche Sonderrolle, in den letzten hundertzwanzig Jahren mehrfach zum deutschen Verhängnis geworden, ein für alle Mal beenden. Deutschland musste vor allem vermeiden, in die alte Mittellage zwischen Ost und West zurückversetzt zu werden. Auch der Zerfall der Union in eine Nordostflanke auf der einen und eine Südwestflanke auf der anderen Seite mit ihrem inhärenten Sprengstoff hätte Deutschland ebenso geschadet wie auch der Rückfall in nationalstaatliche und nationalistische Reflexe, der schwere innere und äußere Verwerfungen zur Folge hätte haben können. Bundeskanzler Kohl wollte somit auf alle Fälle Deutschlands Mitgliedschaft in der EG festigen, was am besten mit Frankreich zu bewerkstelligen war. Die bereits seit den Zeiten Giscard d'Estaings und Helmut Schmidts praktizierte deutsch-französische Zusammenarbeit in der Wirtschafts- und Währungspolitik zugunsten des europäischen Integrationsprozesses sollte sich auch unter veränderten außenpolitischen Rahmenbedingungen als probates Mittel deutscher Außenpolitik erweisen. So kam es im April 1990 zu einem gemeinsamen Brief Mitterrands und Kohls an den irischen Ratsvorsitzenden, Premierminister Charles Haughey, in dem die beiden Staatsmänner den Regierungen der anderen EG-Länder vorschlugen, neben der bereits geplanten wirtschaftlichen Union eine Politische Union zu errichten. Bereits auf dem Europäischen Rat in Hannover im Juni 1988 hatten die Staats- und Regierungschefs entschieden, die EG durch die Errichtung einer Wirtschafts- und Währungsunion zu stärken. Mit dieser Initiative knüpfte Frankreich an die europapolitische Zusammenarbeit mit der Bonner Republik an, während das vereinte Deutschland den bereits eingeschlagenen europapolitischen Weg bruchlos fortsetzte. Es war an der Zeit, auf der Grundlage der Einheitlichen Europäischen Akte „die demokratische Legitimation der Union zu verstärken, ihre Institutionen effizienter auszugestalten, die Einheit und die Kohärenz der Aktion der Union in den Bereichen der Wirtschaft, der Währung und der Politik sicherzustellen, eine gemeinsame Außen- und Sicherheitspolitik festzulegen und in die Tat umzusetzen" (Kohl/Mitterrand 1990: D 283). Kohl und Mitterrand, die die grundlegenden Ideen eines belgischen Memorandums (vgl. Weidenfeld 1994: 95 ff.) übernahmen, schlugen daher vor, parallel zur Regierungskonferenz über die WWU eine zweite intergouvernementale Konferenz über die Politische Union einzuberufen, die zum Ziel hatte, die demokratische Legitimation der Union zu stärken, ihre Institutionen effizienter auszugestalten, die Einheit und die Kohärenz der Aktion der Union in den Bereichen der Wirtschaft, der Währung und der Politik sicherzustellen, eine gemeinsame Außen- und Sicherheitspolitik festzulegen und in die Tat umzusetzen.

Frankreichs vitale Interessen, der Marginalisierung in Europa durch eine dauerhafte Anbindung an Deutschland zu entgehen sowie das vereinte Deutschland durch die Wirtschafts- und Währungsunion und die Politische Union langfristig in Europa fest zu verankern, vereinbarte sich mit dem deutschen Ziel, durch die Forcierung der europäischen Integration den Rückfall in eine nationalistische Position und damit eine deutsche Sonderrolle unmöglich zu machen. In Frankreich wurden noch immer Befürchtungen von der „classe politique" geäußert, dass Deutschland sein Engagement im europäischen Integrationsprozess aufgrund ökonomischer Schwierigkeiten reduzieren könnte. So wurde die Politische Union als Mittel der Einbindung, aber auch der Kontrolle, perzipiert, als Premierminister Bérégevoy erklärte, dass Deutschland durch den Vertrag über die Wirtschafts- und Währungsunion und die Politische Union „fest vor den Karren Europas gespannt werden muss". Aus französischer Sicht sollte die EG gleichzeitig zum Stabilitätsanker in Europa und zum Auffangbecken für das vereinte Deutschland werden.

Im Anschluss an die offizielle Vereinigung am 3. Oktober 1990 folgte die zweite gemeinsame Initiative von Präsident Mitterrand und Bundeskanzler Kohl am

6. Dezember 1990, in der die beiden Staatsmänner Vorschläge zur Verwirklichung der Europäischen Union unterbreiteten. „Wir drücken den Wunsch aus, dass die Regierungskonferenz die Grundlagen und die Strukturen einer starken und solidarischen Union festlegt, die bürgernah und entschlossen den Weg geht, der ihrer föderalen Berufung entspricht". Unter Hinweis auf die „föderale Berufung" schlugen Mitterrand und Kohl die Vertiefung und Erweiterung der Gemeinschaftskompetenzen, insbesondere in der Umwelt-, Gesundheits-, Sozial- und Energiepolitik, der Forschung und Technologie sowie dem Verbraucherschutz vor. Auch sollten Themen wie Immigrationspolitik, Asylrecht, Drogenbekämpfung, Kampf gegen international organisierte Kriminalität in das Gemeinschaftshandeln einbezogen werden. Kohl und Mitterrand regten ebenfalls die Schaffung eines Rats der Innen- und Justizminister an. Eine Klausel des Vertrages sollte die Übertragung von neuen Kompetenzen auf die Union durch die Entscheidung des Europäischen Rates und mit einer Mehrheit im Parlament ermöglichen.

Mit Blick auf die mangelnde demokratische Legitimation der Gemeinschaft schlugen die beiden Staatsmänner die Einführung einer europäischen Staatsbürgerschaft vor. Das Parlament sollte zudem durch ein Verfahren der Mitentscheidung gestärkt werden und Kommissionspräsident sowie die Kommissare mit Mehrheit bestätigen. Darüber hinaus regten sie an, dass eine stärkere Einbeziehung der nationalen Parlamente und der Interessen der Regionen in der Union geprüft werde. Der Europäische Rat, dessen zentrale Stellung im Institutionengefüge herausgehoben wurde, sollte in der Regel mit qualifizierter Mehrheit entscheiden. Fragen der Außen- und Sicherheitspolitik sollten jedoch weiterhin einstimmig entschieden werden.

Auch wenn in dieser Botschaft die unterschiedlichen europapolitischen Konzeptionen deutlich wurden – die Bundesregierung setzte sich als traditionelle Verfechterin eines föderativen Europas für die Ausweitung der Kompetenzen des Europäischen Parlaments ein, während sich Frankreich entsprechend dem intergouvernementalen Ansatz für die Stärkung des Europäischen Rats in der Gemeinsamen Außen- und Sicherheitspolitik aussprach – hatte das deutsch-französische Tandem mit Hilfe der Europapolitik wieder zu einem aktiven Bilateralismus gefunden, so dass in der Zeit der Verhandlungen über den Maastrichter Vertrag – und die Vertreter der 12 Regierungen verhandelten seit der Eröffnung der intergouvernementalen Konferenz Ende 1990 – gemeinsame deutsch-französische europapolitische Positionen ausgehandelt werden konnten.

### 6.6.4 Die Bedeutung der gemeinsamen Initiativen

Am 14. Oktober 1991 legten Präsident Mitterrand und Bundeskanzler Kohl eine weitere gemeinsame Initiative zur Außen-, Sicherheits- und Verteidigungspolitik vor, mit der sie in der Endphase der Verhandlungen über den Vertrag zur Herstellung der Europäischen Union ihre Vorstellungen durchzusetzen suchten. In dieser Initiative wurde die Beziehung zwischen EU und WEU besonders herausgearbeitet. Insbesondere schlugen die beiden Regierungen vor, einen militärischen Planungs- und Koordinierungsstab in der WEU einzurichten. Mitterrand und Kohl versuchten vor allem, der Union außen- und sicherheitspolitisches Profil zu geben. In dieser Botschaft gingen die beiden Staatsmänner über ihre Botschaft vom Dezember 1990 deutlich hinaus, indem sie auch die Schaffung einer organischen Beziehung zwischen der Westeuropäischen Union und der Europäischen Union forderten sowie der Union eine explizite verteidigungspolitische Dimension zuwiesen, was sich jedoch als nicht durchführbar herausstellte.

Die vier deutsch-französischen Botschaften, die seit April 1990 an die anderen EG-Partner gerichtet wurden, stellten einen Kompromiss zwischen den Vorstellungen beider Partner dar. Die deutsche Regierung hatte ursprünglich besonderen Wert auf eine Stärkung der Kompetenzen des Europäischen Parlaments gelegt, das gleichberechtigt neben dem Rat am europäischen Gesetzgebungsprozess beteiligt werden sollte. Auch im Bereich der Außenbeziehungen wurde eine Stärkung der Parlamentsrechte durch eine Erweiterung und Verbesserung der Konsultation sowie der Ermächtigung zur Ratifikation der wichtigsten internationalen Übereinkünfte gefordert. Im Haushaltsbereich sollte das Parlament umfassendere Kontrollbefugnisse im Hinblick auf Maßnahmen der Kommission erhalten, insbesondere bezüglich der Verwaltung der Finanzen der Gemeinschaft, und ein maßgebliches Mitwirkungsrecht an einem eigenen, wenn auch beschränkten, Steuererhebungsrecht der Gemeinschaft. Deutscherseits lag diesen Vorschlägen die Überlegung zugrunde, dass es „eigentlich unserem parlamentarischen Selbstverständnis entsprechen (muss), weitere Rechte der nationalen Parlamente und auch Regierungen nur dann an europäische Institutionen abzugeben, wenn gleichzeitig eine klare parlamentarische Kontrolle auch auf der europäischen Ebene aufgebaut wird“ (Kohl, in: Bulletin 1990: 454). Die Bundesregierung suchte ein Junktim zwischen der Währungsunion und der Politischen Union herzustellen, die als Ausgleich für die Aufgabe der D-Mark für eine der WWU skeptisch gegenüber eingestellten Öffentlichkeit geschaffen werden musste. So erklärte Bundeskanzler Kohl am 30. Januar 1991 vor dem Deutschen Bundestag: „Für uns Deutsche, für die Bundesregierung ist die Parallelität beider Regierungskonferenzen von einer grundlegenden Bedeutung. Der Zusammenhang zwischen den beiden Vorhaben ist sachlich und politisch zwingend. So wichtig die Verwirklichung der Wirtschafts- und Währungsunion ist, sie bliebe nur Stückwerk, wenn wir nicht gleichzeitig die Politische Union verwirklichten. Aus meiner Sicht ist für die Bundesrepublik nur die Zustimmung zu beiden gleichzeitig möglich. Beide Vorhaben sind unlöslich miteinander verbunden" (Bulletin 11/1991: 73).

Frankreich wollte mit den Vorschlägen die wirtschaftliche Einheit Europas vollenden, mit der Gemeinsamen Außen- und Sicherheitspolitik der Europäischen Politischen Union einen ihr zustehenden Platz in der Weltpolitik geben sowie den Demokratisierungsprozess der EG fortführen. Natürlich war auch die weitere Verankerung Deutschlands im europäischen Integrationsprozess nach wie vor ein bedeutsames französisches Ziel.

Untersucht man die gemeinsamen Botschaften näher, so wird deutlich, dass Deutschland mit der Ausweitung der Rechte des Europäischen Parlaments das supranationale Element in der Gemeinschaft stärken, während Frankreich die Führungsrolle des Europäischen Rats, und damit das intergouvernementale Prinzip, gewahrt wissen wollte. Die Vorstellungen über die Politische Union ließen aber bei beiden Partnern ein Abgehen von ihren theoretischen Integrationsvorstellungen erkennen, da sonst ein gemeinsames Vorgehen auch nicht möglich gewesen wäre. So lagen supranationale Elemente in der föderalen Finalität der Union, der Ausweitung der Unionskompetenzen und der Kompetenzen des Europäischen Parlaments, der Schaffung einer Unionsbürgerschaft und einer gewissen Ausdehnung der Mehrheitsentscheidungen im Rat. Die intergouvernementale Dimension wurde besonders im Bereich der Gemeinsamen Außen- und Sicherheitspolitik deutlich, in der nach wie vor die Mitgliedstaaten auch in der Europäischen Union die entscheidenden Akteure sein sollten. Frankreichs Zugeständnis hinsichtlich einiger supranationaler Komponenten war erklärlich vor dem Hintergrund der fortgesetzten Einbindungsstrategie des Rheinnachbars. Gleichzeitig sollte mit Hilfe der Europäischen Union auch das andere französische Ziel erreicht werden, nämlich eine gleichberechtigte Rolle einer vertieften Gemeinschaft auf der weltpolitischen Bühne, die Frankreich allein nicht mehr in der Lage war, einzunehmen.

Mit ihren bilateralen Initiativen versuchten Deutschland und Frankreich ihr Sonderverhältnis zu nutzen, um dem europäischen Integrationsprozess neue Triebkraft zu verleihen, der aufgrund der internationalen Entwicklungen in den Jahren 1989/90 in den Hintergrund gerückt war. Nicht zuletzt führten die deutsch-französischen Vorstellungen zu einem schnelleren Abschluss der Regierungskonferenzen, deren Ergebnis der Maastrichter Vertrag bildete. Besonders die Initiative vom 19. April 1990 bildete einen Markstein für den europäischen Integrationsprozess. Allerdings machten die Initiativen auch deutlich, welche unterschiedlichen europapolitischen Vorstellungen in Deutschland und Frankreich weiterhin vertreten wurden.

### 6.6.5 Der Vertrag über die Europäische Union (Maastrichter Vertrag) – rechtliche und politische Struktur

Der Vertrag von Maastricht war das bisher ehrgeizigste Vorhaben zur Vertiefung des Integrationsprozesses. Die aus den einzelnen Pfeilern bestehende Europäische Union sollte nun zum Markenzeichen des Integrationsprozesses werden. Den ersten Pfeiler stellen die drei Europäischen Gemeinschaften dar, deren Aufgabenbereich beträchtlich erweitert wurde, insbesondere hinsichtlich der zu schaffenden Wirtschafts- und Währungsunion. Die WWU sollte bis spätestens 1999 mit der Einheitswährung Euro für jene Staaten geschaffen werden, die bestimmte Stabilitätskriterien erfüllten. Das Aufgabenfeld der EU wurde sodann um die Bereiche allgemeine Bildung, Kultur, Gesundheitswesen, Verbraucherschutz, Transeuropäische Netze, Industrie und Entwicklungszusammenarbeit erweitert. Das Europäische Parlament erhielt mehr Rechte, u. a. bei der Ernennung der Kommission und ihres Präsidenten sowie eine Art Initiativrecht. Der zweite Pfeiler besteht aus den Bestimmungen über die Gemeinsame Außen- und Sicherheitspolitik (GASP), die allerdings gemäß dem Prinzip der intergouvernementalen Zusammenarbeit gestaltet wird. Längerfristig sollte die GASP auch eine gemeinsame Verteidigungspolitik umfassen, wobei die WEU in die EU transferiert werden sollte. Der ebenfalls auf dem intergouvernementalen Prinzip beruhende dritte Pfeiler bezieht sich auf die Zusammenarbeit in der Innenpolitik und Justiz (ZIJ). Dazu gehören Kontrolle von Grenzüberschreitungen, Asylpolitik, Einwanderungspolitik etc.

Der Maastrichter Vertrag weist einen ambivalenten Charakter hinsichtlich der Integrationsmethode auf. In der ersten Säule entspricht er dem Ansatz Monnets und erweitert die supranationale Integration im Politikfeld Wirtschaft – und hier insbesondere im Währungsbereich – während er in den Säulen zwei und drei den intergouvernementalen Kooperationsformen folgt und somit dem Ansatz de Gaulles nach Zusammenarbeit der Staaten entgegenkommt.

Der „Vertrag über die Europäische Union“, EUV (auch Unionsvertrag genannt), wurde in zwei Regierungskonferenzen zur politischen Union und Wirtschafts- und Währungsunion 1990/91 vorbereitet und auf dem Europäischen Rat in Maastricht am 9./10. Dezember 1991 („Maastrichter Vertrag“) von den Staats- und Regierungschefs der damals 12 Mitgliedstaaten vereinbart. Er wurde am 7. Februar 1992 von den Außen- und Finanzministern aller Mitgliedstaaten unterzeichnet und trat nach einem schwierigen Ratifizierungsprozess – in Dänemark wurde er in einem ersten Referendum abgelehnt, um in einem zweiten Referendum bestätigt zu werden, in Frankreich sprach sich die Mehrheit nur ganz knapp für den Vertrag aus und in Deutschland musste das Bundesverfassungsgericht Verfassungsbeschwerden gegen den Vertrag zurückweisen – in allen zwölf Staaten am 1. November 1993 in Kraft.

Der Maastrichter Vertrag wurde zu einem erneuten – negativen – Wendepunkt in der französischen Europapolitik. Er wurde Anlass zur innerfranzösischen Auseinandersetzung über das „Verhältnis von Nationalstaatlichkeit und europäischer Integration, über die Zukunft des französischen Staats- und Gesellschaftsmodells und Frankreichs internationale Rolle und Rang“ (Müller-Brandeck- Bocquet 2004: 117). Der Maastrichter Vertrag spaltete die französische Gesellschaft. Die Trennlinien verliefen nicht nur zwischen Parteien, sondern auch innerhalb der Parteien. Der Vertrag berührte die Grundlagen der Souveränitätsausübung des Staates in dreifacher Weise: einmal durch die Übertragung der währungspolitischen Hoheitsrechte auf die Europäische Zentralbank; zweitens durch die Möglichkeit des Wahlrechts bei Kommunalwahlen für alle Unionsbürger und schließlich durch die gemeinsame Visa-Politik. So musste eine Verfassungsänderung vorgenommen werden, die noch mit großer Mehrheit in den Kammern akzeptiert wurde. Doch das von Mitterrand angesetzte Referendum über den Maastrichter Vertrag spiegelte die Legitimationskrise des Verhältnisses von Staat und Gesellschaft wider, auch wenn der Vertrag mit 51.02 Prozent eine äußerst knappe Unterstützung erhielt. Angehörige der freien Berufe sowie leitende Angestellte, also im wesentlichen die Gewinner des Integrationsprozesses, stimmten vor allem für den Vertrag, während Landwirte, Arbeiter und Angestellte, also Personen die in der weiteren Integration Risiken erkannten, weitgehend gegen den Vertrag waren. So zeigte sich auch ein Unterschied zwischen Stadt und Land. Während alle großen Städte mit Ausnahme Marseilles für den Maastrichter Vertrag votierten, stimmte das flache Land weitgehend dagegen (de la Serre/Lequesne 1993: 315 f.). Durch dieses zwiespältige Ergebnis wurde der pro-europäische Konsensus, der sich mit der Verabschiedung der Einheitlichen Europäischen Akte und dem Binnenmarktprojekt seit Mitte der 80er Jahre eingestellt hatte, aufgekündigt. Von Mitterrand konnte in seiner verbleibenden Amtszeit nicht mehr all zu viel europäisches Engagement erwartet werden, machte ihm doch seine Erkrankung zunehmend zu schaffen und drohte auch eine zweite Kohabitation nach den Parlamentswahlen 1993 die Regierungstätigkeit zu erschweren.

### 6.6.6 Post-Maastricht – Die Verwaltung der Europapolitik

Bei den Parlamentswahlen im März 1993 musste die Linke eine schwere Niederlage hinnehmen, so dass die bürgerliche Rechte von nun an mit 460 von 577 Abgeordneten in der Nationalversammlung vertreten war. Die politische Konsequenz war die zweite Cohabitation mit dem neogaullistischen Politiker Balladur als Premierminister. Außenminister wurde Alain Juppé und Europaminister Alain Lamoussure. Da aber die Gaullisten über den Maastrichter Vertrag gespalten waren, Mitterrand durch seine Krankheit geschwächt war, konnte man in der verbleibenden Amtszeit keine großen europapolitischen Initiativen erwarten. Mitterrand wachte jedoch aufmerksam über seine europapolitischen Leistungen, so dass im Grundsatz auch von der Balladur-Regierung keine Veränderung der Europapolitik erfolgen konnte.

Mit Bildung der zweiten Cohabitation 1993 begann die Götterdämmerung der Mitterrand-Ära, so dass nun zunehmend auch die Außen- und Europapolitik durch konservative Politiker bestimmt wurde. Premierminister Edouard Balladur entwickelte auch bald eigene Ideen hinsichtlich des europäischen Integrationsprozesses. Balladur sprach sich für ein „Europa der konzentrischen Kreise“ aus, das er bereits 1990 in seinem Buch „Douze lettres aux Français trop tranquille“ angesprochen hatte und in einem Interview mit dem Figaro vom 30. August 1994 vertiefte (deutsch auszugsweise in Europa-Archiv 18/94: D 544-546). Somit lagen fast gleichzeitig offizielle französische europapolitische Vorstellungen und mit dem Schäuble-Lamers-Papier ein quasi-offizielles Europapapier der beiden wichtigen EU-Staaten Frankreich und Deutschland vor.

Balladurs Konzept sah drei Kreise vor, deren erster in einer Wirtschaftsorganisation bestand, die alle Mitglieder der EU umfassen sollte. Diese Wirtschaftsorganisation beruhte auf den Bestimmungen des Maastrichter Vertrages. In einem zweiten Kreis sollte sich eine begrenzte Zahl von Mitgliedstaaten auf monetärer wie auf militärischer Ebene enger zusammenschließen. Alle Mitgliedstaaten sollten die Möglichkeit besitzen, an diesem Kreis teilzunehmen, aber realistischerweise wären dazu nur wenige Mitgliedstaaten in der Lage gewesen. Schließlich sollte Gesamteuropa den dritten Kreis bilden. Die EU-Länder müssten mit den übrigen europäischen Staaten eine diplomatische und sicherheitspolitische Organisation aufbauen und die Wirtschafts- und Handelsbeziehungen stärken. Im Laufe der Zeit sollten diese drei Kreise einander angenähert und nach Möglichkeit zu einem einzigen Kreis zusammengeschmolzen werden. Balladur wies der deutsch-französischen Zusammenarbeit eine besondere Bedeutung zu, als er erklärte: „Ohne Zweifel wird die europäische Struktur noch lange einen homogenen zentralen Bestandteil umfassen, der vor allem aus Frankreich und Deutschland besteht, der gemeinschaftlichen Regeln in allen Bereichen der Zusammenarbeit unterworfen ist, und um ihn herum gibt es

Länder, die mit unterschiedlichen Statuten ausgestattet sind, wenn es sich um monetäre, soziale, militärische, handelspolitische, finanzielle oder diplomatische Fragen handelt" (Europa-Archiv 18/94: D 545).

Damit ging Balladur über den ursprünglichen Ansatz Mitterrands hinaus, denn sein Konföderationsmodell (vgl. Weisenfeld 1991: 513 ff.) strebte nicht die Überwindung der europäischen Ordnung, sondern deren Stabilisierung an. Wenngleich auch Balladur von einer europäischen Staatenordnung ausging, in der die Konsolidierung der Staaten und die Regulierung ihrer Beziehungen als Ziele gesetzt wurden, sah er doch mit der Verschmelzung der einzelnen Kreise durchaus eine Überwindung dieser Ordnung vor. Balladurs Ansatz bezog sich vor allem auf die Wirtschafts- und Währungsunion sowie die Gemeinsame Außen- und Sicherheitspolitik, d. h. er wollte Bestehendes ausbauen.

Während seiner kurzen Regierungszeit – Balladur musste im Frühjahr 1995 bereits wieder das Amt des Premierministers zugunsten seines Außenministers Juppé räumen – konnte Balladur einen Teilerfolg bei der Verwirklichung des dritten Kreises erreichen. Er griff Mitterrands europäisches Konföderationsprojekt der Jahreswende 1989/90 auf und schlug als Voraussetzung für die Osterweiterung der Europäischen Union einen „Stabilitätspakt" vor (vgl. Ghebali 1994: 67 ff.). Dadurch sollten die potentiellen EU-Mitgliedstaaten verpflichtet werden, in einer Serie von Grundlagenverträgen für friedliche Nachbarschaft ihre Grenz- und Minderheitenprobleme zumindest zu entschärfen, besser noch zu lösen. Begründet wurde diese Initiative mit dem Krieg auf dem Balkan, mit der GASP, deren erste konkrete Anwendung und Ergebnis der Stabilitätspakt darstellen sollte, sowie der Aussicht auf eine kurz- oder mittelfristige Osterweiterung der EU. Obwohl sich Frankreich lange Zeit gegen die Osterweiterung der EU gewandt hatte, „war spätestens zum Zeitpunkt des Amtsantritts Balladurs vor allem aufgrund massiven Drucks aus Bonn die grundsätzliche Entscheidung für eine EU-Osterweiterung gefallen" (Meimeth/Neßhöver 1997: 160). Frankreich war bereit, neue Mitglieder aufzunehmen, aber erst nachdem die inneren Konfliktherde gelöst waren. Im März 1995 konnte anlässlich der OSZE-Konferenz in Paris ein „Mustervertrag" zwischen Ungarn und der Slowakei unterzeichnet werden (vgl. Weisenfeld 1997: 335).

Mit den Vorstellungen von Balladur und der CDU/CSU-Fraktion lagen nun zwei Europakonzeptionen vor, die sich beide in der Realisierung eines Kerneuropas trafen. Allerdings sollten sich auch sehr schnell die Unterschiede herauskristallisieren. Die von den Deutschen angestrebte Übersichtlichkeit der Kerngruppe musste illusorisch bleiben, wenn es Kerne mit wechselnden Partnern gäbe, also unterschiedliche Problemkonstellationen verschiedene Mitgliedsstaaten benötigten. So ließen sich Sicherheitsprobleme oder wirtschafts- und währungspolitische Fragen nicht immer in einer einzigen Kerngruppe lösen. Das Balladur-Konzept sollte allerdings dem von den Deutschen sehr stark geäußerten Wunsch der Osterweiterung eine deutliche französische Unterstützung geben, die vorher eher zaghaft vorhanden gewesen war. Frankreich erkannte die Osterweiterung einerseits aus politischen und sicherheitsstrategischen Gründen, andererseits aber auch aus strategischen französisch-deutschen Bündnisüberlegungen an. Außenminister Juppé erklärte, dass die Ablehnung einer solchen Entwicklung durch Frankreich zum Ende des guten deutsch-französischen Verhältnisses führen müsse (vgl. de la Serre/Lequesne 1995: 305). Doch trotz der unterschiedlichen konzeptionellen Europavorstellungen war beiden Partnern klar, dass eine deutsch-französische Zusammenarbeit für Fortschritte im europäischen Integrationsprozess unerlässlich war.

### 6.6.7 Osteuropa – vorsichtige Bremsmanöver

In der Zeit des Ost-West-Konflikts stimmten die politischen Perzeptionen Frankreichs und Deutschlands in Bezug auf Mittel- und Osteuropa sowie gegenüber der Sowjetunion weitgehend überein, so dass auch kaum Differenzen vorhanden waren, wenn man einmal von der Entspannungspolitik Brandts/Scheels zu Beginn der 70er Jahre absieht. Aber trotz der weitgehenden Interessenkonvergenz war auch in der Zeit des Ost-West-Konflikts keine gemeinsame substantielle Ostpolitik zwischen Frankreich und der Bundesrepublik möglich. Zwar hatte es durch die Reformpolitik Gorbatschows eine Annäherung der ostpolitischen Konzeptionen beider Rheinnachbarn Ende der 80er Jahre gegeben, aber bis zum Zusammenbruch des Ost-West-Konflikts fand eine gemeinsame deutsch-französische Ostpolitik nur auf deklaratorischer Ebene statt. Solange die deutsche Frage mit den ihr innewohnenden sicherheitspolitischen und transatlantischen Implikationen nicht gelöst war, konnte die gemeinsame Ostpolitik nicht über Absichtserklärungen und Willensbekundungen hinausgehen. Für Frankreich begann Ostpolitik geographisch eigentlich immer an der Elbe, wenn nicht sogar am Rhein, während für die Bundesrepublik Deutschland die Oder-Neiße-Grenze den Beginn des Ostens darstellte.

Nach 1990 ist die Ostpolitik unter vollkommen neuen Koordinaten zu definieren: Auflösung des Ost-West-Konflikts, deutsche Wiedervereinigung, Zusammenbruch des Kommunismus, Implosion der Sowjetunion und Herausbildung neuer Staaten auf ihrem Territorium. Ost- und Mitteleuropa wird nunmehr aus französischer Sicht als eine deutsche „chasse gardée“ perzipiert. Das bedeutet, dass Frankreichs Osteuropapolitik eng mit seiner Deutschland- und EG-Politik verbunden ist. „Einerseits versucht Frankreich, den deutschen Partner – aus Furcht vor eben diesem – enger an sich zu binden, und dies mit Hilfe einer (im eigenen Land durchaus nicht populären) Intensivierung der Integrationsbemühungen der Europäischen Gemeinschaft, andererseits möchte man die Osteuropäer aber auch nicht übermäßig enttäuschen, die mit Macht in die EG drängen“ (Stark 1992: 120). Frankreich steckte in einem strategischen Dilemma, nämlich zwischen Vertiefung und Erweiterung der EG. Eine Vertiefung ohne Erweiterung hätte die Stabilität Westeuropas durch die Isolierung Osteuropas in Gefahr bringen und zu einer Verstärkung der deutschen Führungsposition innerhalb der Gemeinschaft führen können. Bei einer Erweiterung ohne Vertiefung hätte sich die Bindung Deutschlands im Integrationsprozess lockern und Deutschland eine Führungsposition in Mittel- und Osteuropa einnehmen können. In beiden Fällen hätte Deutschland eine Führungsrolle erworben, die Frankreich allerdings für sich beanspruchte. Welche Entwicklung Europa auch nehmen würde, die Frage der Erweiterung der EG/EU musste zu Spannungen im deutsch-französischen Verhältnis führen. So bot sich für Frankreich eigentlich nur die Kombination von Vertiefung und Erweiterung an, die Mitterrand mit seinem Konföderationsplan bis 1992 aber nicht zu gehen bereit war. Mitterrand hatte an der Jahreswende 1989/90 die MOE-Staaten enttäuscht, als er den Plan einer Europäischen Konföderation in seiner Neujahrsansprache vorlegte. In der Konföderation sollten alle Staaten des Kontinents, einschließlich Russland, ihren Platz finden, während für die USA nur die Rolle des Garanten dieser Ordnung, allerdings ohne Mitentscheidungsmöglichkeiten, blieb. Die Konföderation sollte die Zusammenarbeit in den Bereichen Energie, Umwelt, Telekommunikation, freier Personenverkehr, Kultur und Forschung fördern. Die europäische Konföderation war als Forum intergouvernementaler Zusammenarbeit konzipiert, die neben die bestehenden europäischen Organisationen treten sollte. In ihr sollten die Staaten ungeachtet ihres politischen und ökonomischen Entwicklungsniveaus gleichberechtigt sein. Sie war nicht als Ersatz für die EG gedacht, hatte jedoch die Funktion, die Gemeinschaftsstrukturen in jenen Bereichen zu ergänzen, in denen sie angesichts der neuen Herausforderungen an ihre Grenzen stieß. Da für Mitterrand die Vertiefung der EG die absolute Priorität besaß, bedeutete das Konföderationsprojekt die Trennung beider Entwicklungsprozesse. Erst wenn die Gefahr eines deutschen Drangs nach Osten oder eines deutschen Mitteleuropas durch eine immer weitergehende Einbindung Deutschlands in den westeuropäischen Integrationsprozess endgültig beseitigt wäre, sollten auch die kleineren Staaten Mittel- und Osteuropas der Gemeinschaft beitreten können. Während einer Konferenz in Prag erklärte Mitterrand, dass dieser Prozess mehrere Jahrzehnte in Anspruch nehmen könnte (vgl. Cohen 1998: 202), was natürlich auf den Widerstand der beitrittswilligen MOE-Staaten stoßen musste. Frankreich wollte mit dem Konföderationsplan keine festen institutionellen Strukturen zwischen den europäischen Staaten etablieren. Das Projekt spiegelte vielmehr die Status-quo-Orientierung wider, denn die Zweiteilung Europas konnte mit diesem Plan nicht aufgehoben, sondern allenfalls abgemildert werden. Mit dem Konföderationsplan wollte Mitterrand nicht nur die Sowjetunion in die europäische Sicherheitsarchitektur einbinden und Gorbatschows Reformprozess unterstützen, sondern auch den Erweiterungsprozess der EG aufhalten. In Frankreich verlief die innenpolitische Debatte über eine mögliche Osterweiterung zwischen den Anhängern eines „Europe espace" und denjenigen eines „Europe puissance". Während der Präsident der Nationalversammlung, Philippe Séguin, und der frühere Verteidigungsminister Jean Pierre Chevènement sich für eine Osterweiterung aussprachen – in der nicht zu verkennenden Absicht, den bisherigen Integrationsstatus zu mindern –, entpuppte sich der frühere Präsident Giscard d'Estaing als ein elementarer Gegner der Osterweiterung. Er befürchtete einen Rückschritt im europäischen Integrationsprozess (vgl. Le Figaro v. 30.7. 1990).

Das von Mitterrand vorgeschlagene Projekt scheiterte aber nicht nur am Widerstand der USA, wie der französische Präsident behauptete (vgl. Weisenfeld 1997: 317), sondern vor allem an den kleinen MOE-Staaten, die zielsicher in EG und NATO strebten. Obgleich Mitterrand den Vorschlag einer Konföderation 1992 noch zweimal wiederholte, scheiterte er doch an der Entschlossenheit der kleinen MOE-Staaten, für die nur eine Mitgliedschaft in der EG und der NATO in Frage kam. Ob Frankreich wollte oder nicht, es hatte sich den Entwicklungen in Ost-Mitteleuropa zu stellen und eine aktive Politik gegenüber dieser Region zu betreiben. Es musste seine Rolle „als Bremser bei der Einbindung der Staaten Mittel- und Osteuropas" (Freudenstein 1995: 135) aufgeben, wenn es nicht in eine Isolierung geraten und Deutschland in Mittel- und Osteuropa allein die Initiative überlassen wollte. Durch den Demokratisierungsprozess in Mittel- und Osteuropa, verbunden mit der deutschen Vereinigung, geriet die Gemeinschaft unter Erweiterungsdruck. Frankreich wünschte aber Anfang der 90er Jahre – im Gegensatz zu Deutschland – keine neue Erweiterung der EG um die Staaten Mittel- und Osteuropas vor dem Abschluss des Vertiefungsprozesses der (west)europäischen Integration. Die EG konnte sich nach französischer Auffassung erst nach Osten öffnen, wenn die mittel- und osteuropäischen Staaten innere Stabilität gewonnen hätten. Natürlich war der Stellenwert Ost- und Mitteleuropas für die französische Außen- und Sicherheitspolitik deutlich geringer als der Nordafrikas, wurden und werden doch die potentiell größeren Gefahren für Frankreich aus dem Süden perzipiert. Allerdings nahm Frankreich bei der Initiierung des PHARE-Programms (Pologne-Hongrie-assistance à la reconstruction économique) und der Europäischen Wiederaufbau- und Entwicklungsbank (EBRD) eine führende Rolle ein, wenngleich es sich materiell zurückhielt. Mit diesen Maßnahmen sollte eventuell aufkommenden sozialen Spannungen in den MOE-Staaten wie auch in der Sowjetunion vorgebeugt werden.

Nachdem Mitterrand erkannt hatte, dass sein Konföderationsprojekt nicht nur die deutsch-französischen Beziehungen belastete, sondern auch Frankreich zu isolieren drohte, sprach sich der französische Präsident im April 1991 für die Assoziierung der MOE-Staaten mit einer Beitrittsperspektive aus. So erklärte Mitterand in einer Ansprache am 11. April 1991 in einem von der Pariser Militärakademie veranstalteten Forum: „Lassen Sie uns die Unterzeichnung von Assoziationsverträgen zwischen der Gemeinschaft und jedem der Länder Mittel- und Osteuropas beschleunigen. Bereiten wir den Beitritt zur Gemeinschaft derjenigen dieser Länder vor, die dies wünschen, wobei wir wissen, dass dies Zeit brauchen wird, wieder wegen der Disparität der jeweiligen wirtschaftlichen Lage“ (in: Europa-Archiv 10/91: D 252). Zwischen 1990 und 1992 schloss Frankreich ein dichtes bilaterales Vertragswerk mit nahezu allen Staaten Mittel- und Osteuropas (mit Ausnahme Albaniens) ab. Mit Russland wurde im Februar 1992 ebenfalls ein Freundschaftsvertrag unterzeichnet. Für Polen, Ungarn und die damalige Tschechoslowakei wurde in diesen Verträgen auch eine Beitrittsperspektive eröffnet. Frankreich, das bei Investitionen in den MOE-Staaten weit hinter Deutschland zurückblieb, suchte der deutschen Vertragspolitik, in deren Rahmen ein dichtes Freundschaftsvertragsnetz mit fast allen MOE-Staaten geschlossen wurde, eine eigene Form entgegenzusetzen und ebenfalls seinen Einfluss in diesem Raum auszuüben. Die Motive Frankreichs und Deutschlands für das Engagement in Osteuropa waren keinesfalls identisch, sondern im besten Fall komplementär. So war und ist es das vorherrschende Interesse Frankreichs, dem deutschen Nachbarn den Osten des Kontinents weder politisch noch ökonomisch allein zu überlassen. Von einem Teil der politischen Elite Frankreichs wurde unumwunden der Verdacht formuliert, „dass die Bundesrepublik die wirtschaftliche und kulturelle Germanisierung Ostmitteleuropas ansteuert, um die irgendwann gen Osten erweiterte EG politisch beherrschen zu können“ (Stark 1992: 119). So sollte das vereinte Deutschland nicht zum alleinigen Zentrum des neuen Europa werden, sondern Frankreich sollte zusammen mit Deutschland diese Scharnierfunktion einnehmen. Das Gleichgewicht auf dem Kontinent, das sich bereits durch die deutsche Wiedervereinigung dramatisch zum Nachteil Frankreichs verändert hatte, durfte sich nicht weiter verschieben. Aber auch Deutschland hatte ein großes Interesse an einer gemeinsamen Ostpolitik, konnte es doch erstens aus historischen Gründen keine Alleingänge in Richtung Osten wagen und war es zweitens ökonomisch durch die deutsche Einigung allein zu schwach, um die hochgesteckten Erwartungen in den MOE-Staaten allein befriedigen zu können.

Auch der von Premierminister Balladur 1993 initiierte Europäische Stabilitätspakt lehnte sich grundsätzlich an Mitterrands Konföderationsprojekt an, schloss allerdings die USA mit ein. Balladur nahm die in Europa vollzogenen Entwicklungen – deutsche Einheit, deutscher Einfluss in Mittel- und Osteuropa, nachhaltiger Beitrittswunsch der MOE-Staaten – als gegeben hin und wollte einmal den beitrittswilligen Staaten eine realistische Perspektive bieten und zum anderen Russland in die neue europäische Sicherheitsarchitektur einbeziehen. Im Stabilitätspakt wurde den MOE-Staaten der politische Beitritt vor dem ökonomischen empfohlen, was allerdings unter von der Gemeinschaft zu entscheidenden Bedingungen stattfinden sollte (vgl. Ziebura 1997: 387 f.). Der ehemalige Außenminister Dumas formulierte die französische Haltung 1992 treffend: „Wir verstehen, daß diese Länder in die Gemeinschaft streben, und Frankreich wird dem nicht widersprechen. Aber alle Experten sind der Ansicht, daß ein abrupter Beitritt beide Seiten vor unüberwindliche Probleme stellen würde. Ein Beitritt muß deshalb gut vorbereitet werden. Deshalb hat Frankreich eine Konföderation mit der Gemeinschaft als Zentrum vorgeschlagen, um das Ziel, Europa in seiner geographischen und geschichtlichen Gestalt wiedererstehen zu lassen ..." (Der Spiegel Nr. 29/1992).

Nun hatte sich die französische Position endgültig gewandelt. Es wurde nun nicht mehr die Frage des „ob" diskutiert, sondern „wann" und „wie" ein Beitritt der MOE-Staaten erfolgen könnte. Die Position der neuen konservativ-liberalen Regierung machte Premierminister Balladur in seiner ersten Regierungserklärung am 8. April 1993 klar, als er sagte: „Es ist unsere Aufgabe, die Aufnahme der mittel- und osteuropäischen Länder in die Gemeinschaft vorzubereiten. Zunächst müssen sie politisch assoziiert werden, bevor sie aufgrund ihrer Reformen eines Tages auch wirtschaftlich assoziiert werden können" (Frankreich-Info 19 v. 19.4.1993: 21).

1994 erläuterte Europaminister Lamoussure Frankreichs Haltung zur Osterweiterung der EU in einer pragmatischen und progressiven „Doktrin der Erweiterung". Sie besagt zusammengefasst: Die Erweiterung soll kein Endziel sein; die neuen Beitrittsländer sollen den ganzen „acquis communautaire" akzeptieren, d. h. Pariser und Römische Verträge, die Nachfolgeverträge der Römischen Verträge, die Regelungen und Verträge, die die EU mit Drittländern abgeschlossen hat, sowie die EU-Rechtsprechung und das Sekundärrecht der Gemeinschaft; die EU soll Europa, d. h. auch die baltischen Staaten und die südosteuropäischen Staaten umfassen, jedoch nicht das KSZE-Europa von Vancouver bis Wladiwostok; Kriterien für den EU-Beitritt sollen aufgestellt und der Weg und Rhythmus einer Integration „à géometrie variable" erarbeitet werden (vgl. Le Figaro v. 15.3.1994).

### 6.6.8 Mitterrand und die Entwicklung auf dem Balkan

Nach dem Ende des Ost-West-Konflikts sollte sich auch der Balkan fundamental verändern. Der Vielvölkerstaat Jugoslawien, der unter Tito fast vier Jahrzehnte die unterschiedlichen Ethnien in einem Einheitsstaat zusammengehalten hatte, drohte auseinander zu fallen. Die „Rückkehr des Krieges" nach Europa erfolgte im Sommer 1991, als in Slowenien die Unabhängigkeitsbestrebungen in Kampfhandlungen mündeten. Diese Kampfhandlungen in Jugoslawien signalisierten 1991 nicht nur unerwartete Kriegsbereitschaft auf dem europäischen Kontinent, sondern führten auch zu einer Verschärfung der Spannungen zwischen Deutschland und Frankreich, insbesondere durch die deutsche Forderung nach diplomatischer Anerkennung von Kroatien und Slowenien. Frankreich wollte Jugoslawien möglichst lange als Staatsverband aufrechterhalten und konnte diese Position zunächst auch in der EG durchsetzen. „Die Gemeinschaft hielt an der Vision eines Einheitsstaats fest und sah sich selbst in der Rolle eines neutralen Mediators“ (Stahl 2006:91). Dagegen war man in Frankreich weiterhin an einer Aufrechterhaltung der jugoslawischen Föderation interessiert. Noch nach der Unabhängigkeitserklärung Sloweniens und Kroatiens schlug Mitterrand eine lose jugoslawische Föderation vor, die jedoch daran scheiterte, dass Jugoslawiens Slobodan Milosevic den Vorschlag ablehnte. Bereits kurz nach der Unabhängigkeit der beiden neuen Staaten erklärte Mitterrand, dass der „Zusammenbruch Jugoslawiens Europas Unglück“ sein werde. Mitterrand sah den Krieg zunächst als ethnischen Bürgerkrieg; so lud er im Februar 1992 zu einer Konferenz nach Paris, die den Titel „Europa und die Stämme“ trug. Sie blieb allerdings ohne Erfolg.

Nach der Unabhängigkeitserklärung der beiden Republiken Kroatien und Slowenien schlug Mitterrand eine lose jugoslawische Föderation vor, der jedoch kein Erfolg beschieden war, da Serbien diesen Vorschlag rigoros ablehnte. Bereits unmittelbar nach der Erklärung der Unabhängigkeit von Slowenien und Kroatien erklärte Präsident Mitterrand, dass der Zusammenbruch Jugoslawiens Europa zum Unglück gereichen würde (vgl. Attali 1995: 528). Es entwickelte sich also ein Gegensatz zwischen Deutschland und Frankreich, was auch für den gerade von beiden Staaten initiierten Prozess einer gemeinsamen Außen- und Sicherheitspolitik kontraproduktiv war. Die unterschiedlichen Positionen lassen sich sowohl „geopolitisch“ als auch historisch begründen. „Geopolitisch“ diente Serbien zu Beginn dieses Jahrhunderts zur Begrenzung einer Ausdehnung der deutschen Macht auf dem Balkan. Und auch 1991 sollte dieses Argument durchaus noch Bestand haben, wurde doch die beabsichtigte diplomatische Anerkennung Sloweniens und Kroatiens durch Deutschland in Frankreich als Ausdruck eines neuen deutschen Selbstbewusstseins und einer Ausdehnung des deutschen politischen und ökonomischen Einflusses auf dem Balkan perzipiert. Mitterrand befürchtete darüber hinaus, dass die Auflösung des jugoslawischen Vielvölkerstaates nur das Präludium für eine Entwicklung zu einem System von Kleinstaaten in Europa sein könnte, da sich die Minderheitenprobleme nahezu in allen osteuropäischen Staaten stellten. Nach französischer Auffassung lag der Schlüssel zu einer Lösung dieser als Minoritätenkonflikt bezeichneten Entwicklung in Verhandlungen der *Abtrünnigen* mit dem Zentralstaat. Doch dies war eine Verkennung der Realitäten, denn die Slowenen und Kroaten wollten unbedingt ihre Unabhängigkeit erreichen. Auch die EU ging von ihrer bisherigen Position der Aufrechterhaltung der jugoslawischen Föderation ab und tendierte in Richtung Anerkennung. Mit Einrichtung der Badinter-Kommission, die im Dezember 1991 einen Bericht über die Entwicklung in Slowenien und Kroatien vorlegte und die die Anerkennung von Staaten an die Akzeptanz von Menschen- und

Minderheitenrechte durch diese neuen Staaten knüpfte, versuchte Frankreich noch einmal den Prozess der Selbstbestimmung zu verzögern. Da Deutschland aber, entgegen einem EG-Beschluss bereits im Dezember 1991 Kroatien und Slowenien diplomatisch anerkannte, kam es zu schweren französisch-deutschen Verstimmungen. In unseren Nachbarstaaten wurde das vereinte Deutschland zunehmend als eine Großmacht wahrgenommen. Mitterrand machte seine Position mehr als deutlich, als er erklärte: „Die Zwölf verfügen nicht über Kampf- und Interventionsstreitkräfte. Die Sowjetunion, die in ihre eigenen Nationalitätenprobleme verstrickt ist, wird nicht eingreifen. Wir dürfen traditionelle Freundschaften nicht vernachlässigen. Für uns, wie für Russland, ist es eben Serbien. Slowenien und Kroatien wenden sich eher den Germanen zu. Also: Die Angelegenheit ist sehr ernst, sie arrangiert sich nicht und wird sich nicht arrangieren" (zitiert nach Dumas 1996: 354).

Mitterrand befürchtete nicht nur die Ausweitung des deutschen Einflusses auf dem Balkan, sondern den Zerfall der z. T. recht heterogenen Föderationsstaaten, einschließlich der Sowjetunion, verbunden mit der Veränderung des europäischen Gleichgewichts zugunsten Deutschlands. Dieser Prozess würde nach Auffassung des französischen Präsidenten durch die strikte Anwendung des Selbstbestimmungsrechts, wie es die Deutschen forderten, beschleunigt. Frankreich bemühte sich, Deutschland wieder in die europäische Position einzubinden. „Der Druck der deutschen Öffentlichkeit erklärt, warum sich Deutschland entschloss, die nach Unabhängigkeit strebende slowenische und kroatische Republik im Alleingang anzuerkennen. Für die Bundesregierung waren sie ‚Opfer der serbischen Aggression', während François Mitterrand von ‚Volksstämmen' sprach, wobei seine Sorge um das europäische Gleichgewicht anklang" (Stark 1995: 160). Im September 1991 gelang Präsident Mitterrand und Bundeskanzler Kohl eine Annäherung ihrer Haltungen in der Balkanfrage, was zur Einrichtung einer Schiedskommission der Verfassungsgerichtspräsidenten unter Vorsitz des Franzosen Badinter zur Prüfung der diplomatischen Anerkennung der Völker auf dem Balkan führte. Nachdem inzwischen die Städte Vukovar und Osijek durch die jugoslawische Bundesarmee zerstört waren, veröffentlichte die Badinter-Kommission ihren vorläufigen Bericht am 7. Dezember 1991, in dem es u. a. heißt: „Die sozialistische Bundesrepublik Jugoslawien befindet sich in einem Auflösungsprozess. Es obliegt den Republiken, Probleme der Staatennachfolge, die sich aus diesem Prozess ergeben, im Einklang mit den Prinzipien und Regeln des Völkerrechts zu lösen und dabei insbesondere die Menschenrechte und sowie die Rechte der Völker und Minderheiten zu achten. Es ist Sache der Republiken, die dies wünschen, zusammenzuarbeiten, um einen neuen Zusammenschluss mit demokratischen Institutionen ihrer Wahl zu bilden" (zitiert nach Genscher 1997: 959). Inzwischen verstärkte sich der Trend zur Anerkennung von Slowenien und Kroatien. Auf der Tagung der Außenminister der Hexagongruppe –

ihr gehörten Polen, die damalige Tschechoslowakei, Österreich, Italien, Jugoslawien und Griechenland an – wurde festgestellt, dass Jugoslawien in bisheriger Form nicht mehr bestehe. Jugoslawien, das für die Präsidentschaft für 1992 vorgesehen war, wurde dieses Recht aberkannt und Slowenien und Kroatien der Beobachterstatus eingeräumt. Alles lief somit in Richtung Anerkennung. Nun konnte die EG der von Deutschland und auch Dänemark geforderten Anerkennung Kroatiens und Sloweniens kaum mehr widersprechen. Am 16./17. Dezember 1991 erzielte der EG-Ministerrat einen durch Frankreich initiierten Kompromiss, der die Anerkennung Kroatiens und Sloweniens an Bedingungen in zwei Schritten knüpfte: „Die Gemeinschaft und ihre Mitgliedstaaten vereinbaren, die Unabhängigkeit all jener jugoslawischen Republiken anzuerkennen, die alle unten angeführten Bedingungen erfüllen. Dieser Beschluss wird am 15. Januar 1992 umgesetzt. Sie fordern deshalb alle jugoslawischen Republiken auf, bis zum 23. Dezember zu erklären, ob sie als unabhängige Staaten anerkannt zu werden wünschen, ob sie die Verpflichtungen akzeptieren, die in den oben erwähnten Richtlinien enthalten sind, ob sie die Bestimmungen akzeptieren, die in dem Übereinkommensentwurf enthalten sind, der der Jugoslawienkonferenz vorliegt, insbesondere die Bestimmungen in Kapitel 2 über Menschenrechte und Rechte nationaler oder ethnischer Gruppen, ob sie weiterhin die Bemühungen des Generalsekretärs des Sicherheitsrats der Vereinten Nationen und die Fortsetzung der Jugoslawien-Konferenz unterstützen. Die Ersuchen derjenigen Republiken, die positiv antworten, werden vom Vorsitz der Konferenz der Schiedskommission unterbreitet werden, damit sie diese vor dem Termin der Umsetzung begutachtet“ (zitiert nach Genscher 1997: 961).

Mit dem Bericht der Badinter-Kommission sollten objektive Anerkennungskriterien vorgelegt werden. Deutschland stimmte diesem Kompromiss prinzipiell zu, lehnte es aber ab, sich im Falle eines negativen Bescheids der Kommission die Hände binden zu lassen. Am 23. Dezember 1991 vollzog die Bundesregierung die diplomatische Anerkennung Sloweniens und Kroatiens. Sie verband mit der Internationalisierung die Hoffnung, den Krieg in Kroatien beenden zu können (vgl. Genscher 1997: 960 f.). Deutschland stellte damit seine EG-Partner, aber vor allem Frankreich, vor vollendete Tatsachen. Der Streit um die diplomatische Anerkennung Kroatiens und Sloweniens führte nicht nur zu einer ernsthaften Belastung im deutsch-französischen Verhältnis, sondern zeigte auch die geringe politische Fähigkeit und militärische Macht der Europäischen Gemeinschaft, in einem Konflikt an ihrer Peripherie Krisen vorbeugend, Konflikt lösend und stabilisierend zu wirken. In Frankreich wurde besonders der Alleingang der Bundesrepublik kritisiert. Befürchtungen über eine Hegemonie Deutschlands wurden geäußert. Man empfand, dass die Deutschen als vereintes Deutschland nun den anderen Mitgliedern nicht nur ihre nationalen Interessen deutlich zeigen würden, sondern man befürchtete darüber hinaus, dass die Anerkennungspolitik der Beginn einer deutschen Hegemonie in der Union sein könnte. So perzipierte man in Frankreich mit der zu gleicher Zeit erfolgten Erhöhung der Zinsen durch die – im übrigen unabhängige – Bundesbank, in der Forderung, Deutsch als weitere Arbeitssprache in der EG aufzunehmen sowie dem Streben nach einem ständigen deutschen Sicherheitsratssitz deutliche Belege für einen neuen deutschen außenpolitischen Ansatz. Man befürchtete ein in die internationale Politik stark eingreifendes Deutschland, konnte jedoch bald erkennen, dass Deutschland sein internationales Engagement äußerst restriktiv vornahm. „War die deutsche Außenpolitik zunächst mit der diplomatischen Anerkennung Sloweniens und Kroatiens vorgeprescht, so hielt sie sich in den kommenden Jahren, als es um die Eingrenzung beziehungsweise Beilegung des Konflikts – auch mit militärischen Mitteln – ging, für den Geschmack ihrer Partner auffallend zurück" (Schöllgen 1999: 214).

Mit dem Streit über die diplomatische Anerkennung der jugoslawischen Teilrepubliken ging auch die Phase des Exklusivanspruchs der EG zu Ende, für Jugoslawien zuständig zu sein. Nun traten die USA und das inzwischen aus der Sowjetunion hervorgegangene Russland wieder auf den Plan, um nach Lösungen des Konfliktes auf dem Balkan zu suchen. Der Krieg auf dem Balkan intensivierte sich trotz der diplomatischen Anerkennung der beiden jugoslawischen Republiken, so dass es erst unter dem Eindruck der nun zu Tage tretenden Barbarei langsam zu einer Annäherung der deutsch-französischen Positionen kam. Anlässlich der 60. deutsch-französischen Konsultationen im Dezember 1992 in Bonn verurteilten beide Staaten die „blindwütige Bombardierung der städtischen Zentren, die schändliche Politik ethnischer Säuberungen und die Verletzung der elementarsten Menschenrechte" (Bulletin 133/92: 1217). Auf dem 61. deutsch-französischen Gipfeltreffen in Beaune im Juni 1993 wurde nicht nur der Abzug der Truppen der bosnischen Serben aus Bosnien-Herzegowina gefordert, sondern Deutschland und Frankreich setzten sich auch für die Schaffung von Sicherheitszonen als notwendigen Schutz für die bosnische Zivilbevölkerung ein und plädierten für eine Erweiterung des Mandats von UNPROFOR. Trotz der inzwischen wiedergefundenen deutsch-französischen Gemeinsamkeit kam es während der Sitzung des Europäischen Rats in Kopenhagen am 22. Juni 1993 zu erneutem Streit zwischen Deutschland und Frankreich. Bundeskanzler Kohl forderte eine Aufhebung des Waffenembargos gegen Bosnien, was von Frankreich jedoch abgelehnt wurde, da es um die Sicherheit seiner Blauhelme fürchtete.

Deutschland und Frankreich hatten dennoch in der Balkanproblematik einen Kompromiss erreicht: „So wie Frankreich das Prinzip der Anerkennung akzeptiert hatte, stimmte Deutschland den Schutzzonen und der Aufrechterhaltung des Waffenembargos zu" (Stark 1995: 166). Da Mitterrand, nicht zuletzt aufgrund wachsenden innenpolitischen Drucks, seine „serbophile" Haltung änderte, Deutschland auch die kroatischen Rechtsverletzungen anerkannte und die Initiative und Führung im Friedensprozess auf die USA übergegangen war, näherten sich die deutsch-französischen Positionen an. So kam es zu einer gemeinsamen Initiative des französischen Präsidenten und des deutschen Bundeskanzlers wie auch der beiden Außenminister Juppé und Kinkel. In einem gemeinsamen Brief an die Präsidentschaft der EU hoben die beiden Außenminister u. a. folgende Punkte hervor:

- „eine umfassende Regelung aller Probleme im ehemaligen Jugoslawien. (...) Auch im Kosovo muß wieder eine weitgehende Autonomie hergestellt werden, denn die Serben können den Kosovo-Albanern nicht verweigern, was sie für die ethnischen Serben in der Krajina fordern; gleichermaßen müssen in Sandjak und der Voivodina spezifische Rechte gewährleistet werden. ..."
- „die Sicherung von Hilfslieferungen für Bosnien. (...) Es muss sichergestellt werden, daß sie die Bedürftigen erreichen und nicht zu den Militärs gelangen ..."
- „die Unterstützung der Mitwirkung der USA und Russlands bei der Anstrengung der Zwölf" (Bulletin 94/1993: 1049 f.).

Die Kinkel-Juppé-Initiative besaß drei Vorzüge. Mit ihr wurden die USA, Russland und Deutschland an den von Frankreich und Großbritannien unternommenen Friedensbemühungen beteiligt, woraus später die letztlich im Bosnien-Krieg erfolgreiche „Kontaktgruppe" entstand. Zweitens wurde der Friedensverhandlungsprozess wieder in Gang gesetzt, und drittens bildete sie einen Beitrag zur Überwindung der deutsch-französischen Divergenzen (vgl. Stark 1995: 167). Zu Recht konnten Mitterrand und Kohl auf dem 64. Gipfel in Mühlhausen am 31. Mai 1994 erklären, dass seit der deutsch-französischen Initiative die deutsche und französische Außenpolitik sich in Bezug auf Bosnien auf der gleichen Linie befänden. Das aktive Eingreifen der USA Mitte 1995 in den Konflikt sowie die militärischen Erfolge der Kroaten und Bosnier führten zum Friedensabkommen von Dayton (vgl. Schönfeld 1998: 164). Die Übereinkunft sieht u. a. den Erhalt Bosniens in seinen jetzigen Grenzen vor, 51 Prozent des Landes werden der muslimisch-kroatischen Föderation zugewiesen; die bosnisch-serbische Republik erhält 49 Prozent. Eine zunächst 55 000 Mann starke, später auf 36 000 Soldaten reduzierte Friedenstruppe – IFOR/SFOR – und seit 2004 als EUFOR wirkende europäische Truppe sichert seitdem die Einhaltung der Verträge. Das Dayton-Abkommen wurde im Dezember 1995 in Paris im Beisein von Präsident Chirac unterzeichnet, was die aktive Rolle Frankreichs beim Zustandekommen der Verhandlungen symbolisieren sollte.

Mit einer aktiven Balkanpolitik suchte Frankreich seinen politischen Rang zu verteidigen. Die Abwesenheit Frankreichs bei der Regelung des Konflikts hätte nicht nur Deutschland Vorteile in dieser Region gebracht, sondern auch einen Verlust an Einfluss und Status für Frankreich bedeutet. Zunehmend unterstützte Frankreich auch die amerikanische Jugoslawienpolitik und wurde zu einem bedeutsamen Mitglied der SFOR und der IFOR. Die deutsch-französische Vertrauenskrise, die mit der aus französischer Sicht vorschnellen Anerkennung Sloweniens und Kroatiens nach der einseitigen Veröffentlichung des Zehn-Punkte-Programms einen weiteren Höhepunkt erfuhr, hat u. a. auch dazu geführt, dass zu Beginn der 90er Jahre keine gemeinsame EG-Position zum Krieg auf dem Balkan entwickelt werden konnte. Die EG-Mitgliedstaaten konnten sich nur auf die Entsendung von Beobachtern und die Aushandlung von Waffenstillstandsvereinbarungen einigen. Der Balkan-Krieg in der ersten Hälfte der 90er Jahre zeigte recht deutlich, dass sowohl die EG als auch das deutsch-französische Tandem aufgrund ihres unterschiedlichen Verständnisses von europäischer Sicherheit noch weit von einer Gemeinsamen Außen- und Sicherheitspolitik entfernt waren.

## 6.7 Dritte Welt – die neue Dimension der französischen Außenpolitik

Nicht zuletzt aufgrund des sozialistischen Internationalismus genießen die Nord-Süd-Beziehungen einen hohen Stellenwert bei sozialistisch geführten Regierungen. In Frankreich führte die zunächst sowohl in Indochina als auch in Algerien unglücklich bis katastrophal verlaufene Kolonialpolitik noch zu einem gewissen Wiedergutmachungsdenken bei einigen Repräsentanten der Linken. So finden sich in den Beschlüssen der Sozialistischen Partei Leitvorstellungen wie verstärkte Solidarität mit der Dritten Welt, Forderung einer Neuen Weltwirtschaftsordnung, Wahrung der Menschenrechte und Verurteilung der Rüstungsexporte. Das Dritte-Welt-Programm Mitterrands kam in seiner Rede vor dem Revolutionsdenkmal in Mexiko am 20. Oktober 1981 zum Ausdruck, als er erklärte: „Wenn die Ungleichheit, die Ungerechtigkeit und die Rückständigkeit einer Gesellschaft ein bestimmtes Maß überschreiten, dann kann sich keine etablierte Ordnung, und sei sie noch so repressiv, gegen den Aufstand des Lebens wehren. Der Ost-West-Konflikt kann die Kämpfe der Verdammten dieser Erde um Emanzipation weder erklären noch gar lösen". Von Mexiko aus richtete Mitterrand seine Botschaft der Hoffnung „an alle Freiheitskämpfer ... an die Gedemütigten, die Emigranten, die Exilierten in ihrem eigenen Land, an die, die man knebelt, verfolgt und foltert, an die Eingesperrten, die Vermissten, die Ermordeten, die misshandelten Priester, die eingekerkerten Gewerkschafter, die rechtlosen Arbeiter, die landlosen Bauern, die waffenlosen Widerstandskämpfer ..." (Weisenfeld 1985: 338).

Mitterrands Ziel zu Beginn seiner Amtszeit war es, zu einer Neuordnung in den Nord-Süd-Beziehungen zu gelangen, wobei Mexiko, Algerien und Indien eine Schlüsselposition einnahmen. Frankreichs Konzept gegenüber der Dritten Welt in den 80er Jahren bestand danach u. a. in der Verpflichtung, bis zum Ende der Präsidentschaft Mitterrands (1988) seine öffentliche Entwicklungshilfe zu verdoppeln, um somit 0,7 Prozent seines Bruttosozialprodukts zu erreichen. Frankreich wollte zunächst eine „autozentrierte Entwicklung“ der Entwicklungsländer fördern. Eine stärkere Eigenverantwortlichkeit der Dritten Welt ohne Abkopplung vom Weltmarkt war das französische Ziel. Eigene Kräfte sollten freigesetzt werden, damit das Prinzip „Hilfe zur Selbsthilfe“ greifen konnte. Dieses Ziel wurde auch erreicht, allerdings nur, wenn die Zuwendungen für die DOM-TOM (Départements d'outre mer/territoires d'outre mer) berücksichtigt werden. So erhielten die DOM-TOMs etwa immer fast ein Drittel der für Entwicklungspolitik aufgewandten Ausgaben. Die über drei Ozeane verstreuten DOM-TOM stellen mit rund 1,7 Mio. Einwohnern nur drei Prozent der Gesamtbevölkerung Frankreichs dar. Sie sind aufs engste ökonomisch, militärisch und politisch-administrativ mit dem Mutterland verbunden. Nicht zuletzt haben sie noch heute eine gewisse Bedeutung für Frankreichs nukleare Ambitionen (Muroroa) und Raumfahrtpolitik (Kourou/Guayana). „Die DOM-TOM sind als strategische und symbolische Bausteine der V. Republik und ihrer mondialen Ansprüche zum Experimentierfeld einer Dekolonisierung ohne Souveränitätstransfer avanciert, ein Experimentierfeld, das allerdings in der Permanenz seiner inneren Krisen die Frage nach den Möglichkeiten und Grenzen außengesteuerter Entwicklung aufwirft“ (von Krosigk 1993: 28).

Zu Beginn seiner Präsidentschaft war zunächst Lateinamerika ein Schwerpunkt von Mitterrands Dritte-Welt-Politik. Die Ernennung von Régis Debray, einem alten Kampfgefährten Ché Guevaras, zu seinem außenpolitischen Berater im Juni 1981 und die Bestellung Antoine Blancas als „Sonderbotschafter für Südamerika, Zentralamerika und die Karibik“ symbolisierte den Versuch einer „linken“ Lateinamerikapolitik. Mitterrand klagte die USA wegen ihrer Unterstützung lateinamerikanischer Diktaturen lautstark an, unterstützte bis 1983 Nicaragua mit Waffenlieferungen und plädierte für die Blockfreiheit dieses Landes. Auch widersetzte er sich der Politik der USA gegenüber El Salvador und erkannte gegen den Protest sowohl der USA als auch seiner westeuropäischen Partner die „Demokratische Front El Salvadors“ als repräsentative politische Kraft an. Seine Teilnahme an der Nord-Süd-Konferenz im mexikanischen Badeort Cancun im Oktober 1981, Reisen von Außenminister Cheysson in lateinamerikanische Länder – unter anderem 1983 nach Kuba – gaben dieser eigenständigen französischen Lateinamerikapolitik ihren besonderen Ausdruck. Das sozialistische Frankreich verstand sich zu Beginn der 80er Jahre als Mentor für die Dritte Welt und wollte mit dieser Politik und seinem Engagement zu einem Frieden in Zentralamerika beitragen. Jedoch führte die hohe Verschuldung Mexikos – das Land hatte Ende 1985 eine Auslandsverschuldung von 97 Mrd. US-Dollar – dazu, dass dieses mittelamerikanische Land als Eckstein für die französische Lateinamerika-Politik seinen Stellenwert verlor, als „Stellvertreter Frankreichs“ in Zentralamerika zugunsten eines verbesserten Nord-Süd-Dialogs wirken zu können. So verflachte die ambitiöse Lateinamerika- Politik Mitterrands zusehends, und heute ergeht sie sich weitgehend nur noch in wohlklingenden Worten. Auch Frankreichs Haltung im Falklandkrieg 1982 – es praktizierte, wenn auch ungern, europäische und atlantische Solidarität – verschlechterte seine Position sowohl bei den lateinamerikanischen Militärdiktaturen als auch bei den eher progressiv ausgerichteten politischen Systemen.

Mit Nicaragua wurden enge ökonomische Beziehungen gepflegt und die Bemühungen der Contadora-Gruppe – Panama, Mexiko, Venezuela, Kolumbien – um eine Lösung des Zentralamerika-Konflikts wurden unterstützt. Präsident Mitterrand verurteilte zwar die US-amerikanische Intervention im Herbst 1983 in Grenada, musste jedoch den Realitäten Rechnung tragen und erklären, dass Frankreich in Lateinamerika, abgesehen von Hilfe im Rahmen seiner Mittel, nicht in einen Konflikt eingreifen könnte. Der Wunsch nach einem dritten Weg für Lateinamerika blieb bestehen, doch die Mittel dafür besaß Frankreich nicht. Wie so oft klafften hehre idealistische Ziele und die Realität auseinander.

Den zweiten bevorzugten Ansprechpartner französischer Dritte-Welt-Politik unter Mitterrand stellte Algerien dar. Das nordafrikanische Land erfuhr als eines der Führungsländer der Dritten Welt die besondere Förderung der sozialistischen Regierung, da man sich von Algerien Unterstützung für Frankreichs Rolle in der Dritten Welt – und besonders in Nordafrika und dem Nahen Osten – versprach. So reiste Präsident Mitterrand gleich zu Beginn seiner Amtszeit nach Algier, um auch symbolisch die Veränderung der durch den Kolonialkrieg noch immer arg belasteten französisch-algerischen Beziehungen zum Ausdruck zu bringen. Im Februar 1982 schloss Frankreich für die Dauer von 20 Jahren ein Erdgaslieferungsabkommen über eine jährliche Garantieabnahmemenge von 9 Mrd. Kubikmeter, wobei es einen etwa 15 Prozent höheren Preis als den Weltmarktpreis akzeptierte. Mitterrand begründete diese Maßnahme mit der besonderen kolonialen Verantwortung Frankreichs.

Die Verkündung einer Amnestie, die Straffreiheit für Vergehen während des Algerienkriegs gewährte, signalisierte den Wunsch der neuen Administration nach verbesserten Beziehungen. Doch erwiderte Algerien die Annäherungsversuche der sozialistischen Regierung nicht. Es erwartete vielmehr französische Unterstützung im algerisch-marokkanischen Streit über das Schicksal der früheren Spanisch-Sahara. Die Unterstützung erfolgte jedoch nicht. Ja, die undurchsichtige Haltung des Präsidenten bezüglich des Unionszusammenschlusses von Libyen und Marokko trug ebenso zur Abkühlung der frisch geknüpften Bande bei wie die z. T. schnöde Behandlung von algerischen Gastarbeitern in Frankreich. Algerien widersetzte sich 1983 darüber hinaus der französischen Intervention im Tschad. So trug das Verhältnis zum zweiten Schlüsselstaat in der Dritten Welt nicht dazu bei, Frankreichs Position bei den Entwicklungsländern zu verbessern. Lediglich die Beziehungen zu Indien gestalteten sich im Wesentlichen komplikationslos; jedoch wurde auch Indien nicht jener Schlüsselstaat, den sich die sozialistische Regierung für ihre Dritte-Welt-Politik vorstellte.

Frankreichs Ziel in der Entwicklungspolitik war die Errichtung einer neuen internationalen Ordnung, die neben Handel, Währung, Finanzen auch Wissenschaft, Kultur und Information umfassen sollte. Ziel war es, für die Dritte Welt einen weltweit geschützten und akzeptierten Rahmen der Unabhängigkeit und Nichtblockgebundenheit zu schaffen, in dem die Länder der Dritten Welt ihre eigene Rolle finden konnten. Frankreich weigerte sich unter Mitterrand beharrlich, rein markwirtschaftliche Lösungen zu akzeptieren, die die Wettbewerbschancen für die Staaten der Dritten Welt verschlechterten und sie zu erdrosseln suchten. So wurde auf französische Initiativen Ende der 80er Jahre ein teilweiser Schuldenerlass, verbunden mit großzügigen Erweiterungen der Tilgungsfähigkeiten und Zinsermäßigungen, beschlossen.

Das Ende des Ost-West-Konflikts hatte auch die Rahmenbedingungen französischer Entwicklungspolitik verändert, d. h. Frankreichs Handlungsspielraum als selbsternannter Mittler zwischen den westlichen Industrieländern und der Dritten Welt – in Spannungszeiten besonders erfolgreich – war kleiner geworden. Das Ende des Ost-West-Konflikts läutete auch eine De-Mondialisation französischer Dritte-Welt-Politik ein. Das Frankreich Mitterrands sah sich in der ersten Amtszeit in Lateinamerika, Afrika und Asien als privilegierter Partner, musste aber erkennen, dass seine Bedeutung nach dem Ende des Ost-West-Konflikts in diesen Regionen marginalisiert wurde. Mexiko und Kanada orientierten sich im Rahmen der NAFTA auf die USA hin. In Haiti konnte zwar Frankreich den Pater (und späteren Präsidenten) Aristide vor dem Mob retten, doch die Ordnung auf Haiti stellten die USA her. Die Panama-Intervention nahm George Bush (sen.) vor, ohne Mitterrand zu informieren. Frankreich wurde in Lateinamerika nicht mehr als eine eigene Interessen vertretende Nation bewertet. Die Beziehungen mit den Staaten in Amerika und Asien wurden deutlich lockerer. In Asien konnte Frankreich bei der Lösung des Kambodschaproblems noch einmal eine Rolle spielen, aber sein ursprünglicher Einfluss wurde sukzessive von den asiatischen Regionalmächten wahrgenommen. Auch Algerien war nicht mehr der privilegierte Partner wie noch während des ersten Septennats (vgl. Salamé 1998: 240).

Jahrzehntelang hatte die französische Entwicklungspolitik sich vor allem auf jene Ex-Kolonien konzentriert, die nach Gewährung der Unabhängigkeit loyale Beziehungen zu Frankreich aufrecht erhalten hatten, und die als „le champ“ bezeichnet wurden. Der Rest der Welt, bekannt als „pays hors champ“, bekam nur spärlich Unterstützung. Präsident François Mitterrand wollte diesen Zustand ändern, als er 1990 in La Baule, während des 16. Gipfeltreffens Frankreich-Afrika, ankündigte, die Nabelschnur zu durchtrennen, die die afrikanischen Ex-Kolonien bisher in Abhängigkeit von Frankreich gehalten hatte: „Frankreich wird seine gesamten (finanziellen) Anstrengungen darauf richten, das Bemühen (der Empfängerländer) um mehr Freiheit zu unterstützen." Diese Ankündigung wirkte fast ebenso revolutionär wie die Rede in Mexiko, vor allem weil sie mit der Botschaft verknüpft war, dass es keine militärischen Rettungsaktionen für diktatorische Regime mehr geben würde. Man wollte sich nicht länger in interne Angelegenheiten einmischen, sondern nur noch den Schutz der eigenen Staatsbürger gewährleisten (vgl. Kessler 1999: 355 f.).

Doch das Ergebnis dieser neu formulierten Politik war enttäuschend: einerseits schwache Nationalstaaten mit scheindemokratischen Institutionen, andererseits Ineffizienz der Hilfe zur Armutsbekämpfung. Von Anfang an fehlte der politische Wille, das neue Konzept durchzusetzen. Vor allem trugen wirtschaftliche Interessen (z. B. in Gabun, Kamerun und Elfenbeinküste) dazu bei, dass die Aufteilung der Hilfe sich praktisch nicht veränderte. Mitterrand selbst erwies sich für die neue Politik eher als Hindernis. Er umging das Staatssekretariat für Kooperation durch seine persönlichen Ratgeber (vor allem Guy Penne und sein Sohn Jean Christophe Mitterrand) und durch die „afrikanische Zelle" im Elysée-Palast, die als inoffizieller Kommunikationskanal für afrikanische Staatsführer diente, mit dem mythischen Jacques Foccart an der Spitze. Auf diese Weise wurden alle Reformversuche abgeblockt.

Mitte der 90er Jahre hatte sich Frankreich den allgemeinen entwicklungspolitischen Trends angeschlossen und setzte auf die Kräfte des freien Marktes. Inzwischen macht auch Frankreich seine finanzielle Hilfe von politischen Bedingungen abhängig, d. h. dass in den Entwicklungsländern Menschenrechte eingehalten werden und demokratische Reformen durchgeführt werden sollen.

Für französische Entwicklungspolitik waren in der zweiten Amtszeit von Mitterrand neben altruistischen Motiven nach wie vor politisch-strategische, kulturelle, ökonomische, historische und ideologische Gründe ausschlaggebend. Die Vergabe der überwiegenden Mittel erfolgte auf bilateralem Wege. Geographisch konzentrierte sich Frankreich unter Mitterrand auf Nordafrika und das subsaharische Afrika. Nach der 50-prozentigen Franc-Abwertung in der französischen Franc-Zone in Afrika 1994 war eine Orientierung auf die Staaten des Mahgrebs und der indonesischen Halbinsel erkennbar.

## 6.8 Afrika – Kontinuität auf sozialistisch

Schon 1957 stellte François Mitterrand pathetisch fest: „Ohne Afrika wird es im 21. Jahrhundert keine Geschichte Frankreichs geben" (Mitterrand 1957: 237). So beabsichtigte Frankreich unter Mitterrand, eine von Giscard entschieden abweichende Politik zu betreiben – ihm warfen die Sozialisten politische Brandstiftung auf dem afrikanischen Kontinent vor –, die den Interessen der jungen afrikanischen Staaten gerechter werden sollte. Jedoch scheiterte die gute Absicht an den politischen und ökonomischen Realitäten. Das Problem der sozialistischen Regierung bestand darin, dass sie linksgerichtete Staaten in Afrika gewinnen, gleichzeitig aber gute Beziehungen zu mehr konservativ ausgerichteten Systemen bzw. sogar autoritären Systemen wie Zaire aufrechterhalten wollte. Eine Lösung dieses Problems hätte die Quadratur des Kreises bedeutet.

Frankreich behielt auch unter Mitterrand seinen traditionellen Einfluss in Afrika, ja es weitete ihn sogar aus. So nahmen an den französisch-afrikanischen Gipfeltreffen auch Delegationen aus Ägypten, Mozambique, Sambia, Simbabwe, Angola, Liberia und Tansania teil. Die große Präsenz afrikanischer Staats- und Regierungschefs zeigt, dass Frankreich seinen Einfluss längst nicht mehr allein in frankophonen Ländern geltend machte, sondern dass auch anglophone, lusophone (portugiesisch ausgerichtete) und arabische Staaten in Frankreich einen bevorzugten Partner sahen. Präsident Mitterrand praktizierte zunehmend eine Diplomatie der dritten Kraft in Afrika, die versuchte, die beiden Supermächte vom afrikanischen Kontinent fernzuhalten.

Die wichtigsten Instrumente französischer Einflussnahme bildeten auch unter Mitterrand die Militärpolitik, die Währungs- und Kreditpolitik sowie die Kulturpolitik. Zwar rückte Mitterrand verbal von der aktiven Interventionspolitik seines Vorgängers ab, doch schickte er im Sommer 1983 dreitausend Soldaten in den Tschad zur Unterstützung der Regierung Habré gegen die Guerillas. Auch unter Mitterrand unterhielt Frankreich ständige Stützpunkte im Senegal, an der Elfenbeinküste, in Gabun, in der Zentralafrikanischen Republik, in Dschibuti, auf Mayotte und in dem Departement Reunion. Mit acht afrikanischen Staaten waren Beistandsabkommen und mit 24 afrikanischen Staaten Militärabkommen geschlossen. Etwa 12 000 französische Soldaten waren am Ende der Ära Mitterrand in afrikanischen Ländern stationiert. Darüber hinaus unterstützten ca. 1 000 französische Militärberater die afrikanischen Regierungen (Chipman 1985: 24). Hinzu kam, dass die unter Mitterrand Anfang der 80er Jahre aufgebaute mobile Einsatztruppe (FAR) auch für den Einsatz in Übersee ausgebildet und vorgesehen wurde. Der Waffenexport, der unter den Sozialisten, entgegen den ursprünglichen Absichten nicht nur fortgesetzt sondern vergrößert worden ist, bildete in der Militärpolitik ein wichtiges Einflussinstrument. Wirtschaftspolitisch dienten die afrikanischen Staaten auch am Ende der Amtszeit Mitterrands als sichere Rohstofflieferanten Frankreichs. Mit Hilfe der weit gehenden Aufrechterhaltung der Währungs- und Kreditpolitik in den beiden ehemaligen Verwaltungseinheiten Französisch Westafrika (AOF) und Französisch Äquatorialafrika (AÖF) standen diese Länder in einem festen Wertverhältnis zum französischen Franc. So konnte Frankreich mit seinem währungspolitischen Instrumentarium die Wirtschaftspolitik der in der Franc-Zone verbundenen afrikanischen Länder nach wie vor stark beeinflussen.

Im dritten Instrument, der französischen Kulturpolitik, wurde die Kontinuität der Abhängigkeit der afrikanischen Länder am deutlichsten erkennbar. Der größte Teil der französischen Entwicklungshelfer in Afrika war im Bildungsbereich tätig. Die Schulsprache in den frankophonen Ländern ist französisch. Die Lehrpläne fußten weitgehend noch auf französischen Vorstellungen und auch im universitären Bereich war der französische Einfluss nicht zu übersehen. Frankreich verstand sich weiterhin als führender Kulturstaat, der eine „mission civilisatrice" erfüllen musste. So liest sich die Bilanz der französischen Afrikapolitik Mitterrands wie folgt. Trotz hehrer politischer Ansprüche auf mehr Gleichheit und Gerechtigkeit war auch ein sozialistisch regiertes Frankreich nicht gewillt, seine überseeischen Ansprüche in Afrika aufzugeben. Mitterrand musste mit dem Vorwurf leben, dass auch ein sozialistisches Frankreich Afrika als „postkoloniales Jagdgebiet" nutzt. „Frankreich erscheint insgesamt in einer ambivalenten Doppelrolle in Afrika: Zum einen als *respektabler Gendarm* und hinter den Kulissen wirkende Macht, zugleich aber ist Frankreich – was aus deutscher Perspektive oft übersehen wird – der große Rettungsanker der oppositionellen Eliten Afrikas, die hier bislang eine sichere Schutzzone und Wirkungsbasis gefunden haben" (von Krosigk 1993: 30).

Doch im zweiten Septennnat Mitterrands wurde die französische Afrikapolitik weitgehend durch internationale Entwicklungen determiniert. Das Ende des Ost-West-Konflikts bewirkte auch hier eine Änderung. Auf dem franco-afrikanischen Gipfel in La Baule 1990 nahm Präsident Mitterrand zumindest rhetorisch eine Kehrtwendung der Haltung Frankreichs gegenüber den afrikanischen Staaten vor. Zukünftig sollte die Vergabe von Entwicklungsgeldern von Fortschritten in der Demokratisierung des betreffenden Landes abhängig gemacht werden (vgl. Bayart 1998: 263). Zwar führte Mitterrand mit den Demokratisierungsanstrengungen ein neues Element in den afrikapolitischen Diskurs ein, trug aber im Wesentlichen dabei internationalen multilateralen Ausrichtungen Rechnung. Doch hielt man diese Ankündigungen nicht durch und unterstützte z. B. Staaten Togo, Kamerun und Zaire stärker als zuvor, obwohl diese Staaten im Demokratisierungsprozess keinerlei Fortschritt, ja z. T. sogar Rückschritte gemacht hatten (vgl. Cumming 2001: 363). Die Ankündigung des Präsidenten in La Baule hatte bald viel ihrer Glaubwürdigkeit eingebüßt. Auch wenn Mitterrand hinsichtlich der Interventionspolitik sich von seinen Vorgängern absetzen wollte, wurde sich auch im zweiten Septennat weiterhin betrieben. Mitterands Politik gegenüber dem subsaharischen Afrika zwischen 1988 und 1995 wurde im Wesentlichen von Entwicklungen in zwei Ländern determiniert: dem Tschad und Ruanda. Frankreich sah sich jetzt zunehmend als Mittler zwischen dem Internationalen Währungsfonds und dem frankophonen Afrika. Nach wie vor besaß das frankophone Afrika auch nach dem Ende des Ost-West-

Konflikts eine große Bedeutung für Frankreich, das seinen Rang und seine Position nach dem Ende des Ost-West-Konflikts nach wie vor aus der Präsenz in Afrika herleitete (vgl. Französisches Verteidigungsweißbuch 1994: 23 ff.). Afrika blieb entgegen der französischen Wahrnehmung auch nach dem Ende des Ost-West-Konflikts zunächst ein Projektionsraum französischer Macht, der zur Stärkung der Rolle und Position Frankreichs im internationalen System beitragen sollte.

So versuchte Frankreich im Bürgerkrieg in Ruanda 1994 seine Interessen zu wahren, als es im Konflikt zwischen Tutsi und Hutu intervenierte. Staatspräsident Mitterrand hatte angeordnet, den Tutsi-Einmarsch nach Ruanda zu verhindern, da er sonst eine Bedrohung der französischen Position in Afrika durch die USA befürchtete. Auch gelangte eine Arbeitsgruppe der Nationalversammlung 1998 zum Ergebnis, dass Frankreich vor und nach dem Beginn des Völkermords gegen die Tutsi-Bevölkerung Waffen an die ruandische Hutu-Regierung geliefert hatte. So zeigte die zentralafrikanische Tragödie Mitte der 90er Jahre, dass Theorie und Praxis französischer Afrikapolitik weit auseinander klafften. Frankreich wertete einseitig den CFA-Franc, der seit seiner Schaffung 1945 an den französischen Franc gebunden war, um 50 Prozent ab Zudem wurde nun den afrikanischen Gesprächspartnern eröffnet, dass von nun an die finanzielle Hilfe durch Frankreich von der Durchführung glaubwürdiger Wirtschafts- und Finanzprogramme abhängig gemacht werden sollte, die vom Internationalen Währungsfonds unterstützt wurden. In Frankreich erwartete man von diesem Schock eine deutliche Steigerung der bäuerlichen Einkommen, einen Anreiz für Exporte, ein Ansteigen der Staatseinnahmen sowie eine Konzentration der wirtschaftlichen Aktivitäten auf eigene Ressourcen. Allerdings musste man Jahre später erkennen, dass diese ehrgeizigen Ziele nicht erreicht wurden, sondern dass sich Armut und Abhängigkeit in diesen Gebieten erhöht hatten.

## 6.9 Nahost – nach anfänglichem Wandel Kontinuität

Seit der scharfen Verurteilung Israels bei Ausbruch des dritten Nahostkrieges im Jahr 1967 enthielt die französische Nahostpolitik eine dezidiert pro-arabische Komponente. Unmittelbar nach seiner Amtsübernahme setzte Präsident Mitterrand einen Kurswechsel gegenüber Israel durch. Mit einer „Politik der Präsenz, des Gleichgewichts und Friedens“ wollte Mitterrand den globalen Anspruch im Allgemeinen und in Nahost im Besonderen geltend machen. So beendete er das 1967 von de Gaulle gegenüber Israel verhängte Handelsembargo. Die EG-Erklärung von Venedig, 1980 unter Federführung Giscards verabschiedet und pro-arabisch ausgerichtet, bezeichnete er als unausgewogen und gegen Israel gerichtet. Mitterrand suchte die Wiederannäherung an Israel. Vor dem Hintergrund seiner „atlantischen Phase“

ist auch seine damit zusammenhängende Unterstützung des ägyptisch-israelischen Friedensprozesses zu verstehen. Die Beteiligung kommunistischer Minister in seiner Regierung sowie das sozialistische Wirtschaftsprogramm hatten in den USA Beunruhigung hervorgerufen. So konnte er mit seiner pro-israelischen Politik, die noch durch die Beteiligung Frankreichs an der multinationalen Friedenstruppe für den Sinai unterstrichen wurde, gleichzeitig US-Bedenken gegenüber seinem innenpolitischen Kurs ausräumen. Auch hoffte der französische Staatschef mit dieser nationalen französischen Nahostpolitik, die sich von der gemeinsamen EG-Nahostpolitik entfernte, zum Vermittler im Nahen Osten aufzusteigen. Deshalb wurde auch sein im März 1982 abgehaltener Besuch in Israel – er wurde zwei Mal verschoben wegen des israelischen Bombardements des mit französischer Hilfe erbauten irakischen Kernreaktors „OSIRAK" sowie der israelischen Annexion der Golanhöhen – zum Symbol des Wandels der französisch-israelischen Beziehungen.

Doch schon im Sommer 1982 erlitt Mitterrand mit seinem pro-israelischen Ansatz Schiffbruch. Die israelische Intervention im Juni 1982 im Libanon, die auf die Liquidierung der im Libanon agierenden PLO zielte, zeigte die Ohnmacht Frankreichs, als Bestimmungsfaktor in Nahost aufzutreten. Nun bezog Frankreich, das den Libanon durch die engen Beziehungen in diesem Jahrhundert als traditionelles französisches Interessengebiet ansieht, eindeutig eine pro-libanesische und anti-israelische Position. Mitterrand unterstützte nach der israelischen Intervention die PLO, suchte sie als politischen Faktor zu erhalten. Ohne die PLO befürchtete er eine Verschärfung der Situation in Nahost. Frankreich zeigte Flagge. Mitterrands Ziel war es, die zu einer politischen Lösung bereiten Kräfte der PLO zu unterstützen und zu einer positiven Veränderung im Palästina-Konflikt zu gelangen. So unterstützte der Präsident amerikanische Bemühungen zur Aufstellung einer Friedenstruppe im Libanon, an der neben den USA, Großbritannien und Frankreich sich noch Italien beteiligte. Mit Hilfe dieser pro-libanesischen Politik verbesserte Frankreich seine zeitweise getrübten Beziehungen zu arabischen Ländern, verschlechterte aber das gerade zart keimende französisch-israelische Verhältnis. Hinsichtlich der Entwicklung im Libanon-Konflikt musste Mitterrand akzeptieren, dass der ursprünglich von Christen dominierte Libanon immer stärker in die arabische Welt einbezogen wurde. Syrien wurde zu jener Macht, die die Entwicklung des Libanon immer stärker unter ihre Kontrolle brachte. Der Abzug der letzten französischen Soldaten aus dem Libanon am 30. März 1984 symbolisierte den Einflussgewinn Syriens. Der Ansatz Mitterrands, sowohl auf nationaler Basis als auch im Zusammengehen mit den USA, französischen Einfluss an der Levante aufrechtzuerhalten, war gescheitert.

Praktizierte Mitterrand zu Beginn seiner Amtszeit gegenüber Israel einen Kurswechsel, so pflegte er gegenüber den anderen arabischen Staaten die Kontinuität. Vielfältige wirtschaftliche Kontakte in den arabischen Golfstaaten engten den französischen Handlungsspielraum von vornherein ein. Trotz einer intensiven Entwicklung der eigenen zivilen Nuklear-Energie deckte Frankreich zu Beginn der 80er Jahre noch knapp die Hälfte seiner Energie-Importe mit Erdöl. Wichtigste Lieferländer sind Saudi-Arabien und der Irak. Vor diesem Hintergrund gewinnen die intensiven Beziehungen Frankreichs zu den Golfstaaten ihre besondere Dimension. Der Irak war seit 1975 der bedeutendste Käufer französischer Waffen in der Welt. Nach Ausbruch des irakisch-iranischen Krieges im Jahr 1980 geriet 1982 der Irak in eine militärisch bedrohliche Situation, die seine militärische Niederlage und damit eine politische Destabilisierung am Golf zur Folge gehabt hätte. Da der Irak aber bereits eine riesige Schuldenlast gegenüber Frankreich angehäuft hatte, hätte Paris diese Schulden abschreiben müssen. So erneuerte die sozialistische Regierung entgegen ihren wohlklingenden Absichtserklärungen zur Eindämmung des Waffengeschäfts 1982/1983 die Waffengeschäfte mit dem Irak. Präsident Mitterrand deklarierte diese kaltblütigen Geschäfte als „Hilfe für einen Freund" und lieferte 1983 fünf Kampfflugzeuge des Typs „Super-Etendard", ausgestattet mit den seit dem Falklandkrieg hinlänglich bekannten Exocet-Raketen. Auch mit Saudi-Arabien, dem größten französischen Erdöllieferanten zu Beginn der 80er Jahre, wickelte Frankreich intensive Waffengeschäfte ab. Im Januar 1984 schloss es mit Saudi-Arabien einen Vertrag über ein Luft-Abwehr-System im Wert von ca. 35 Mrd. Francs. Es war daher auch mehr als symbolhaft, dass der erste Staatsbesuch des sozialistischen Präsidenten Mitterrand demonstrativ im September 1981 nach Saudi-Arabien führte, dem politischen und ökonomischen Schlüsselstaat am Persisch-Arabischen Golf. Die sozialistische Regierung nahm mit ihrer Nahostpolitik eine Verschlechterung der Beziehungen Frankreichs zum Iran in Kauf, da für sie die übrigen Nahoststaaten als wichtige Abnehmer ihrer Waffen von fundamentaler Bedeutung waren. Allein 83,5 Prozent der französischen Rüstungsexporte gingen 1982 in die Länder Nordafrikas, des Nahen und Mittleren Ostens (Le Monde v. 6.10. 1982). Exportierte Frankreich 1981 noch für 26,7 Mrd. Francs Rüstungsgüter, so verdoppelte sich dieser Wert im Jahr 1984 auf 61,8 Mrd. Francs (Becker 1985: 127). Die sozialistische Regierung musste sich somit den Vorwurf gefallen lassen, dass sie die von den Sozialisten beklagte Devise – Erdöl gegen Waffen – in Nahost nicht nur fortsetzte, sondern geradezu dramatisch gesteigert hatte. François Mitterrand, der 1977 in seinem Abrüstungsplan den französischen Waffenexport als skandalös bezeichnete und das Land vom Image des „Händlers mit dem Tod" befreien wollte, machte Frankreich zum größten europäischen Waffenexporteur.

Nach dem Ende des Ost-West-Konflikts mit der Gewichtsverschiebung der EU nach Osten wollte Frankreich ein Gegengewicht gegen den perzipierten gewachsenen deutschen Einfluss schaffen, indem eine besondere Betonung der französischen Politik auf die Staaten des Nahen und Mittleren Ostens vorgenommen wurde. Dennoch ist es Mitterrand nicht gelungen, Frankreichs Einfluss im Nahen Osten aufrechtzuerhalten. Die Beteiligung Frankreichs am Irak-Krieg 1991 führte vor allem in den Mahgreb-Staaten zu antifranzösischen Kundgebungen. „Frankreich betrieb im Nahen und Mittleren Osten keine eigenständige Politik mehr und wurde dort auch nicht mehr als Machtfaktor wahrgenommen. Gegenüber dem brutalen Bürgerkrieg in Algerien während der 1990er Jahre zeigte es sich völlig machtlos und beschränkte sich darauf, islamistische Aktivitäten algerischer Einwanderer in den französischen Vorstädten zu unterbinden" (Kolboom/Stark 2005: 374).

Mit seiner Politik, gleichzeitig gute Beziehungen zu Israel und zu der Arabischen Welt zu entwickeln bzw. aufrechtzuerhalten, scheiterte François Mitterrand. Der Versuch der Aufwertung französischen Einflusses in Nahost, nämlich als Bestimmungsfaktor im Friedensprozess in dieser Region aufzutreten, schlug fehl. Frankreich blieb nichts anderes, als die Kontinuität seiner Energieeinfuhren durch den Verkauf von Waffen nach Nahost zu kompensieren. „Realpolitik" führte zum ideologischen Abgesang der Linken.

## 6.10 Zusammenfassung

Als François Mitterrand noch Erster Sekretär der Sozialistischen Partei war, unterstützte er nachhaltig die außenpolitischen Zielvorstellungen seiner Partei. Grundsätzlich war der Internationalismus ein konstitutiver Bestandteil des Selbstverständnisses sozialistischer Parteien, die folgende Ansprüche an eine Außenpolitik stellen: Ausrichtung auf Frieden und Abrüstung; Übertragung innergesellschaftlicher Gleichheit und Solidarität auf die internationale Ebene; Entwicklung eines neuen Nord-Süd-Verhältnisses sowie eine größere Transparenz des außenpolitischen Entscheidungsprozesses. Die Wahlaussagen des Präsidentschaftskandidaten Mitterrand und seiner Sozialistischen Partei setzten neue Akzente für Frankreichs Rolle in der internationalen Politik: Das instabile Gleichgewicht der beiden Militärblöcke sollte danach durch ein kollektives Sicherheitssystem auf niedrigerem Rüstungsstand ersetzt werden; langfristige Auflösung von NATO und Warschauer Pakt, internationale Kontrolle der Atomwaffenpotentiale, Beendigung des internationalen Waffenhandels; privilegierte Beziehungen mit den blockfreien Ländern des Mittelmeerraumes sowie Afrikas, Abbau des Nord-Süd-Konflikts mit Hilfe einer Neuen Weltwirtschaftsordnung sind zentrale weitere Forderungen.

Mitterrands Konzeption sah eine gerechte Weltordnung vor, die den unterdrückten Völkern zugute kommen sollte. Frankreichs Aufgabe lag dabei in der Förderung einer „Allianz von Sozialismus und Freiheit".

Für Europa strebte Mitterrand eine stärkere Rolle in der internationalen Politik an. Der französische Präsident lehnte ähnlich wie de Gaulle das von den Großmächten in Jalta geschaffene Ordnungsmodell mit der Doppelhegemonie von USA und UdSSR ab. Innerhalb seiner Europakonzeption nahm die Bundesrepublik Deutschland wiederum einen bedeutenden Platz ein. Mit ihr wollte Frankreich noch engere Beziehungen knüpfen, ohne allerdings eine Achse zu bilden. Diese außenpolitischen und internationalistischen Zielvorstellungen vertrat Mitterrand grundsätzlich auch als Präsident, wollte er doch insbesondere die französische sozialistische Innenpolitik mit seinen außenpolitischen Zielvorstellungen in Übereinstimmung bringen. Mitterrand, dessen Leitmotiv die Verankerung eines „humanen Sozialismus" in Frankreich war, lehnte strikt die sowjetische Sozialismusvariante ab, die als „totalitaristischer Sozialismus" begriffen wurde. Aus diesem Grund wurde eine harte „antitotalitaristische" Politik gegenüber der UdSSR verfochten. In der Sowjetunion sah Mitterrand eine expansionistische und aggressive Macht, die die Mitglieder des Warschauer Pakts dominierte und disziplinierte. Folgerichtig musste Frankreich Mitglied des Atlantischen Bündnisses bleiben, obgleich es unter Mitterrand die Auflösung der Blöcke bevorzugte. Allerdings durfte die Mitgliedschaft in der Atlantischen Allianz nicht als Unterwerfung unter eine US-Hegemonie missverstanden werden. Die Gestaltung eines eigenen gesellschaftspolitischen Weges war für Mitterrand zumindest theoretisch unverzichtbar. Die zeitweilige Einbeziehung der Kommunisten in die Regierung, die forcierte Nationalisierungspolitik verschiedener Wirtschaftsunternehmen und einiger Banken zu Beginn der sozialistischen Regierungstätigkeit wie auch Frankreichs Haltung in der internationalen Wirtschaftspolitik unterstrichen diesen Ansatz. Schließlich enthielt Mitterrands Außenpolitik eine starke moralische Komponente, die aus seinem tiefen Glauben an einen humanen Sozialismus genährt wurde. Ähnlich wie bei de Gaulle ordnete sich Mitterrands außenpolitisches Konzept für Frankreich nach folgenden Stichworten: nationale Unabhängigkeit, Gleichgewicht der militärischen Blöcke, Aufbau Europas, Recht der Völker auf Selbstbestimmung und Entwicklung der armen Länder.

Nach dem Strukturbruch der internationalen Beziehungen 1989/91, d. h. als sich die Rahmenbedingungen für die französische Außenpolitik radikal geändert hatten, veränderte sich auch die außenpolitische Konzeption Mitterrands. Nun sollte die deutsch-französische Zusammenarbeit als Grundlage für den Aufbau Europas die zentrale Basis zukünftiger französischer Außenpolitik sein. Der Aufbau Europas sollte sich nach der Überwindung des Systems von Jalta zum zentralen Handlungsfeld französischer Außenpolitik entwickeln. Der Maastrichter Vertrag, insbesondere die Wirtschafts- und Währungsunion sowie die Vertiefung der Sicherheitspolitik bildeten die wichtigsten Wegmarken der Europapolitik des sozialistischen Präsidenten. Nach den Parlamentswahlen 1993, bei denen die Sozialisten eine herbe Niederlage erlitten und der dadurch gebildeten dritten Cohabitation in Frankreich sowie zusätzlich durch seine Krankheit geschwächt, war Mitterrand nicht mehr in der Lage, der französischen Außenpolitik bis zu seinem Ausscheiden aus dem Amt 1995 Impulse zu geben.

# 7. Frankreichs Außenpolitik unter Jacques Chirac

## 7.1 Portrait Jacques Chiracs

Jacques Chirac wurde 1995 Nachfolger Mitterrands und damit fünfter Präsident der V. Republik. Erstmals seit dem Tod Pompidous 1974 stand wieder ein gaullistischer Politiker an der Staatsspitze. Schon seit Jahrzehnten war Chirac auf dem politischen Parkett in Frankreich präsent, und als Präsident stellte er ein Gewicht in der internationalen Politik aufgrund seiner verschiedenen politischen Funktionen dar. In der V. Republik hat er politische Meilensteine gesetzt: Er war seinerzeit der jüngste Premierminister des Jahrhunderts. Bei dem unter dramatischen Umständen abgehaltenen Präsidentschaftswahlen 2002 wurde Chirac zum Präsidenten mit den meisten Stimmen gewählt, die je ein politischer Staatspräsident in Demokratien erhalten hat. Mit 82 Prozent war es vor allem ein Votum für die Republik und weniger für den Kandidaten Chirac. Chiracs Rücktritt als Premierminister am 25. August 1976 war in der Geschichte der V. Republik genauso einmalig (Laulan 2001: 129) wie die von ihm erlassene Auflösung der Nationalversammlung 1997. Zudem war er der erste Cohabitations-Premier in den 80er Jahren.

Im Jahr 1959 begann der 27-jährige Jacques Chiracs seine lange politische Laufbahn als Auditor am Rechnungshof und setzte sie als Referent im Leitungsstab von Premierminister Georges Pompidou in den 60er Jahren fort. Mit 34 Jahren wurde Chirac bereits Staatssekretär für soziale Angelegenheiten mit dem Schwerpunkt für Beschäftigungsprobleme. Auf seinem langen Weg in das Präsidentenamt war Chirac auch Minister für Landwirtschaft und ländliche Entwicklung sowie Innenminister in der Regierung von Premier Pierre Messmer von 1972 bis 1974. Mit 42 Jahren wurde er bereits Premierminister und mit 43 Jahren Bürgermeister von Paris. Für das Staatspräsidentenamt brauchte er allerdings bis 1995 drei Anläufe (1981, 1988 und 1995). Sein längstes Mandat hatte er im Departement Corrèze in der Region Limousin, für das er von 1967 bis 1995 als Abgeordneter in der Nationalversammlung vertreten war (Müller-Brandeck-Bocquet 2004b: 153). Mittlerweile gehörte er, so schrieben es einige Autoren, quasi zur „Inneneinrichtung der Republik" (Chevallier 2002: 421, zitiert nach Müller-Brandeck-Bocquet 2004b: 153). Und so wie de Gaulle Namensgeber einer ganzen politischen Bewegung, des Gaullismus, wurde, so wird Chiracs Wirken als „Chiraquisme" umschrieben (Hecht 1995: 57). Darunter soll „l'aventure d'un homme, le destin d'un individu"

(Hecht 1995: 57) verstanden werden, das nicht weniger außergewöhnlich als das de Gaulles gewesen ist. Allerdings sei der Chiraquismus, so heißt es bei Emmanuel Hecht weiter, im Grunde nichts anderes als eine Form des Opportunismus und des Klientelismus (Hecht 1995: 57 ff.). Über die politische Persönlichkeit von Jacques Chirac lässt sich zusammenfassend sagen, dass er stets ein sehr ehrgeiziger Politiker war, der sich nie ganz einem Projekt oder einer Idee verschrieben hatte, nie ideologisch war (L'Express v. 11.05.1995) und der 1995 mit dem Sieg gegen Jospin endlich am Ziel seiner Träume und Ambitionen angelangt war (Müller-Brandeck-Bocquet 2004b: 155). Dass Chirac im Laufe der Jahrzehnte ein „erfahrener Volkstribun" geworden war, hatte seine Kampagne zur Präsidentschaftswahl gezeigt: Er hatte die Tragweite sozialer Fragen erkannt und einen regelrecht linken Wahlkampf gemacht (Weisenfeld 1995: 181).

## 7.2 Außenpolitischer Entscheidungsprozess

Die Führung der Außenpolitik unter der Präsidentschaft Chiracs kann in drei verschiedene Zeitabschnitte untergliedert werden. In der ersten Phase zwischen 1995 und 1997 regierte der Präsident in der Außen- und Sicherheitspolitik quasi monarchisch, da mit Alain Juppé ein ihn in jeder Beziehung unterstützender Premierminister aus dem neogaullistischen Lager zuarbeitete. Dabei konnte Chirac von der Erfahrung Juppés als Außenminister (1993–1995) profitieren, der den Elysée-Palast und den Premierminister mit diplomatischen Beratern versorgte. Auch auf Außenminister de Charette konnte sich der Präsident in jeder Beziehung als treuen Unterstützer verlassen.

Der zweite Abschnitt wird durch die Cohabitation zwischen 1997 und 2002 gekennzeichnet, als der sozialistische Premierminister Jospin wie auch Außenminister Védrine versuchten, der Außenpolitik auch ihren Stempel aufzudrücken. „Die seit 1997 bestehende Cohabitation zwischen *Chirac* und der Regierung des sozialistischen Premierministers *Lionel Jospin* lässt heute Tendenzen einer ‚Pragmatisierung' der französischen Außenpolitik erkennen, die zum einen in der Rolle und im Diskurs Außenminister *Hubert Védrines*, zum anderen in dem durch die Cohabitation entstandenen dezentralisierten außenpolitischen Entscheidungsprozess ihren Ursprung hat", schrieb Jean Pierre Froehly (Froehly 1999a: 18). Außenminister Védrine stellte sozusagen das Bindeglied zwischen Staatspräsident und Premierminister dar und war damit eine Schlüsselfigur des außenpolitischen Pragmatismus in der Zeit der Cohabitation. „Die die ‚domaine reservé' des Präsidenten hervorhebende Lesart der Verfassung verschiebt sich nunmehr zugunsten einer die Regierung stark mit einbeziehenden ‚domaine partagé'. Während der Staatspräsident im Bereich der Nuklearverteidigung die alleinige Kompetenz behält, gilt in den Bereichen militärische Intervention sowie Europäische Integration eine gemeinsame bzw. Zustimmungskompetenz. Was jedoch die bilateralen Beziehungen auf wirtschaftlicher sowie sicherheitspolitischer Ebene betrifft, so liegt das letzte Wort beim Premierminister, da der Elysée alleine nicht sämtliche Sachfragen verfolgen kann" (Froehly 1999a: 22). Seit den Präsidentschafts- und Parlamentswahlen 2002 verfügte der neogaullistische Präsident Chirac wiederum über eine sehr große bürgerliche Mehrheit, so dass die Premierminister Raffarin (2002–2004) und de Villepin (2004–2007) wie auch die Außenminister de Villepin (2002–2004), Barnier (2004–2005) und Douste-Blazy (2005–2007) überwiegend Unterstützungsaufgaben für den Präsidenten wahrnahmen. Doch wurde diese dritte Phase der Außenpolitik Frankreichs unter Chirac von dem Nein zum Referendum über die Europäische Verfassung überschattet.

## 7.3 Die außenpolitische Konzeption Chiracs

Die internationale Situation war nach den tief greifenden Veränderungen zwischen 1989 und 1991 beim Amtsantritt von Präsident Chirac zu einer gewissen Stabilisierung gelangt (Boniface 1997: 19). Die Welt hatte sich verändert. Deutschland war wiedervereinigt, die Sowjetunion implodiert, der Warschauer Pakt und der Rat für Gegenseitige Wirtschaftshilfe aufgelöst, der Kalte Krieg vorüber. Die USA waren als einzige Supermacht Struktur bestimmend für die internationale Politik. In Asien trat die Dynamik Chinas in den Vordergrund. Der Nahe Osten verfiel in erneute Spannungen. Im wirtschaftlich chronisch kranken Afrika brachen immer öfter Kriege aus. Der europäische Integrationsprozess hatte zweifellos Fortschritte gemacht. Die bisherigen Determinanten der französischen Außen- und Europapolitik wie z. B. der Ost-West-Konflikt, der es Frankreich noch erlaubt hatte, eine Sonderrolle neben den zwei Supermächten zu spielen, war nicht mehr gegeben, und die internationale Situation hatte sich im Wesentlichen zuungunsten Frankreichs entwickelt. Die Auflösung Jugoslawiens mit den Balkankriegen sowie der Terrorangriff von *Al Qaida* auf die Twin Towers in New York und das *Pentagon* in Washington am 11. September 2001 veränderten zusätzlich die Rahmenbedingungen für die französische Außenpolitik. Anders als Mitterrand, der sich mit einer Anpassung der französischen Außenpolitik an die veränderten internationalen Herausforderungen nach dem Strukturbruch der internationalen Beziehungen 1989/90 schwer tat, war Chiracs außenpolitisches Konzept vom Willen zur Anpassung an die neuen Herausforderungen geprägt.

Mit Chirac war ein Politiker an die Spitze der V. Republik getreten, der stärker als seine beiden Vorgänger den Erhalt der Unabhängigkeit und des internationalen Rangs Frankreich betonen wollte. Zu Beginn seiner Amtszeit hatte Chirac drei

Hauptziele seines Septennats genannt: erfolgreiche Fortsetzung des europäischen Integrationsprozesses, Modernisierung der Atlantischen Allianz und Schaffung eines europäischen Verteidigungspfeilers sowie Entwicklung der Solidarität von Europa mit den Mittelmeerländern und Afrika (Vaïsse 2005: 953). Auch unter Chirac war das Streben nach Rang und Größe Frankreichs eng mit dem Streben nach Unabhängigkeit und Souveränität als Ziel französischer Sicherheits- und Verteidigungspolitik zumindest in der Anfangszeit verbunden. Frankreich orientierte sich am Ideal einer multipolaren Weltordnung, wobei die Europäische Union, in der Frankreich sich führend sah, einen der Machtpole im internationalen System darstellte. Der Multilateralismus erhielt, anders als bei de Gaulle, bei Chirac einen zentralen Stellenwert für die französische Außenpolitik. Es sollte eine internationale Ordnung aufgebaut werden, die auf den Grundsätzen der Legitimität, der Gleichheit und der Verantwortlichkeit beruhte. Insbesondere nahmen die Vereinten Nationen in diesem Konzept eine herausgehobene Rolle ein. Sie allein sollten das Recht haben, über Krieg und Frieden zu entscheiden. In seiner Rede vor dem Diplomatischen Korps in Paris am 7. Januar 1999 schlug Chirac sieben Prinzipien vor, die als Basis für die internationale Ordnung dienen sollten:

**Chiracs sieben Prinzipien für die internationale Ordnung**

1) das Prinzip der kollektiven Verantwortung, das unilaterale Aktionen ausschließen und zu kollektivem Handeln gegenüber globalen Herausforderungen führen soll;
2) das Prinzip der Gerechtigkeit, damit eine gerechte Verteilung der Maßnahmen zur Begegnung der Herausforderungen durch die Globalisierung stattfinden kann;
3) das Prinzip der Solidarität, um Individuen und Staaten nicht auszuschließen;
4) das Prinzip der Verschiedenheit, um den sprachlichen, kulturellen und biologischen Reichtum gegenüber den Gefahren der Vereinheitlichung durch die Globalisierung aufrechtzuerhalten;
5) das Prinzip der Vorsicht, dass besonders gegenüber der Umwelt zum Tragen kommen soll und zukünftigen Generationen ein lebenswertes Leben ermöglichen soll;
6) das Prinzip der Freiheit, um die Demokratie und den Respekt vor den Menschenrechten aufrecht zu erhalten und schließlich
7) das Prinzip der Komplementarität, damit die neuen Regeln sowohl auf regionaler als auch auf internationaler Ebene durchgesetzt werden.

Die neue Ordnung sollte nach Auffassung von Chirac auch den neuen Akteuren offenstehen, aber die notwendige Rolle der Staaten bewahren. Diese sieben Prinzipien definierten ein Schema für eine multipolare internationale Ordnung, die eine kollektive Souveränität auf dem Planeten ausübt und in der alle Menschen dieselbe universelle Überzeugung teilen.

Unter Präsident Chirac verstand sich Frankreich als eine außergewöhnliche Mittelmacht mit globalen Ansprüchen. Er sah Frankreich als besonderen Akteur auf der weltpolitischen Bühne, nicht zuletzt aufgrund seiner historischen Entwicklung, vor allem aber aufgrund seines Sonderstatus in den Vereinten Nationen (ständiger Sitz im Sicherheitsrat), seiner Francophonie, seiner Nuklearwaffe, seiner besonderen Beziehungen zu Afrika und seiner Stärke als eine der modernsten Volkswirtschaften der Welt. Auf der Botschafterkonferenz 1999 verdeutlichte Chirac die außenpolitische Ziele Frankreichs: Aufbau einer multipolaren Welt, Vorrang für die europäische Vereinigung, Vorrang für die UN-Missionen, Solidarität mit den Staaten der Dritten Welt. Der Multilateralismus und die starke Hervorhebung der Vereinten Nationen waren u. a. auch gegen die Vorherrschaft der „Hypermacht USA" gerichtet.

**Außenpolitische Ziele Frankreichs**

- Aufbau einer multipolaren Welt, bestehend u. a. aus den Prinzipien Legitimität, Gleichheit und Verantwortlichkeit, Solidarität und Internationales Recht
- Vorrang für UN-Missionen
- Vorrang für die europäische Verteidigung
- Solidarität mit den Staaten der Dritten Welt

## 7.4 Europapolitischen Konzeptionen von Jacques Chirac

Im Mittelpunkt stand nach wie vor Europa als zentraler Teil der Außen- und Sicherheitspolitik Frankreichs (Gribinski 1997: 72), wobei Jacques Chirac aber lediglich als ein Europäer aus Gewohnheit galt (Die Zeit v. 4.3.1999). Europapolitisch wichtige Stationen wie die Ratifizierung des Maastrichter Vertrages benutzte er zwar persönlich als Chance, sie rangen ihm jedoch eine Zustimmung lediglich aus Vernunftgründen ab. Doch unabhängig von seinen europapolitischen Überzeugungen musste der Präsident die geschichtliche Relevanz Europas einsehen, denn jeder seiner Vorgänger in der V. Republik hat in seiner Bilanz eine entscheidende Etappe im europäischen Integrationsprozess zurückgelegt. „Will Chirac seinen Namen im

Geschichtsbuch verewigen, muss er es ihnen nachmachen", schrieb Le Monde (Le Monde v. 30.11.2004). Das politische Amt determinierte also die europapolitische Einstellung, denn in der Europapolitik waren es in der Tat die Umstände, die die Überzeugungen bedingten. In seiner politischen Karriere hatte Chirac mehrfach seine Haltung zum europäischen Integrationsprozess geändert, wobei aber immer gleichzeitig ganz wesentlich die von ihm ausgeübte Funktion seine Haltung beeinflusste. Als er unter dem liberalen Präsidenten Giscard d'Estaing 1974 Premierminister wurde, vertrat er einen klar pro-europäischen Kurs. So machte Chirac in seiner ersten Regierungserklärung am 5. Juni 1974 deutlich: „Die europäische Politik gehört nicht mehr zu unserer Außenpolitik. Sie ist etwas anderes und nicht mehr zu trennen von dem fundamentalen Projekt, das wir für uns selbst entwerfen" (zitiert nach Grosser 1986: 346). Nicht mehr im Amt und sich zunehmend als Konkurrent des Staatspräsidenten Giscard betrachtend erwies sich Chirac vor den Ersten Direktwahlen zum Europäischen Parlament als vehementer Gegner der europäischen Integration. In dem im Dezember 1978 veröffentlichten Appell von Cochin, auch als „Appell an die Franzosen" bekannt, in dem er die pro-europäische Politik des von ihm im Präsidentschaftswahlkampf noch unterstützten Präsidenten Giscard d'Estaing und dessen initiierten ersten Direktwahlen des Europäischen Parlaments hart kritisierte (Arnaud 2000: 14), erklärte Chirac: „Europa darf nicht dazu dienen, den Niedergang eines Frankreichs zu tarnen, das auf Weltebene weder Autorität, noch Ideen, weder eine Botschaft, noch ein Gesicht besäße. ... Nein zur Politik der Supranationalität. Nein zur wirtschaftlichen Verknechtung. ... Wie immer, wenn Frankreich niedergehalten werden soll, ist die Partei des Auslands mit ihrer friedlichen und beruhigenden Stimme am Werk" (zitiert nach Grosser 1986: 346). Nun muss man wissen, dass in den Zeiten des Ost-West-Konflikts die französischen Kommunisten als Partei des Auslands bezeichnet wurden, die sich dem Führungsanspruch der KPdSU unterstellt hatten.

Chirac wurde am 18. März 1986 erneut – diesmal von Mitterrand – zum Premierminister ernannt, da er der unbestrittene Führer der neuen Mehrheit war. In seiner Amtszeit als Premierminister während der ersten Cohabitation mit Staatspräsident Mitterrand von 1986 bis 1988 unterstützte Chirac das Projekt der Einheitlichen Europäischen Akte (EEA) mit dem Europäischen Binnenmarkt, obwohl sie die mehrheitlichen Beschlüsse im europäischen Entscheidungssystem signifikant ausweitete (vgl. Legleitner 2003: 154). Die erste Cohabitation zwischen dem sozialistischen Präsidenten und dem neogaullistischen Premierminister war eher durch Konflikt denn durch Konsens gekennzeichnet.

Chiracs europafreundliche Haltung gegenüber der EEA ist vor allen Dingen mit innenpolitischen Gründen zu erklären. Seine parlamentarische Mehrheit war mit 14 Abgeordneten recht knapp, zumal sie nicht einmal dem klassischen bürgerlich-konservativen Lager zugeordnet waren. Zudem wäre er mit einer Ablehnung der

EEA mit der giscardistischen UDF in Konflikt geraten, deren Unterstützung er für die anstehenden Präsidentschaftswahlen unbedingt benötigte. Chirac war bemüht, sich als Staatsmann zu profilieren und setzte so z. B. gegen Mitterrand seine Anwesenheit beim G 7-Weltwirtschaftsgipfel – er übernahm für diese Zeit die Funktionen des Wirtschafts- und Finanzministers und konnte daher am Gipfel teilnehmen – in Tokio durch. Die Präsidentschaftswahl 1988 geriet mehr und mehr in das Blickfeld der beiden Politiker, und das Konkurrenzverhältnis wurde noch gespannter. Seine „certaine idée de la France" – die Analogie zu de Gaulle ist unübersehbar – ließ Chirac in den zwei Jahren als Regierungschef bis 1988 in europäischen Angelegenheiten vor allen Dingen nur mit der positiven Haltung gegenüber einer Schaffung eines gemeinsamen Binnenmarktes bis 1993 und der Beibehaltung der Gemeinsamen Agrarpolitik deutlich werden. Darüber hinaus gab es seitens Chiracs keine europapolitischen Initiativen. Die Europapolitik des Premierministers blieb während dieser zwei Jahre Cohabitation im Allgemeinen recht profillos. Doch auch trotz all seiner Aktivitäten auf anderen Politikfeldern musste Chirac in der Präsidentschaftswahl 1988 gegen Mitterrand eine deutliche Niederlage hinnehmen, als Mitterrand mit 54 Prozent gegenüber 46 Prozent für Chirac erneut zum Staatspräsidenten gewählt wurde.

Das Thema „Maastrichter Vertrag" war für den damaligen RPR-Vorsitzenden und Pariser Bürgermeister Jacques Chirac, der sich seit 1988 als faktischer Oppositionsführer für die Präsidentschaftswahlen 1995 als Kandidat bereit hielt, eine einmalige Gelegenheit, sich wieder politisch zu profilieren. Der Gründungsvertrag der EU, der im Februar 1992 unterzeichnet wurde und im November 1993 in Kraft getreten war, repräsentierte für Europa einen veritablen Quantensprung und für Jacques Chirac „die definitive Konversion in Europa" (Laulan 2001: 169). Die Ratifizierung des Maastrichter Vertrages stellte Chirac anfangs vor ein Dilemma. Wohl wissend, dass die meisten seiner RPR-Unterstützer diesem Vertrag zumindest kritisch, wenn nicht gar feindlich gegenüber standen, verkündete er die „Wahlfreiheit", von der die gaullistischen Mandatsträger ausgiebig Gebrauch machten, indem sie bei der Ratifizierungsdebatte gegen Maastricht stimmten (Joas 1994: 351). Für den RPR-Vorsitzenden Jacques Chirac war klar, dass ein ernsthafter Präsidentschaftskandidat nicht gegen den Vertrag stimmen konnte. Mitterrands erster Wirtschafts- und Finanzminister Jacques Delors, Kommissionspräsident von 1985 bis 1995, sah im Vertrag von Maastricht ein „dramatisches Problem" für die Neogaullisten (Delors 2004: 462). Gemäß Delors war es Edouard Balladur, der Chirac von einem „Ja" für Maastricht überzeugte. Das „Ja" war allerdings genau genommen ein „Ja, aber", denn Chirac forderte bei einer Annahme des Vertrages die Beibehaltung des Luxemburger Kompromisses von 1966 (das bedeutete, dass die nationale Souveränität in Fällen der „vitalen Interessen" Vorrang hat), die Schaffung eines „Europas mit variabler Geometrie" und die absolute Priorität der deutsch-französischen

Beziehungen, auf denen allein die EU fußen sollte (Joas 1994: 293). Schließlich brachte Chirac als RPR-Präsident sein ganzes politisches Gewicht in ein „Ja" für Maastricht ein. Es war ihm klar geworden, dass kein zukünftiger Staatsmann das Risiko auf sich nehmen könne, vierzig Jahre europäische Integration zunichte zu machen (Condurier 1998: 371). In einem Interview mit dem Fernsehsender Télévision Française 1 unterstrich Chirac die Ziele des von ihm befürworteten Vertrages: Deutsche Einbindung in Europa und französische Führung auf dem Kontinent: „Lange Zeit war Deutschland fest verankert in der Gemeinschaft, weil Deutschland geteilt war, weil es das mächtige Sowjetreich gab. Heute sind diese Gründe weggefallen. Nur der Wille der Deutschen – und insbesondere der ihrer politischen Führung, des Kanzlers – ist ein Unterpfand für ein Verbleiben Deutschlands in der Gemeinschaft. [...] Ich glaube zutiefst an die französische Sonderstellung. Frankreich kann, wie es schon mehrfach in der Vergangenheit beim Aufbau Europas unter Beweis gestellt hat, dieses Europa anführen. Dies ist in meinen Augen seine Berufung. Wenn es heute mit Nein stimmt, wird es morgen nicht mehr mitzureden haben" (Hennes 1998: 161).

Die Wahl von Jacques Chirac zum Nachfolger Präsident Mitterrands im Mai 1995 vollendete den Machtwechsel, der durch den Sieg der konservativen Parteien bei der Wahl zur Nationalversammlung 1993 bereits eingeleitet worden war. Nachdem Mitterrand während seiner zwei siebenjährigen Amtsperioden Frankreich kontinuierlich nach Europa geführt hatte, d. h. die Integration Frankreichs in die supranationale Gemeinschaft sehr konsequent fortgeführt hatte, stellte sich nun die Frage, ob mit der Wahl des Neogaullisten Chirac die Unabhängigkeit des französischen Staates wieder in den Vordergrund gerückt werden würde. Chirac galt mehr als Europäer aus Vernunft denn aus Überzeugung (vgl. Moreau Defarges 1996: 38). Er hatte seine Haltung zum Integrationsprozess zu oft geändert, als dass sich eine klare Kontur seiner europapolitischen Vorstellungen bei der Übernahme des Präsidentenamtes erkennen ließ (Lequesne 1995: 28). Noch während der Präsidentschaftskampagne stellte Chirac seine Europakonzeption vor. Danach sollte das deutsch-französische Tandem weiterhin im Zentrum der EU stehen. Chirac sagte dazu: „Die deutsch-französische Beziehung ist unvergleichbar, denn sie begründet den Frieden und den Wohlstand unseres Kontinents. Unsere beiden Länder spielen eine nicht zu ersetzende Rolle als Motor beim Aufbau Europas" (zitiert nach FAZ v. 17.3.1995). Die EU sollte weiter ausgebaut, nach Osten erweitert werden. Die Stellung des europäischen Ministerrats, der einzigen Instanz, die ihre Legitimität von der staatlichen Souveränität ableite, müsse verstärkt werden. Chirac schlug vor, der Europäische Rat solle einen Präsidenten mit dreijähriger Amtszeit wählen, dessen Hauptaufgabe es wäre, die Union nach außen zu vertreten. Gleichzeitig betonte Chirac aber auch, dass die Rechte der nationalen Parlamente gestärkt werden müssten. Das bedeutete, dass aufgrund der unterschiedlichen Europavorstellungen innerhalb der neogaullistischen Union auch Chirac nur konzeptionelle Ideen vorschlagen konnte, die in sich durchaus widersprüchlich waren. Wie sollte ein Ausbau, also eine Vertiefung Europas, erfolgen, wenn gleichzeitig die nationalen Parlamente mehr Rechte erhalten sollten? In seiner Rede vor dem Deutschen Bundestag im Juni 2000 erklärte Chirac, dass es in der EU eine Pioniergruppe geben müsse, die in der Integration vorangehen könne, zu der allerdings die übrigen Mitglieder der Union hinzu stoßen könnten. Im Oktober 2005 wiederholte Chirac diesen Ansatz nach dem Scheitern des französischen Referendums zum Verfassungsvertrag, als er erklärte, „dass wir den Staaten, die über die EU-Politik hinaus handeln möchten, dies unbedingt gestatten müssen. Diese Pioniergruppen ... sollten mit all den Ländern entstehen können, die den Willen und die Mittel dazu haben, und für alle offen sein, die sich ihnen anschließen wollen" (FAZ v. 26.10. 2006).

**Chiracs europapolitische Konzeption**

- Frankreich und Deutschland bilden weiterhin die Kernzelle im weiteren europäischen Integrationsprozess
- Erweiterung der EU nach Osten
- Stärkung der Rolle des Ministerrats
- Hauptamtlicher Präsident für drei Jahre im Europäischen Rat
- Mehr Rechte für die nationalen Parlamente
- Pioniergruppen als Zelle für Integrationsfortschritte

Zusammenfassend lässt sich sagen, dass Chirac in den 70er Jahren durchaus europakritisch aufgetreten ist. Jedoch muss der „Appel de Cochin" als eine der letzten Spuren (ultime vestige) des puren Gaullismus (Laulan 2001: 167) von Jacques Chirac gesehen werden. Danach musste er seinem eigenen großen Ziel, nämlich Staatspräsident Frankreichs zu werden, Rechnung tragen und eine positiv gestaltende Europapolitik vornehmen. Chirac hatte erkannt, dass eine den Integrationsprozess stützende Politik sowohl für Frankreich als auch für den Staatspräsidenten Chirac von Vorteil war.

## 7.5 Europapolitik in der Praxis

Chiracs europapolitische Konzeption sollte bald nach der Amtsübernahme auch für die Öffentlichkeit deutlich werden, da im Frühjahr 1996 die im Maastrichter Vertrag vereinbarte Überprüfungskonferenz begann. Die Turiner Konferenz wurde in Frankreich jedoch mit noch wesentlich größerer Skepsis begleitet als der Maastrichter Vertrag. Bis zum Beginn der Turiner Konferenz im März 1996 musste der innerfranzösische Diskussionsprozess abgeschlossen sein. In Bezug auf die zukünftige Entwicklung des europäischen Integrationsprozesses stand Frankreich vor einem mehrfachen Dilemma: Frankreich strebte danach, die Union zu vertiefen, aber auch gleichzeitig zu erweitern, zumindest aber den gemeinsamen Besitzstand zu erhalten. Auch sollte der deutsch-französische Motor für die europäische Integration beibehalten werden, ohne allerdings in einem deutsch-französischen *tête-à-tête* gefangen zu sein. Und schließlich sollte die demokratische Legitimität der EU gestärkt werden, ohne jedoch gleichzeitig die nationale Legitimität der Mitgliedstaaten zu schwächen. Moreau Defarges analysiert treffend die Situation Frankreichs vor der Turiner Regierungskonferenz wie folgt:

„Das große Europa ist nicht das Europa Frankreichs. Sein Mittelpunkt ist nicht mehr Frankreich, sondern Deutschland. Sein Wirtschaftsraum wird derart heterogene und unterschiedlich stark entwickelte Länder umfassen, dass die gemeinsamen Politiken – und vor allem die gemeinsame Agrarpolitik und die untrennbar mit ihr verbundenen Mechanismen der innergemeinschaftlichen Solidarität – diese Belastung nicht verkraften werden. Schließlich wird dieses Konglomerat zwischen viel zu gegensätzlichen geopolitischen Zwängen hin- und her gerissen werden, um noch irgendeinen gemeinsamen Willen auf der Weltbühne artikulieren zu können. Da jedoch die Partner Frankreichs, und allen voran Deutschland, diese brutale Überdehnung der Europäischen Union wollen, bleibt Frankreich nichts anderes übrig, als sich damit abzufinden."

Moreau Defarges 1995: 340 f.

Es fällt schwer, bei Jacques Chirac eine in sich geschlossene, auf Dauer angelegte Konzeption über die europäische Integration zu erkennen. Hinsichtlich der europäischen Einigung ist Chirac in seinen Äußerungen stets pragmatisch – das heißt im Sinne französischer Interessen. Für außen stehende Beobachter mögen seine europapolitischen Schritte oft widersprüchlich und unberechenbar erscheinen. Doch hinsichtlich des Verhältnisses von Europa zu Frankreich vertritt Chirac seit 30 Jahren Kontinuität: Ein starkes, unabhängiges Europa, in dem Frankreichs Einfluss und Größe gewahrt bleiben, ist seine Hauptbotschaft (Michaud 2004: 100 ff.). Im Interview mit der *New York Times* am 22. September 2003 bekräftigte er seine pragmatische Herangehensweise auf die Frage, ob das Ziel die Vereinigten Staaten von Europa seien. „Je vais vous dire: je n'ai jamais été un euromilitant, je suis un europragmatique. Je constate que c'est inévitable et je ne fais pas de théorie sur l'Europe. Je ne dis pas voilà ce qu'il faut qu'elle soit. Je dis elle sera. Et il faut faire en sorte qu'elle soit le mieux possible" (Michaud 2004: 105).

### 7.5.1 Frankreichs Europapolitik 1995–1997 – Anerkennung der Realitäten

Der Strukturbruch der internationalen Politik, der zwischen den Jahren 1989 und 1991 den europäischen Kontinent tiefgreifend verändert hatte, war bei Übernahme des Präsidentenamts durch Jacques Chirac 1995, weit gehend überwunden. Die Welt hatte sich vollständig verändert. Deutschland war wiedervereinigt, der Warschauer Pakt und der Rat für Gegenseitige Wirtschaftshilfe waren aufgelöst, die Sowjetunion implodiert und der Ost-West-Konflikt vorüber. Es waren etwa fünfzehn neue Staaten in Europa entstanden, und der Krieg war mit den blutigen Auseinandersetzungen auf dem Balkan nach Europa zurückgekehrt. Die bisherigen Determinanten der französischen Außen- und Europapolitik wie z. B. der Ost-West-Konflikt, der es Frankreich noch erlaubt hatte eine Sonderrolle neben den zwei Supermächten zu spielen, waren nicht mehr gegeben, und die internationale Situation hatte sich weitgehend zuungunsten Frankreichs entwickelt.

In diesem neuen internationalen Kontext war die französische Außenpolitik unter Jacques Chirac durch markante Entscheidungen geprägt (Bozo 1997: 105). Die Atomversuche im Südpazifik und die Stärkung der militärischen Kräfte in Bosnien waren Beispiele dieses neuen Kurses der Außenpolitik (de Villepin 1997: 41). Ebenso waren die Bemühungen Frankreichs um eine veritable Mittelmeerpolitik und eine Rolle auf dem afrikanischen Kontinent Bestandteile der ambitionierten Außenpolitik Frankreichs unter dem Präsidenten Jacques Chirac, die vor allen Dingen durch eine globale Vision in der internationalen Politik gekennzeichnet waren. Die Kommentare der Autoren über die neue ambitionierte Außenpolitik reichten hier von Ausdrücken wie „habits neufs“ (de Villepin 1997: 37) bis hin zu Begriffen wie „rupture“ mit der alten (gaullistischen) außenpolitischen Tradition (Boniface 1997: 26). Für de Villepin hatte Jacques Chirac der französischen Diplomatie einen neuen Elan verschafft. Die von Chirac betriebene Außenpolitik wurde in der Tradition des Gaullismus stehend bewertet, die Frankreich eine ihm gebührende Rolle in der Welt spielen lassen konnte (Boniface 1997: 22). Darüber hinaus hatte sie einen mondialistischen Anspruch (Villepin 1997: 41). Dass das politische Handeln des Präsidenten an gaullistische Zeiten erinnerte, ist kein Zufall. Diese aktive Außenpolitik ist vor dem Hintergrund des weitgehenden Verlustes der „traditionellen Instrumente der gaullistischen Außenpolitik“ (Müller-Brandeck-Bocquet 2004b: 165) zu sehen. Was Frankreich zum Zeitpunkt des Amtsantritts von Jacques Chirac lediglich noch blieb, war der ständige Sitz im UN-Sicherheitsrat und die herausragende Rolle in dem europäischen Integrationsprozess. Grund also für den französischen Präsidenten, Stärke und politische Handlungsfähigkeit nach außen hin aufs Neue zu beweisen. Im Zentrum der französischen Außenpolitik stand auch unter Chirac wie bei Mitterrand Europa als zentraler Teil die Außen- und Sicherheitspolitik Frankreichs (Gribinski 1997: 72). Jacques Chirac musste als Präsident die geschichtliche Relevanz Europas für Frankreich einsehen, denn jeder seiner Vorgänger hatte während seines Mandats entscheidende Impulse für den europäischen Integrationsprozess gegeben.

In der Zeit zwischen 1995 und 1997 waren die Rahmenbedingungen für Präsident Chirac zum Regieren günstig, stimmten doch Präsidialmehrheit und parlamentarische Mehrheit überein. Hinzu kam, dass sich sein Premierminister Alain Juppé als treuer Diener und Ausführungsorgan des Präsidenten sah, so wie anfangs auch schon zu Beginn der V. Republik das Verhältnis zwischen de Gaulle und Pompidou bewertet werden konnte. In einem Artikel der Pariser Tageszeitung *Figaro* vom 29. Mai 1995 bestätigte Juppé dieses Staatsverständnis, als er den Präsidenten als Architekten, der die Pläne vorlege, und sich selbst als den Maurer, der diese Pläne ausführe, bezeichnete (vgl. Chevalier et al. 2002: 430 f.).

### 7.5.2 Annäherung an Europa – Rückkehr des Gaullismus?

In seinem Wahlkampf 1995 räumte Chirac der Innenpolitik Priorität ein und sparte europäische Themen eher aus (de la Serre/Lequesne 1996: 310). Man wusste in den europäischen Hauptstädten nicht, welche Europapolitik der neue Präsident verfolgen würde, zumal es in seiner eigenen Partei deutliche Skepsis gegenüber dem europäischen Integrationsprozess gab. Und hatte Chirac nicht noch im Wahlkampf im März 1995 seine Vorbehalte gegen den Brüsseler Supranationalismus zum Ausdruck gebracht? Der gaullistischen Tradition folgend forderte Chirac strikt einen intergouvernementalen Charakter der EU. Deutsche Politiker beobachteten den neuen französischen Präsidenten eher misstrauisch, zumal Chirac unmittelbar nach der Amtsübernahme die Wiederaufnahme der Atomwaffenversuche ankündigte. Zusätzliche Irritationen rief auch hervor, dass Chirac „zunächst die deutsch-französische Achse durch den europapolitischen Schulterschluss mit Majors Großbritannien zu ergänzen suchte“ (Müller-Brandeck-Bocquet 2005: 169). Doch wenige Wochen später trat im britisch-französischen Verhältnis Ernüchterung ein, wie es auch bereits Mitterrand mit Frau Thatcher erlebt hatte. Im Vorfeld der Vorbereitungen für die Regierungskonferenz von Amsterdam erkannte Chirac sehr bald, dass für Fortschritte im europäischen Integrationsprozess die enge Zusammenarbeit mit Deutschland erforderlich war.

Da Frankreich im ersten Halbjahr 1995 die europäische Ratspräsidentschaft ausübte, gab Chirac auf dem Europäischen Rat in Cannes im Juni als gerade neu eingeführter Staatspräsident sein europapolitisches Debüt und ließ die „Muskeln spielen“ (Bozo 1997: 105). Als Gegenstück zur noch unter Mitterrand beschlossenen Osterweiterung setzte Chirac „substantielle Engagements zugunsten der Mittelmeerstaaten" durch, die sich im Endeffekt auf 4,7 Milliarden ECU zugunsten dieser Länder beliefen (de la Serre/Lequesne 1996: 313). Damit war die von Chirac geforderte verstärkte euro-mediterrane Partnerschaft als Ausgleich der EU-Öffnung nach Osten teilweise erfüllt worden. Für Chirac waren auch die AKP-Länder von besonderer Bedeutung. Im Vorfeld des Gipfeltreffens in Cannes plädierte er für weitere und der Inflation angepasste finanzielle Hilfen für die Entwicklungsländer, während Deutschland, Italien und die Niederlande aus Budgetgründen die Entwicklungshilfe auf dem alten Niveau belassen wollten. Schließlich drohte Chirac in Cannes, die finanzielle Hilfe für die MOE-Länder einzufrieren, wenn kein Kompromiss für die AKP-Länder gefunden würde. Der französische Präsident setzte sich schließlich durch: Im September 1998 begannen die Verhandlungen zwischen 15 EU-Ländern und 71 Ländern der AKP-Gruppe, die im Jahr 2000 in das Abkommen der Entwicklungszusammenarbeit, Lomé IV, mündeten (Bitsch 2001: 296). Die ersten Amtshandlungen Chiracs zeigten „eine typisch gaullistische Neigung zu Alleingängen und eine Überbetonung der nationalen Unabhängigkeit" (Müller-Brandeck-Bocquet 2004b: 168).

Doch auch Chirac musste europapolitisches Lehrgeld zahlen und erkennen, dass der europäische Integrationsprozess eine Eigendynamik entwickelt hatte, der sich kein Präsident eines europäischen Staates mehr entziehen konnte, ohne sich weit reichende Probleme einzuhandeln. Spätestens mit dem Beginn der intergouvernementalen Regierungskonferenz 1996/1997, die die Beschlüsse des Maastrichter Vertrages zur WWU in Hinblick auf die anstehende Osterweiterung überprüfen sollte, wurde diese Eigendynamik deutlich. Kurz vor der Eröffnung der Konferenz lehnte Chirac in einem europapolitischen Grundsatzartikel in der Tageszeitung *Libération* sowohl ein föderalistisches Modell als auch eine einfache Freihandelszone gleichermaßen ab (Libération v. 25.3.1996). „Im Vorfeld der Regierungskonferenz 1996 entwickelten Chirac, Juppé, Außenminister Hervé de Charette und Europaminister Michel Barnier ein Konzept, das der doppelten Anforderung, zukunftsfähige Reformen mit der Wahrung französischer Interessen zu verknüpfen, auf originäre gaullistische Weise gerecht werden sollte" (Müller-Brandeck-Bocquet 2004: 172). Auf der Ebene der reformbedürftigen europäischen Institutionen schlug der Präsident vor, der Europäische Rat solle für drei bis fünf Jahre einen Präsidenten wählen, der Europa ein Gesicht und eine Stimme gäbe. Ausdrücklich plädierte Chirac für eine intensivere Partizipation nationaler Parlamente an dem europäischen Entscheidungsprozess, vor allen Dingen um das Demokratiedefizit der EU zu verringern (Libération v. 25.3.1996). Das Europäische Parlament sollte hinsichtlich seiner Kompetenzen dagegen beim Status quo verbleiben. Ebenso machte sich der französische Präsident für eine grundlegende Reform des EU-Ministerrates stark, der seine zentrale Stellung im Institutionengefüge behalten und der EU-Kommission eindeutig übergeordnet sein solle, wobei die Frage der Reduzierung der

EU-Kommissare offen blieb. Doch letztendlich war die Findungsphase der Europapolitik Chiracs recht kurz. Nach nur fünf Monaten schwenkte er z. B. im Rahmen des Stabilitätspaktes auf den europäischen Kurs ein. Das bedeutete auch, dass sich Frankreich nun mit Deutschland arrangieren musste, wollte es im europäischen Integrationsprozess Fortschritte erreichen.

### 7.5.3 Deutsch-französische Kooperation – Der Testfall Amsterdamer Vertrag

Trotz unterschiedlicher Vorstellungen hinsichtlich der zukünftigen Struktur der Europäischen Union sowie ihrer Kompetenzen fanden Deutschland und Frankreich immer wieder zu gemeinsamen Initiativen, die sich auch im Ergebnis des Amsterdamer Vertrags niederschlugen. So formulierten Präsident Chirac und Bundeskanzler Kohl im Dezember 1995 in einem gemeinsamen Brief an den spanischen EU-Ratsvorsitzenden, Premierminister Felipe Gonzales, Vorschläge über die institutionelle Reform der EU (abgedruckt in: Woyke 2000: 226-228). Sie plädierten u. a. für eine Überprüfung der derzeitigen Stimmengewichtung im Rat sowie für eine weitere Demokratisierung der Union durch mehr Beteiligung des Europäischen Parlaments am EU-Entscheidungsprozess. Frankreichs Vorstellungen zur Weiterentwicklung der EU orientierten sich sehr stark an intergouvernementalen Lösungsansätzen. Die Grundidee Frankreichs war die Aufnahme einer allgemein gehaltenen Klausel in die Verträge, die den Mitgliedstaaten die Möglichkeit geben sollte, an verstärkter Zusammenarbeit zu arbeiten, sofern sie dies wünschen bzw. dazu in der Lage sind. Im gemeinsamen Brief formulierten Chirac und Kohl: „Zeitweilige Schwierigkeiten eines Partners, Schritt zu halten, dürfen die Handlungsfähigkeit der Union und ihre Möglichkeiten, Fortschritte zu erzielen, nicht beeinträchtigen. Aus diesem Grunde erachten wir es ... für wünschenswert und möglich, in den Vertrag eine allgemeine Klausel einzufügen, die Staaten, die dies wünschen und dazu in der Lage sind, die Möglichkeit eröffnet, unter Wahrung des einheitlichen institutionellen Rahmens der Union eine verstärkte Zusammenarbeit zu entwickeln". Da sich in einer EU von inzwischen 15 Staaten ein Gleichklang der unterschiedlichen Interessen immer schwieriger herstellen ließ, konnten Chirac und Kohl ihre Kollegen überzeugen, das Strukturprinzip der „Flexibilität" einzuführen. Flexibilität meint, dass einige Mitgliedstaaten, mindestens die Mehrheit, untereinander eine engere Zusammenarbeit in bestimmten Politikfeldern vereinbaren. Im Bereich der Gemeinsamen Bestimmungen des reformierten EU-Vertrages findet sich eine Generalklausel zur Flexibilität, der allerdings kein einheitliches Konzept zugrunde liegt. Flexibilität wird an verschiedenen Stellen des Amsterdamer Vertrages festgeschrieben.

Bei der GASP wurden die deutsch-französischen Unterschiede hingegen sehr deutlich. Für Frankreich hatte die Schaffung einer eigenständigen europäischen außen- und verteidigungspolitischen Identität unbedingte Priorität. Für die französische Regierung stellte sie den bedeutsamsten Testfall für das Funktionieren der „Coopérations Renforcés“ dar. Die Leitlinien für die GASP sollten die Staats- und Regierungschefs einstimmig setzen. In der Beschlussfassung sollte das Konsensverfahren für grundsätzliche Entscheidungen gelten, Flexibilität jedoch bei ihrer Durchführung. Die GASP sollte erkennbar werden, d. h. durch eine hochrangige Persönlichkeit (M. oder Mme. PESC) repräsentiert werden, der ein vergrößertes Ratssekretariat zur Seite stehen könnte. Der Hohe Repräsentant sollte auf der Grundlage eines präzisen Mandats des Rates arbeiten; dabei könnte er sich auf die Arbeiten einer Planungs- und Analyseeinheit, bestehend aus Personen des Rats und der Kommission, stützen. Frankreich favorisierte den schrittweisen Aufbau eines „Europas der Verteidigung“, ohne Auflösung der NATO und durch eine neue euro-atlantische Partnerschaft, die den gemeinsamen Willen Europas und der USA kennzeichnen sollte, zur internationalen Stabilität beizutragen. Schließlich trat Frankreich im dritten Pfeiler, im Bereich der Innen- und Justizpolitik, für eine Annäherung an Gemeinschaftsverfahren ein.

### 7.5.4 Die Bedeutung des Amsterdamer Vertrags vor dem Hintergrund deutsch-französischer Kooperation

Differenzen zwischen Frankreich und Deutschland gab es unmittelbar vor der entscheidenden Konferenz der Staats- und Regierungschefs über den Amsterdamer Vertrag bei den 69. deutsch-französischen Konsultationen in Poitiers. Der neue sozialistische Premierminister Jospin – bei den Parlamentswahlen von 1997 waren die Sozialisten überraschend Sieger geworden – stellte Ergänzungswünsche zum Stabilitätspakt zur Diskussion, die von Bundeskanzler Kohl und Finanzminister Waigel in Poitiers zwar noch rigoros abgelehnt wurden, die sie jedoch auf der Amsterdamer Gipfelkonferenz akzeptieren mussten, wenngleich sie durchsetzen konnten, dass die EU keine zusätzlichen Gelder für die Beschäftigungspolitik zur Verfügung stellen würde. Die neue französische Regierung musste bereits wenige Wochen nach ihrer Amtsübernahme erkennen, welchen Einfluss die Europäische Union auf ihre eigene Politik ausübte, d. h. dass nationale Vorstellungen in einer immer stärker verflochtenen Europäischen Union sich nicht mehr durchsetzen ließen, sondern dass durch Aushandlungsprozesse der beteiligten Akteure Entscheidungen herbeigeführt werden, die auch die eigenen nationalen Interessen weitgehend beeinflussen können.

Der Amsterdamer Vertrag bedeutete eine wichtige Fortentwicklung des europäischen Integrationsprozesses. Er erschloss der EU in begrenztem Maße neue Handlungsfelder und stattete das Parlament mit größeren Rechten aus. Doch im Wesentlichen musste es seine Kompetenzen noch immer mit dem Rat teilen. Der Amsterdamer Vertrag enthielt Ergebnisse, die unterschiedlichen theoretischen Entwürfen folgten. Er enthielt sowohl mehr Supranationalität (z. B. bei der Übertragung von Elementen der dritten in die erste Säule) als auch Tendenzen zu mehr Nationalstaatlichkeit. So wird eindeutig die Position des Europäischen Rats gestärkt, der zwar kein klassisches Gemeinschaftsorgan der Union ist, dafür aber als politische Steuerungsinstanz immer mehr Rechte auch durch Quasi-Verfassungsbestimmungen (Vertragstexte) erhielt. Wie bereits beim Maastrichter Vertrag finden sich auch im Amsterdamer Vertrag gemeinsame deutsch-französische Vorschläge, wie z. B. die Flexibilitätsklausel oder die Übertragung der Asyl- und Visumspolitik in die erste Säule der Union. Das bedeutete, dass nach wie vor die deutsch-französische Kooperation eine wichtige Impulsfunktion für die europäische Integration besaß und eine Fortsetzung der aktiven Europapolitik, die unter Kohl und Mitterrand praktiziert worden ist, auch unter Kohl und Chirac zumindest versucht wurde. Wichtigster Grund dafür, dass in Amsterdam nicht mehr europapolitische Erfolge wie noch in Maastricht erzielt werden konnten, waren die innenpolitischen Schwächungen von Chirac und Kohl. Chirac war durch eine missglückte Auflösung der Nationalversammlung im Juni 1997 geschwächt, die er eigentlich aus europapolitischen Gründen vorgenommen hatte (Coudurier 1998: 382). Chirac hoffte, mit Hilfe einer überzeugenden parlamentarischen Mehrheit aus einer Position der Stärke künftigen europäischen Herausforderungen wie der Einführung der Gemeinschaftswährung, Reform der EU-Institutionen und der EU-Erweiterung begegnen zu können (Allaire/Goulliaud 2002: 226). Doch Chirac musste eine bittere Wahlniederlage einstecken. Aus einer komfortablen bürgerlichen Mehrheit war ohne Not eine neue sozialistisch-grün-kommunistische Mehrheit entstanden. Bundeskanzler Kohl musste aufgrund eines komplizierten Wahlkampfs innenpolitische Rücksichten auf einige Bundesländer nehmen und ihnen in den Verhandlungen über den Amsterdamer Vertrag Tribut zollen. So wich Kohl von seiner prinzipiell eher supranationalen Haltung ab, indem er bei der Vergemeinschaftung der Asyl-, Visums- und Immigrationspolitik für eine Übergangszeit von fünf Jahren nach Inkrafttreten des Amsterdamer Vertrags auf dem Einstimmigkeitsprinzip im Rat beharrte.

**Chiracs Europapolitik in der Praxis**

Chiracs Europapolitik reihte sich in die Tradition der französischen Europapolitik ein, die bekanntlich nie geradlinig war. So schwankte die Chirac'sche Politik zwischen dem Wunsch, Europa international um seiner selbst willen als Europäische Gemeinschaft stärker und handlungsfähiger zu machen, und der Verteidigung nationaler Interessen und damit nationaler Sorge, bei zu großem europäischen Engagement und zu starker Integration die französische Selbstbestimmung und das nationale Prestige einzuschränken.

Unter Jacques Chirac hatte bis zu ihrer Verwirklichung 1999 stets die Vollendung der WWU Priorität, auch wenn er noch im November 1994 ein Referendum über die dritte Stufe der WWU gefordert und damit die Legitimität des Maastrichter Vertrages wieder in Frage gestellt hatte (Müller-Brandeck-Bocquet 2004b: 168). Dem Anpassungsdruck der Währungsunion musste Chirac mit strikten Sparmaßnahmen im französischen Staatshaushalt Rechnung tragen, was wiederum zu massiven Streiks Ende des Jahres 1995 führte (Steinhilber 2000: 92). Die WWU benutzte Chirac – wie auch andere EU-Regierungschefs – als ein Instrument zur Durchsetzung eines innenpolitischen Ziels, nämlich der Sanierung des französischen Staatshaushalts; die für 1999 geplante dritte Stufe WWU sollte hierfür als ein „Druckmittel" fungieren. Chirac brauchte für die WWU eine sichere und dauerhafte Mehrheit und wollte seine durch die europäische Integration bedingten Haushaltsreformen erneut legitimiert wissen. Seit dem Referendum zum Maastrichter Vertrag im September 1992 war die Zustimmung der Bevölkerung zur europäischen Integration deutlich gesunken. Der europäische Integrationsprozess musste seit dem denkbar knappen Referendum zum Maastrichter Vertrag stets als Sündenbock für innenpolitische Probleme herhalten (Coudurier 1998: 383). Waren es anfangs nur die vermeintlichen Modernisierungsverlierer, die sich 1992 kritisch gegenüber der EU äußerten, so waren es 1995/1996 auch große Teile der Mittelklasse und zahlreiche Intellektuelle.

Im April 1997 löste Chirac überraschend die Nationalversammlung auf, um mit den vorgezogenen Parlamentswahlen eine Zuspitzung des „Euro-Konfliktes" in Frankreich zu verhindern (Steinhilber 2000: 120). Diese vorzeitige Auflösung der Nationalversammlung wird als Fehlversuch Chiracs gewertet, die dritte Phase der Währungsunion vom französischen Volke legitimieren zu lassen. Zwar nannte er in seiner Begründung für die Auflösung die europäische Dimension nur als einen der Gründe, aber es war unübersehbar, wie „hier der europäische Fahrplan die französische Politik bestimmte" (Steinhilber 2000: 120). Chirac erinnerte daran, dass Europa zwar manchmal mit Zwängen verbunden sei, dass es aber auch seit einem halben Jahrhundert den Frieden gesichert habe. Er forderte im Wesentlichen die Unterstützung für drei europäische Vorhaben: die Reform der europäischen Institutionen, den Übergang zur einheitlichen Währung und die Erweiterung der Union um die MOE-Staaten (Dokumente 3/1997: 189 f.). Die Anwendung des Artikels 12, welcher die Auflösung der Nationalversammlung durch den Präsidenten vorsieht, zu der sich Präsident Chirac offenbar gezwungen sah, verdeutlicht den Stellenwert der Europapolitik für die französische Innenpolitik. Im Nachhinein stellte die Auflösung des Parlaments den größten Fehler in der noch kurzen Amtszeit Chiracs dar, denn bei den Neuwahlen am 25. Mai 1997 errang die Parti Socialiste (PS) mit ihrem Spitzenkandidat Lionel Jospin einen herausragenden Sieg (Cohen 2003: 356). Die ersten zwei Amtsjahre von Jacques Chirac im Bereich der Europapolitik hatten gezeigt, dass die Europäische Union auch für das nach Selbständigkeit strebende Frankreich einen enorm großen Einfluss bekommen hatte. Die Europäische Union hatte Chirac an der eigenen Machtbasis eingeholt.

### 7.5.5 Europapolitik in der Cohabitation – Chiracs Konfrontationskurs

Während der aus dem Wahlergebnis folgenden, fünfjährigen, Cohabitation, verlief die französische Europapolitik eher passiv als aktiv. Die lange Cohabitation hatte neben einem lethargischen auch einen retardierenden Effekt auf die französische Außenpolitik. Sie erforderte mehr Reflexion, Zurückhaltung und Absprachen (Cohen 2003: 357). Nachdem Chirac vom Mai 1995 bis zu den Parlamentswahlen im Juni 1997 ideale Voraussetzungen zur Machtausübung des Präsidentenamts im gaullistischen Sinn hatte, musste er sich nach den für ihn katastrophal ausgegangenen Parlamentswahlen mit einer sozialistischen Regierung unter dem neuen Premierminister Lionel Jospin arrangieren. Da aber die Cohabitation diesmal über eine volle Legislaturperiode gehen sollte, waren Präsident wie Premierminister um einen „impliziten Waffenstillstand" bemüht (Müller-Brandeck-Bocquet 2004b: 159). Doch Chirac machte deutlich, dass Frankreich in der Europapolitik auch während der Cohabitation mit einer Stimme sprechen wollte, und zwar letztendlich mit seiner, wenngleich während der Cohabitation durchaus zwischen Elysée und Matignon, also Präsident und Premierminister, eine Abstimmung über die wichtigsten europapolitischen Aspekte erfolgte. Trotz möglichen größeren politischen Handlungs- und Gestaltungsspielraums hatte Premierminister Jospin in der Außen-, Sicherheits- und Europapolitik seine Machtpotenziale nicht voll genutzt und profilierte sich wesentlich stärker in der Innen- und Wirtschaftspolitik. Der Antritt der neuen Regierung fiel zeitlich mit der Verabschiedung des Amsterdamer Vertrages durch den Europäischen Rat am 16./17. Juni 1997 zusammen, welche die „europäische Feuertaufe für den neuen Premierminister" darstellte (de la Serre/Lequesne 1998: 331). Bereits auf dieser Konferenz waren die insbesondere französisch-deutschen Differenzen bezüglich des Stabilitäts- und Wachstumspakts nicht zu übersehen, als Chirac die soziale Komponente wesentlich stärker einforderte. Eine weitere Machtprobe französischen Handelns demonstrierte Chirac bei der Besetzung der Position des Präsidenten der Europäischen Zentralbank. Der französische Präsident hatte sich als einziger Chef eines europäischen Mitgliedstaates gegen den einstimmigen Beschluss der Präsidenten der nationalen Zentralbanken sowie der übrigen Staats- und Regierungschefs, den Niederländer Duisenberg zum Präsidenten der Europäischen Zentralbank zu berufen, für seinen Landsmann Jean-Claude Trichet stark gemacht, nicht etwa weil es sich um eine „sorgfältig herausgearbeitete französische Position" gehandelt hätte, sondern weil Chirac seinen Kontrahenten im Europäischen Rat, seinem Volk und den der EU gegenüber kritischen RPR-Politikern zeigen wollte, „dass Frankreich sich noch in Brüssel durchzusetzen weiß" (de la Serre/Lequesne 1998: 334). Chirac berief sich in seiner harten Haltung auf eine vermeintliche Absprache mit der deutschen Regierung, wonach ein Franzose Präsident der EZB werden müsse, wenn Frankfurt/M. Sitz der EZB würde. Des Weiteren fühlte sich Frankreich durch die Verwirklichung der Währungsunion nach „deutschem Bauplan" schlicht in seinen Interessen überfahren. Die EZB als unabhängige Institution, ihr Sitz in Frankfurt, der deutsche Begriff „Euro" für die gemeinsame Währung statt des ursprünglich französischen Begriffs Ecu, der von Deutschland forcierte Stabilitätspakt, die Ablehnung eines von Frankreich geforderten Wirtschaftsrates bzw. einer Wirtschaftsregierung (gouvernment économique) durch die anderen Europäer – das alles entsprach im Großen und Ganzen nicht den französischen Interessen. Nach dem aus französischer Sicht wenig befriedigenden Amsterdamer Vertrag und der von Frankreich empfundenen deutschen Gestaltungsmacht bei der WWU muss die EZB-Krise als ein gewollter Prestigeerfolg von Präsident Chirac gesehen werden.

Auch in den Verhandlungen um die Agenda 2000 demonstrierte Chirac nationales Interesse, als er sich im Zusammenhang mit der anstehenden Osterweiterung vehement gegen eine Reform der Agrar- und Regionalpolitik wandte. Die von der Regierung Schröder vorgeschlagene Co-Finanzierung der Agrarpolitik wurde von Chirac als Schwächung der Supranationalität, ja sogar als nationalistisch hingestellt. Die harte europapolitische Position Chiracs ist vor allem auf innenpolitische Schwierigkeiten zurückzuführen, die der Präsident in seiner eigenen Mehrheit und beim Cohabitationspartner vorfand. So trat der frühere RPR-Innenminister Pasqua aus der neo-gaullistischen Gruppierung aus und bildete im Vorfeld der Wahlen zum Europäischen Parlament 1999 mit dem UDF-Renegaten de Villiers eine gemeinsame Liste, mit der sie gut 13 Prozent der Stimmen erreichten und damit Chiracs RPR mit 12,8 Prozent – psychologisch bedeutsam – überflügeln konnten. Pasqua, der auch für das Präsidentenamt kandidieren wollte, bedrohte mit seiner Strategie die Wiederwahl Chiracs 2002, so dass dieser mit betont gaullistischen Positionen die „Rechtssouveränisten" (de Villiers, Pasqua) mit ihren eigenen Ideen zu bekämpfen suchte.

Frankreich war inzwischen zum europapolitischen Bremser geworden, so dass der deutsche Außenminister Fischer zunächst 1999 im Europäischen Parlament und später im Mai 2000 mit einer Rede, betitelt „Vom Staatenbund zur Föderation – Gedanken über die Finalität der europäischen Integration" in der Berliner Humboldt-Universität eine Debatte über die Zukunft der Europäischen Union anstieß. Der deutsche Außenminister schlug eine „verstärkte Zusammenarbeit" vor, die zwar vorerst intergouvernementalen Charakter besäße, aber dann später in eine Föderation münden solle, was nichts Geringeres als ein europäisches Parlament und eine eben solche Regierung heißt, die tatsächlich die gesetzgebende und die exekutive Gewalt innerhalb der Föderation ausüben würde. Fischers Rede stieß in vielen EU-Ländern auf große Resonanz, ganz besonders aber in Frankreich. Die wichtigste Reaktion war die Rede von Staatspräsident Chirac im Deutschen Bundestag am 27. Juni 2000. Auch Chirac plädierte dafür, innerhalb weniger Jahre einen neuen Vertrag zu erarbeiten, „den wir dann als die erste ‚europäische Verfassung' bezeichnen könnten". Zwar setzte sich auch Chirac für eine verstärkte Zusammenarbeit ein, die von einer „Pioniergruppe" vorangetrieben werden sollte, die im europäischen Integrationsprozess „die Rolle eines Wegbereiters" spielen sollte. Doch die Möglichkeiten dieser Pioniergruppe sollten begrenzt bleiben. Sie sollte nur für eine Übergangszeit wirken, bis ein konsolidierter, eventuell als Verfassung bezeichneter Vertrag, abgeschlossen ist. Auch stimmte Chirac mit Fischer darin überein, dass die verstärkte Zusammenarbeit vor allem auf dem Gebiet der Außen- und Sicherheitspolitik, im Bereich der Wirtschaftspolitik in der Eurozone sowie in der Justiz- und Polizeizusammenarbeit, in Einwanderungs- und Asylfragen zu erfolgen habe. Chiracs europapolitischer Ansatz zielte auf eine Stärkung der intergouvernementalen Zusammenarbeit. Zugleich hob Chirac aber auch die Nationen als „die wichtigsten Bezugspunkte" der europäischen Völker herovr, was wiederum das intergouvernementale Prinzip in Chiracs europapolitischen Vorstellungen betonte wird (Vogel 2002).

Mit der Übernahme der EU-Ratspräsidentschaft zum 1. Juli 2000 beanspruchte Staatspräsident Chirac innerhalb der Cohabitation die Europapolitik für sich und schlug einen noch stärker auf nationale Interessenmaximierung ausgerichteten Kurs ein. So negierte er das während der deutsch-französischen Konsultationen im Juni 2000 in Mainz geschlossene Kompromisspapier – es wurde eine Einigung über die zukünftige Struktur der EU-Kommission und der Rolle des Kommissionspräsidenten erzielt – und steuerte auf einen Konfrontationskurs mit Deutschland zu, der seinen Höhepunkt auf der EU-Regierungskonferenz in Nizza im Dezember 2000 erreichte. Beim europäischen Gipfel in Nizza im Dezember 2000 ging es um defintive Entscheidungen hinsichtlich des zukünftigen Integrationsprozesses. Zum einen ging es um die so genannten „left-overs“ (d. h. die ungelösten institutionellen Fragen) wie die Reduzierung der Zahl der Kommissare, die Ausdehnung der Mehrheitsabstimmungen im Rat und eine Neugewichtung der Stimmen im Rat. Da die EU-Osterweiterung vor der Tür stand, kam man an einer Anpassung der EU-Institutionen für 25 Mitglieder nicht mehr vorbei. Zum anderen ging es in Nizza um pure Macht. Frankreichs Macht in Europa gründete seit Ende des Zweiten Weltkriegs auf der Teilung Deutschlands. Als diese Rahmenbedingung entfallen war, wollte Paris zumindest die Stimmenparität im Ministerrat mit Deutschland aufrechterhalten. Für Chirac war die Parität die „Lehre aus einer blutigen Geschichte und das Fundament des modernen Europas“ (Schild 2001: 4).

Die unbeweglichste Position bezog Frankreich in Bezug auf die Stimmenneuwägung im Rat. Es wollte das relative Gewicht der großen Mächte, und damit auch das Gewicht Frankreichs, zumindest sichern. Auch musste die gleiche Stimmenzahl der großen Staaten gewährleistet sein. Präsident Chirac berief sich auf ein 1951 von Adenauer und Monnet gegebenes, gegenseitiges Paritätsversprechen, wonach Deutschland, auch ein vereintes Deutschland, und Frankreich im Rat der Union immer die gleiche Stimmenzahl besitzen müssten. Diese Parität zwischen Frankreich und Deutschland wurde in Frankreich als Lehre aus der blutigen Geschichte Europas und als Fundament des neuen Europas verstanden. Schröders Vorstellung, auch nur über eine Stimme mehr als Frankreich im Rat zu verfügen, mochte zwar aufgrund des demographisch vergrößerten Deutschland berechtigt gewesen sein, war aber diplomatisch unklug, da es die deutsch-französischen Beziehungen für einige Zeit stark belastet hatte. Die symbolisch höhere Präsenz im Rat hätte die deutsche Position hinsichtlich des Entscheidungsprozesses nicht verbessert. Dennoch hatte Deutschland innerhalb der EU durch den inzwischen von allen 15 EU-Staaten ratifizierten Vertrag von Nizza quasi eine institutionelle Hegemonialstellung, da es mit 99 Abgeordneten im Europäischen Parlament auch nach der Erweiterung die gleiche Anzahl von Abgeordneten nach Straßburg entsenden kann, während die anderen drei großen Staaten – Frankreich, Großbritannien und Italien – jeweils 15 Angeordnete einbüßten. Der Beschluss über die doppelte Mehrheit bei qualifizierten Ratsentscheidungen setzte die von Chirac geforderte Parität faktisch außer Kraft, denn neben der Mehrheit der EU-Staaten müssen nun auch mindestens 62 Prozent der EU-Bevölkerung hinter diesem Beschluss stehen, wenn diese Prüfung von einem Mitgliedstaat verlangt wird. Da Deutschland aber hinsichtlich der Bevölkerungszahl eindeutig das größte Land ist, kann es mit zwei großen anderen Mitgliedstaaten das Blockierungsquorum von 38 Prozent erreichen, Frankreich dagegen nicht (vgl. Müller-Brandeck-Bocquet 2001: 266).

Frankreich trat für eine gestraffte und verkleinerte Kommission ein, in die nicht jeder Mitgliedstaat einen Vertreter entsenden müsste. Hinsichtlich der Ausweitung des qualifizierten Mehrheitsentscheids machten die französischen Vertreter insbesondere hinsichtlich des Handels (Dienstleistungen und geistiges Eigentum) Vorbehalte. Frankreich hielt vor allem starr an einer Parität der Stimmen fest, da Chirac einmal sich innenpolitisch nicht vorwerfen lassen wollte, dass er die Interessen Frankreichs auf europäischer Ebene nicht ausreichend vertreten hätte. Zum anderen machte das wenig souveräne Verhalten der französischen Ratspräsidentschaft in Nizza deutlich, wie tief die Ängste vor einer deutschen Vormachtstellung in Europa verankert waren. Zwar hatte die politische Elite in Paris die politischen Veränderungen in Europa und auch deren Konsequenzen erkannt, nämlich den möglichen eigenen Bedeutungsverlust; nur entsprechend gehandelt hatte sie auf dem Gipfel von Nizza nicht. Vielmehr war sie „blind für die historischen Anforderungen", weil Frankreich die Welt nach 1989 nicht mehr versteht und seinen deutschen Partner erst recht nicht mehr (Die Zeit v. 14.12.2000).

Aus dem Chirac'schen Festhalten an der Stimmenparität sprach demnach eine tief greifende Verunsicherung der französischen Außen- und Europapolitik: Wo würde sich Frankreich in Europa platzieren – mit welchem Einfluss und mit welchen Gestaltungsmöglichkeiten? Welche Stellung würde dem deutschen Nachbarn zukommen? Und welche Integrationsmethode gewährte die Durchsetzung der französischen Interessen am besten? (Schild 2001: 6). Chirac suchte auf dem Gipfel von Nizza auch nach Fortschritten bei seiner Konzeption eines *Europe Puissance* (vgl. dazu Müller-Brandeck-Bocquet 2004: 203 ff.). Danach sollte eine weltweit handlungsfähige Europäische Union geschaffen werden. So hieß es bereits im Programm der französischen Präsidentschaft: „Der Aufbau eines politischen Europas, das auf internationaler Ebene voll handlungsfähig ist, setzt voraus, dass eine Dimension der Sicherheit und der Verteidigung in der Europäischen Union entwickelt wird." Allerdings legte Chirac bei der Umsetzung dieses Ziels mit Hilfe der Stärkung der GASP ein nicht so fortschrittliches Tempo vor, wie er rhetorisch es oft gefordert hatte. Die Auseinandersetzungen über die Fortentwicklung der Europäischen Union, die auf dem Gipfel von Nizza für jedermann erkennbar ihren Höhepunkt erreichten, wurden nicht zuletzt durch die deutsch-französischen Spannungen, ja Auseinandersetzungen, bedingt. Der unersetzliche deutsch-französische Motor (Védrine) stotterte, denn im Vorfeld dieses Gipfels konnten sich Frankreich und Deutschland nicht auf eine gemeinsame Vorgehensweise auf dieser für die Zukunft des Integrationsprozess so wichtigen Konferenz einigen.

Ein Erfolg Frankreichs in Nizza war nicht erkennbar, denn Deutschland erreichte quasi eine „institutionelle Hegemonialstellung", da es auch nach der Erweiterung neben Luxemburg als einziger Staat eine gleichbleibende Zahl an Abgeordneten nach Straßburg entsenden kann. Zudem wurde die Chirac'sche Forderung nach der Stimmengleichheit mit Deutschland im Rat durch den Einbezug der Bevölkerung bei qualifizierten Ratsentscheidungen untergraben, da Deutschland unter den großen Mitgliedsländern hinsichtlich der Blockademöglichkeit eine Sonderstellung besitzt. Deutschland kann infolgedessen schon mit zwei anderen großen Mitgliedstaaten eine Entscheidung blockieren, Frankreich gelingt dies erst im Zusammenschluss mit drei anderen EU-Ländern (Giering 2001: 84).

Obwohl Präsident Jacques Chirac die Ergebnisse des Vertrages unter den gegebenen Rahmenbedingungen als Erfolg bewertete, wurde Nizza in der französischen Öffentlichkeit weitgehend als eine „diplomatische Niederlage Frankreichs“ wahrgenommen und der Präsident selbst „als nicht gerade der optimale Veranstalter eines Einigungsgipfels. Der französische EU-Ratspräsident Chirac vertrat massiv die Interessen seines Landes und fiel als Moderator teilweise komplett aus“ (Dialer 2004: 104). Der einflussreiche Strategieexperte des IFRI, François Heisbourg, nannte Nizza ein diplomatisches Suez und spielte damit auf die schwere französische Niederlage 1956 gegen Ägypten an, als Frankreich und Großbritannien auf US-amerikanischen Druck ihre militärische Intervention am Suez-Kanal abbrechen mussten. Letztendlich erwies sich der Vertrag von Nizza als Negativposten für die Europapolitik Frankreichs, denn in Nizza wurde bereits der „Post-Nizza-Prozess“ ausgerufen, in dem über die Zukunft Europas durch einen Reformkonvent beraten werden sollte und damit die Ergebnisse des Nizza-Vertrags schon bei seiner Verabschiedung zur Disposition gestellt wurden. In Frankreich entspann sich im Anschluss an den Gipfel von Nizza eine rege innenpolitische Diskussion über die Europapolitik des Landes, die besonders die Fragen der Aufrechterhaltung der nationalen Souveränität und des Souveränitätstransfers auf die EU thematisierte (Müller-Brandeck-Bocquet 2004: 215 ff.).

Die weitere europapolitische Diskussion wurde weitgehend durch die Innenpolitik bestimmt, denn 2002 standen die Präsidentschafts- und Parlamentswahlen an und warfen ihre Schatten voraus. Es deutete sich an, dass Präsident und Premierminister die beiden aussichtsreichsten Kandidaten für das Amt des Präsidenten waren und schon von daher eine europapolitische Zurückhaltung Frankreichs praktiziert wurde. Dennoch trug Frankreich auf den Gipfelkonferenzen in Göteborg (Juni 2001), Laeken (Dezember 2001) Sevilla (Juni 2002) zu wichtigen europapolitischen Beschlüssen bei, die den Verfassungsgebungsprozess für die EU vorantrieben. Mit der Nominierung des früheren Präsidenten Giscard d'Estaing zum Konventspräsidenten entledigte sich Chirac nicht nur eines unangenehmen innenpolitischen Rivalen, sondern Chirac traf eine bedeutsame euroapolitische Entscheidung, da Giscard d'Estaing die Konventsberatungen und Beschlüsse sehr stark entsprechend seinen Vorstellungen beeinflusste, die wiederum denen der Staats- und Regierungschefs sehr nahe standen.

**Europapolitik 1997–2002**

Die Europapolitik Frankreichs unter Chirac blieb in der zweiten Phase von 1997 bis 2002 konturlos. In dieser Zeit kam es zu schweren französisch-deutschen Auseinandersetzungen, die bei der Aushandlung des Nizza-Vertrag ihren Höhepunkt erreichten. Die Cohabitation schwächte den französischen Präsidenten in seiner Amtsführung.

Die Europapolitik Frankreichs unter Chirac blieb in der zweiten Phase von 1997 bis 2002 recht konturlos (Vogel 2002: 2). Vor allen Dingen stand Frankreich nach dem Gipfel von Nizza im Jahr 2000 im Kreuzfeuer der Kritik. Einerseits bedeutete die Cohabitation eine Schwächung Chiracs – trotz der Zurückhaltung Jospins – und war eine Ursache für die visionslose Europapolitik Frankreichs. Andererseits gab es einen Vorrang der Innenpolitik. Kommunalwahlen 2001 und das „Superwahljahr 2002 lähmten Frankreich zunehmend" (vgl. Müller-Brandeck-Bocquet 2004: 218). Die erstmalige Einführung des Quinquennats, also die Begrenzung der siebenjährigen Amtszeit auf fünf Jahre, und das vermeintliche Kopf-an-Kopf-Rennen von Chirac und Jospin bei der Präsidentschaftswahl 2002 beschäftigten die politische Elite in Paris weitaus mehr als die Europapolitik. „Die Kohabitation 1997 – 2002 führte letztlich zu einer Arbeitsteilung, die der Regierung das Gros der tagtäglichen europapolitischen Entscheidungen überließ; die Vorrangstellung des Staatspräsidenten in der französischen Europapolitik hingegen kam vor allem bei herausgehobenen Entscheidungen und Weichenstellung, wie insbesondere der Vertragsrevision, zum Tragen" (Müller-Brandeck-Bocquet 2004: 193).

### 7.5.6 2002/2003 – Überwindung der deutsch-französischen Krise und neue Dynamik

**Strukturveränderungen der deutsch-französischen Beziehungen**

„Neue Generation, neue Mehrheit, neue Regierung, neuer Kanzler, das Deutschland von Gerhard Schröder ist nicht mehr das Deutschland von Helmut Kohl der Jahre 1982-90. Die Berliner Republik gewährleistet den politischen Übergang vom 20. in das 21. Jahrhundert."

Colard 1999: 61

1998 begann mit einer Koalition aus Sozialdemokraten und Bündnis 90/Die Grünen ein neuer Abschnitt in der deutschen Geschichte. Dieser Wechsel sollte sich auch auf die französische Europapolitik auswirken. Der in der ersten Amtszeit der Regierung Schröder erfolgte Umzug des Deutschen Bundestages und der Bundesregierung nach Berlin wurde in Frankreich symbolhaft auch als eine Veränderung des bisher praktizierten Bonner Politikstils perzipiert. Der Besançoner Staatswissenschaftler Daniel Colard drückte diesen Wandel wie folgt aus: „Neue Generation, neue Mehrheit, neue Regierung, neuer Kanzler, das Deutschland von Gerhard Schröder ist nicht mehr das Deutschland von Helmut Kohl der Jahre 1982–90. Die Berliner Republik gewährleistet den politischen Übergang vom 20. in das 21. Jahrhundert“ (Colard 1999: 61). Mit Schröder war nun ein Bundeskanzler an die Spitze der deutschen Regierung gelangt, der den Zweiten Weltkrieg nicht mehr selbst erlebt hatte. Auch fehlte ihm die emotionale Bindung zu Frankreich, die vor allem bei Konrad Adenauer und Helmut Kohl vorhanden war. Bundeskanzler Schröder pflegte einen Politikstil, der nach außen größeres Selbstbewusstsein zur Schau stellte. Da er das vereinte Deutschland als einen normalen Staat ansah, war die Artikulation der nationalen deutschen Interessen für ihn selbstverständlich. Nach der Vereinigung wurde Deutschland nicht nur von ihm als ein gleichberechtigter Staat von 191 UN-Mitgliedern verstanden, sondern innerhalb der politischen Klasse Deutschlands gab es immer mehr Akteure, die ebenfalls diesen Standpunkt vertraten. Schröder verabschiedete sich von der „Kultur der Zurückhaltung“, durch die seine Vorgänger viele Erfolge für die deutsche Außenpolitik erreichen konnten. Doch hatte man bereits in den letzten Jahren der Regierung Kohl in Frankreich zum Teil erstaunt festgestellt, dass Deutschland nach der Vereinigung seine nationalen Interessen immer deutlicher herausstellte.

In Frankreich wurde der neue Politikstil von Bundeskanzler Schröder deshalb aufmerksam, z. T. auch mit Sorge, registriert. Äußerungen wie die eines selbstbewussten Deutschlands, das veränderter, offener, deutscher, aber auch multikultureller sein sollte, ließen in Frankreich aufhorchen. Besonders die Absage Schröders auf Präsident Chiracs Einladung, an den Feierlichkeiten auf einem Friedhof an der Marne zum 80. Jahrestag des Waffenstillstands des Ersten Weltkriegs in Frankreich teilzunehmen, wurde in der französischen politischen Klasse als Zeichen für ein neues, selbstbewussteres und normales Deutschland bewertet, das gleichzeitig auch neue Rechte und neue Pflichten in der internationalen Politik auf der Basis der Gleichberechtigung wahrnehmen wollte. Und es war eben Schröder, der während des Gipfels von Nizza Frankreich in einer bis zu diesem Zeitpunkt nicht gekannten Weise herausgefordert hatte. Somit hatten die deutsch-französischen Beziehungen ihren Krisenhöhepunkt erreicht (Stark 2001: 289). Doch sehr schnell mussten beide Seiten erkennen, dass sie mit dieser Haltung ihre jeweilige Position im europäischen Integrationsprozess schwächten, zumal mit der sich dynamisierenden EU-

Osterweiterung und der Finalitätsfrage der EU (Vertrag oder Verfassung) gewaltige Herausforderungen auf beide Staaten zukamen. Im Grunde war die schleichende Erosion der deutsch-französischen Sonderbeziehung seit der deutschen Wiedervereinigung immer stärker geworden und war in den Verhandlungen über den Vertrag von Nizza zum Ausbruch gekommen. „Betörende Beschwichtigungsformeln verhinderten eine ehrliche Aussprache, während gleichzeitig die deutsch-französischen Interessenkollisionen immer größer wurden" (Guérot 2002: 339). Dennoch konnte der Integrationsprozess nur durch eine aufrechte deutsch-französische Zusammenarbeit gelingen. Bundeskanzler Schröder erkannte dies bald, wie er in seinen Memoiren schreibt: „Anfangs glaubte ich, man könne die deutsch-französische Zusammenarbeit durch eine britische Komponente ergänzen. Diese Vorstellung war illusionär" (Schröder 2006: 320). Nur eine ehrliche Bestandsaufnahme konnte den deutsch-französischen Beziehungen wieder ihre frühere Bedeutung zukommen lassen. So kamen bereits Ende Januar 2001 Präsident Chirac, Premierminister Jospin und Außenminister Védrine im elsässischen Blaesheim mit Bundeskanzler Schröder und Außenminister Fischer zusammen, um den *„Blaesheim-Prozeß"* auszurufen. Dabei handelt es sich um inoffizielle Gespräche auf höchster Ebene, die im Zeitraum von sechs bis acht Wochen diskret und privat, ohne Arbeitspapiere und Mitarbeiter hinter verschlossenen Türen stattfanden, in denen Meinungen und Hintergrundgedanken ausgetauscht wurden. Bei diesen Gesprächen ging es darum, die Befindlichkeit des Partners besser zu verstehen, also um vertrauensbildende Maßnahmen. Ein Jahr später hatte man den Turnus auf vier Wochen verkürzt.

Schon Ende 2001 wurden die ersten Früchte des neuen Dialogs eingefahren, weil in einer Vielzahl von Themen bereits eine gemeinsame Haltung gefunden werden konnte (Woyke 2004: 304 ff.). So war man sich einig bei der Einbeziehung der Grundrechtscharta der EU in die künftige europäische Verfassung, bei der Aufteilung der Verträge in einen Teil mit Verfassungscharakter oder bei einer verständlicheren und transparenteren Gestaltung der Zuständigkeiten. 2002/2003 fand man zu engerer Zusammenarbeit zurück. Daher einigten sich Chirac und Schröder in der Agrarpolitik im Oktober 2002 auf einen Kompromiss. Frankreich als größter Nutznießer der EU-Agrarpolitik und Deutschland als größter Nettozahler der EU hatten daran ein beiderseitiges, wenn auch gegensätzliches Interesse. So konnte sich Frankreich mit seiner Forderung durchsetzen, dass Änderungen in der Agrarpolitik erst ab 2007 erfolgen sollten, während Deutschland eine Plafondierung der EU-Agrarpolitik auf dem Niveau von 2006 plus Inflationsausgleich für den zukünftigen Finanzrahmen 2007–2013 durchsetzen konnte. „Mit diesem Finanzkompromiss war der Weg für eine nachhaltige Verbesserung der deutsch-französischen Beziehungen frei geräumt, eine Verbesserung, der man angesichts der bevorstehenden Ereignisse dringend bedurfte" (Müller-Brandeck-Bocquet 2004: 247). Daher verwundert es auch nicht, das in dem für 2002/2003 einberufenen

Europäischen Konvent Frankreich und Deutschland mit einer Reihe gemeinsamer Vorschläge aufwarteten. Einen gemeinsamen Vorstoß in der Sicherheits- und Verteidigungspolitik unternahm das deutsch-französische Tandem im November 2002. Angesichts der neuen Gefahren wie dem internationalen Terrorismus müsse die EU „eine globale Vision ihrer Sicherheit" entwickeln, hieß es im deutsch-französischen Papier. Der deutsche und der französische Außenminister forderten eine „Europäische Sicherheits- und Verteidigungsunion". Für den Fall, dass sich nicht alle Partnerländer an dieser Union beteiligen wollen, verlangten sie das Recht, dass die Sicherheitsunion auch zunächst von einigen wenigen Mitgliedstaaten organisiert werden konnte. In dem Brief an den EU-Verfassungskonvent forderten der deutsche und der französische Außenminister multinationale Streitkräfte mit integrierten Führungskapazitäten sowie eine europäische Sicherheitsstrategie. Wenngleich diese Vorschläge gerade auf den Widerstand neutraler Mitgliedstaaten stießen, zeigt dieses Vorgehen ein in den Jahren davor verloren gegangenes gemeinsames deutsch-französisches Handeln. Wenige Tage später legten Deutschland und Frankreich einen gemeinsamen Vorschlag zum Ausbau der innen- und rechtspolitischen Zusammenarbeit vor. Darin sprachen sich beide Partner für eine weitgehende Abkehr vom lähmenden Einstimmigkeitszwang und für die Einführung von Mehrheitsentscheidungen in der Innen- und Rechtspolitik aus. So befürworteten sie insbesondere den Aufbau einer europäischen Staatsanwaltschaft, die nach einer Übergangszeit bei schweren Formen der grenzüberschreitenden Kriminalität Schritt für Schritt die Befugnis für Ermittlungen und für die Übernahme von Verfahren erhalten soll. Schließlich präsentierten Deutschland und Frankreich im Januar 2002 einen gemeinsamen Vorschlag über die institutionelle Architektur der EU. Darin forderten sie Rechtspersönlichkeit für die Union, die Wahl eines Vorsitzenden des Europäischen Rats für zweieinhalb Jahre mit der Möglichkeit einer einmaligen Wiederwahl, die Wahl des EU-Kommissionspräsidenten durch das Europäische Parlament, die Einrichtung der Institution eines Europäischen Außenministers sowie eine engere Beteiligung der nationalen Parlamente am europäischen Entscheidungsprozess (Woyke 2004: 307 ff.). Gerade die Vorschläge zur institutionellen Struktur zwischen Frankreich und Deutschland bedeuteten einen Kompromiss zwischen Deutschland und Frankreich. So hat Frankreich bei der Wahl des Kommissionspräsidenten durch das Europäische Parlament und bei der Generalisierung des Mitentscheidungsverfahrens bei allen Materien, in denen der Rat mit qualifizierter Mehrheit beschließt, eingelenkt. Auch die Anbindung des Außenministers als Vizepräsident der Kommission an dieses Organ ist ein bedeutsames französisches Zugeständnis. Schließlich forderte das deutsch-französischen Tandem die Aufnahme einer Flexibilisierungsklausel auch für die Sicherheits- und Verteidigungspolitik. Sehr viele französisch-deutsche Forderungen hatten im Sommer 2003 ihren Niederschlag in dem vom Europäischen Konvent vorgelegten Verfassungsentwurf gefunden. Das Mehrheitsprinzip als Entscheidungsregel in der Gemeinsamen Außen- und Sicherheitspolitik fand im Konvent allerdings keine Mehrheit.

Im Januar 2003 jährte sich die Unterzeichnung des Elysée-Vertrags zum 40. Mal. Beide Staaten begingen diesen Festtag u. a. feierlich mit dem Zusammentritt beider Parlamente im Schloss von Versailles, doch wichtiger war, dass man sich neue Ziele setzte. So wollten beide Staaten die Strukturen der deutsch-französischen Zusammenarbeit festigen, eine noch engere Kooperation verwirklichen und einen besseren Interessenausgleich ermöglichen. „Die bilateralen Projekte und Aktivitäten sollten stärker in eine europäische Perspektive eingerückt werden, um Deutschland und Frankreich wieder in die Rolle des Motors in der EU hineinwachsen zu lassen" (Schwarzer 2006: 13). Gemäß der Gemeinsamen Erklärung vom Januar 2003 sollte die bilaterale Zusammenarbeit dazu führen, die EU-Erweiterung und die Gestaltung einer gemeinsamen Verfassung in einer globalisierten Welt erfolgreich zu bewältigen. Auch wollte man eine gemeinsame Vision des Europas von morgen erreichen. Diese engere Zusammenarbeit war der Sorge um die europapolitische Einigungsfähigkeit beider Länder ebenso geschuldet wie der Erkenntnis des Gewichtsverlusts angesichts der bevorstehenden Erweiterung. So beschlossen die beiden Staaten Maßnahmen zur Stärkung der gesellschaftlichen Beziehungen zwischen beiden Ländern, innenpolitische Abstimmungen, engere außenpolitische Zusammenarbeit sowie konkrete europapolitische Initiativen. Die nach außen hin spektakulärsten Neuerungen waren die Einführung des Deutsch-Französischen Ministerrats sowie die Benennung von Generalsekretären für die deutsch-französischen Beziehungen. So haben bisher neun gemeinsame Ministerräte wechselseitig in Frankreich und Deutschland stattgefunden. Sie haben zweifellos zu einer Intensivierung der deutsch-französischen Beziehungen und damit zu einem qualitativen Sprung in der deutsch-französischen Zusammenarbeit geführt. Dennoch ist eindeutig zu konstatieren, dass die großen europapolitischen Themen den bilateralen Konsultationen auf Chefebene im Rahmen des *Blaesheim-Prozesses* vorbehalten bleiben.

Trotz des schwierigen europapolitischen Feldes, das Deutschland und Frankreich zu beackern hatten, fehlte es den deutsch-französischen Beziehungen auch jüngst nicht an aussagekräftiger Symbolik: Im Oktober 2003 vertrat Jacques Chirac Bundeskanzler Schröder auf dem EU-Gipfel in Brüssel, da Schröder zur gleichen Zeit unbedingt in der deutschen Innenpolitik präsent sein musste (Woyke 2004: 214). Bei der 60-Jahr-Feier der Landung der Alliierten in der Normandie im Juni 2004 machte der französische Präsident das feierliche Gedenken zu einer symbolträchtigen Plattform der deutsch-französischen Freundschaft. Bei der deutsch-französischen Zeremonie am Abend in Caen sagte Chirac: „Am Tag der Erinnerung und der Hoffnung empfangen Sie die Französinnen und Franzosen mehr als je als Freund. Sie empfangen Sie als Bruder" (Ritzenhofen 2004b: 7). Im März 2005 lud der deutsche Kanzler seinen französischen Partner in seine ostwestfälische Geburtsstadt Blomberg ein, wo die beiden gemeinsame Position bezüglich der EU-Dienstleistungsrichtlinie und des europäischen Stabilitätspaktes bezogen. Die *Süddeutsche Zeitung* schrieb über das Treffen: „Mit der Einladung in seine Heimat an der Lippe erwies der Kanzler Chirac eine Ehre, die bisher noch nie einem ausländischen Gast zuteil geworden war" (Süddeutsche Zeitung v. 8.3.2005). Auch die Nachfolgerin Schröders, Angela Merkel, setzte die Tradition ihrer Vorgänger fort, indem sie den ersten Auslandsbesuch nach Paris machte, wenngleich sie auf dem Rückweg auch Brüssel besuchte und damit einerseits den deutschen Mulitlateralismus in der Außenpolitik mit dem Besuch bei der EU symbolisch unterstrich, gleichzeitig aber auch die Rolle der kleinen und mittleren Staaten im Integrationsprozess würdigen wollte.

### 7.5.7 Frankreich und die Osterweiterung der Europäischen Union

**Osterweiterung: Ergänzung durch Mittelmeerpolitik**

Die französische Strategie gegenüber der Osterweiterung wurde durch die parallel verlaufende Vertiefung bestimmt, mit der auch eine Verwässerung des Integrationsprozesses verhindert werden sollte. Darüber hinaus sah sich Frankreich besonders als Anwalt der Länder des Mittelmeerraumes, die durch die Osterweiterung in ihrer Bedeutung für die europäische Integration keine Einbußen erleiden durften.

Mit dem Präsidentenwechsel 1995 erhielt die französische Erweiterungspolitik eine gewisse Konstanz und größere Unterstützung. Diese Erweiterungspolitik wurde allerdings vom französischen Willen begleitet, die Öffnung nach Osten durch eine aktive und mit zusätzlichen Budgetmitteln ausgestattete Mittelmeerpolitik auszugleichen.

Frankreich hatte durch die weltpolitische Entwicklung 1989/90 ohne Zweifel einen Positionsverlust in der internationalen Politik erlitten, den es zu kompensieren trachtete. Zwei europapolitische Prozesse sollten die 90er Jahre kennzeichnen: Einerseits kam es aufgrund des Zusammenbruchs des Warschauer Pakts und den daraus folgenden Beitrittswünschen der Staaten Mittel- und Osteuropas zu einer Erweiterungsdynamik. Andererseits stand eine Vertiefung des Integrationsprozesses an. Noch unter Mitterrand wurde das Konzept der Vertiefung des europäischen Integrationsprozesses mit der Verabschiedung des Maastrichter Vertrags – und der darin erfolgten Einbindung Deutschlands – realisiert. Deutschland dagegen setzte die

Osterweiterung auf den ersten Platz seiner europapolitischen Agenda. Noch in seiner Neujahrsansprache 1990 erklärte Präsident Mitterrand, dass es im Interesse aller Beteiligten läge, die Erweiterung der EG noch aufzuschieben und stattdessen eine *Europäische Konföderation* zu gründen. Dieser Vorschlag wurde jedoch von den MOE-Staaten strikt abgelehnt. Sie strebten direkt in NATO und EG. Zu Recht erkannte Mitterrand, dass die Osterweiterung der Europäischen Union für Frankreich eine Schwächung seiner Position bedeutete.

Frankreich musste allerdings – ähnlich wie beim Prozess der deutschen Wiedervereinigung – seine zögerliche Haltung aufgeben, wollte es die Osterweiterung in seinem Sinn beeinflussen. Somit wurde die französische Strategie gegenüber der Osterweiterung durch die parallel verlaufende Vertiefung bestimmt, mit der auch eine Verwässerung des Integrationsprozesses verhindert werden sollte. Darüber hinaus sah sich Frankreich besonders als Anwalt der Länder des Mittelmeerraumes, die durch die Osterweiterung in ihrer Bedeutung für die europäische Integration keine Einbußen erleiden durften.

Erste Schritte in diesem Erweiterungsprozess waren die 1991 geschlossenen Europa-Abkommen mit Bulgarien, Estland, Lettland, Litauen, Polen, Rumänien, Slowakei, Slowenien, Tschechien und Ungarn. Mit dem Gipfel von Kopenhagen im Juni 1993, auf dem die Beitrittskriterien von den Staats- und Regierungschefs fixiert wurden – demokratische Stabilität, Marktwirtschaft und Übernahme des *Acquis communautaire* – wurde die Erweiterung endgültig zugunsten der mittel- und osteuropäischen Staaten entschieden. Es stellte sich nicht mehr die Frage, *ob* die MOE-Staaten beitreten können, sondern *unter welchen Bedingungen* und *wann*. Frankreich hatte seine Zurückhaltung gegenüber der geplanten Osterweiterung aufgegeben, da es in keine Isolation geraten wollte und die anstehende Regierungskonferenz mit dem Amsterdamer Vertrag eigentlich zu Ergebnissen über eine Vertiefung der Union führen sollte. Frankreich wollte den Beginn der Beitrittsverhandlungen nicht blockieren, bestand aber auf einem Abschluss institutioneller Reformen vor der Erweiterung.

Traditionell war die Ausrichtung auf die Gebiete des Mittelmeers stärker im französischen Denken verhaftet als die nach Ost- und Mitteleuropa. Nachdem durch den Zusammenbruch des Kommunismus und der Sowjetunion nun in der französischen Perzeption die Bedrohung im Osten als gering angesehen wurde, kam der Stabilisierung Osteuropas aus französischer Sicht keine prioritäre Bedeutung zu. Froehly erklärt die französische Zurückhaltung gegenüber der Osterweiterung mit folgenden vier Gründen:

- „die eindeutige Priorität einer Vertiefung der EU (WWU) gegenüber der Erweiterung der EU;
- die Befürchtung einer Schwächung der französischen Konzeption eines starken Europas als Machtpol (‚Europe Puissance‘);

- die Befürchtung der Entstehung einer Asymmetrie im europäischen Machtgleichgewicht zugunsten Mittelosteuropas (unter deutscher Führung) und zuungunsten des Mittelmeerraumes (‚Südschiene‘);
- die Befürchtung, eine EU-Osterweiterung könnte den finanziellen und redistributiven Staus quo der EU in Frage stellen“ (Froehly 2000: 38).

Mitterrand befürchtete durch die anstehende Osterweiterung einerseits die Preisgabe der Gemeinschaftspolitiken wie z. B. die Agrarpolitik und die Strukturpolitik und andererseits den Verlust der Handlungsfähigkeit einer erweiterten Europäischen Union durch ihre zunehmende Heterogenität. Die Sorge der Verschiebung des europäischen Kräftegleichgewichts zugunsten Mittel- und Osteuropas und zuungunsten des Mittelmeerraumes war in Frankreich in jener Zeit permanent zu spüren, ohne dass diese Befürchtungen expressis verbis laut ausgesprochen wurden.

Mit dem Präsidentenwechsel 1995 erhielt die französische Erweiterungspolitik eine gewisse Konstanz und größere Unterstützung. Diese Erweiterungspolitik wurde allerdings vom französischen Willen begleitet, „diese Öffnung nach Osten durch eine aktive und mit konsequenten Budgetmitteln ausgestattete Mittelmeerpolitik auszugleichen“ (de la Serre/Lequesne 1996: 313). So setzte der neue Präsident Chirac auf seinem ersten EU-Gipfel im Juni 1995 in Cannes durch, dass die Mittelmeerpolitik der EU mit ca. 1 Mrd. ECU mehr, als ursprünglich vorgesehen, für den Zeitraum 1995 bis 1999 unterfüttert wurde. 1996/97 unternahm Chirac Reisen nach Polen, Bulgarien und Rumänien, wo er sich für den Beitritt der MOE-Staaten in die EU einsetzte. In Polen erklärte der französische Präsident: „Der Aufbau Europas bedeutet auch die Erweiterung der Europäischen Union. Das ist keine verschwommene Perspektive, und wir sind auch nicht mehr weit von ihr entfernt. In etwas mehr als einem Jahr dürften die Beitrittsverhandlungen beginnen, und ich möchte, dass Polen im Jahr 2000 Mitglied in unserer Union ist“ (AdG 1996: 41388).

Innerhalb der EU gab es Kontroversen über das Problem der Aufnahme von Verhandlungen mit den Kandidaten. Im Sommer 1997 hatte die EU-Kommission sechs MOE-Länder vorgeschlagen – Estland, Polen, Ungarn, Slowenien, die Tschechische Republik und Zypern –, während das Europäische Parlament gleichzeitig mit allen Bewerberstaaten Verhandlungen aufnehmen wollte. Frankreich sprach sich für das *Startlinienmodell* aus, wonach aus Gründen der Chancengleichheit mit allen Beitrittskandidaten gleichzeitig Beitrittsverhandlungen aufgenommen werden sollten. Deutschland plädierte dagegen für das *Gruppenmodell*, wonach zunächst nur mit einer Gruppe von Staaten, die die Kopenhagener Kriterien erfüllt hatten, die Verhandlungen begonnen werden sollten. Das deutsche Modell setzte sich durch und wurde vom französischen Vorschlag einer „Europäischen Konferenz“ ergänzt. Auf dieser Konferenz der 15 EU-Staaten und der Bewerberstaaten sollten zwar keine Beitrittsverhandlungen begonnen, aber ein gemeinsamer Dialog über gemeinsame Interessen auf der Basis der Gleichheit geführt werden. Mit dieser Konferenz sollte auch eine Ausgrenzung jener Bewerberländer vermieden werden, die trotz erheblicher Fortschritte noch nicht ausreichende Erfolge im Annäherungsprozess an die Europäische Union erreicht hatten. Kontrovers wurde die Einladung der Türkei diskutiert, auf deren Teilnahme die französische Regierung pochte. Frankreich wollte mit einer beschleunigten Annäherung der Türkei an die EU das Abdriften dieses Staates in den radikalen Islamismus verhindern. Sicherlich hatte Frankreich bei der Beteiligung der Türkei auch geostrategische Interessen im Sinn, denn damit wurde die Mittelmeerregion wieder stärker ins Zentrum der Agenda gerückt. Zwar fand die Konferenz statt, doch boykottierte die Türkei die Europakonferenz und nahm an ihr nicht teil. 1999 wurde vom Europäischen Rat auf dem Gipfel in Helsinki entschieden, die Türkei als Beitrittskandidat zu behandeln. Gleichzeitig kehrte man zum *Regattamodell* zurück, so dass nun alle Bewerberstaaten die gleichen Chancen genossen und ihr Beitritt von den erzielten Fortschritten abhängig war.

Bereits mit der Entscheidung auf dem Kopenhagener Gipfel wurde einer ständigen französischen Forderung entsprochen, dass nämlich eine Aufnahme neuer Mitglieder nur erfolgen könnte, wenn die Gemeinschaft institutionell und politisch durch diese Aufnahme nicht überstrapaziert und ihre Handlungsfähigkeit und ihre Stosskraft nicht geschwächt würde. Das Leitmotiv aller französischen Regierungen im Erweiterungsprozess war die Forderung nach Veränderung der EU-Institutionen. Eine Bedrohung der Handlungsfähigkeit sah Frankreich sowohl in finanzieller und als auch institutioneller Hinsicht. Frankreich hatte ja bereits den Kopenhagener Kriterien bekanntlich nur zugestimmt, weil eine institutionelle Reform, die die EU bereit für die Erweiterung machen sollte, für die Turiner Regierungskonferenz vorgesehen war. Da man sich aber im Amsterdamer Vertrag nicht über die institutionellen Reformen einigen konnte, sollten diese, verniedlichend „*left-overs*" bezeichneten, Probleme auf der Gipfelkonferenz von Nizza im Dezember 2000 gelöst werden. Die wichtigste Änderung vollzog sich bei der Neugewichtung der Stimmen. Eine Übertragung des bis dahin gültigen Systems hätte zur Folge gehabt, dass die kleinen Mitgliedstaaten überrepräsentiert gewesen wären, so dass eine Erweiterung der EU auf 27 Mitglieder zu Lasten der großen, bevölkerungsreichen Staaten gegangen wäre. So hätten die sechs großen Staaten nur über 42 Prozent der Stimmen, aber über fast 70 Prozent der Bevölkerung verfügt. Nach heftigen Auseinandersetzungen, auch gerade zwischen Frankreich und Deutschland, konnte Frankreich die Parität mit Deutschland durchsetzen, so dass die großen Staaten je 29 Stimmen im Ministerrat erhielten. Der Kompromiss von Nizza sah nun einen faktisch drei Komponenten enthaltenden Mehrheitsentscheid vor: Die Mehrheit der Staaten, 73,4 Prozent als Quorum der gewichteten Stimmen sowie auf Antrag eines Mitgliedstaates die Überprüfung, ob 62 Prozent der Gesamtbevölkerung der EU hinter dem zustimmenden Beschluss stehen. Ein weiteres Problem des Abstimmungsverfahrens war der Grundsatz der Einstimmigkeit, der nach dem Beitritt der Bewerberstaaten die Entscheidungsfindung weiter erschweren würde. Deshalb hatte sich Frankreich während seiner Ratspräsidentschaft im zweiten Halbjahr 2000 das Ziel gesetzt, in vielen Bereichen die Einstimmigkeit abzuschaffen. Zwar war es in Nizza gelungen, den Mehrheitsbeschluss für ca. 35 von 73 Artikeln durchzusetzen, doch in wichtigen Bereichen wie der Steuerpolitik, der Sozialpolitik, der Außenpolitik u. a. m. ist es bei der Einstimmigkeit geblieben. Die Kommission wurde auf die Obergrenze von 27 Kommissaren festgeschrieben. Eine kleine Kommission mit der Rotation von Kommissaren durch benachbarte Länder ist erst für eine über 27 Staaten hinausgehende EU vorgesehen. Schließlich wurde die Abgeordnetenzahl des Europäischen Parlaments auf 700 begrenzt. Während in den alten EU-Staaten die Ergebnisse des Nizza-Gipfels weitgehend als nicht ausreichend für die EU-Erweiterung verstanden wurden, herrschte bei den Bewerberländern große Freude, denn zum ersten Mal konnten sie sich in einem primärrechtlichen Text der EU mit ihren Repräsentanten wiederfinden. Sie waren nun endgültig nach Europa „zurückgekehrt". Wie auch immer die Bewertungen dieses Gipfels ausfielen, so zeigt sich in der Retrospektive, dass der Nizza-Vertrag die Grundlage für den Entscheidungsprozess in einer erweiterten EU bildete und dass diese in den ersten zwei Jahren als EU-25 durchaus zu Entscheidungen, auch einstimmiger Art, gefunden hatte.

Neben der institutionellen Entscheidungsfähigkeit legte Frankreich auch sehr viel Wert auf die finanzielle Erweiterungsfähigkeit. So wurden z. B. 1998 fast die Hälfte des EU-Budgets für die Gemeinsame Agrarpolitik und mehr als ein Drittel für die Strukturpolitik der Gemeinschaft ausgegeben. Da die MOE-Staaten aufgrund ihrer Wirtschaftsstruktur und -leistung nach den geltenden Regeln der EU einen Anspruch auf sehr hohe Transferleistungen gehabt hätten, und daher die französischen Bauern nicht mehr so viel EU-Unterstützung bekommen hätten, zielte die französische Regierung auf eine für Frankreich zufrieden stellende Lösung dieses Problems. Während Deutschland, das 60 Prozent der Nettozahlungen vor der Reform für die EU erbrachte, auf eine gerechtere Verteilung des Haushalts mit dem Instrument der Kofinanzierung der Agrarausgaben drängte, war für Frankreich gerade dieses Politikfeld unantastbar, zumal es sich um ein seit den Gründungverträgen von Rom vergemeinschaftetes Politikfeld handelte. Frankreich zielte auf eine progressive Kostensenkung der Gemeinsamen Agrarpolitik mit Hilfe degressiver Direktzahlungen. Mit der 1999 auf dem Berliner EU-Gipfel beschlossenen Agenda 2000, die nur eine kleine Reform der EU-Förderinstrumente vorsah, konnte sich Frankreich weitgehend durchsetzen.

Als die EU-Kommission 2001 den Vorschlag machte, zunächst nur um zehn Staaten zu erweitern und Bulgarien und Rumänien erst später aufzunehmen, intervenierte Frankreich zugunsten dieser Staaten, da gerade Rumänien als ein wichtiger

Partner Frankreichs innerhalb der Francophonie in Osteuropa gilt. Als Ende 2001 jedoch der Europäische Rat ausdrücklich die zehn Staaten als mögliche Kandidaten für die Erweiterung benannte, schloss sich Frankreich diesem Votum an. Erstens hatte man das von Frankreich vertretene Prinzip der Differenzierung weiter verfolgt, zweitens wurden Bulgarien und Rumänien nicht marginalisiert, und drittens verfolgten die Vertreter Frankreichs zu jener Zeit mit dem Konvent andere Prioritäten (vgl. Deloche-Gaudez/Lequesne 2002: 327).

Aufgrund der zum 1. Mai 2004 erfolgten Integration der acht mittelosteuropäischen Staaten sowie Zyperns und Maltas in die Europäische Union und der sich daraus ergebenden neuen Grenzziehung stellte sich erneut die Frage nach der französischen Ostpolitik. Hier schien keine klare Positionierung Frankreichs vorzuliegen. Dagegen hatte die Haltung Frankreichs gegenüber den südlichen EU-Anrainerstaaten viel deutlichere Konturen. Nicht zuletzt auf französischen Druck wurde der Barcelona-Prozess in Gang gesetzt mit dem Ziel, eine politische und sicherheitspolitische Partnerschaft mit den südlichen Mittelmeerstaaten zu begründen, Menschenrechte und Grundfreiheiten in diesen Staaten zu fördern und eine Freihandelszone im Mittelmeer einzurichten. Darüber hinaus war in Frankreich, auch trotz negativer Äußerungen des früheren Staatspräsidenten Valéry Giscard d'Estaing, eine Tendenz für eine Befürwortung der türkischen EU-Mitgliedschaft viel deutlicher zu verzeichnen als für eine Integration weiterer osteuropäischer Staaten. Auch Präsident Chirac setzte sich für die Mitgliedschaft der Türkei ein. Allerdings machte er einen Beitritt der Türkei von einem positiven Referendum in Frankreich abhängig. Mittlerweile ist eine Verfassungsänderung in Kraft getreten, die für weitere EU-Beitritte ein Referendum vorschreibt. Bilaterale Beziehungen mit den einzelnen Nachbarstaaten der EU können von Frankreich als Hebel zur Stärkung der eigenen Machtposition innerhalb der Union genutzt werden. Die französischen Prioritäten im Rahmen einer EU-Nachbarschaftspolitik werden dementsprechend deutlich den südlichen EU-Anrainerstaaten gelten.

Im „Wider Europe"-Konzept wird ein gemeinsames und einheitliches EU-Instrument für die zukünftige Gestaltung der Beziehungen der Europäischen Union zu ihren osteuropäischen und mediterranen Anrainerstaaten entworfen. Die EU-Nachbarschaftspolitik wird an zusätzlicher Bedeutung gewinnen, wenn sie im Rahmen der Gemeinsamen Außen- und Sicherheitspolitik (GASP) der EU realisiert wird. Nationale Vorstellungen der EU-Mitglieder gegenüber den östlichen Nachbarn könnten besser aufeinander abgestimmt werden und die Entwicklung der Europäischen Union zu einem auf internationaler Ebene kollektiv handelnden Akteur stärken. Frankreich, traditionell nach einer größtmöglichen Emanzipation von den USA strebend, könnte außenpolitisch mit dem „Wider Europe"-Konzept eine gestärkte Rolle Europas in der Welt realisieren und damit auch französischen Vorstellungen nahe kommen.

## 7.5.8 Frankreich und der Balkan unter Chirac

Das Dayton-Abkommen, das den Friedensvertrag über die Bosnienkriege in der ersten Hälfte der 90er Jahre beinhaltet, wurde im Dezember 1995 in der französischen Hauptstadt im Beisein des neuen Präsidenten Chirac unterzeichnet. Mit der Unterzeichnung in Paris wurde die aktive Rolle Frankreichs beim Zustandekommen der Verhandlungen symbolhaft gewürdigt. Auch unter Chirac blieb in der französischen Jugoslawienpolitik nach dem Ende des Bosnienkrieges die Bevorzugung der serbischen Seite bestehen (Stahl 2006: 193).

Das Dayton-Abkommen implizierte bereits den nächsten Konflikt durch die Ausklammerung der Kosovo-Frage. 1996 anerkannte Frankreich diplomatisch die aus Serbien, Montenegro und dem Kosovo bestehende Bundesrepublik Jugoslawien; ein Akt, den auch die anderen EU-Staaten anschließend vornahmen (Reuter 1998: 283). Trotz der durch das Europäische Parlament festgestellten permanenten Menschenrechtsverletzungen im Kosovo hob die EU 1996 die wichtigsten Sanktionen gegen Jugoslawien auf. Die Kosovo-Krise schwelte eigentlich seit 1989, „als Serbien die bis dahin bestehende Autonomieregelung für die mehrheitlich von Albanern bewohnte Provinz Kosovo aufhob und eine Art Apartheid-Regime einführte, das die Kosovo-Albaner marginalisierte und unterdrückte“ (Krause 2001: 125). Die Ausklammerung des Kosovo-Problems im Dayton-Abkommen führte seit 1996 zu einer wachsenden Radikalisierung im Kosovo und zur Gründung der Kosovo-Befreiungsarmee (UCK), die den bewaffneten Aufstand propagierte. 1997/98 suchten die westlichen Staaten vergeblich nach diplomatischen Lösungen, so z. B. Sanktionen der EU gegen Jugoslawien im Juni 1998, um den Druck und die Ausschreitungen von Serben gegen die Kosovaren zu verhindern. Ende Februar 1998 eskalierte die Gewalt im Kosovo erneut und die NATO begann eine Drohkulisse aufzubauen. Unter anderem wurde eine NATO-„Extraction Force“ unter französischer Führung in Mazedonien aufgebaut, deren Präsenz die Serben allerdings als nur symbolisch ansahen. „Frankreich erklärte sich bereit, bis zu 50 Prozent der Soldaten, den Brigadestab und den Kommandeur des Verbandes zu stellen und versuchte damit deutlich zu machen, dass es sich hier in erster Linie um ein europäisches Problem handele, das unter Führung der Europäer gelöst werden sollte (Varwick 2000: 107). Natürlich wollte Frankreich mit der Mazedonien-Initiative auch zeigen, dass eine europäische Verteidigungsidentität funktionieren könnte und Frankreich darin eine wichtige Rolle spielen müsste. Auch ein Appell Außenminister Védrines im Juni 1998, die Kampfhandlungen zwischen UCK und Serben einzustellen, verpuffte.

Nachdem sich die Auseinandersetzungen im Kosovo weiter verschärften, verabschiedete der Sicherheitsrat im September 1998 eine Resolution, in der er die Anwendung militärischer Gewalt als *ultima ratio* nicht ausschloss. Die NATO gab im gleichen Monat den Aktivierungsbefehl zur Vorbereitung von Luftschlägen im Kosovo, was jedoch in Frankreich – aber auch in Deutschland – auf Bedenken stieß, da sich Frankreich lange Zeit wehrte, militärische Zwangsmaßnahmen gegen Serbien mit zu tragen. „Für einen militärischen Einsatz insistierte Chirac auf dem Votum des UN-Sicherheitsrats und wollte Russland unbedingt beteiligt wissen" (Stahl 2006: 195). Nachdem die Gewalt weiter eskalierte – Anfang 1999 wurden 45 albanische Leichen in kosovarischen Racak entdeckt – änderte auch Frankreich seine Haltung und näherte sich der amerikanischen Haltung. Frankreich wollte auf eine Vereinbarung zwischen den Konfliktparteien hinarbeiten, schloss aber letztlich militärische Gewalt nicht mehr aus. Die französische Regierung war inzwischen bereit, die Souveränität Serbiens im Kosovo zeitweise zu begrenzen. Eine gemeinsame britisch-französische Initiative führte zu Verhandlungen zwischen der jugoslawischen Zentralregierung und den Vertretern des Kosovo in Schloss Rambouillet. Mit der Wahl von Rambouillet wollte Frankreich seinen Anteil am Friedensprozess besonders gewürdigt wissen, konnte aber letztlich nicht verhindern, dass die USA wie auch schon beim Dayton-Abkommen eine zentrale Rolle spielten. Doch auch wenn die Albaner nach intensivem Druck der westlichen Mächte, am 18. März 1999 das Rambouillet-Abkommen unterzeichneten, scheiterten die Gespräche, da sich die Vertreter Rest-Jugoslawiens strikt weigerten, dieses Abkommen zu unterzeichnen. Präsident Chirac gab Milosevic die alleinige Verantwortung für das Scheitern der Kosovo-Verhandlungen. Da die Kämpfe im Kosovo sich fortsetzten und die Vertreibungen der Albaner fortgeführt wurden, waren nach diesem Scheitern die Luftangriffe auf Jugoslawien vorprogrammiert, auch wenn der französische Verteidigungsminister Richard keinen Automatismus gegeben sah. So begann die NATO – wenn auch ohne ein ausdrückliches Mandat des Sicherheitsrats der Vereinten Nationen – mit Luftangriffen auf die Bundesrepublik Jugoslawien am 24. März 1999. Frankreich akzeptierte nicht nur den NATO-Einsatz, sondern integrierte sich auch in die militärischen Strukturen des Bündnisses. Allerdings waren die USA der dominierende Akteur, der 70 Prozent der Kampfflugzeuge, 70 bis 80 Prozent der Unterstützungsflugzeuge und 85 Prozent der eingesetzten Munition bzw. 95 Prozent der eingesetzten Marschflugkörper stellte. Nach 78 Tagen stimmte Milosevic dem Abzug der serbischen Truppen aus dem Kosovo zu, gab seinen Widerstand gegen eine internationale militärische und zivile Präsenz im Kosovo auf und akzeptierte schließlich die führende Rolle der NATO im Rahmen der zu schaffenden militärischen Präsenz (Krause 2001: 133). Mit der Einbeziehung Russlands im Rahmen der G 8 wurde eine Möglichkeit gefunden, diesen Balkankrieg zu beenden, hatte doch Präsident Chirac anlässlich seines Besuchs im Mai 1999 in Moskau die russische Rolle für eine Konfliktlösung auf dem Balkan betont. Eine Folge des Krieges im Kosovo war die Suche nach einer politischen Lösung für diese nach wie vor rechtlich zu Serbien gehörende Balkanprovinz. Der UN-Sicherheitsrat übertrug die zivile Friedensimplementierung auf die „*United Nations Mission in Kosovo*" (UNMIK) und die militärische Friedensicherung auf „*Kosovo Implementation Forces*" (KFOR). Darüber hinaus wirkten mehr als 200 nichtgouvernmentale Organisationen am Wiederaufbau des Kosovo mit, deren Arbeit durch die UNMIK koordiniert wurde. Das Kosovo wurde in fünf Zonen eingeteilt, für die Russland, die USA, Großbritannien, Deutschland und Frankreich zuständig wurden. Frankreich war im Jahr 2000 stärkster Truppensteller auf dem Balkan und zweitstärkster in der KFOR.

In Frankreich wurde der geringe materielle Anteil der Europäer am Krieg als äußerst unbefriedigend empfunden, der auch deutlich gemacht hatte, wie wenig die Europäer in diesem Krieg, z. B. bei der Zielauswahl, mitbestimmen durften. So war eine der politischen Folgen des Kosovo-Krieges die Intensivierung des Konzepts der „Europe Puissance" mit dem Ziel der Schaffung europäischer Streitkräfte von 50 000 bis 60 000 Soldaten im Jahr 2003. Eine andere Konsequenz aus dem Kosovo-Krieg war der „Stabilitätspakt für Südosteuropa", der im Juni 1999 auf dem EU-Gipfel in Köln verabschiedet wurde. Er sollte die Staaten Albanien, Mazedonien, Bosnien-Herzegowina, Kroatien, Bulgarien, Rumänien, Slowenien und – später auch einmal die Bundesrepublik Jugoslawien – dazu befähigen, sich den europäischen Strukturen zu nähern, und eventuell auch auf eine Mitgliedschaft vorbereiten.

Für Frankreich war die Konsolidierung des Balkans von großer Bedeutung, so dass es aktiv zu diesem Beruhigungsprozess beitrug und noch beiträgt. Im Kosovo stellt Frankreich nach wie vor das stärkste Kontingent, in Bosnien-Herzegowina steht das französische SFOR-Kontingent an sechster Stelle; allerdings ist Frankreich hier führend in der EU-Polizeimission (EUPM) vertreten. In Mazedonien war Frankreich „lead nation" und erster Truppensteller im Rahmen der Operation *Concordia.* Auch im zivilen Befriedungsprozess nimmt Frankreich eine führende Rolle ein.

Unter Führung der Balkan-Kontaktgruppe – ihr gehören neben Deutschland noch Frankreich, Großbritannien, Italien, Russland, die USA sowie die EU an – hat die internationale Gemeinschaft einige Grundzüge für künftige Statusgespräche und -optionen formuliert. Es besteht zwischen ihnen Konsens, dass jede Statuslösung zur Stärkung der regionalen Sicherheit und Stabilität beitragen muss und infolgedessen eine Rückkehr des Kosovo zur Situation von vor 1999, seine Teilung oder sein Anschluss an einen Drittstaat ausgeschlossen werden müssen. Darüber hinaus muss dem Schutz der Rechte der Minderheiten im Kosovo eine zentrale Rolle zukommen. Schließlich wird die Perspektive einer künftigen Integration Serbien und Montenegros wie auch des Kosovo in die euro-atlantischen Strukturen bekräftigt. Frankreich betrieb bei der Gestaltung der Kosovopolitik der Staatengemeinschaft eine aktive Politik. Obgleich es am Krieg gegen die Bundesrepublik Jugoslawien teilgenommen hat, blieb es wichtigster westlicher Fürsprecher Serbiens. Frankreich hat angesichts eigener nationalpolitischer Konflikte – Baskenproblematik, Bretonenfrage etc. – auch aus eigennützigen Gründen kein Interesse daran, mit einer Unabhängigkeit des Kosovo einen Präzedenzfall zu schaffen. Frankreich kann durch die EU, durch seinen ständigen Sitz im UN-Sicherheitsrat und durch seine Mitwirkung in der Balkan-Kontaktgruppe seine Vorstellungen effektiv artikulieren und zu weit gehende Forderungen wie z. B. nach einem unabhängigen Staat Kosovo abblocken.

Für Frankreich war die Konsolidierung des Balkans von großer Bedeutung, so dass es aktiv zu diesem Beruhigungsprozess beitrug und noch beiträgt. Im Kosovo stellt Frankreich nach wie das stärkste Kontingent, in Bosnien-Herzegowina steht das französische SFOR-Kontingent an sechster Stelle; allerdings ist Frankreich hier führend in der EU-Polizeimission (EUPM) vertreten. In Mazedonien war Frankreich „lead nation" und erster Truppensteller im Rahmen der Operation *Concordia.* Auch im zivilen Befriedungsprozess nimmt Frankreich eine führende Rolle ein.

### 7.5.9 Der Irak-Krieg – Revitalisierung der französisch-deutschen Zusammenarbeit

Eine weitere Annäherung deutsch-französischer Kooperation, wenn auch unter besonderen Bedingungen, vollzog sich im Zusammenhang mit dem Irakkrieg 2003. Sowohl Deutschland als auch Frankreich lehnten die von den USA bereits im Herbst 2002 geforderten militärischen Maßnahmen gegen den Irak ab und wollten mit Hilfe der Vereinten Nationen Saddam Hussein zur Einhaltung der UN-Resolutionen zwingen. Während Deutschland unter Bundeskanzler Schröder besonders stark den Aspekt der Krisenprävention und der diplomatischen Regelung von internationalen Konflikten betonte, stellten für Frankreich die UNO und der Sicherheitsrat ein außerordentlich wichtiges Instrument seiner Außenpolitik dar. Ein seit de Gaulle anvisiertes Ziel konnte die französische Außenpolitik in der Irak-Krise erreichen, nämlich Deutschland auf seine Seite *gegen* die USA zu ziehen. Seit Adenauers Zeiten war es ein fester Grundsatz deutscher Außenpolitik, dass Deutschland niemals zwischen den USA und Frankreich wählen müsse. Deutschland hatte sich immer als Brücke zwischen Frankreich und den USA begriffen. Nun war es Frankreich gelungen, Deutschland aus dem Machtkreis der USA herauszulösen. Frankreich und Deutschland schmiedeten eine Antikriegsallianz, der sich noch als bedeutsame Akteure Russland und China hinzugesellten. Frankreich und Deutschland machten zum ersten Mal gemeinsam Mitspracherechte bei der Schaffung einer neuen internationalen Ordnung geltend. Für Präsident Chirac wie auch für Bundeskanzler Schröder hatte es wichtige innenpolitische Gründe gegeben, sich international zu behaupten und sich von der Politik der USA zu distanzieren. Der „seit längerem hochgradig über die Bush-Administration verärgerte Kanzler (setzte) seine kriegsablehnende Position auch höchst stimmbringend im deutschen Wahlkampf 2002 ein“ (Müller-Brandeck-Bocquet 2004: 254). Chirac konnte mit dieser Haltung nun inhaltlich auch jene Wähler hinter sich bringen, die im Duell mit Le Pen im Frühjahr Chirac nur aus republikanischen Gründen unterstützt hatten. Frankreichs Irak-Politik muss zwar als Opposition gegen die USA und deren Versuch, eine hegemoniale Weltordnung zu schaffen, gesehen werden, doch für Frankreich spielte die *UNO-Schlacht* eine noch größere Rolle. Für Chirac ging es darum, die Autorität der UNO und die durch sie legitimierte völkerrechtliche Legitimität für Friedenseinsätze zu verteidigen. Als ständiges UNO-Sicherheitsratsmitglied mit Vetorecht verstand sich Frankreich den USA als ebenbürtig. Wären die Vereinten Nationen jedoch irrelevant, wie es die Bush-Regierung anstrebte, hätte dies zu einer Entwertung eines nutzbringenden Instruments französischer Außenpolitik führen müssen. Im Januar 2003 kündigte Frankreich an, ein Veto gegen eine eindeutig den Krieg legitimierende Resolution einzulegen, die von den USA und Großbritannien eingebracht werden sollte. In einer dramatischen Debatte im Sicherheitsrat am 5. Februar 2003 prallten die Positionen von US-Außenminister Powell und des französischen Außenministers de Villepin aufeinander. De Villepin machte klar, dass Powell ihn mit seinen Beweisen für das Vorhandensein irakischer Massenvernichtungswaffen nicht überzeugen konnte, was zwei Jahre später der ehemalige US-Außenminister auch zugestehen musste. Da sich die USA nur vier Unterstützern im Sicherheitsrat für ihre Resolution sicher sein konnten, brachten sie ihre Resolution nicht mehr in das UN-Gremium ein und begannen in einer Koalition mit Großbritannien und einigen weiteren Staaten am 20. März 2003 die militärischen Kampfhandlungen gegen den Irak Saddam Husseins.

Wichtig ist, dass Deutschland und Frankreich zum ersten Mal nach dem Ende des Ost-West-Konflikts gemeinsam eine wichtige Rolle in Bezug auf die Neuordnung des internationalen Systems spielten. Von Bedeutung war auch, dass eine europäische Öffentlichkeit entstand, in der die deutsche und die französische Position in Demonstrationen von Millionen von Bürgern in vielen europäischen Ländern Unterstützung fand. Gleichzeitig führte dieses Verhalten allerdings auch dazu, dass die Gemeinsame Außen- und Sicherheitspolitik der EU massiv erschwert wurde und die EU-Staaten sich untereinander wie auch mit den Bewerberstaaten in einer wichtigen Frage auseinander dividierten. Die Befürchtung eines deutsch-französischen Direktoriums, das den übrigen EU-Staaten seine USA-kritischen Vorstellungen oktroyieren könnte, war nicht zu übersehen. So kam es auch zu einem Brief der Regierungschefs der EU-Mitgliedstaaten Großbritannien, Italien, Spanien, Portugal und Dänemark gemeinsam mit den Kandidatenstaaten Polen, Tschechien und Ungarn, in dem sie den UN-Sicherheitsrat und damit die US-amerikanische Position stützten. Kriegsgegner wie Frankreich, Deutschland, aber auch Belgien, Luxemburg und Österreich wurden von dem Brief überhaupt nicht in Kenntnis gesetzt. Gerade die Politik von Bundeskanzler Schröder war durch ihren Rigorismus nicht förderlich gewesen für einen Konsens in der Gemeinsamen Außen- und Sicherheitspolitik. Als Ergebnis der Irak-Krise für den Integrationsprozess lässt sich konstatieren, „dass der deutsch-französische Gleichklang in der Irak-Krise zwar einerseits zur Spaltung Europas beigetragen hat und entsprechend auch eine gewisse Verantwortung trägt am Scheitern des Brüsseler Gipfels Ende 2003; andererseits jedoch hat dieser Schulterschluss Deutschland und Frankreich wieder in ihre angestammte Motorenrolle hineinkatapultiert, mit beachtlichen Impulsgebungen sowohl für die konkrete Ausgestaltung des Konventsentwurfes als auch für das neue gemeinsame Projekt Europe Puissance“ (Müller-Brandeck-Bocquet 2004: 264).

### 7.5.10 Frankreich und die europäische Verfassung

Für Frankreich war das „Prinzip der Regierungskonferenzen“ an seine Grenzen gestoßen (Deloche-Gaudez/Lequesne 2002: 330). Bereits in seiner Rede vor dem Deutschen Bundestag im Jahre 2000 hatte Präsident Chirac die Idee einer Ausarbeitung eines Textes angeregt, der als erste „Europäische Verfassung“ proklamiert werden könne. Das war – trotz der Beibehaltung des Leitbildes eines „Europa der Nationen“ durchaus eine bemerkenswerte Geste: „Dass ein führender französischer Repräsentant das Wort ‚Verfassung‘ als mögliches Ziel der europäischen Entwicklung avisiert hatte, ein Text, der zudem von einem Gremium außerhalb der Regierungskonferenz erarbeitet werden sollte, wurde [...] zu Recht als ‚radikale Wende‘ der gaullistischen europapolitischen Tradition gewertet“ (Große Hüttmann 2004: 142). Frankreich akzeptierte nun den von Deutschland auf dem Gipfel von Nizza vorgebrachten Vorschlag, „dem neuen Vertrag eine Erklärung zur Zukunft Europas beizufügen“ (Deloche-Gaudez/Lequesne 2002: 330). Über die Zukunft beraten sollte der Europäische Konvent. Er wurde auf dem europäischen Ratstreffen in Laeken im Dezember 2001 beschlossen. Er bestand überwiegend aus Vertretern der nationalen Parlamente und des Europäischen Parlaments; ihm gehörten aber zudem auch Vertreter der Regierungen und der Kommission an. Der Konvent tagte vom 28. Februar 2002 bis zum 10. Juli 2003. Seine Aufgabe bestand darin, die EU zukunftsfähig zu machen und sie den Bürgern näher zu bringen sowie Vorschläge über die institutionelle Struktur der Gemeinschaft zu machen.

Im Gegensatz zu den Konflikten mit der Kommission um die WWU war der Entwurf einer europäischen Verfassung hingegen das europapolitische Sachgebiet, in dem Frankreich eine gute Figur machte. Obwohl prominente Konventsmitglieder aus den französischen Reihen eher wenig vertreten waren, da einige als Kandidaten für die Präsidentschafts- oder Parlamentswahlen im Frühsommer 2002 gebunden waren, konnte Frankreich trotzdem großen Einfluss auf die Arbeit des Konvents nehmen. Zum einen wurde der von Präsident Chirac favorisierte Valéry Giscard d'Estaing als Konventspräsident durchgesetzt. Damit kam Frankreich eine „zentrale Steuerungsposition" (Guérot 2002: 21) zu. Allerdings wurde der Pariser Wunschkandidat von den kleineren Mitgliedstaaten, dem Europäischen Parlament und auch von Teilen der europäischen Öffentlichkeit kritisiert. Erstens wegen seines Alters von 75 Jahren, zweitens wegen seines europapolitischen Prinzips eines „Europa der Nationen" (Große Hüttmann 2004: 149). Zum anderen blieb Frankreich zusammen mit Deutschland auf dem europäischen Gipfeltreffen in Brüssel im Dezember 2003 gegenüber Spanien und Polen hart und forderte weiterhin die doppelte Mehrheit, die den großen EU-Ländern mehr Gewicht verleihen würde. So scheiterte der Brüsseler Gipfel, so dass Präsident Chirac unter dem Eindruck des Fehlschlags der europäischen Verfassung erneut seinen, schon im Jahre 2000 vor dem Deutschen Bundestag geäußerten, Vorschlag der „Pioniergruppe" einbrachte, die einen Motor schaffen und ein Beispiel geben könne. Dass der „Verfassungsgipfel" Mitte Dezember 2003 scheiterte, lässt sich jedoch nicht nur auf Spaniens und Polens kompromisslose Haltung und Berlusconis ungeschickte Diplomatie zurückführen, sondern auch „auf die wenig förderliche Inszenierung deutsch-französischen Führungsanspruchs" (Ritzenhofen 2004: 6). Frankreich wollte mit der europäischen Verfassung sein Ziel eines *Europe puissance*, also eines weltpolitisch handlungsfähigren Akteurs Europa, in dem Frankreich weiterhin eine gewissen Einfluss ausübte, realisieren. Dafür diente der Verfassungsvertrag, und für dieses Ziel war Chirac auch bereit Zugeständnisse zu machen. Die französische Europaministerin Claudia Haigneré machte im Mai 2004 in einem Gespräch mit dem Nachrichtenmagazin *Der Spiegel* die französische Position deutlich: „Alles, was Europa schwächt, ist für uns tabu. Wir wollen ein Europa, das wirkungsvoller, entschlossener und schneller handeln kann, das nicht unter seinem eigenen Gewicht erstickt. Dazu brauchen wir eine verkleinerte Kommission und erweiterte Mehrheitsentscheidungen. Die EU muss sicherer, stärker, gerechter und gewichtiger auftreten können" (Der Spiegel v. 24.5.2004). Chirac, der die Verfassung als gute Nachricht für Europa bezeichnet hatte, war zu Konzessionen gegenüber dem deutschen Partner bereit, die sich in der Akzeptanz des europäischen Außenministers wie auch der Veränderung der Mehrheitsregel niederschlugen. Dieser Wandel ist durchaus nicht selbstverständlich und wird sogar als „spektakulärste Wende" (Müller-Brandeck-Bocquet 2004b: 266) betitelt, denn noch auf dem Gipfel in Nizza im Jahre 2000 pochte der französische Staatspräsident auf die deutsch-französische Stimmenparität. Im Laufe des Konventsprozesses zeigte er sich jedoch gegenüber der doppelten Mehrheit aufgeschlossen, die die bisher streng praktizierte deutsch-französische Parität nun definitiv aufhebt. Gründe hierfür sind in der zunehmenden Fixierung Frankreichs auf die zehn Neu-Mitglieder, die das Misstrauen gegenüber Berlin abschwächen ließ, und in dem eindeutigen Stimmenvorteil für Frankreich zu suchen: Denn „Frankreich stellt sich durch die doppelte Mehrheit deutlich besser als bei der Nizzaer Stimmwägung, da es sein Gewicht im Rat von 9 Prozent auf 13 Prozent der Stimmen erhöhen konnte" (Müller-Brandeck-Bocquet 2004b: 266). Natürlich hatte Frankreich auch das Ziel, die Union weiterhin handlungsfähig zu erhalten.

Mit dieser veränderten Haltung hatte Chirac jahrzehntelang verfochtene französische Positionen verlassen. Im Juni 2004 wurde der Verfassungsvertrag von den Staats- und Regierungschefs endgültig verabschiedet. Chirac war zu einem klaren Befürworter einer europäischen Verfassung geworden. Die Tageszeitung *Libération* schrieb bereits ein halbes Jahr zuvor: „Il va se battre bec et ongles pour la constitution europénne [...]" (Libération v. 4.10.2003). Doch dabei stand der Präsident stets vor einem Problem: Einerseits sind die Franzosen durchaus europafreundlich, aber die „fracture européenne", die sich seit dem Maastrichter Vertrag zwischen Europa-Befürwortern und -Gegnern noch deutlicher heraus kristallisierte, war nicht zu unterschätzen, und Chirac wusste auch, dass „seit 1962 noch jedes Referendum zu einer Enttäuschung für den Amtsinhaber wurde" (Müller-Brandeck-Bocquet 2004: 276). Bereits im März sorgte sich die *Süddeutsche Zeitung*, als sie schrieb: „Die Mehrheit für die Verfassung bröckelt, und für Chirac steht alles auf dem Spiel, bis hin zu seinem Platz in der Geschichte" (Süddeutsche Zeitung v. 1.3. 2005).

### 7.5.11 Das gescheiterte Referendum – Chiracs Waterloo

Am 29. Mai 2005 lehnten 54,87 Prozent der Wähler bei einer Wahlbeteiligung von 69,74 Prozent den Verfassungsvertrag ab. Damit war nicht nur der europäische Integrationsprozess in eine schwere Krise geraten, sondern auch die französische Europapolitik. Dieses *„Nein"* war auch für Staatspräsident Chirac eine bittere Niederlage, hatte er doch das Referendum mit aller Macht angestrebt. Sowohl innenpolitisch, aber auch in Europa selbst war die Position von Chirac durch das mehrheitliche *„Nein"* der Franzosen bedeutend geschwächt. Bei einer Ratifizierung des Verfassungsvertrags durch das Parlament hätte die Regierung eine stabile Mehrheit gehabt, denn der Kongress (Abgeordnetenkammer und Senat) hatte die europäische Verfassung mit einer riesigen Mehrheit verabschiedet. Warum also wollte Chirac dieses Referendum durchführen lassen? Zum einen wollte der Präsident erstens außenpolitisch als europäischer Staatsmann Prestige erreichen, zum anderen die Linke innenpolitisch spalten (Le Monde v. 27.5.2005). Ein Sieg beim Referendum wäre darüber hinaus eine gute Ausgangsposition für eine dritte Amtszeit gewesen, denn mit dem Referendum wurden „die Weichen zum Elysée gestellt" (Cicero 5/ 2005). Präsident Chirac begründete drei Tage vor der Volksabstimmung seine Maßnahme wie folgt: „J'ai voulu ce référendum. C'est l'honneur et la vitalité de notre démocratie" (Le Monde v. 28.5.2005).

Die Ablehnung des Verfassungsvertrags ist sowohl auf situationsbedingte Aspekte als auch auf strukturelle Faktoren zurückzuführen. So war die wirtschaftliche und soziale Stimmung in Frankreich in der Phase der Referendumskampagne außerordentlich negativ. Parallel dazu wuchsen die Proteste gegen wichtige Vorhaben der Regierung wie z. B. die Schulreform von Bildungsminister Fillon. Die Vertrauenswerte des Staatspräsidenten und des Premierministers waren in den letzten Wochen vor dem Referendum außerordentlich gering. Schließlich war die Organisation, die Mobilisierungs- und Überzeugungsfähigkeit des „Ja-Lagers" im Wahlkampf schwach. „Die UMP, die Verts aber vor allem der PS mussten hinnehmen, dass namhafte Politiker von der offiziellen Parteiposition abwichen" (Lieb/Roussel/ Schwarzer 2006: 10). Es war weder den Parteiführungen der Sozialisten noch der der Grünen gelungen, ihre eigenen Anhänger für die offizielle Parteiposition, also ein Ja, zu mobilisieren. Dagegen konnten die Parteien, die gegen den Verfassungsvertrag votiert hatten – Extreme Linke, Kommunisten, MPF, Front National und MNR – fast eine uneingeschränkte Unterstützung durch ihre Wähler erzielen. Neben den aktuellen, situationsbedingten Faktoren der Ablehnung lassen sich auch strukturelle Gründe erkennen. So gab es einen Generationengegensatz, stimmten doch Wähler über 60 Jahre mehrheitlich für den Verfassungsentwurf, wie auch eine geographische Trennlinie. In den ländlichen Gebieten und Kleinstädten votierten die Wähler überwiegend gegen den Vertragsentwurf, während sie in den Großstädten, besonders in Paris, für die Annahme des Vertrags stimmten. Frankreichs Wähler waren vor allem ökonomisch gespalten: „Lediglich die oberen sozialen Schichten (leitende Angestellte und intellektuelle Berufe; Hochschulabschluss) sprachen sich mehrheitlich für den VVE aus, während alle anderen sozioökonomischen Kategorien den Vertrag ablehnten, so dass man von einer ‚geradezu karikaturhaften Konfrontation zweier Frankreichs' sprechen kann" (Lieb/Roussel/Schwarzer 2006: 12). Das Referendum über den Verfassungsvertrag hat nicht nur eine weitgehende Bestätigung des Referendums vom September 1992 über den Maastrichter Vertrag ergeben, sondern hat darüber die Unterstützer des Neins noch gestärkt. Der von Präsident Chirac geführten Europapolitik wurde der Boden entzogen, da die Mehrheit der französischen Wähler das französische Gesellschaftsmodell in Frage gestellt sah. Die Debatte über das Referendum, die in keinem Land so intensiv wie in Frankreich geführt wurde, wenn vielleicht auch nicht vor allem inhaltlich über die Verfassung, sondern über Begleiterscheinungen des Integrationsprozesses – Erweiterung um die Türkei, „Dienstleistungsrichtlinie", Rolle und Souveränität Frankreichs u. a. m. – machte allerdings deutlich, dass für die zukünftige französische Europapolitik folgende Fragen zu klären sind: Was sind für Frankreich der Zweck und der Nutzen des europäischen Integrationsprozesses im Kontext der Globalisierung? Wie soll die Europäische Union dazu gestaltet werden? Welches soll ihre endgültige Form sein? Wie ist der Verfassungsvertragsentwurf diesen Aufgaben gewachsen? Welche Konsequenzen hat dieser Integrationsprozess für das französische Gesellschaftsmodell und die französische Identität?

Die Ablehnung des Verfassungsvertrags in Frankreich im Mai 2005 ist sowohl auf situationsbedingte Aspekte als auch auf strukturelle Faktoren zurückzuführen. So war die wirtschaftliche und soziale Stimmung in Frankreich in der Phase der Referendumskampagne außerordentlich negativ. Parallel dazu wuchsen die Proteste gegen wichtige Vorhaben der Regierung wie z. B. die Schulreform.

### 7.5.12 Ein neuer Anlauf – Europapolitik mit angezogener Handbremse

Ohne Zweifel war das *Nein* eine schwere Niederlage für Präsident Chirac. Dennoch hielt Chirac am grundsätzlichen Ziel der Vertiefung des Integrationsprozesses mit dem Kernelement Europäische Verfassung fest. Europaministerin Colonna stellte im Rahmen einer Informationsreise mit französischen Abgeordneten im November 2005 in Brüssel die vier Pfeiler der zukünftigen französischen Europapolitik vor: die offensive Vertretung nationaler Interessen, die Vertrauensbildung anhand konkreter Projekte und Impulse, die Verbesserung der Regierungsarbeit und der Informationspolitik über den europäischen Integrationsprozess (Colonna 2005). So verschärften sich die Spannungen zwischen der EU-Kommission und Frankreich Ende 2005/Anfang 2006, als die französische Regierung die Kommission als Verantwortlichen für unangenehme wirtschaftliche und politische Entwicklungen im Integrationsprozess bezeichnete. So hatte zu Beginn des Jahres 2006 die Kommission die französischen Reformen im Rahmen der Lissabon-Strategie als zu halbherzig bemängelt, was natürlich die Spannungen zwischen beiden Akteuren erhöhte (Le Monde v. 25.1.2006). Mit Hilfe von gemeinsamen europäischen Projekten in den Bereichen Forschung und Entwicklung, Energie, wirtschaftliche Koordinierung der Euro-Zone sowie Sicherheitspolitik und Zuwanderung soll der politische Kontext verbessert und so das Vertrauen der Bürger in die EU wieder hergestellt werden. Auf der institutionellen Ebene wurde im Oktober 2005 das Sekretariat, das unter Federführung des Premierministers als Schaltstellte zwischen den Ministerien, der Nationalversammlung, dem Senat und der Repräsentanz in Brüssel fungiert und von großer Bedeutung für den Entscheidungsprozess ist, in Generalsekretariat für Europäische Fragen umbenannt.

Im April 2006 übersandte Frankreich seine nun etwas detaillierter ausgearbeiteten Vorschläge an die österreichische Präsidentschaft: die institutionelle Verbesserung auf Basis der bestehenden Verträge; die Aufwertung nationaler Parlamente im europäischen Entscheidungsprozess; die Ausweitung der Mehrheitsentscheidungen im Bereich Justiz und Inneres; die Stärkung des Amtes des Hohen Repräsentanten für die gemeinsame Außenpolitik der Union und die engere Zusammenarbeit in wirtschaftlichen und sozialen Fragen. In einem Gastbeitrag für die Frankfurter Allgemeine Zeitung im Oktober 2006 plädierte Präsident Chirac noch einmal für eine differenzierte Integration und kam auf seinen im deutschen Bundestag 2000 geäußerten Vorschlag zurück: „Wenn Frankreich auch die Idee einer Führungsgruppe ablehnt – denn die Union braucht alle und muss jeden respektieren –, so denke ich doch, dass wir den Staaten, die über die EU-Politik hinaus handeln möchten, dies unbedingt gestatten müssen. Diese Pioniergruppen, für die ich schon im Jahr 2000 Vorschläge gemacht habe, sollten mit all den Ländern entstehen können, die den Willen und die Mittel dazu haben, und für alle offen sein, die sich ihnen anschließen wollen. Genau das haben wir mit der gemeinsamen Währung, der Freizügigkeit im Schengenraum oder mit bestimmten Verteidigungsinitiativen getan. Folglich sollte das Ziel der Mitglieder der Eurozone ihre politische, wirtschaftliche und soziale Integration sein" (FAZ v. 26.10.2006).

Im Grunde hatte sich Frankreich unter Chirac jedoch aus den zwei großen europapolitischen Kerndebatten der letzten Jahre – der Osterweiterung und der Verfassung – nahezu zurückgezogen, so dass es sich in diesen beiden höchst bedeutsamen Politikfeldern selbst marginalisiert hatte. Über Jahre hinweg war die französische Haltung zur Osterweiterung zumindest ambivalent und auch heute ist die Haltung Frankreichs zur europäischen Nachbarschaftspolitik nicht eindeutig. Auch das französische „Nein" zum Verfassungsvertrag hat seine Position in Europa geschwächt.

„In keinem anderen Land ist der relative politische Gewichts- und Einflussverlust aller EU-Länder nach der Osterweiterung schmerzlicher erfahren worden, und in Reaktion darauf hat sich Frankreich in die Schmollecke zurückgezogen" (Guérot 2007: 42).

## 7.6 Frankreichs Russlandpolitik unter Chirac

Nachdem unter Mitterrand eine Verbesserung in den französisch-sowjetischen Beziehungen seit der Zeit Gorbatschows eingesetzt, Mitterrand in Jelzin einen wichtigen Partner für die Stabilität des europäischen Kontinents gesehen hatte und die Beziehungen vor allem unter diplomatisch-strategischen Gesichtspunkten sah, sollte das Verhältnis von Chirac zu Jelzin besonders auch durch persönliche Aspekte gekennzeichnet werden. Jelzin nannte er seinen Freund und mit Vornamen. Seit seinem Amtsantritt dokumentierte Chirac deutlich, dass er dem Dialog mit Russland eine gewichtige Funktion einräumte. Er hatte großes Vertrauen in die Entwicklung in Russland und wollte dazu beitragen, dass es seinen Platz in Europa fände und erhielte, eine Voraussetzung seines Ansatzes eines „*Europe puissance*" (vgl. Vaisse 2005: 961). Chirac reiste allein zwischen 1995 und 1999 dreimal nach Russland. Dennoch begannen dieses Beziehungen unter unguten Auspizien. Die von Chirac angeordnete Aufnahme der Atomversuche auf dem Murora-Atoll 1995 wurde auch von Russland kritisiert, wenngleich die Kritik zurückhaltender ausfiel als von manchem befreundeten westlichen Land. Auch die zunehmend engere Zusammenarbeit mit Deutschland, sei es im Rahmen der gemeinsamen Außen- und Sicherheitspolitik der EU oder sei es im gemeinsamen französisch-deutschen Strategiepapier von 1996, beunruhigte Russland, das ein traditionelles Misstrauen gegen eine eventuelle deutsche Dominanz in Europa hegte. Darüber hinaus hatte Russland Befürchtungen wegen der bevorstehenden Osterweiterung der NATO. Frankreich tat in diesem Zusammenhang alles, um eine Marginalisierung Russlands zu verhindern. Es konnte keine Sicherheit in Europa geben, wenn Russland nicht an dieser Ordnung beteiligt würde. Präsident Chirac regte 1996 an, dass vor der NATO-Erweiterung ein Abkommen mit Russland geschlossen werden sollte. So kam es 1997 zur NATO-Russland-Akte, die es Moskau ermöglichte, mit der NATO ein privilegiertes Verhältnis zu entwickeln und über die europäische Sicherheitspolitik gleichberechtigt zu diskutieren, die aber Russland nicht die Möglichkeit gab, NATO-Entscheidungen mitzubestimmen. Während des gesamten Kosovo-Konflikts 1998/99 drängte Frankreich auf die Einbeziehung Russlands in eine Krisenlösung, was letztlich auch Erfolg hatte, als der frühere Ministerpräsident Primakov eine Vermittlungsrolle zusammen mit dem finnischen Präsidenten Ahtisaari erfolgreich wahrnahm.

Auch wenn Russland sich gegen die Erweiterung der NATO wehrte, betrieb es doch Realpolitik, indem es zusammen mit Frankreich auf eine Kooperation im Dreieck Russland, Frankreich und Deutschland hinarbeitete. So kam es im März 1998 zum ersten Treffen im Rahmen dieses neuen Dreiecks, das Russland seinen Platz in der europäischen Sicherheitsordnung garantieren sollte. Nach einer Periode am Ende der 90er Jahre, die von einer gewissen Abkühlung geprägt war, haben sich die Beziehungen zwischen den beiden Staaten ab 2000 spürbar verbessert und wurden seitdem beständig intensiviert. Ein Zeichen für die Stärke dieser bilateralen Beziehung ist zunächst die Häufigkeit der Kontakte auf höchster Ebene. Diese Treffen waren auf beiden Seiten durch den echten Wunsch nach Annäherung und Zusammenarbeit geprägt, und die Kontakte meistens sehr herzlich. Dies zeigt nicht zuletzt die starke persönliche Beziehung zwischen Jacques Chirac und Wladimir Putin. Im November 2000 fand der erste offizielle Besuch Präsident Putins in Frankreich statt, während Präsident Chirac einen offiziellen Staatsbesuch in Russland Anfang Juli 2001 absolvierte, dessen Ergebnis die Unterzeichnung eines russisch-französischen Luftabkommens und eine gemeinsame Erklärung über die strategische Stabilität war. Dabei wandten sich Chirac und Putin gegen die Errichtung eines amerikanischen Anti-Raketengürtels. Im Juli 2002 schlossen Frankreich und Russland ein Abkommen über einen russisch-französischen Sicherheitsrat, den die Minister für äußere Angelegenheiten und Verteidigung bilden. Allerdings ist die faktische Bedeutung dieses Gremiums bis heute noch nicht zum Vorschein gekommen. Im November 2003 wurde ein französisch-russisches Projekt unterzeichnet, das vorsah, die Beziehungen zwischen den offiziellen Repräsentanten, den Geschäftsleuten, Wissenschaftlern, Sportlern und Kulturschaffenden beider Staaten wesentlich zu erleichtern (Gomart 2004: 390).

Größere politische Bedeutung erhielt die französisch-russische Zusammenarbeit im Zusammenhang mit der Irak-Krise. Wie Bundeskanzler Schröder, so war auch der russische Präsident Putin strikt gegen einen Automatismus zum militärischen Losschlagen gegen den Irak in der UN-Resolution vom 8. November 2002, sodass sich nun eine Dreierkonstellation als Ablehnungsfront gegen die US-amerikanische Position heraus bildete. Von nun an trafen sich Bundeskanzler Schröder, Präsident Putin und Präsident Chirac zu mehreren Dreier-Gipfeln, auf denen sie neben der UN-Reform die Beziehungen zwischen Russland und der EU sowie bevorstehende G 8-Gipfel vorbereiteten. Russland und Frankreich unterstützen die deutsche Bewerbung für einen ständigen Sitz im UN-Sicherheitsrat. Nach Auffassung von Präsident Chirac müssten wichtige Beitragszahler wie Deutschland einen entsprechenden Rang in den Vereinten Nationen einnehmen. Präsident Putin unterstützte ebenfalls die deutsche Kandidatur für den Sicherheitsrat. Er rief die Mitgliedstaaten zu einer möglichst einhelligen Entscheidung auf, um eine Spaltung der Vereinten Nationen zu vermeiden. Auf einem Dreier-Gipfel mit dem russischen Präsidenten Wladimir Putin und Bundeskanzler Gerhard Schröder im russischen Ostseebad Swetlogorsk 2005 in der Enklave Königsberg riefen Frankreich, Russland und Deutschland die Führung in Teheran zum Verzicht auf die Wiederaufnahme der militärisch nutzbaren Urananreicherung auf. Die Dreier-Gipfel haben nicht nur die USA während des Irak-Kriegs irritiert, sondern wurden auch von einigen osteuropäischen Nachbarn Russlands mit höchster Besorgnis registriert. Eine Zusammenarbeit dieser drei Staaten, ohne Berücksichtigung der unmittelbaren Nachbarstaaten wie z. B. der baltischen Staaten und Polens, führte dort aufgrund historischer Erfahrungen zu großen Besorgnissen. Diese Unsicherheiten verstärkten sich, da weder Chirac noch Schröder Probleme in der Zusammenarbeit mit Russland aufgrund der russischen Haltung in Tschetschenien erkennen konnten. Im Oktober 2005 kündigte Präsident Chirac an, einen intensiveren Dialog mit Russland über Sicherheits- und Verteidigungsfragen zu suchen. Dabei unterstützte er die Forderung des russischen Verteidigungsministers Sergei Iwanow nach Assoziierung Russlands in die Europäische Verteidigungsagentur. Sie hatte Anfang 2005 ihre Arbeit aufgenommen und will durch gemeinsame Rüstungsprojekte der Mitgliedesländer den europäischen Rüstungsmarkt stärken.

Frankreich verfolgte durch die Stärkung der Verbindungen mit der Russischen Föderation zahlreiche Ziele. Da die Veränderungen der letzten 15 Jahre zu tiefen Erschütterungen in Rußland geführt hatten, sollte und müsste das Land gemäß Chirac nunmehr den Platz auf internationaler Ebene zurückerhalten, der seinem Status entspräche. Das Ziel Frankreichs war es, über die Aufrechterhaltung eines politischen Dialogs von hohem Niveau die Ankoppelung Russlands an den Kreis der Rechtsstaaten und den Aufbau einer breit angelegten und dauerhaften Partnerschaft zu ermöglichen, die in der Lage wäre, die wirtschaftliche Entwicklung des Landes zu fördern. Darüber hinaus müsste Russland in Bezug auf seinen Platz in Europa und seine Beziehungen mit Europa Unterstützung finden. Dafür war gemäß Chirac ein verstärkter Dialog notwendig, der dazu beitragen sollte, die Sicherheit des Kontinents zu gewährleisten.

## 7.7 Frankreichs Beziehungen zu den USA

Als Jacques Chirac 1995 sein Präsidentschaftsamt angetreten hatte, hatten die Beziehungen des Landes unter Mitterrand bereits einen Prozess der Verbesserung durchlaufen. Nicht nur, dass Frankreich im ersten Golfkrieg 1991 an der Seite der USA gegen den Irak in der „Koalition der Willigen“ stand, sondern auch zwischen 1993 und 1995 hatte sich in der Cohabitationsphase ein Annäherungsprozess an die USA vollzogen, indem Frankreich eine kooperativere Rolle gegenüber der NATO einnahm. So wurde z. B. 1993 das SACEUR-Abkommen abgeschlossen, welches vorsah, dass das neu gebildete Eurokorps dem NATO-Oberkommandierenden Europa-Mitte unterstellt werden und außerdem als Teil der Krisenreaktionskräfte des Bündnisses im gesamten europäischen Befehlsbereich zum Einsatz kommen konnte. Präsident Chirac unterstützte sowohl den amerikanischen als auch den deutschen Wunsch der Erweiterung der NATO um Polen, Ungarn und die Tschechische Republik. Frankreich ging im Teilnehmerkreis der Erweiterung des Bündnisses noch weiter und plädierte auch für die Aufnahme Rumäniens. Frankreich setzte sich zwischen 1995 und 1997 für eine neue Führungsstruktur im Atlantischen Bündnis ein. Im Juli 1996 verlangte Frankreich von den USA, dass ein großes Kommando der NATO den Europäern überlassen werden sollte (Buffotot 2006: 31). Es scheiterte jedoch mit seinem Vorschlag, dass der Befehlshaber des NATO-Südkommandos durch einen europäischen Staat gestellt werden sollte.

Die französische Annäherung an die NATO in der Frühphase der Präsidentschaft Chiracs erfolgte aufgrund der Erkenntnis, nicht zuletzt durch die Balkan-Kriege, dass sich ein europäischer Pfeiler der transatlantischen Sicherheit nicht gegen die USA, sondern nur mit ihr in der Atlantischen Allianz durchsetzen ließ. So initiierte Frankreich zusammen mit Großbritannien 1998 in St. Malo die Europäische Sicherheits- und Verteidigungspolitik, die seit dieser Zeit tatsächlich gewaltige Fortschritte gemacht hatte und die Europäische Union zu einem wichtigen Akteur hat werden lassen, der in Krisenzeiten auch unabhängig von der NATO zum Einsatz kommt. So erklärte Präsident Chirac vor dem Institut des Hautes Etudes de Défense Nationale (IHEDN) im Jahr 2000, dass Europa als Wertegemeinschaft nur wahrgenommen werden könnte, wenn es bereit und in der Lage wäre, seine Werte und Interessen notfalls auch militärisch zu verteidigen. Mit seinem kooperativen Verhalten gegenüber der NATO hatte Frankreich nicht nur die bilateralen Konflikte mit den USA entschärft, sondern war gleichzeitig auch seinem Ziel eines starken Europa *(Europe puissance)* näher gekommen. Mit diesem Ansatz hoffte der deutsche Rheinnachbar, die Rolle Europas, und damit auch seine, in der NATO zu stärken. So befürworte Frankreich auch auf dem NATO-Gipfel in Prag im Jahr 2002 die Schaffung einer weltweit einsetzbaren *Schnellen Eingreiftruppe* unter NATO-Kommando und erklärte auch seine Teilnahme daran. Das größte europäische Land, jahrelang einsamer Rufer in der Wüste für eine strategische Autonomie Europas, war letztlich doch noch erfolgreich, wenngleich es sich dafür von einigen gaullistischen Vorstellungen verabschieden musste. Frankreich wollte nicht die USA aus Europa verdrängen, aber es wollte eine symmetrische Struktur zwischen den USA und Europa herstellen, in der die jahrelange amerikanische Führungsposition nicht mehr existieren sollte und die entsprechend dem Kennedyschen Vorschlag von den zwei Säulen im Atlantischen Bündnis keiner ohne den anderen auf die wichtigsten Fragen der Weltpolitik Einfluss nehmen sollte. Die Gleichheit mahnte Präsident Chirac 2006 in einem Gespräch mit Europe1 an, als er erklärte, dass es nur ein Verhältnis unter Gleichen zwischen den USA und Europa und kein untergeordnetes Verhältnis geben könnte.

Als am 11. September 2001 Al-Qaida die Terroranschläge gegen das World Trade Center in New York und das Pentagon in Washington durchführte, rückte Frankreich ganz nah an die USA. Die Tageszeitung Le Monde leitartikelte: *Wir sind alle Amerikaner.* Präsident Chirac war der erste ausländische Staatsmann, der Präsident Bush persönlich bei einem Besuch in Washington seine Unterstützung zusicherte. Auch versicherte Chirac den USA die „totale Solidarität" Frankreichs, nachdem Bundeskanzler Schröder bereits die *uneingeschränkte Solidarität* Deutschlands unmittelbar nach dem Terrorakt ausgedrückt hatte. Frankreich wurde Teilnehmer des von Bush ausgerufenen Kriegs gegen den Terror und beteiligte sich mit Truppen an den Kämpfen der Koalition gegen das Taliban-Regime in Afghanistan im Rahmen der Operation *Enduring Freedom.* Frankreich tat dies ebenso auf nationaler Basis wie auch Großbritannien und Deutschland. Die Europäische Union war zu jener Zeit noch nicht in der Lage, adäquat zu reagieren. Allerdings trübte sich bald das durch den Terrorakt verbesserte französisch-amerikanische Verhältnis, denn aus französischer Sicht nutzten die USA die Anti-Terror-Koalition zu stark zum Ausbau ihrer globalen Vormacht und verzichteten zugunsten ihrer nationalen Interessen auf Gemeinschaftsentscheidungen. So blieb der militärische Beitrag Frankreichs im Afghanistankrieg auch recht gering. Im Februar 2002 kündigte Frankreich faktisch den Schulterschluss mit den USA im Antiterrorkampf auf, als Außenminister Védrine die Vorstellung Präsident Bushs von der „Achse des Bösen" und den Unilateralismus der USA zurückwies.

Ein neuer Konflikt sollte allerdings bald das französisch-amerikanische Verhältnis noch wesentlich stärker belasten. Mitte 2002 wurde immer deutlicher, dass die Bush-Administration auf einem zunehmend harten Kurs gegenüber dem Irak bestand, da sie im Irak Massenvernichtungswaffen vermutete und darüber hinaus den Irak der Verbindung zu Al-Qaida verdächtigte. Die amerikanische Regierung strebte im Irak einen Regimewechsel an. Dagegen setzte die französische Regierung auf eine Eindämmung des Regimes am Tigris. So verabschiedete der Sicherheitsrat der Vereinten Nationen im November 2002 nach schwierigen Verhandlungen einstimmig eine Resolution, in der sich die Interessen der hauptbeteiligten Mächte wieder fanden: „... die USA die Androhung ‚ernsthafter Konsequenzen', die Europäer die Rückverweisung in den Sicherheitsrat, also keine automatische Eskalation zum Krieg im Falle der Nichterfüllung der Auflagen durch den Irak" (Kaiser 2006: 34). Frankreich hielt die Voraussetzungen für ein militärisches Vorgehen gegen den Irak für nicht gegeben, solange der Irak mit den UN-Waffeninspekteuren produktiv kooperierte und die Existenz von Massenvernichtungswaffen nicht nachgewiesen wäre. Frankreich widersetzte sich dem zunehmenden Druck der USA, gegen Saddam Hussein einen Krieg zu führen. Während die USA eine Kampagne für eine den Irak-Feldzug befürwortende Politik starteten, arbeitete Frankreich an einer den drohenden Feldzug ablehnenden Koalition. Präsident Chirac glaubte mit dieser Haltung die europäische Position zu vertreten (Montbrial 2006: 450). Millionen von Europäern hatten gegen den drohenden Krieg demonstriert. Auch der deutsche Bundeskanzler hatte seine Ablehnung des Krieges bereits seit Sommer 2002 deutlich gemacht. Allerdings musste Chirac erkennen, dass sein – und Bundeskanzler

Schröders – Verhalten eine Spaltung der EU hervorrief. Unter der Führung von Großbritannien und Spanien verfassten sechs weitere EU-Staaten einen Brief an die USA, in dem sie ihre Unterstützung für die US-Politik deutlich machten und gleichzeitig gegen die deutsch-französische Dominanz protestierten. Als dann noch die zehn Vilnius-Staaten, jene Staaten die vor der EU- bzw. NATO-Osterweiterung standen, die US-Politik in einem Brief ebenfalls unterstützten, drohten Frankreich und Deutschland in die Isolierung zu geraten. US-Verteidigungsminister Rumsfeld teilte die Staaten in das alte und neue Europa ein, wobei die den Feldzug ablehnenden Staaten als altes Europa tituliert wurden. Präsident Jacques Chirac maßregelte im Februar 2003 die neuen NATO-Mitgliedstaaten Polen, Ungarn und die Tschechische Republik, die vom französischen Präsidenten als „schlecht erzogen" und „kindlich" beschimpft wurden. Damit wurde nicht nur die EU tatsächlich gespalten, sondern die neuen EU-Staaten waren über das Verhalten des französischen Präsidenten sichtlich geschockt. Am 10. März 2003 stellte Chirac kategorisch fest, dass Frankreich gegen ein an den Irak gerichtetes Ultimatum im Sicherheitsrat sein Veto einlegen werde. Damit war die endgültige Entscheidung bei der amerikanischen Regierung gefallen, den Feldzug gegen Saddam Hussein auch ohne UN-Mandat zu beginnen.

Frankreich hatte sich mit seiner Politik nicht nur den USA widersetzt, sondern es hatte seine Vision eines internationalen Systems verteidigt, das auf der Gleichheit und dem internationalen Recht basiert. Gleichzeitig konnte man den USA seine Andersartigkeit beweisen. Dennoch konnte Frankreich, das neben Deutschland auch Unterstützung vom ständigen Sicherheitsratmitglied Russland erhielt, den Krieg nicht verhindern. Die Konsequenz des französischen Verhaltens in der Irak-Frage war eine deutliche Verschlechterung der französisch-amerikanischen Beziehungen. Nach dem Ende des Irak-Kriegs empfahl die Sicherheitsberaterin von Präsident Bush, Condoleeza Rice, dass man Russland vergeben, Deutschland vergessen und Frankreich bestrafen müsse. Und in der Tat fand in den USA so etwas wie ein *French Bashing* (Einschlagen auf Frankreich) statt, was sich in den Medien und der öffentlichen Meinung niederschlug (Boniface 2003: 86 ff.).

Mochten auch auf der Ebene der veröffentlichten Meinung die gegenseitigen Beschuldigungen noch eine Weile anhalten, so musste man auf der politischen Ebene doch wieder zur Zusammenarbeit finden, nicht zuletzt weil man sich in Gremien wie der NATO und dem G 7-Treffen wie auch bei der jährlichen Zusammenkunft der führenden EU-Politiker mit dem US-Präsidenten begegnete. Das Zerwürfnis mit den USA musste überwunden werden, zumal die Spannungen mit den USA auch die weitere Entwicklung der NATO, den europäischen Integrationsprozess sowie die wirtschaftlichen Interessen beeinträchtigten. Frankreich sollte hinsichtlich seiner Befürchtungen über die weitere Entwicklung im Irak insofern Recht behalten, als die USA und ihre Kriegspartner bei der Befriedung des Landes nach dem gewonnenen Krieg in zunehmende Schwierigkeiten geraten sollten. Frankreich erklärte sich allerdings bereit, zur Verbesserung der humanitären Lage und zur Sicherung des Friedens im Irak beizutragen, allerdings unter der Voraussetzung, dass im Irak eine demokratisch legitimierte Regierung eingesetzt würde und die Vereinten Nationen die Federführung beim Wiederaufbau des Iraks haben müssten. Frankreich konnte sich mit diesen Forderungen jedoch nicht durchsetzen. Mitte Dezember 2003 erklärte es sich prinzipiell bereit, auf seinen Schuldenanteil von 3 Mrd. US-Dollar gegenüber dem Irak zu verzichten.

Die Wiederaufnahme eines intensiveren Dialogs zwischen den USA und Frankreich wurde durch die Rückkehr des Iraks zur eigenen Souveränität ermöglicht. Nachdem im Juni 2004 im Irak eine Übergangsregierung eingesetzt, den Vereinten Nationen eine „führende Rolle" im Übergangsprozess eingeräumt und Kriterien für die Ausarbeitung einer Verfassung für den Irak festgelegt worden waren, stimmte auch Frankreich der Resolution 1546 des UN-Sicherheitsrat vom 8. Juni 2004 zu. Frankreich gab nun seine Widerstandspolitik gegen die amerikanische Irakpolitik weitgehend auf. Frankreich wollte diese Zustimmung aber keinesfalls als nachträgliche Legitimation für den US-Einsatz im Irak verstanden wissen. Es billigte aber den Aufbau eines Ausbildungszentrums der NATO für irakische Militärs in der Nähe von Bagdad und sicherte gemeinsam Deutschland und Belgien die Beteiligung an Ausbildungshilfe, aber nur außerhalb des Irak, zu. Nach wie vor lehnte Frankreich ein direktes militärisches Engagement im Irak ab. Die Feierlichkeiten zum 60. Jahrestag der Befreiung Frankreichs vom Nationalsozialismus in der Normandie am 6. Juni 2004 trugen darüber hinaus atmosphärisch zur Entspannung zwischen den USA und Frankreich bei.

Die Beziehungen zu den USA verbesserten sich nicht nur wegen der gemeinsamen militärischen Zusammenarbeit in „failed states" wie im Irak, Afghanistan, Kosovo oder Bosnien, sondern auch aufgrund einer zunehmend engeren Kooperation im Nahen Osten. Im September 2004 unterstützte Frankreich die Resolution des UN-Sicherheitsrats 1559, die eine scharfe Kritik an der syrischen Libanon-Politik enthielt und die Forderung nach Abzug der ausländischen, gemeint waren die syrischen, Streitkräfte enthielt. Die französische Haltung war umso erstaunlicher, stand doch der Libanon bis dahin als ehemaliges französisches Mandatsgebiet unter besonderem französischem Schutz. Syrien als faktische Schutzmacht des Libanons konnte mit französischem Wohlwollen rechnen. Doch mit der Ermordung des früheren libanesischen Präsidenten Rafik-al-Hariri im Februar 2005 gab Frankreich seine Zurückhaltung gegenüber Syrien auf. Auch während des Kriegs Israels gegen den Libanon im Sommer 2006 ermöglichte Frankreich in einer gemeinsam mit den USA eingebrachten Resolution den Waffenstillstand im Libanon.

Zu Beginn des 21. Jahrhunderts, in einer zunehmend interdependenten Welt, die durch die Prozesse der Globalisierung gekennzeichnet wird, brauchen Frankreich und die Vereinigten Staaten einander mehr denn je. Die USA haben im Irak erkannt, dass sie dieses Problem nicht allein lösen können und daher auf die Kooperation mit anderen Staaten angewiesen sind. Frankreich hat zwar seine Vision von einer multipolaren, auf Gleichheit und Gerechtigkeit beruhenden Welt, doch es hat durch den Irakkrieg erkennen müssen, dass gegen die USA als „Hypermacht" seine Vorstellungen nicht durchsetzbar sind, so dass die USA einzig durch Einbindung zu einem Verhalten gebracht werden können, das sich den französischen Vorstellungen zumindest nähert. „Frankreich und die USA sind die letzten großen Nationen, die letzten großen westlichen Kulturen mit einem universellen Anspruch. Es gibt die Rivalität zwischen diesen Kulturen, der einen im Aufschwung, der anderen im Abschwung, was im Grunde ihre Beziehungen bedingt" (Pisar 2002: 116).

Es ist vollkommen klar, dass die Irak-Frage die USA und Frankreich 2002/2003 entzweit hat. Dennoch gibt es zwischen den beiden Staaten mehr Gemeinsamkeiten als Divergenzen. Die französisch-amerikanische Solidarität drückt sich in vielen internationalen Bereichen aus, und an erster Stelle im Kampf gegen den Terrorismus. Beim Kampf gegen die Weiterverbreitung von Massenvernichtungswaffen arbeitet Frankreich mit den Vereinigten Staaten auf multilateraler Ebene zusammen, um Nordkorea wie auch den Iran dazu zu veranlassen, ihren Verpflichtungen nachzukommen und eine positive Einstellung zu den Überprüfungen der Nuklearprogramme einzunehmen. Auf militärischer Ebene stellte Frankreich in den letzten zehn Jahren, nach den Vereinigten Staaten, den zweitgrößten Truppenanteil für NATO-Operationen.

Auf wirtschaftlicher, kultureller und wissenschaftlicher Ebene bestehen enge Bindungen. So entsenden die französischen Unternehmen mehr als 650 000 Beschäftigte in die Vereinigten Staaten. Frankreich ist der fünftgrößte Investor in diesem Lande. Schließlich erstreckt sich die französisch-amerikanische Partnerschaft auf alle Bereiche der Wissenschaft, von der Zusammenarbeit zwischen Laboratorien bei gemeinsam interessierenden Themen bis zur Ansiedlung französischer Start-up-Unternehmen, die in der Biotechnologie oder in der Informatik tätig sind, in den Vereinigten Staaten.

> Die Konsequenz des französischen Verhaltens in der Irak-Frage war eine deutliche Verschlechterung der französisch-amerikanischen Beziehungen. Nach dem Ende des Irak-Kriegs empfahl die Sicherheitsberaterin von Präsident Bush, Condoleeza Rice, dass man Russland vergeben, Deutschland vergessen und Frankreich bestrafen müsse.

## 7.8 Chirac und der Nahe Osten

Nachdem Chirac im Sommer 1995 das Präsidentenamt von Mitterrand übernommen hatte, und 1997 mit dem sozialistischen Premierminister Jospin eine Cohabitation eingehen musste, änderte sich an den Grundzügen der französischen Nahost-Politik nichts. Allerdings verdeutlichte Chirac, stärker als Mitterrand, den französischen Anspruch, im Nahen Osten als Akteur an einer Friedensregelung beteiligt zu werden und nicht der *Hypermacht* (Védrine) USA exklusiv diese Rolle zu überlassen. In einer Rede vor der Kairoer Universität am 8. April 1996 erklärte Chirac, dass die Politik gegenüber den arabischen Staaten eine wesentliche Dimension in der zukünftigen französischen Außenpolitik darstellen würde (Vaisse 2005: 962). Dabei spielte Ägypten wiederum eine besondere Rolle, was nicht zuletzt in der Bestellung des Ägypters Boutros-Boutros Ghali, dem ehemaligen UN-Generalsekretär, zum Generalsekretär der Francophonen Gemeinschaft symbolisiert wird. Mit dieser neuen Politik sollte auch gegenüber der arabischen Welt damit ein Signal gesetzt werden, dass der Gleichklang zwischen den USA und Frankreich in der Region vorüber war. Chirac verstand die Politik gegenüber den arabischen Staaten nur im Zusammenhang mit der gesamten Mittelmeerpolitik. So reiste Chirac 1996 in Zeiten verschärfter israelisch-syrischer Spannungen allein zweimal in den Nahen Osten, „um die festgefahrenen Fronten aufzulockern und damit gleichzeitig den gaullistischen Anspruch auf eine führende Rolle in der Weltpolitik zu erneuern" (Hubel 2000: 96). In Israel unterstrich Chirac in einer gemeinsamen Pressekonferenz mit Ministerpräsident Nethanyahu im Oktober 1996, dass er „als Soldat des Friedens in dieser Region tätig sein wolle" (AdG 41515 v. 19.10.1996). Der französische Staatspräsident bemühte sich um einen Rückzug israelischer und syrischer Truppen aus dem Libanon und offerierte eine französische Truppenpräsenz an der israelisch-libanesischen Grenze, die eine Friedensvereinbarung garantieren sollte. Vor dem jordanischen Parlament erklärte Chirac im Oktober 1996, dass er einen neuen, versöhnten Orient anstrebe, in dem ein friedlicher und prosperierender palästinensischer Staat neben einem von allen anderen Anrainerstaaten akzeptierten Israel bestehen sollte. Ein demokratisches Jordanien wie auch ein Syrien, das die Souveränität über sein gesamtes Territorium besäße und in Frieden mit seinem Feind von gestern, also Israel lebte, gehörten ebenso zu diesem Szenario wie ein vollständig freier, souveräner und dynamischer Libanon und ein starkes Ägypten, das eine Pionierleistung in Friedenprozess im Nahen Osten erbracht hat. Idealtypisch gehörte der Irak für Chirac ebenfalls in seinen Orientplan, allerdings nur wenn sämtliche UNO-Resolutionen von ihm erfüllt worden wären (Politique étrangère de la France 1996: 250). Chirac machte sich das Prinzip „Land gegen Frieden" ebenso zu Eigen wie die Selbstbestimmung der Palästinenser über ihre Zukunft. In derselben Rede wies Chirac auch dem Islam seinen Platz neben den beiden anderen monotheistischen Weltreligionen zu. Als erster ausländischer Staatspräsident sprach Chirac vor dem Palästinensischen Legislativrat in Ramallah und ermunterte die Araber, weiter auf dem friedlichen Weg zu einer Lösung des Nahostkonflikts beizutragen.

Im Mai 1998 regte Chirac während eines Treffens mit dem ägyptischen Präsidenten Mubarak eine internationale Nahostkonferenz an, die vom israelischen Premierminister Nethanyahu jedoch abgelehnt wurde. Anlässlich seines Ende Mai 1998 vorgenommenen Besuches im Libanon setzte sich der französische Präsident erneut für eine internationale Konferenz zur Rettung des Friedens im Nahen Osten ein. Doch Chiracs Unterstützung palästinensischer Forderungen weckten in Israel Zweifel an der französischen Politik, so dass sich Israel auch nicht durch Frankreich zu Zugeständnissen im Nahostfriedensprozess drängen ließ. Überwiegend zeigte sich eine pro-arabische Haltung Chiracs, die sich u. a. auch in der Kritik am UN-Embargo gegen den Irak widerspiegelte. Trotz des Bruchs mit dem Irak hatten französische Interessengruppen, insbesondere aus dem Ölsektor, Verbindungen mit dem Irak geknüpft, und offizielle Besuche irakischer Politiker wie Tarik Azis in Paris hatten die Beziehungen zwischen Frankreich und dem Irak verbessert. So wurde Frankreich in dieser Situation ein Brückenbauer zwischen dem Konfrontationskurs der Anglo-Amerikaner und den arabischen Staaten, die einen Ausgleich mit dem Irak suchten (Styan 2004: 376). Frankreich gelang es, dass die EU immer mehr französische Positionen übernahm. So sprach sich der Europäische Rat in Berlin 1999 erstmals für die Gründung eines palästinensischen Staats aus. Auch wurde der Hohe Beauftragte der EU für die Außen- und Sicherheitspolitik, Javier Solana, als Vermittler im Nahen Osten immer mehr von allen Parteien akzeptiert.

Vor den Bombardements in den Überwachungszonen des Irak 1996 wurde Frankreich nicht durch die USA konsultiert, so dass Frankreich seine Überwachungsflüge über der nördlichen Flugverbotszone aussetzte und seine Beteiligung über der südlichen Flugverbotszone sehr reduzierte. Die französische Diplomatie spielte 1998 eine zentrale Rolle bei der Irak-Krise, die durch die Weigerung der Iraker entstand, den Präsidentenpalast durch die UN-Beobachter inspizieren zu lassen. Chirac hatte eine persönliche Botschaft an Saddam Hussein gesandt, in der er ihm den Ernst der Lage vorführte. Chirac war überzeugt, dass Frankreich eine Pilotfunktion im Sicherheitsrat der Vereinten Nationen spielen konnte und dass die Kombination von militärischer Drohung durch die USA und französischer Verhandlungsbereitschaft Einfluss auf Bagdad ausüben konnten (Styan 2004: 378). Als die UNO-Inspektoren jedoch mangelnde Kooperationsbereitschaft der Iraker im Dezember 1998 feststellten und den Irak verließen, wurde mit der „Operation Desert Fox“ Bagdad bombardiert. Diese Bombardements durch die USA und Großbritanniens bezeichnete die französische Regierung als Irrtum, und sie stellte fest, dass diese Aktionen ohne die Zustimmung des Sicherheitsrats nicht hilfreich für die

Lösung des Irak-Problems gewesen wären. Frankreich zog sich aus den Überwachungszonen vollkommen zurück. Auch die erneute Bombardierung irakischen Gebiets außerhalb der Flugverbotszonen 2001 durch die Anglo-Amerikaner wurde von Frankreich verurteilt und rief in der französischen Öffentlichkeit viel Unmut hervor. Zwischen 1998 und 2002 wuchs die Ablehnung gegenüber den Sanktionen im Irak. Außenminister Védrine bezeichnete im Februar 2001 Sanktionen als grausam und nicht länger akzeptierbar und mehr und mehr unwirksam (Libération 1, März 2001).

Als die Irak-Krise sich 2002 verschärfte, verfolgte Frankreich eine zweigleisige Politik. So machte Präsident Chirac vor dem UN-Sicherheitsrat im September 2002 klar, dass Frankreich auf die Erfüllung der Sicherheitsratsresolution durch den Irak setzte und, dass vor einer militärischen Aktion, der Sicherheitsrat eine weitere Resolution zu verabschieden hätte. Frankreich schloss jeden Automatismus zwischen dem irakischen Verhalten in Bezug auf die UN-Waffeninspektionen und einer militärischen Intervention aus. Noch im Januar 2003 erklärte Chirac in seiner jährlichen Botschaft vor den Streitkräften, dass eine militärische Aktion möglich sein könnte. Auch wurde der Flugzeugträger *Charles de Gaulle* in Richtung Golf in Marsch gesetzt, so dass viel an das französische Verhalten unter Präsident Mitterrand im Januar 1991 erinnerte. Als der Sicherheitsrat am 8. November 2002 die Resolution einstimmig annahm, schien Frankreichs Politik ihre Früchte zu tragen. Doch zeigte sich, dass es zu einem Bruch im Sicherheitsrat zwischen Frankreich und den USA kam, als sich Frankreich einer neuerlichen von den USA und Großbritannien angestrebten Resolution widersetzte, da es von den US-Beweisen über die Existenz von Massenvernichtungswaffen im Irak nicht überzeugt war. Dieser Position schlossen sich die ständigen Sicherheitsratsmitglieder Russland und China wie auch das nichtständige Mitglied Deutschland an.

Die Grenzen von Frankreichs Nahostpolitik zeigten sich in der Irak-Krise 2003/2004. „Frankreich hatte den Einmarsch der USA und ihrer Verbündeten in Irak nicht nur scharf kritisiert, sondern ihm durch die Drohung mit einem Veto im UN-Sicherheitsrat auch die völkerrechtliche Legitimität versagt" (Kolboom/Stark 2005: 375). Zwar gab es eine europäische wie auch eine französische Öffentlichkeit, die überwiegend der Irak-Intervention ablehnend gegenüberstand, doch wandten sich die meisten europäischen Staaten gegen die französische Politik. In einem Brief unter Führung der Briten und Spanier an die US-Regierung, der demonstrativ besonders von den mittel- und osteuropäischen EU-Bewerberstaaten unterzeichnet wurde, versicherte diese Staaten der US-Regierung die Unterstützung dieser Staaten für ihr Vorgehen. Auch wenn Deutschland und Russland die französische Position stützten, war Frankreich aufgrund seiner Haltung gegenüber den USA weitgehend isoliert. Diese französische Politik führte darüber hinaus zu einer drastischen Verschlechterung der französisch-amerikanischen Beziehungen, die erst mit den Feiern zum 60. Jahrestag der Befreiung in der Normandie sich entspannten.

Frankreichs Sorge im Nahen Osten galt nicht nur der konfliktreichen Entwicklung vor Ort, sondern in der Nahostpolitik erkannte man auch eine Möglichkeit seine Unabhängigkeit und seine internationale Rolle zu verteidigen. Die französischen Interventionen dienten der selbsternannten Weltmacht einmal dazu, als Akteur in der arabischen Welt ernst genommen zu werden, zum anderen aber auch als Möglichkeit zusammen mit den Staaten der Dritten Welt und den Sicherheitsratsmächten Russland und China eine mulitpolare Welt aufzubauen, die sich gegen die Politik der *Hypermacht* USA zur Wehr setzen konnte.

Doch Frankreichs Nahostpolitik, so viel Sympathien sie auch in verschiedenen arabischen Staaten erfuhr, stieß bald an ihre Grenzen. So muss es seine Nahost-Politik im Rahmen der Gemeinsamen Außen- und Sicherheitspolitik mit der EU zunehmend abstimmen, wobei andere europäische Partner aber nicht bereit oder willens sind, ein gewisses Maß an militärischer Macht im Nahen Osten zu überschreiten oder auch ihre transatlantischen Interessen durch eine gegen die USA gerichtete Nahostpolitik aufs Spiel zu setzen. Trotz der von der Europäischen Union zu überwiegenden Teilen vorgenommenen finanziellen Unterstützung im Nahen Osten, besonders der Palästinenser, werden die USA weiterhin als der eigentliche Machtfaktor in der Region begriffen.

Ein anderes politisches Problem entwickelte sich im Iran. Seitdem mit dem Teheraner Bürgermeister Amahdineschad ein sog. Hardliner an die Macht gekommen war, der das Existenzrecht Israels mehrmals offiziell in Frage gestellt hatte, musste das von den Mullahs begonnene und 2002 enttarnte Nuklearprogramm die Befürchtung festigen, dass der Iran sich auch zu einer militärischen Nuklearmacht entwickeln könnte. Die EU nahm gegenüber diesem Problem eine geschlossene Haltung ein, als Frankreich, Deutschland und Großbritannien im Auftrag der Union die Initiative ergriffen und ihre Außenminister in Teheran mit den dortigen Verantwortlichen eine gemeinsame Grundlage für Verhandlungen suchten. Die EU versuchte unbedingt eine iranische Nuklearbewaffnung zu verhindern. Der Iran sollte dazu angehalten werden, auf den vollen Nuklearbrennstoffkreislauf zunächst zu verzichten, weshalb die europäisch-iranischen Beziehungen auf eine breitere Grundlage gestellt werden sollten (vgl. Thränert 2006: 31). Trotz ihrer Bemühungen konnten die Europäer die Iraner von der Fortentwicklung ihres Atomprogramms nicht abhalten, so dass der UN-Sicherheitsrat im Dezember 2006 Sanktionen gegen den Iran verhängte und damit versuchte, den Iran davon abzubringen, Uran für sein Atomenergieprogramm anzureichern. Die Befürchtung, dass der Iran tatsächlich nach dem Besitz von Kernwaffen strebt, besteht fort.

Die Haltung Frankreichs gegenüber dem Teheraner Regime schien unter Präsident Chirac nicht mehr so standfest die gemeinsame europäische Position zu stützen. Bereits im September 2006 hatte Chirac sich, zur Überraschung seiner Partner in London und Berlin, für einen Dialog mit dem Iran ohne Vorbedingung, also ohne Einstellung der Urananreicherung, auf die das gemeinsame europäische Bemühen zielte, ausgesprochen. Eine Einschaltung des UN-Sicherheitsrates zu diesem Zeitpunkt lehnte der französische Präsident ebenso ab wie Sanktionen des UN-Sicherheitsrates. In einem Hintergrundgespräch mit mehreren internationalen Zeitungen zu Beginn des Jahres 2007 bezeichnete Chirac die Gefahr, die von einer iranischen Atombombe ausginge, als relativ gering (FAZ v. 2.2. 2007). Chirac sah vor allem das Problem eines Proliferationsschubes durch eine iranische Atombombe. So blieb am Ende der Präsidentschaft Chiracs Haltung zum Iran unklar und schwächte die gemeinsame europäische Position.

**Frankreich und Nahost**

Frankreichs Sorge im Nahen Osten galt nicht nur der konfliktreichen Entwicklung vor Ort, sondern in der Nahostpolitik erkannte man eine Möglichkeit seine Unabhängigkeit und seine internationale Rolle zu verteidigen. Die französischen Interventionen dienten der selbsternannten Weltmacht einmal dazu, als Akteur in der arabischen Welt ernst genommen zu werden, zum anderen aber auch als Möglichkeit zusammen mit den Staaten der Dritten Welt und den Sicherheitsratsmächten Russland und China eine mulitpolare Welt aufzubauen, die sich gegen die Politik der *Hypermacht* USA zur Wehr setzen konnte.

## 7.9 Frankreich und die Dritte Welt

Die Dritte-Welt-Politik Frankreichs bildete für den französischen Staatspräsidenten eine Möglichkeit, seinem Ziel einer multilateralen Ordnung, in der Frankreich einen prominenten Platz einnimmt, näher zu kommen. So wurde z. B. im gemeinsamen Kommuniqué vom chinesischen Staatspräsidenten Zemin und Chirac in Peking 1997 deutlich, dass Frankreich und China nach einem besseren Gleichgewicht zwischen großen und kleinen Staaten, zwischen wohlhabenden und in Entwicklung befindlichen Staaten in der Politik, Wirtschaft, Kultur, Wissenschaft und Technik strebten.

In der Cohabitation kam es unter der Regierung Jospin 1998 zur entscheidenden Reform der französischen Entwicklungspolitik. Die früheren Kolonien verloren ihre Sonderstellung und wurden anderen Ländern gleichgestellt, das Außenministerium übernahm die Führung. Aber mit der Rückkehr der bürgerlichen Parteien 2002 an die Macht rückten Afrika und dessen Entwicklung wieder in den Mittelpunkt. Die französische Politik tat sich schwer, die Sonderbeziehung aufzugeben – denn schließlich sicherte ihr in ihrem Selbstverständnis Afrika den Rang einer großen Macht.

Jospins Ziel war es, die Beziehungen zu den Ex-Kolonien zu normalisieren und Grundlagen für eine größere Glaubwürdigkeit in der französischen Entwicklungspolitik zu schaffen. Die entscheidende Veränderung der Reform von 1998 war die Eingliederung des riesigen Staatssekretariats für Kooperation (früher quasi als Ministerium für das frankophone Afrika betrachtet) in das Außenministerium. Es gab von nun einen gemeinsamen Haushalt. Ziel war eine bessere Kohärenz in der Außenpolitik, die nun auch Afrika in ihren Arbeitsbereich einbeziehen konnte und über ein neues Instrument (die Institutionen der Zusammenarbeit) verfügte. Zuständig für die Kooperation mit allen Entwicklungsländern (früher nur für die Länder des „champ") wurden der beigeordnete Minister (ministre délégué) für Zusammenarbeit und Francophonie und die Direction générale de la coopération internationale et du développement (DGCID) unter dem Generaldirektor. Beide waren dem Außenminister unterstellt.

Die zweite wichtige Veränderung der Reform von 1998 war die Ausweitung des Aktionsfeldes auf zunächst 61, später 54 Länder (darunter auch nicht-afrikanische) unter der Bezeichnung „Zone prioritärer Solidarität" (ZSP). Afrika wurde danach nicht mehr in die Francophonie und den Rest aufgeteilt, sondern als Gesamtkontinent betrachtet. Die ZSP wurde der meist kritisierte Teil der Reform, sowohl von Seiten der nostalgischen Beamten der ehemaligen Afrikapolitik als auch der Reformisten. Denn wenn *good governance* ein Maßstab war, dann traf er auf Staaten wie Tunesien, Guinea, Togo, Kongo, Gabun, Tschad, Dschibuti und Kuba nicht zu. Unter dem Gesichtspunkt der Bedürftigkeit wiederum gehörten Mauritius und die Seychellen nicht in die ZSP (und waren es auch seit 2002 nicht mehr), ebenso Gabun und Südafrika. Die Auswahl eines Landes wurde entsprechend den Interessen Frankreichs vorgenommen.

In der DGCID konzentrierte sich die eine Hälfte der französischen Entwicklungspolitik: die personellen und finanziellen Mittel der technischen, wissenschaftlichen und kulturellen Kooperation Frankreichs mit dem Ausland, mit einem Budget von 1 031 Millionen Euro in 2003. Die DGCID war für die Konzeption und Durchführung der Zusammenarbeit mit den Ländern der ZSP zuständig. Sie betreute ein Netz von 160 Dienststellen für Kooperation und Kultur (SCAC), die Teil der jeweiligen Botschaften sind, sowie 151 Kulturzentren, 266 Sprachschulen der Agentur für Französischunterricht im Ausland (AEFE) und 27 Forschungsinstitute für Sozial- und Geisteswissenschaften. Frankreich entsandte Anfang des Jahrhunderts etwa 2 500 Technische Assistenten in Entwicklungsländer – zehn Jahre zuvor waren es noch 20 000. Im Jahr 2002 umfasste der Etat der DGCID 40 Prozent des Gesamtetats des Außenministeriums (davon 48 Prozent für Afrika). An französischen Hochschulen studierten in 2001 rund 160 000 ausländische Studenten (23 Prozent aus Afrika), davon etwa 5 200 mit einem französischen Stipendium. (Bei all diesen Zahlen muss jedoch beachtet werden, dass sie die gesamten Auslandsbeziehungen umfassen; sie sind also nur bedingt aussagefähig für die Entwicklungszusammenarbeit (Gilette).)

Die Rückkehr der bürgerlichen Parteien in die Regierung führte zu einer erneuten Veränderung der Zusammenarbeit mit den Dritte-Welt-Staaten. Die Prioritäten der Regierung Raffarin im Bereich der Kooperation wurden in einem Zehn-Punkte-Programm zusammengefasst, das als Fahrplan für die nächste Wahlperiode (2002–2007) gelten sollte. Folgende Programmpunkte fanden sich in dieser Ankündigung:

- Steigerung der französischen Entwicklungshilfe,
- Bevorzugung der bilateralen Hilfe,
- Stärkung der Zusammenarbeit mit Afrika
- Übergang von Assistenzpolitik zu Partnerschaft,
- weitere Dezentralisierung der Entwicklungspolitik,
- engere Zusammenarbeit mit der Zivilgesellschaft und dem Privatsektor,
- Förderung des freiwilligen Dienstes,
- Verstärkung der französischen technischen Kompetenz,
- effizientere Koordination der verschiedenen Instrumente, und schließlich
- stärkere politische Repräsentation in den Partnerländern.

Während die staatliche Hilfe in den letzten Jahren ständig geschrumpft war (bei gleichzeitiger Erhöhung der Zahl der Empfängerländer), wollte die bürgerliche Regierung die Mittel steigern. So stieg der Anteil von 0,32 Prozent des BIP im Jahre 2000 in 2001 auf 0,36 Prozent (5,5 Mrd. Euro). Für 2003 sah der Budgetentwurf eine Steigerung auf 0,39 Prozent (6,1 Mrd. Euro) vor. Angesichts eines OECD-Durchschnitts von 0,23 Prozent befand sich – auf die Zahlen bezogen – Frankreich auf einem guten Weg. Laut Präsident Jacques Chirac sollte die BIP-Quote in fünf Jahren den Wert von 0,5 Prozent und in zehn Jahren das international vereinbarte Ziel von 0,7 Prozent erreichen. Die Steigerung des Dritte-Welt-Haushalts konnte nur dadurch erreicht werden, dass einigen Staaten die aufgehäuften Schulden erlassen wurden und dieser Erlass in die Berechnung eingestellt wurde. Faktisch hatte sich damit der Anteil der Entwicklungshilfe fast nicht erhöht.

Die Regierung Raffarin bevorzugte die bilaterale Hilfe, da mit ihr eine größere Flexibilität gewährleistet war. Während der Regierungszeit von Premierminister Jospin hatte das Finanz- und Wirtschaftsministerium die Multilateralisierung gefördert und deren Anteil von 27 Prozent (1995) auf 40,3 Prozent (2001) gesteigert, mit Zuweisungen vor allem an die EU. Die bilaterale Hilfe im Jahre 2001 betrug 2,65 Mrd. Euro (davon 61 Prozent für Afrika incl. Nordafrika) gegenüber 4,2 Mrd.

Euro 1995. Erstes Partnerland blieb Ägypten mit 243 Mio. Euro, gefolgt von Marokko (181 Mio.), Elfenbeinküste, Senegal und Tunesien. Insgesamt haben die weniger entwickelten Länder 31 Prozent der bilateralen Hilfe bekommen (819 Mio.). Statt der Projekthilfe sollte künftig stärker Programmhilfe (besonders in sozialen Bereiche) geleistet werden (Gilette 2003).

Die vorgesehene Steigerung seiner staatlichen Hilfe konnte Frankreich (als fünftes Geberland) aber hauptsächlich nur durch Entschuldung im Rahmen der HIPC-Initiative umsetzen. Frankreich ist unter den OECD-Ländern dasjenige, das die höchsten Schuldenbeträge erlassen hat (10,4 Mrd. Euro), und es nimmt an der HIPC-Initiative in drei Formen teil: Schuldenerlass im Rahmen des Pariser Clubs (5,7 Mrd.), bilateraler Erlass (4,7 Mrd.) und Erlass multilateraler Schulden (200 Mio.). Die bilaterale Entschuldung verfügt seit einiger Zeit über ein neues Instrument: „Entschuldungs-Entwicklungsverträge" (C2D). Dabei bezahlen die Länder ihre Fälligkeiten weiter, aber Frankreich überweist umgehend eine entsprechende Summe auf ein spezielles Konto der jeweiligen Zentralbanken. Dadurch soll sichergestellt werden, dass das Geld für nachhaltige Entwicklung und Armutsbekämpfung verwendet wird, in Form von Zuschüssen für drei Jahre. C2D-Verträge in Höhe von 2,75 Mrd. Euro sind (oder werden in Kürze) abgeschlossen mit Mozambik, Uganda, Bolivien, Kamerun und Elfenbeinküste (Gilette).

Im Gegensatz zur Regierung Jospin, die ihre Aufmerksamkeit vorrangig europäischen Problemen und der Krise im Nahen Osten widmete und ihren Afrikapessimismus nicht verhehlte, hatte die bürgerliche Regierung bereits 2002 Afrikas wieder Priorität gegeben. Der 22. Franco-Afrikanische Gipfel, 2002 in Paris feierlich abgehalten, stand unter dem Motto „Eine neue Partnerschaft zwischen Frankreich und Afrika". Präsident Chirac und sein Außenminister Dominique de Villepin hatten diese Partnerschaft zur Chefsache erklärt. Beim G 8-Gipfel Anfang Juni 2002 in Evian hatte Chirac auf verstärkte Hilfe für Afrika gedrungen. Villepin, der lange in der Direktion für afrikanische und madagassische Angelegenheiten des Quai d'Orsay tätig war, kennt den Kontinent sehr gut und bereiste ihn sehr oft. Nachdem Afrika wieder im Zentrum der internationalen Debatten stand, schien Chirac Frankreich seine Rolle als Sprecher der armen Länder, und insbesondere der afrikanischen Länder, zurück gewonnen zu haben.

Frankreichs Einfluss kann den armen Länder nützen, allerdings nutzt es auch seine Entwicklungspolitik, um diese Länder für seine eigenen außenpolitischen Ziele zu gewinnen, so bei der Ablehnung des anglo-amerikanischen Krieges im Irak 2003 oder bei einem künftigen internationalen Abkommen über kulturelle Vielfalt, damit kulturelle Dienstleistungen nicht wie Marktprodukte behandelt werden. Solche Themen wurden z. B. beim Treffen der Francophonie in Oktober 2002 diskutiert, in Anwesenheit der Vertreter von 56 Ländern; selbst der algerische Präsident Abdelaziz Bouteflika nahm daran teil, der bisher solche Termine für kulturellen

Hegemonismus gehalten hatte. Eine deutliche Politisierung der Francophonie zeichnet sich damit ab. Frankreich suchte die Francophonie, die 1996 mit der „Charte de la Francophonie“ und in der Organisation Internationale de la Francophonie (OIF) offiziell statuiert wurde, auch als zusätzliches Instrument seiner Entwicklungspolitik zu nutzen.

Frankreich ist heute einer der Hauptakteure in der internationalen Entwicklungspolitik. Es ist von allen großen Industrieländern der großzügigste Geldgeber, denn es betrachtet diese Anstrengung als einen Schritt hin zu dem angekündigten Ziel, bis zum Jahr 2007 0,5 Prozent und bis zum Jahr 2012 0,7 Prozent seines Bruttoinlandsprodukts für die Entwicklungshilfe aufzuwenden. Ein großer Teil dieser Hilfe ist für die Länder Afrikas, vor allem südlich der Sahara, bestimmt. Frankreich hat ein globales Entwicklungshilfekonzept. So fördert es die wirtschaftlichen Entwicklungen der Empfängerländer durch die Unterstützung des Ausbaus ihrer Infrastruktur, der Strukturierung ihrer verschiedenen Wirtschaftstätigkeiten oder der Umsetzung einer geeigneten Wirtschafts- und Finanzpolitik. Aber es versucht auch, ihre sozialen Entwicklungen zu fördern, insbesondere den allgemeinen Zugang zu medizinischer Versorgung und zu Bildung. Es unterstützt die politischen Entwicklungen dieser Länder, vor allem die Konsolidierung der Rechtsstaatlichkeit, die Verankerung der Demokratie, die Stabilität und die regionale Zusammenarbeit. Schließlich fördert es ihre kulturelle Entwicklung, insbesondere die Bekräftigung ihres künstlerischen Ausdrucks.

Rund 30 Prozent der französischen Mittel für die öffentliche Entwicklungshilfe finanzieren Programme, die von der Europäischen Kommission und von multilateralen Einrichtungen wie der Weltbank oder dem Internationalen Währungsfonds durchgeführt werden. Der größte Teil der öffentlichen Entwicklungshilfe geht aber in die bilaterale Hilfe, die französische Regierungsstellen oder von ihnen mit der Durchführung beauftragte Organisationen direkt den Empfängerländern zukommen lassen. Diese bilaterale Hilfe wird auf verschiedenen Wegen gewährt. Entweder auf dem Weg der Projekthilfe: dabei setzen das Außenministerium und die französische Entwicklungshilfeagentur jedes Jahr, in Partnerschaft mit den zuständigen Behörden vor Ort, über 500 lokale Projekte zur Verbesserung der humanitären Lage und der rechtlichen, institutionellen oder materiellen Situation in den Empfängerländern um. Oder auf dem Weg der technischen Hilfe: Frankreich entsendet Fachleute in die ausländischen Behörden, um diese zu beraten oder Entwicklungshilfeprojekte durchzuführen. Oder schließlich auf dem Weg der Finanzhilfe: die französischen Behörden gewähren konzessionäre Kredite (zinslose oder niedrig verzinste Darlehen), erlassen Schulden oder leisten finanzielle Hilfe bei Strukturanpassungen. Daneben gibt es Stipendiatenprogramme, die es jedes Jahr über 20 000 ausländischen Studierenden und Erwerbstätigen ermöglichen, sich in Frankreich aus- oder weiterzubilden. Nicht zu vergessen ist die Zusammenarbeit mit Nichtregierungsorganisationen: Fast 3 000 französische Gebietskörperschaften führen jedes Jahr rund 6 000 Maßnahmen in 115 Ländern durch, und viele der mehreren tausend Vereinigungen, die sich für die internationale Solidarität einsetzen, werden von der öffentlichen Hand unterstützt.

Auch zu Beginn des 21. Jahrhunderts ist Frankreich noch immer ein großer Verfechter der Entwicklungshilfe. Es plädiert in den internationalen Gremien beständig für die Sache der armen Länder und hat durchaus zum Erfolg mehrerer Initiativen zu ihren Gunsten beigetragen: Schuldenerlass, allgemeine Wiederbelebung der öffentliche Entwicklungshilfe, bessere Einbindung in den internationalen Handel und die internationalen Wirtschaftsgremien. Es befürwortet einen neuen Ansatz der Entwicklungshilfe, die die nachhaltige Entwicklung in den Mittelpunkt der internationalen Solidarität stellt. Außerdem empfiehlt es, Wasser, Energie, Gesundheit oder Bildung als der gesamten Menschheit zustehende Güter anzuerkennen.

## 7.10 Die Afrikapolitik unter Chirac

Für Präsident Chirac, der sich in manchen seiner außenpolitischen Vorstellungen als Enkel de Gaulles sah, hatte auch Afrika eine strategische Bedeutung. Ohne Afrika würde Frankreich gemäß Chirac zu einer drittrangigen Macht herabsinken (Le Point v. 28.2.2003: 23-29). Weiterhin wurde unter seiner Präsidentschaft in den besonderen Beziehungen zu diesem Kontinent ein Nutzen für Frankreich in Politik und Wirtschaft gesehen. „Frankreich hat in seinen ehemaligen Kolonien durch militärisches Engagement, Institutionen und Entwicklungshilfe, durch die Bedeutung im Außenhandel mit afrikanischen Staaten, durch Währungskooperation und kulturelles Engagement sowie über seine Francophonie-Politik prägenden Einfluss genommen“ (Kolboom 2004: 50). Die „afrikanische Dimension“ Frankreichs kommt darüber hinaus durch hunderttausende schwarzafrikanische Immigranten und „naturalisierte“ Afrikaner wie auch durch die Popularität afrikanischer Kultur innerhalb der französischen Gesellschaft zum Tragen. Symbolisch für die zentrale Stellung des Kontinents in der französischen Außenpolitik ist die Tradition, dass der erste Staatsbesuch eines neu gewählten Präsidenten in das frankophone Afrika führt, so auch bei Chirac (vgl. Treacher 2003: 131). Auch nach dem Ende des Ost-West-Konflikts 1990 blieb Afrika für Frankreich ein Raum zur Projektion französischer Macht und sollte zur Stärkung der französischen Position und Rolle in der Welt beitragen. Noch im Verteidigungsweißbuch von 1994 wurde auf die besondere Bedeutung Afrikas hingewiesen und mit der Fortsetzung der französischen Interessen begründet. In einer Ansprache vor den französischen Botschaftern erklärte der neue Präsident 1995, dass die Solidarität Europas mit den Mittelmeerstaaten und den afrikanischen Staaten gestärkt werden müsse. Zwar wurde die Bedeutung Afrikas in der Cohabitation etwas zurückgefahren, doch seitdem die bürgerliche Rechte eine Mehrheit in der Nationalversammlung besaß, kam es zu einem Wiedererstarken der Bedeutung Afrikas. Außenminister de Villepin machte 2003 deutlich, dass Afrika eine große Chance für Frankreich bedeutet und dass Afrika die französischen Möglichkeiten und Ambitionen in der internationalen Politik vergrößert. Auch unter Chirac gehörte Afrika zur „domaine reservé" des Staatspräsidenten und war Teil eines unübersehbaren offiziellen und inoffiziellen Netzwerkes. „Dazu gehören das Außenministerium, Verteidigungsministerium, der Premierminister, das Wirtschaftsministerium, das Staatssekretariat für Zusammenarbeit (Entwicklungshilfe), das Kulturministerium, die mit der Francophonie befassten Institutionen und insbesondere die Geheimdienste" (Kolboom 2004: 51). Nur in der Zeit der Cohabitation, 1997–2002, musste Chirac der neuen politischen Struktur auch in der Afrikapolitik Rechnung tragen.

Der nach dem Ende des Ost-West-Konflikts auch in zahlreichen afrikanischen Staaten eingeleitete *wind of change*, der eine größere Berücksichtigung der Menschenrechte in diesen Staaten mit sich bringen sollte, wich unter Chirac eher einer eher realpolitischen Betrachtung. Zwar ermutigte der neue Präsident die Reformen afrikanischer Staaten in Richtung Rechtsstaat und *good governance*, doch gleichzeitig wurden enge Beziehungen mit den Führern autoritärer Staaten aufrechterhalten. So hatte Chirac z. B. zum 22. Frankreich-Afrika-Gipfel im Februar 2003 in Paris u. a. auch mit Robert Mugabe den Präsidenten von Simbabwe eingeladen, obwohl die EU angesichts der Bodenenteignungspolitik Mugabes Sanktionen gegen das Land verhängt hatte. Doch da viele afrikanische Regierungen Mugabe unterstützen, und die Präsidenten Obasanjo (Nigeria) und Mbeki (Südafrika) nur bei Anwesenheit Mugabes teilnehmen wollten, entschied sich Chirac für dessen Mitwirkung auf dieser Konferenz. Sie war für Chirac von großer Bedeutung, da an dieser Konferenz 52 von 53 afrikanischen Staaten teilnahmen – damit also ein gutes Viertel der Mitglieder UNO – und eine für den französischen Präsidenten erfreuliche Resolution verabschiedeten. Sie besagte, dass alle Möglichkeiten der friedlichen Entwaffnung auf dem Weg der Inspektionen erschöpft sein müssten, ehe man an einen Militärschlag gegen das Regime von Saddam Hussein denken könne. Damit konnte sich Frankreich – und damit die Achse Paris, Berlin, Moskau – die Unterstützung von mehr als 50 Staaten sichern, was besonders wichtig war, da mit Kamerun, Angola und Guinea drei Staaten als nichtständige Sicherheitsratsmitglieder vertreten waren und Guinea im entscheidenden Monat März 2003 den Vorsitz im Sicherheitsrat führte. Das bedeutete auch, dass man im Kampf gegen die „Hypermacht" USA die afrikanischen Staaten hinter sich wusste, und Frankreich mit einem gewissen Rückhalt gegen die USA agieren konnte (Bourmaud 2005: 21).

Nach wie vor spielte auch unter Präsident Chirac das französische Militär in Afrika eine bedeutsame Rolle und sah sich trotz der Reduzierung seiner Truppen weiterhin als Garanten des territorialen Status quo der afrikanischen Regime. So unterhielt Frankreich noch 2003 Militärstützpunkte in Djibouti, im Tschad, im Senegal, in Gabun und in der Elfenbeinküste, wo zu jener Zeit noch ca. 6 000 französische Soldaten stationiert waren. Mit Kamerun, der Zentralafrikanischen Republik, den Komoren, der Elfenbeinküste, Djibouti, Gabun und Senegal bestehen nach wie vor binationale Verteidigungsabkommen. Darüber hinaus gibt es mit 23 weiteren afrikanischen Staaten Abkommen über militärische Zusammenarbeit (Archiv der Gegenwart 1997: 42219).

Dennoch ist eine Reduzierung des französischen Engagements in Afrika festzustellen. So hat Frankreich bei den Staatsstreichen 1999 im Niger, den Komoren, Guinea-Bissau und Elfenbeinküste nicht interveniert, sondern die Anwendung der Lomé-Abkommen gefordert, also die Eröffnung von Konsultationen zwischen der Europäischen Union und den beteiligten Ländern, um die Menschenrechte in diesen Ländern zu verbessern. Es wird auch bereits von einer Entzauberung des französischen Großmachttraums gesprochen. Da Frankreich zunehmend nicht mehr in der Lage war, bei Krisen in Afrika allein zu intervenieren, setzte Chirac in seiner Afrikapolitik verstärkt auf die europäische Dimension. In ihr muss allerdings Frankreich eine führende Rolle einnehmen. „In der Absicht, Frankreich als handelnden Akteur – auch im Namen Europas – in den internationalen Beziehungen herauszustreichen, und dies, ohne die Internationalisierung auch afrikanischer Verhältnisse zu ignorieren, will Chirac Frankreich als ‚guten Makler' zwischen ‚Nord und Süd', zwischen den afrikanischen Ländern und den internationalen Finanzorganisationen empfehlen" (Die Afrika-Politik Frankreichs 11.1.2001). Der Bedeutungsverlust der französischen Afrikapolitik zeigte sich symbolhaft auf dem 24. Frankreich-Afrika-Gipfel in Cannes, der im Februar 2007 stattfand. An diesem Gipfel nahm auch die amtierende Präsidentin der EU und der G 8, die deutsche Bundeskanzlerin Merkel, teil. Der scheidende französische Präsident Chirac legte der deutschen Bundeskanzlerin nahe, in Zukunft aus den privilegierten französisch-afrikanischen Beziehungen privilegierte europäisch-afrikanische Beziehungen werden zu lassen (Le Monde v. 16.2.2007). Und bereits im Dezember 2007 fand in Portugal der erste EU-Afrika-Gipfel statt, so dass die besondere bisherige französische Position gegenüber Afrika nicht mehr gewährleistet werden kann.

Die Europäisierung bringt auch eine Afrikanisierung der französischen Politik gegenüber dem Schwarzen Kontinent mit sich. So werden die fünf Basen auf drei reduziert, so dass die verbleibenden Stützpunkte in Senegal, Gabun und Djibouti entsprechend ihrer geographischen Lage zu Partnern von Afrikas subregionalen Organisationen ECOWAS (Westafrika), CEEAC (Zentralafrika) und IGAD (Ostafrika) werden. Für die Sicherheit im südlichen Afrika wird die SADC sorgen, wobei der französische Stützpunkt auf der Insel Réunion hier als Partner vorgesehen ist. Ziel der Umstrukturierung der französischen Militärpolitik in Afrika ist eine multilateral ausgerichtete sicherheitspolitische Afrikapolitik, „in deren Rahmen die französischen Stützpunkte die im Aufbau befindlichen afrikanischen ‚Stand-by'-Brigaden mittels Ausübung, Logistik und Ausstattung unterstützen werden" (Tull 2005: 1). Unter Chirac wurden die Konsequenzen aus den unrühmlichen Rollen Frankreichs in Ruanda vor und nach dem Genozid (1990–1996) sowie im ehemaligen Zaire (1994–1996) sowie bei den öffentlichkeitswirksamen Skandalen hochrangiger französischer Politiker gezogen, als eine pragmatischere und rationalere Afrikapolitik durchgeführt wurde. „Dazu zählten die deutliche Senkung der französischen Entwicklungshilfe für Afrika, die 50prozentige Abwertung des an den Französischen Franc gekoppelten Franc CFA (1954), die drastische Reduzierung ziviler und militärischer Experten in Afrika und die von Premier Lionel Jospin (1997–2002) im Jahr 1998 gegen erhebliche Widerstände Präsident Chiracs durchgesetzte Eingliederung des Entwicklungshilfeministeriums in das Außenministerium" (Tull 2005: 2). Auch wenn es in der Zeit der Cohabitation zu Organisationsreformen in der Afrikapolitik kam, bedeutete dies keine grundsätzliche programmatisch-strategische Veränderung. So blieb Frankreich hinsichtlich der Unterstützung des Demokratisierungsprozesses in Afrika im Vergleich zu anderen Staaten deutlich zurück. Eine Konsequenz aus den unglücklich verlaufenen Interventionen in der ersten Hälfte der 90er Jahre war, dass neue Kriterien für zukünftige Interventionen vom Parlament definiert wurden. Danach musste im Vorfeld einer Intervention die Zustimmung der betroffenen Kriegsparteien eingeholt werden, die überstaatlichen Organisationen der afrikanischen Region solch einen Einsatz billigen, ein internationales Mandat vorhanden sein, eine operative Zusammenarbeit mit anderen europäischen Ländern bestehen und eine größere Transparenz in der Informationspolitik vorhanden sein.

Nach Beendigung der Cohabitation verstärkte Frankreich in seiner Afrikapolitik wiederum den Bilateralismus. So wurde z. B. der Anteil an der bilateralen Entwicklungshilfe gesteigert. „Ziel dieser Kurskorrektur war es, die durch Jospins Reformen beeinträchtigte Handlungsfähigkeit Frankreichs in einer für sein nationales Selbstverständnis und seinen internationalen Status zentralen Region wieder zu stärken" (Tull 2005: 3). Mit der von der EU unter maßgeblicher Führung Frankreichs durchgeführten Militärintervention *Artemis* in Itur (Demokratische Republik Kongo) 2003 machte Frankreich seinen Führungsanspruch und seine Gestaltungsfähigkeit deutlich, wobei es gleichzeitig die Kosten seiner Politik multilateralisierte. Gleichzeitig wurde mit der Operation *Artemis* die europäische Handlungsfähigkeit in der Verteidigungspolitik bewiesen. Mit der Intervention *Licorne* in der Elfenbeinküste ab 2002 betrieb Frankreich jedoch wiederum seine alte Afrikapolitik, die eine Intervention zu Gunsten der etablierten Eliten bedeutete, nicht zuletzt auch vor dem Hintergrund der Aufrechterhaltung der ökonomischen Vorteile für das Land. In der Elfenbeinküste ist die gesamte Infrastruktur – Wasser, Strom, Verkehrwesen, Telekommunikation – unter der Kontrolle französischer Unternehmen. Offiziell sollte die Teilung des Landes abgewendet werden.

Vier Jahrzehnte nach dem Ende seiner Kolonialherrschaft in Afrika betrieb Frankreich auch unter Chirac eine Interessenpolitik, die ein dichtes Geflecht aus politischen und wirtschaftlichen Interessen zu verteidigen suchte. So haben die jüngsten französischen Vorstöße, zuletzt im Tschad 2004 und im Kongo 2006, wo im Rahmen einer EU-Mission die ersten Wahlen seit 35 Jahren überwacht werden sollten, zwar durchaus einen humanitären Charakter, beinhalten aber weitgehende strategische Interessen. Auch wenn Frankreich seine Afrikapolitik multilateralisiert, so sucht es doch für seine Unternehmen die Märkte der ehemaligen Kolonien zu sichern.

## 7.11 Sicherheitspolitik – Annäherung an die NATO im europäischen Kontext

Dreißig Jahre nach dem Austritt aus der NATO-Militärorganisation kündigte Außenminister Hervé de Charette 1996 die Rückkehr Frankreichs in die militärischen Entscheidungsgremien des Bündnisses an. Dieser Entschluss erfolgte für manchen Beobachter überraschend, doch die Gründe, die dazu geführt haben, waren langfristiger Natur, so dass diese Politik eine gewisse Rationalität enthielt. Die Beziehungen zwischen Frankreich und der NATO hatten sich seit Mitte der 80er Jahre spürbar verbessert. So unterstützte bereits Präsident Mitterrand nachdrücklich den NATO-Doppelbeschluss. Zweitens war im Maastrichter Vertrag das Ziel einer europäischen Verteidigung in einer Union festgeschrieben worden. Drittens kooperierte Frankreich im Rahmen der Bosnien-Herzegowina-Intervention erfolgreich mit dem Atlantischen Bündnis (Andréani 1999: 201) und war faktisch in die NATO-Befehlskette integriert. Auch im Golf - und Jugoslawienkrieg stand Frankreich kooperativ an der Seite der USA. Schließlich hatte sich aus all dem eine Verbesserung der französisch-amerikanischen Beziehungen eingestellt, die auch eine Neuerung auf dem Bereich der Sicherheitspolitik versprach (Andréani 1998: 28 f.).

Darüber hinaus war Jacques Chirac Realpolitiker und durchaus pragmatisch. Der Jugoslawienkrieg zu Beginn der 90er Jahre hatte dem Nachfolger Mitterrands deutlich gezeigt, dass die Europäer weder den politischen Willen und vor allen Dingen auch nicht den finanziellen Spielraum hatten, um eine neben der NATO zusätzliche europäische Verteidigungsstruktur aufzubauen. Nicht zuletzt ermöglicht eine Mitarbeit in den Bündnisgremien größere Einflussnahme als außerhalb.

Chiracs Ziel, einen europäischen Pfeiler in der Verteidigung zu errichten, ließ sich nicht gegen, sondern nur mit und in dem Atlantischen Bündnis verwirklichen. Im Sommer 1996, nach einem halbjährigen diplomatischen Bemühen Frankreichs, sich den USA und der NATO anzunähern, gab es erste konkrete Kooperationen: Zum einen schlossen die Vereinigten Staaten und Frankreich eine Vereinbarung über atomaren Datenaustausch (FAZ v. 18.6.1996), nachdem Frankreich seine Atomtests Anfang 1996 wieder eingestellt hatte, und zum anderen wurde im Juni 1996 auf der NATO-Ratstagung in Berlin das Gewicht Europas in der NATO gestärkt. „Frankreich machte allerdings seine schrittweise Rückkehr in die NATO-Gremien von einer zunehmenden Europäisierung der Bündnisstrukturen abhängig" (Manfrass-Sirjacques 2000: 63). Präsident Chirac forderte einen europäischen Stellvertreterposten für den Supreme Allied Commander Europe (SACEUR), zum anderen wollte er mit dem durch die Umstrukturierung der militärischen Kommandostruktur entstandenen Combined Joint Task Force (CJTF)-Konzept eine „permanente" und nicht ad hoc geschaffene europäische Befehlsstruktur einrichten. Chirac wollte das Regionalkommando Süd im Mittelmeerraum mit einem europäischen Offizier besetzen. Die USA lehnten diese Forderung entschieden ab, da es sich beim Mittelmeerraum auch um eine strategisch wichtige US-Kompetenzzone mit dem Stützpunkt der 6. Amerikanischen Flotte in Neapel handelte. Zwar wurde das Amt des stellvertretenden Oberbefehlshabers der NATO-Kommandostruktur in Europa mit einem Briten besetzt; doch die europäischen Befehlsstrukturen konnte der französische Präsident nicht durchsetzen. Im Sommer 1997 erklärte der französische Präsident kurz vor dem NATO-Gipfel „seine Politik der schrittweisen Rückkehr in die NATO-Militärstrukturen für gescheitert" (Manfrass-Sirjacques 2000: 63). Frankreich war trotz NATO-Annäherung und Chiracs konstatiertem Wandel der NATO weiterhin außerhalb der integrierten Militärorganisation geblieben. Die Südkommandoaffäre im Rahmen der NATO-Kommandostrukturreform entfernte Frankreich von dem Atlantischen Bündnis und somit auch wieder von den USA. Der Konflikt um das Südkommando hat allerdings gezeigt, dass Frankreich trotz des pro-atlantischen Kurswechsels seinen Führungsanspruch gegenüber der NATO und damit auch gegenüber den USA nicht aufgegeben hatte (Fabisch 1999: 180 ff.). Wie in der Europapolitik war auch in der NATO-Politik des Präsidenten Chirac keine konsequente durchgängige Linie zu erkennen: Zum einen war sie eine durchaus realistische und pragmatische Antwort auf die Strukturbrüche der internationalen Politik 1989–1990, zum anderen lässt sie sich auf einen gaullistischen Reflex zurückführen: nämlich die Bemühungen um einen Ausgleich der amerikanischen Macht in Europa und die Realisierung des eigenen Führungsanspruchs (Fabisch 1999: 201). Grundsätzlich sah Chirac aber zwei Möglichkeiten europäischer Verteidigungspolitik: Zum einen war er bereit, weiterhin traditionelle Einsätze im Rahmen der NATO fortzuführen, so dass die Europäer ihren Bündnisverpflichtungen nachkommen konnten. Zum anderen betonte der französische Präsident aber auch die Möglichkeit völlig eigenständiger Einsätze im Rahmen der ESVP. Fortschritte in der ESVP waren für Chirac auch Fortschritte für die

NATO. Doch beanspruchte Chirac – anders als die Amerikaner – auch ein Erstzugriffsrecht für die Einsätze der Europäer, so dass die EU autonom darüber entscheiden sollte, wann und in welcher Weise eigenständige militärische Einsätze durchgeführt werden sollten.

Mit der Wiederaufnahme der Atomwaffenversuche hatte sich Präsident Chirac nicht nur von seinem Vorgänger abgesetzt, sondern er machte klar, dass sich die französische Sicherheitspolitik auch während seines Mandats trotz französischer Wiederannäherung an die NATO und trotz erster Integrationserfolge in einer europäischen Sicherheits- und Verteidigungspolitik auf die nationale Nuklearwaffe stützen würde. Aber dennoch war auch ihm klar, dass im Zentrum seiner Außenpolitik die Europapolitik stand und dass in der Europapolitik wiederum die europäische Sicherheits- und Verteidigungspolitik einen hohen Stellenwert einnahm. In der Sicherheitspolitik sollte es zwischen Deutschland und Frankreich während der Amtszeit von Chirac sowohl zu gemeinsamen Maßnahmen, aber auch zu Dissonanzen kommen. Seit Beginn legte Chirac einen Schwerpunkt der französischen Sicherheits- und Verteidigungspolitik auf eine veränderte Politik gegenüber der NATO. Chirac sah in der Realisierung einer europäischen Verteidigungsidentität ein Mittel, mit Hilfe eines ausgebauten europäischen Pfeilers die notwendigen Reformen der NATO aktiv mitzugestalten. Voraussetzung für eine echte Mitgestaltung des Reformprozesses musste aber eine weitere Annäherung Frankreichs an das Bündnis wenn nicht sogar seine Re-Integration sein.

So nahm Frankreich 1995/96 in Bezug auf seine Haltung zur NATO in der Tat erstaunliche Veränderungen vor. Nach Auffassung von Präsident Chirac sollte sich Europa wieder als Entscheidungs- und Handlungszentrum der Welt behaupten. Deutschland und Frankreich kamen darin die Funktion eines Impulsgebers zu. Vor dem Hintergrund des IFOR-Einsatzes auf dem Balkan – Frankreich beteiligte sich von Anfang an an dieser von der UNO angeordneten, faktisch aber von der NATO betriebenen Aktion – nahm Frankreich nun wieder als vollwertiges Mitglied an den Sitzungen der Verteidigungsminister und des Militärausschusses teil und stellte erstmals eine Re-Integration in Aussicht, die dann jedoch nicht zustande kam. Die französische Annäherungspolitik wurde durch die Bundesregierung unterstützt, entsprach sie doch auch ihrer Vorstellung der Bildung eines europäischen Pfeilers innerhalb der NATO.

### 7.11.1 Frankreichs Angebot der „konzertierten Abschreckung"

1995 schlugen sowohl der damalige Außenminister Juppé als auch Präsident Chirac eine „konzertierte Abschreckung" für Europa vor. Der vage Vorschlag, französische Kernwaffen für Europa nutzen zu können, unterschied sich von bisherigen französischen Vorstellungen der alleinigen Entscheidung über den Einsatz solcher Waffen. Daher wurden diese Vorschläge bei den europäischen Verbündeten auch mit großer Vorsicht betrachtet. Angesichts des Fortfalls des Ost-West-Konflikts, einer gewissen Stabilisierung in Ost- und Mitteleuropa „drängte nichts auf ‚europäische' Nuklearstreitkräfte oder auf deutsche Mitwirkung an der französischen Nuklearmacht, die seit de Gaulle kein regierender französischer Staatsmann je ernsthaft in Aussicht genommen hatte" (Rühl 1997: 147). Chirac wollte mit der Verankerung des französischen Kernwaffenpotentials in der WEU oder EU eine Rückversicherung gegen ein mögliches, existenzielles Sicherheitsrisiko für Europa schaffen. Darüber hinaus versuchte der französische Präsident die nukleare Option in der Gemeinsamen Außen- und Sicherheitspolitik der EU zu verankern, da mit dem Beitritt neuer (neutraler) und durch Anti-Nuklearpolitik geprägter Staaten wie Schweden und Österreich in die EU eine Nuklearoption für europäische Streitkräfte für die Zukunft eventuell ausgeschlossen werden könnte. Doch waren die französischen Vorschläge zu vage, als dass das Konzept kurz- und mittelfristig eine Realisierungschance gehabt hätte. Sollte „konzertierte Abschreckung" auch konzertierte Verfügungs- und Entscheidungsgewalt heißen? Sollte der Europäische Rat oder der Rat der WEU die Entscheidungsgewalt besitzen? Wie sollte das Verhältnis von nationaler Verfügungsgewalt und Gemeinschaftsverfügungsgewalt geregelt sein? Sollte mit Einstimmigkeit oder mit Mehrheit beschlossen werden? Sollte die „konzertierte Abschreckung" als Ergänzung oder als eine kompetitive Abschreckung zur NATO verstanden werden. Diese und weitere Fragen blieben offen, die auch im Verlauf der nächsten Monate nicht beantwortet wurden.

Die deutschen Reaktionen auf Chiracs Pläne blieben zurückhaltend, fühlte man sich doch in den militärischen Strukturen der NATO deutlich besser aufgehoben als in vagen, erst zu entwickelnden, europäischen Einrichtungen. Neben dem Ziel, einer tendenziellen „Entnuklearisierung" des europäischen Integrationsprozesses vorzubeugen, muss Chiracs Plan auch mit der Wiederaufnahme der französischen Atomtests auf dem Muroroa-Atoll in Verbindung gebracht werden. Wenige Monate nach seiner Amtsübernahme ordnete Präsident Chirac die Wiederaufnahme der Atomtests an. Präsident Mitterrand hatte 1991 in Erwartung eines allgemeinen Atomwaffenteststop-Vertrags weitere französische Kernwaffenversuche ausgesetzt. Auch hatte sich angesichts der Beendigung des Ost-West-Konflikts die Bedeutung von Nuklearwaffen deutlich reduziert. Umso mehr musste Chiracs Initiative zur Aufnahme der Kernwaffenversuche überraschen, die aber auch unter dem Aspekt der Abgrenzung gegenüber seinem Vorgänger sowie als Maßnahme zur Demonstration französischer Selbstständigkeit gesehen werden musste. Mit dem halben Dutzend Testversuchen in der Südsee sollte die französische Kernwaffenausrüstung modernisiert werden. Überall in der Welt, und gerade auch in den westeuropäischen Gesellschaften, wurde gegen Frankreichs Nuklearversuche vehement protestiert, so dass Frankreichs Diplomatie die Kritiker durch Unterstützung eines wirklich umfassenden und vollständigen Teststopps nach Abschluss der Versuchsserie zu beruhigen suchte. Auch das Angebot der „konzertierten Abschreckung“ Europas ist vor dem Hintergrund der nachhaltigen Proteste zu sehen. „Einige Monate nach Beendigung der Testserie unterzeichnete Frankreich zudem ein Abkommen mit den USA über die Zusammenarbeit bei der Simulation von Atomtests, in dem sich die amerikanische Seite verpflichtete, ihre Erkenntnisse und Daten mit Frankreich zu teilen. Im Ergebnis hatte Frankreich durch die Wiederaufnahme der Atomtests also seine Eigenständigkeit unterstrichen, zugleich jedoch bilateralen und multilateralen Kooperationsvereinbarungen wichtige Impulse gegeben und in diesem Kontext französische Interessen gewahrt“ (Maull/Meimeth/Neßhöver 1997: 13 f.). Frankreich hatte damit zwar seine Eigenständigkeit auf das deutlichste demonstriert, jedoch dem Ergänzungsprotokoll zum Elysée-Vertrag über die Gründung des deutsch-französischen Sicherheitsrats zuwider gehandelt. In Artikel 4 dieses Protokolls verpflichten sich beide Staaten, dass die Arbeit des deutsch-französischen Sicherheitsrats die „Sicherstellung einer zunehmenden Abstimmung zwischen beiden Staaten in allen die Sicherheit Europas angehenden Fragen, einschließlich des Gebiets der Rüstungskontrolle und Abrüstung“, zum Inhalt habe. Wenngleich die Wiederaufnahme der Nukleartests nicht dem Wortlaut des Vertrags widerspricht, so doch aber sicherlich dem Geist eines gemeinsamen Vorgehens, d. h.: Der deutsche Partner hätte rechtzeitig über die Maßnahme informiert werden müssen.

### 7.11.2 Die Militärreform

Der Umbruch in der internationalen Politik 1989/1990 hatte auch einen massiven Reformdruck auf das französische Militärsystem zur Folge. Unter François Mitterrand kamen bis 1995 die militärischen Anpassungsleistungen an das international veränderte Umfeld nur sehr schwer in Gang. Auf das Ende des Ost-West-Konflikts hat Frankreich unter Chirac jedoch schnell – wie kaum ein anderes Land (Wurpts 2002b: 52) – und umfassend reagiert. Militärische Operationen, so waren die Überlegungen Chiracs und seiner militärpolitischen Berater, würden in Zukunft überwiegend nur noch in einer multinationalen Kooperation, sei es in Form von Ad-hoc-Koalitionen oder von NATO-Einsätzen, stattfinden (Fabisch 1999: 143). In Frankreich hatten die Entscheidungsträger erkannt, dass innerhalb einer Koalition von Staaten, Frankreich nur dann eine effiziente Rolle spielen konnte, wenn es eine Berufsarmee entwickelte.

Das bereits 1994 noch unter Mitterrand erarbeitete Verteidigungsweißbuch hatte großen Einfluss auf die modifizierten Ziele der Verteidigungspolitik unter Präsident Chirac. Die in ihm niedergelegten verteidigungspolitischen Ziele reihen sich noch in die gaullistische Tradition ein. Die nationalen Interessen manifestieren den globalen Anspruch Frankreichs, die strategischen betreffen die Einflusssphäre Europas und die vitalen Interessen haben dann eine Bedeutung, wenn das französische Mutterland bedroht würde (Joerißen/Stahl 2003: 106). In der Analyse der französischen Verteidigungsstrategie ist bemerkenswert, dass das Weißbuch 1994 sie in einen europäischen Kontext einbettet. So ist angesichts des europäischen Integrationsfortschritts schwer vorstellbar, dass die vitalen Interessen aller EU-Staaten nicht miteinander in Verbindung stehen.

Die von Chirac 1996 initiierte Armeereform muss auch als eine französische Anpassungsleistung an das vollständig veränderte internationale System nach 1989/1990 verstanden werden. Es ist der Bruch mit der lang gepflegten gaullistischen Tradition, politische und militärische Elemente miteinander zu vermischen. Dadurch, dass zum ersten Mal seit über dreißig Jahren die konventionellen Kräfte in den Mittelpunkt gestellt wurden, wurde „eine Entpolitisierung der französischen Militärstrategie vorgenommen" (Fabisch 1999: 199).

Im Zentrum dieses militärischen Kurswechsels stand zunächst die Aussetzung der Wehrpflicht, um sie dann später ganz abzuschaffen. Die Armee wurde professionalisiert und auf 50 000 bis 60 000 Soldaten reduziert. Die Streitkräfte wurden mit „globaler Projektionsfähigkeit" (Meimeth 2003: 26) ausgestattet, was nicht nur Modernisierung von Material und Ausrüstung bedeutet, sondern sie zu einer potentiell weltweit flexiblen Eingreiftruppe werden ließ. Langfristig zielte die Reform auf die Einbindung der französischen Armee in die ESVP ab. „Ziel der Reform auf längere Sicht ist es, eine kurzfristig herstellbare Machtprojektionsfähigkeit von 75 Prozent der Personalressourcen zu erreichen. Im Falle einer schweren Krise in Europa sollte das Heer imstande sein, der NATO 50 000 Mann zur Verfügung zu stellen. Bei weniger gravierenden Krisen, die jedoch Frankreichs Interessen tangieren, sind 35 000 Mann als Eingreiftruppe auf multilateraler Basis vorgesehen, wobei sich Frankreich die Möglichkeit vorbehält, eine zusätzliche Projektionskapazität von 5.000 Mann eventuell ‚autonom' an anderen Orten einzusetzen. Interoperabilität und die Fähigkeit zur Zusammenarbeit mit verbündeten Streitkräften sowie mit den NATO-Stäben oder mit den Heeresstäben von Verbündeten – dem britischen Land Command beispielsweise – oder auch im Rahmen der CJFT sollen die Wahrnehmung der angestrebten Weltordnungsmachtrolle erleichtern" (Manfrass-Sirjacques 1999: 29 f.).

Von den 50 000 bis 60 000 Soldaten der flexiblen Eingreiftruppe sollten 30 000 Mann Einsätze von bis zu einem Jahr durchführen können – 5 000 Mann dieser Einsatzkräfte sollen rotieren, d. h. ständig ausgewechselt werden. Von dieser Eingreiftruppe sollten 5 000 Soldaten für längere Missionen zur Verfügung stehen. Für die Landes- und Bündnisverteidigung sollte Frankreich hingegen gerade einmal 92 000 Mann aufbringen – eine Tatsache, die der Einschätzung, ein Angriff auf nationales Territorium sei unrealistisch, Tribut zollt (Meimeth 2002: 240). Doch wurde an dieser Entwicklung auch Kritik geübt. Der ehemalige Generalinspekteur der Bundeswehr, Wellershoff, bezeichnete das Argument, der Landesverteidigung geringere Priorität zuzugestehen, schlicht als „ziemlich naiv“ (Wellershoff 2004: 89).

Für Chirac lauteten die künftigen Aufgaben und Funktionen der Streitkräfte wie folgt: Abschreckung, Krisenvorsorge, Kräfteprojektion und Schutz des Territoriums und der Bevölkerung. Die Abschreckung sollte demgemäß Hauptelement der nationalen Verteidigungsstrategie bleiben. Die politischen Ziele der Krisenprävention und der Fähigkeit zur Kräfteprojektion erhielten im multinationalen Rahmen eine neue Bedeutung und genossen eine Priorität bei der Zuordnung von Mitteln. Alle Teilstreitkräfte sollten neben ihrer Hauptaufgabe die Schutzfunktion im Rahmen der Landesverteidigung sicherstellen. Die Teilstreitkraft „Gendarmerie“ erhielt in diesem Zusammenhang erweiterte Aufgaben und größere Verantwortung. Zentrale Aufgabe für die konventionellen Streitkräfte war die Kräfteprojektion im Rahmen des Bündnisses in einem geänderten Umfeld, im Rahmen der Erfüllung zahlreicher bilateraler Abkommen und Verträge, besonders mit Staaten in Zentralafrika, oder zur Wahrung bzw. Wiederherstellung der internationalen Sicherheit.

Mit der Entscheidung für eine Berufsarmee und der damit zusammenhängenden Machtprojektionskapazität wurde vor allem Frankreichs Anspruch dokumentiert, eine Großmachtrolle wahrzunehmen. Die Berufsarmee sollte Frankreichs „Rolle in der Welt“ absichern (Le Monde v. 2.7.1998). Die von Verteidigungsminister Millon als „Expeditionskorps“ bezeichneten Eingreifkräfte sollten in Europa, im Mittleren Osten oder in Afrika schnell intervenieren können. Der Interventionsrahmen, ob innerhalb der UNO, der NATO, der OSZE, oder ob nationaler Alleingang, wurde allerdings offen gelassen. Innenpolitisch wurde die Entscheidung des Präsidenten heftig kritisiert, wird doch damit ein Kernbestand der republikanischen Tradition, nämlich die Wehrpflicht, abgeschafft.

Die 1996 noch ca. 500 000 Soldaten, darunter 200 000 Wehrpflichtige, umfassenden französischen Streitkräfte wurden um insgesamt 150 000 Mann verringert. Allein das Heer wurde um ein Drittel reduziert. Die Verkleinerung der französischen Armee war nicht nur eine Antwort auf das Ende des Ost-West-Konflikts, sondern auch eine finanzielle Notwendigkeit. Man hoffte durch die Einführung einer Berufsarmee ca. 14 Mrd. FF einzusparen. „Wichtiger jedoch als der Sparzwang ... spiegelt die Entscheidung zugunsten einer Berufsarmee vor allem den Willen wider, eine ‚Machtprojektionskapazität‘ zu haben, die Frankreich die Wahrnehmung der Großmachtrolle und seiner ‚Rolle in der Welt‘ sichern soll“ (Manfrass-Sirjacques 1999: 29).

## 7.12 Die Europäische Sicherheits- und Verteidigungspolitik

Frankreich hat an der europäischen Integration im militärischen Bereich und dem Aufbau einer ESVP ein grundlegendes Interesse. Lange Zeit war es mit diesem Anliegen ein „einsamer Rufer in der Wüste" (Meimeth 2002: 232). Bereits 1950 hatte sich Frankreich mit dem so genannten „Pleven-Plan" für eine europäische Verteidigungsgemeinschaft (EVG) eingesetzt, das jedoch 1954 in der französischen Nationalversammlung scheiterte. 1960/62 unternahm de Gaulle einen neuen Anlauf mit den Fouchet-Plänen, stieß jedoch bei seinen Partnern dabei auf Ablehnung. Bis zum Maastrichter Vertrag 1992 war das Projekt einer europäischen Verteidigung im europäischen Integrationsprozess aber kein Thema mehr.

1998 war es Jacques Chirac, diesmal gemeinsam mit Großbritannien, der einer ESVP neuen Elan gab. Frankreichs Motiv schien dabei offensichtlich gewesen zu sein: Wiedererlangung des internationalen Rangs durch eine „Stärkung Europas zu Lasten des amerikanischen Einflusses" (Diedrichs u. a. 2004: 226). Frankreich stellt traditionell den Antreiber einer europäischen Verteidigung dar. Die Gründe für diese Politik lassen sich zum einen „in der gaullistischen Tradition der europäischen Verstärkung nationaler Interessen auf der Weltbühne" finden (Wurpts 2003: 52). Zum anderen hängt diese Befürwortung mit einem europäischen Dilemma zusammen: Europa befindet sich von den USA nach wie vor in sicherheitspolitischer Abhängigkeit (Wurpts 2002a: 45). Frankreichs langfristiges Ziel ist es, einen Kontrapunkt zur unipolaren Weltordnung der USA zu setzen (Meimeth 2003: 23). Frankreich will die „EU als blau-weiß-rot geführten ‚global player' (zu) entwickeln" (Wurpts 2003: 52). Frankreich will zwar auf das US-Engagement in Europa nicht vollständig verzichten, aber die „Herstellung von Symmetrie", d. h. ein internationales Umfeld schaffen, in dem für die Hegemonie der USA kein Platz mehr ist und beide Partner sich bei Fragen in den internationalen Beziehungen abstimmen müssen (Meimeth 2003: 23). Unter dem Eindruck des Kosovokrieges, in dem die Europäer auf amerikanische Hilfe militärisch angewiesen waren, sagte Chirac auf dem EU-Gipfel in Köln im Sommer 1999, dass die EU sich so schnell wie möglich Mittel geben muss, die sie in die Lage versetzen, die Sicherheit auf unserem Kontinent zu gewährleisten (Les Echos v. 27.8.1999). Seit Beginn seiner Amtszeit hatte Chirac den Schwerpunkt auf die Sicherheits- und Verteidigungspolitik gelegt, was sich zunächst in seinem Annäherungsversuch (1996) an die NATO niederschlug, um den europäischen Einfluss zu stärken. Frankreichs Ambitionen hören da allerdings nicht auf, vielmehr ging es Präsident Chirac darum, eine echte europäische Verteidigungsunion zu schaffen, die gleichzeitig den gleichberechtigten europäischen Pfeiler in der NATO bildet.

Am Anfang der französischen Sicherheits- und Verteidigungspolitik stand jedoch erstens der Gedanke, dass sich Frankreich als eine wichtige Macht verstand; sicherlich nicht als die erste, aber immerhin doch als eine der wenigen, die in der heutigen Welt zählen. Zweitens hatte diese Macht Interessen und es war legitim, sie zu verteidigen. Drittens verstand sich das französische Engagement im Bereich der europäischen Verteidigungspolitik nicht als ein „Altruisme" sondern eher als eine „relation gagnant-gagnant" (Vinçon 2004: 17). In dieser Logik verschrieb sich die französische Verteidigungspolitik mehr und mehr einer europäischen und multinationalen Ordnung. Dadurch wurden Frankreichs militärische Kräfte durch Adhoc-Koalitionen oder längere Missionen in internationale Organisationen wie die der NATO, der United Nations Organization (UNO) oder der EU gebunden (Woets 2000: 60).

Theoretisch besteht eine „enge Kooperation in der Sicherheits- und Verteidigungspolitik" zwischen Frankreich und Deutschland schon seit über 40 Jahren, nämlich seit dem Elysée-Vertrag 1963. Auch in dem seit 1988 eingerichteten Deutsch-Französischen Sicherheits- und Verteidigungsrat sind beide Länder als sicherheitspolitische Akteure verbunden. Nicht zuletzt sind beide Partner Gründungsmitglieder der Europäischen Politischen Zusammenarbeit (EPZ), die bis 1993 den Vorläufer der GASP bildete, und sie verstehen sich als Initiator der politischen Union. Es gibt also große Gemeinsamkeiten, doch gerade im Bereich der Sicherheitspolitik gab und gibt es zwischen Deutschland und Frankreich viel Dissens – aber auch die Bemühungen um den Konsens. Zwischen den Staaten der EU verlaufen im Bereich der GASP traditionell zwei Konfliktlinien: zum einen der Gegensatz „Intergouvernementalismus" (Frankreich) versus „Vergemeinschaftung" (Deutschland), und zum anderen „Europäer", verkörpert durch Frankreich, versus „Atlantiker", repräsentiert durch Deutschland (Saadhoff 2000: 69).

Nach dem Amtsantritt Chiracs im Jahr 1995 gab es zwischen Deutschland und Frankreich im sicherheitspolitischen Bereich sowohl „gemeinsame Maßnahmen", aber auch „Dissonanzen". Das „Gemeinsame deutsch-französische Sicherheits- und Verteidigungskonzept", der 1995 von Chirac geäußerte Vorschlag einer „konzertierten Abschreckung", und schließlich die sicherheitspolitische Zusammenarbeit im Europäischen Konvent sind die wichtigsten Aspekte, in denen die Unterschiede und Gemeinsamkeiten in den deutsch-französischen Sicherheits- und Verteidigungskonzeptionen zum Tragen kommen.

Die Debatten über eine gemeinsame Sicherheitspolitik und ihre organisatorische Verankerung verliefen zwischen den politischen Partnern in der EU nahezu diametral: Frankreich pflegte eine „ehrgeizige GASP-Rhetorik" (Deloche-Gaudez 2002: 126) und wollte eine vom Europäischen Rat bestimmte herausragende politische Persönlichkeit, einen Monsieur oder Madame PESC (Politique étrangère et de sécurité commune), der/die der EU ein Gesicht, eine Stimme und die einst von dem US-Außenminister Henry Kissinger geforderte Telefonnummer gibt. Dagegen bevorzugte eine von Deutschland geführte Gruppe eine als „graue Eminenz apostrophierte, bescheidenere Lösung" (Regelsberger 2002: 33), die den Präsidenten des Europäischen Rates ins Zentrum der Politik gesetzt hätte. Während Deutschland in der Sicherheitspolitik eher gemeinschaftlich orientiert ist, hatten die Franzosen lange Zeit strikt intergouvernemental argumentiert, bevor sie Zugeständnisse zur Ausweitung von Mehrheitsentscheidungen machten (Legleitner 2003: 291). Zudem haben die beiden Länder eine unterschiedliche Historie in der jeweiligen Sicherheitspolitik. Für die alte Bundesrepublik wie auch das Vereinte Deutschland waren und sind die Westbindung und die darin eingeschlossene Mitgliedschaft in NATO und EG Staatsraison. Nationale Unabhängigkeit hatte in Deutschland nach dem Zweiten Weltkrieg nie Priorität, eher fußte die Sicherheitskonzeption stets auf multilateraler Zusammenarbeit und Bündnistreue gegenüber der Atlantischen Allianz, zu der es aus deutscher Sicht auch keine Alternative gab. In Frankreich dagegen wird die Sicherheits- und Verteidigungskonzeption durch nationale Unabhängigkeit – der Austritt 1966 aus der militärischen Integration der NATO ist an dieser Stelle als Exempel zu erwähnen – und durch die nukleare Abschreckung, die sich global versteht, determiniert. Langfristig gesehen läuft Frankreichs Wunsch nach eigenständigeren Strukturen im Bereich der Sicherheits- und Verteidigungspolitik auf eine „Duplizierung" von NATO- und EU-Strukturen hinaus. In Deutschland wird die Stärkung der militärischen Eigenständigkeit allerdings „nicht als Alternative, sondern als Ergänzung zur NATO und zum amerikanischen Engagement in Europa verstanden" (Meimeth 2003: 25). Deutschland bevorzugt die Lösung „Leadership in Partnership", wobei die USA als letzte verbliebene Supermacht in ihrer militärischen Stärke bestätigt würde, was allerdings von Frankreich strikt abgelehnt wird (Dialer 2004: 53).

Zu diesen Unterschieden kommen noch die geografisch bedingten unterschiedlichen Sicherheitsbedürfnisse und die in den beiden Ländern höchst ungleichen Einstellungen zu der Legitimation militärischer Macht (Meimeth 2003: 29), was sich auch in den militärischen Ausgaben der beiden Länder nieder schlägt. Während Frankreichs Ausgaben für den Verteidigungshaushalt unter dem Präsidenten Jacques Chirac allein im Jahr 2003 z. B. um 7,5 Prozent auf insgesamt 31,07 Milliarden Euro stiegen und somit die Führungsrolle von Paris beim Aufbau einer ESVP weiter unterstrichen wurde, haben sich die „versäumten" Ausgaben für die Modernisierung der Bundeswehr auf 20,4 Milliarden Euro akkumuliert (Meimeth 2003: 27). Die Verringerung des deutschen Verteidigungsetats nach der Wahl 2002 wurde in Paris als erneutes Zeichen gewertet, dass Deutschland die äußere Sicherheit dilatorisch behandelte. Während Chirac auf „weltweite Kräfteprojektion" setzte, ging Deutschland diesen Weg sehr zögerlich.

Nicht zuletzt zeigten sich Unterschiede in der innenpolitischen Legitimation der militärischen Gewalt. In Frankreich (sowie auch in Großbritannien, Spanien und Polen) liegt die Entscheidung über die Entsendung der Streitkräfte bei der Exekutive. Die Verfassung der V. Republik wie auch ihr Handhabung ermöglichen Präsident Chirac die nahezu uneingeschränkte Gestaltung der Außen- und Sicherheitspolitik. Ein militärischer Einsatz ist also in das Ermessen der Exekutive gestellt und vergleichsweise unproblematisch. Deutschland dagegen gilt auf Grund des „strikten Parlamentsvorbehalts“ als „umständlicher“ oder „unberechenbarer“ Partner (Diedrichs u. a. 2004: 227).

## 7.13 Das Gemeinsame Deutsch-Französische Verteidigungskonzept

Während der 68. deutsch-französischen Konsultationen in Nürnberg im Dezember 1996, 33 Jahre nach Verabschiedung des Elysée-Vertrags mit der Ankündigung einer gemeinsamen deutsch-französischen Verteidigungskooperation, gelang es Deutschland und Frankreich endlich, ein gemeinsames deutsch-französische Sicherheits- und Verteidigungskonzept zu verabschieden. Zum ersten Mal in der Geschichte der bilateralen Beziehungen wurden die Sicherheitsinteressen beider Länder als untrennbar bezeichnet. Da dem Treffen in Nürnberg eine Phase bilateraler Irritationen, nicht zuletzt durch Chiracs Alleingänge in der Nuklearpolitik und der Armeereform, vorausgegangen war, bedeutete die Verabschiedung dieses Dokuments einen wichtigen Schritt in den deutsch-französischen Beziehungen. Die beiden Länder bekundeten mit ihrem gemeinsamen Konzept ihren Willen, unter anderem einen gemeinsamen Ansatz für die Aufgabe und Strategie der Streitkräfte und die Leitlinien der militärischen Zusammenarbeit und der Rüstungspolitik zu finden (Deutsch-Französisches Sicherheitskonzept, abgedruckt in: Woyke 2000: 243).

Das Konzept beruht auf folgenden vier Elementen:

- Gemeinsame Zielsetzungen für die gemeinsame Sicherheits- und Verteidigungspolitik;
- gemeinsame Analyse der Rahmenbedingungen für die Sicherheit beider Staaten;
- gemeinsamer Ansatz für die Strategie und die Aufgaben der Streitkräfte;
- gemeinsame Leitlinien für die militärische Zusammenarbeit, für die Herausbildung gemeinsamer Fähigkeiten in der Rüstungspolitik.

Zu Recht wird konstatiert, dass die fortschreitende europäische Integration die politischen, wirtschaftlichen und gesellschaftlichen Verbindungen zwischen den Staaten in einem Maße verstärkt, dass ihre Sicherheitsinteressen untrennbar werden lässt. So setzen sich Deutschland und Frankreich folgende gemeinsame Ziele:

- Sicherstellung der Integrität ihrer nationalen Territorien, freie Ausübung ihrer Souveränität und Schutz ihrer Bürger;
- koordinierte Verstärkung ihres Beitrages für die mit der kollektiven Verteidigung in Europa betrauten militärischen Bündnisse (Atlantische Allianz, WEU);
- Erhaltung und Stärkung der Stabilität des europäischen Kontinents und seiner Randzonen, einschließlich des Mittelmeerraums, sowie in den für die wirtschaftlichen Aktivitäten und für den freien Handel beider Staaten wichtigen Regionen;
- Beitrag zur weltweiten Erhaltung des Friedens und der internationalen Sicherheit in Übereinstimmung mit den Grundsätzen der Charta der Vereinten Nationen und den Zielen der Gemeinsamen Außen- und Sicherheitspolitik der Europäischen Union; durch Abstimmung über den Einsatz, den jeder zur Verhütung und Bewältigung vom Krisen zu leisten bereit ist; durch koordinierte Wahrnehmung der Verantwortlichkeiten beider Staaten innerhalb der Vereinten Nationen.

Beide Staaten wollten eine gemeinsame europäische Verteidigungspolitik unter dem Dach des Europäischen Rates voranbringen. Im gemeinsamen Konzept wird bekräftigt, die WEU zu gegebener Zeit in die EU zu überführen. Besonders bedeutsam ist die Aussage hinsichtlich der Nuklearwaffen, wenn es heißt: „Die kollektive Verteidigung beruht auf einer den neuen strategischen Gegebenheiten angepassten Zusammensetzung von konventionellen und nuklearen Kräften. Die höchste Sicherheitsgarantie der Verbündeten wird durch die strategischen Nuklearkräfte des Bündnisses, insbesondere der Vereinigten Staaten, sichergestellt; die unabhängigen Nuklearstreitkräfte des Vereinigten Königreichs und Frankreichs, die eine ihnen eigene Abschreckungsfunktion erfüllen, tragen zur globalen Abschreckung und Sicherheit der Verbündeten bei. Unsere beiden Länder sind bereit, einen Dialog über die Rolle der nuklearen Abschreckung im Kontext der Europäischen Verteidigungspolitik aufzunehmen".

Des Weiteren werden Leitlinien für die militärische und Rüstungszusammenarbeit aufgestellt sowie weitere Leitlinien für die militärische Zusammenarbeit in der Zukunft vorgelegt.

Obwohl das gemeinsame Papier viel Altbekanntes enthielt, bedeutete es doch die Wiederbelebung eines seit 1954 nur sehr restriktiv behandelten Themas: Die Debatte um die damals gescheiterte EVG und die, wenn auch im Vagen gehaltene, Idee einer „dissuasion concertée" (Coudurier 1998: 376 f.). Die Verabschiedung des gemeinsamen Konzepts bedeutete ein starkes „politisches Signal", denn damit unterstrichen Frankreich und Deutschland die Ernsthaftigkeit der europäischen Sicherheits- und Verteidigungspolitik. So stimmte Frankreich der Aussage zu, sich mit Deutschland über den Einsatz in Krisen abzustimmen, was konkret bedeuten würde, dass auch ein französischer Einsatz in Afrika mit der Bundesrepublik besprochen werden müsste. Deutschland ließ sich zum ersten Mal auf eine Diskussion über Frankreichs nukleare Abschreckung und deren Verwendung im europäischen Kontext ein (Schild 1997: 3).

Dieses gemeinsame deutsch-französische Sicherheits- und Verteidigungskonzept, dessen Zustandekommen vor dem Hintergrund der von Präsidenten Chirac ebenfalls betriebenen NATO-Annäherung verstanden werden kann, wurde durch den pro-atlantischen Kurswechsel Frankreichs überhaupt erst ermöglicht. Bis dahin war der unterschiedliche politische und militärische Status der beiden Länder im atlantischen Verteidigungsbündnis ein zentrales „Kooperationshindernis". Die Annäherung zwischen Deutschland und Frankreich im sicherheitspolitischen Bereich lässt sich zumindest bis zu dem von Chirac im Sommer 1997 offiziell verkündetem Scheitern der NATO-Annäherung als Wechselwirkung beschreiben: „Die ‚NATO-isierung' der französischen Sicherheitspolitik findet ihre Entsprechung also in einer ‚Europäisierung' der deutschen Sicherheitspolitik" (Schild 1997: 8). Zudem erhielt die französische NATO-Annäherung deutsche diplomatische Unterstützung.

## 7.14 Die Europäisierung der französischen Verteidigungspolitik

Frankreichs Sicherheits- und Verteidigungspolitik wurde mehr und mehr in den europäischen Kontext eingebettet. Dieser Kurs, vorsichtig von Mitterrand bereits begonnen, wurde von Chirac natürlich nicht aus Liebe zur Integration vorgenommen, sondern war ein Resultat der Verringerung französischer Bedeutung. Das mächtige außenpolitische Instrument – die *force de frappe* – war durch die Umbrüche von 1989/1990 stark relativiert worden. Hinzu kommt noch eine weitere Tatsache, die die Anwesenheit der Atommacht USA auf dem europäischen Kontinent betreffende wichtige Tatsache. Für Chirac waren von der NATO unabhängige Militärstrukturen notwendig geworden, weil „die Sicherheitsinteressen der USA und Europas mit dem Wegfall der gemeinsamen Bedrohung nicht mehr überall und zu jedem Zeitpunkt identisch sein müssen" (Meimeth 2003: 22). Doch gerade unter Jacques Chirac hat Frankreich einen „sanften Wandel in der Sicherheitspolitik vollzogen" (Joerißen 2003: 395). Es hat seine komplett „europäische" Position z. T. zu Gunsten einer Annäherung an die NATO verlassen und hat die Modernisierung seiner Streitkräfte auf den Weg gebracht. „Demzufolge ist es Paris gelungen, sich in der gemeinsamen europäischen Sicherheits- und Verteidigungspolitik (GESVP) als *‚promoteur'* zu gerieren, ohne den Fehler der 80er Jahre zu wiederholen, die europäischen Partner allzu sehr auf eine NATO-kritische Position einschwören zu wollen. Trotzdem wird Frankreich ein glühender Verfechter der GESVP bleiben und alles daran setzen, sie erfolgreich zu gestalten" (Joerißen 2003: 395 f.). Denn die GESVP passt hervorragend zu der französischen außenpolitischen Identität: Frankreich kann seine Führungsfähigkeiten im internationalen Kontext unter Beweis stellen und sich von Amerika abgrenzen.

Frankreich möchte Europa aus seiner „selbstverschuldeten sicherheitspolitischen Unmündigkeit“ (Meimeth 2002: 245) herausführen und schreitet rhetorisch vollmundig voran. Doch ein veritables Konzept, das einen Kompromiss zwischen Atlantik und Europa und zwischen Vergemeinschaftung und Intergouvernementalismus schließt, ist in den letzten Jahren von Chirac nicht vernommen worden. Maxime Lefebvre, Forschungsdirektor am IFRI, meint, dass Europa objektiv gesehen, keine wirkliche autonome Strategie in beuug auf die Hypermacht USA hätte (Lefebvre 2004: 79). In der antiamerikanischen und europabezogenen französischen Sicherheits- und Verteidigungspolitik ist eines deutlich geworden: „Frankreich frischt somit seine gaullistische Außenpolitik weiter auf, indem es auf die eigene Unabhängigkeit setzt und seine Schwächen durch Einbeziehung der EU zu kompensieren sucht“ (Wurpts 2003: 57). Denn trotz der internationalen Veränderungen und der dadurch resultierenden Zwänge sind die gaullistischen Prinzipien für Frankreich, wenn auch nicht immer durchsetzbar, so doch „handlungsbestimmend für die französische Politik“ (Meimeth 2002: 231). Dies gilt auch besonders für Präsident Chirac, wie die unbeirrbare Durchsetzung der Atomversuche auf dem Muroroa-Atoll 1995 gezeigt hat, und man an dem langen und schließlich auch erfolgreichen Werben für das Konzept des „Europe puissance“ sehen kann. Trotz vollmundiger politischer Rhetorik, die vornehmlich dem französischen Konzept des „Europe puissance“ gilt, lässt sich feststellen, dass Frankreich „seinen sicherheitspolitischen Handlungsspielraum nur in europäisch-atlantischer und deutsch-französischer Arbeitsteilung wahren“ (Schild 1997: 8) kann.

## 7.15 Die Erklärung von St. Malo und die Annäherung an Großbritannien

Die Annäherung im Bereich der ESVP zwischen Chirac, der ein stärkeres Gewicht Europas in der Sicherheits- und Verteidigungspolitik anstrebte, und Premierminister Blair, der die europäische Dimension im atlantischen Bündnis stärken wollte, war für die europäische Sicherheitspolitik von grundlegender Bedeutung, „da sich hier zwei bezüglich der Entwicklung einer europäischen Sicherheits- und Verteidigungspolitik unterschiedliche Denkkulturen trafen“ (Weidenfeld 2004: 424). Ein entscheidender Meilenstein zur Überwindung des Streits zwischen „Atlantikern“ und „Europäern“ war die Verständigung von St. Malo zwischen Frankreich und Großbritannien im Dezember 1998. Sie spiegelte eine Annäherung Frankreichs an die NATO wider, brachte aber auch die gewachsene Überzeugung Großbritanniens zum Ausdruck, dass zur Übernahme einer größeren sicherheits- und verteidigungspolitischen Verantwortung der EU auch militärische Fähigkeiten erforderlich waren. Beide Länder hielten am intergourvernementalen Ansatz fest und betonten, dass es sich bei einem Zustandekommen einer ESVP nicht um eine Abkehr von der NATO handle. Die von der britisch-französischen Initiative anvisierte allmähliche Schaffung von autonomen Mitteln zur Durchführung militärischer Operationen wurde nur für den Fall vorgesehen, dass die NATO nicht als Ganzes beteiligt ist (Sass 2004: 173). Dennoch war das anglo-französische Gipfeltreffen von St. Malo mit seiner Erklärung, „durch den Ausbau der Verteidigungskapazität Europa ‚autonom' handlungsfähig zu machen" (Dietl 2004: 79) Auslöser für eine sicherheits- und verteidigungspolitische Dynamik, die durch den Zusammenschluss von EU und Westeuropäische Union (WEU) und den Aufbau der europäischen Krisenreaktionsstreitkräfte gekennzeichnet war.

Sieben Monate später, im Juli 1999, hatte die Gemeinschaft auf dem Kölner EU-Gipfel das alte Integrationsmodell EU/WEU verlassen und den Prozess der Zusammenführung der beiden Organisationen zu einem einzigen Rechtssubjekt begonnen. Die WEU ist seit den Ratsbeschlüssen von Köln und Helsinki (Dezember 1999) fast überflüssig geworden. Das Bündnis der wichtigsten Westeuropäer befand sich sowieso „im überwiegenden Teil seiner Geschichte im Ruhezustand" (Wellershoff 2004: 90). Die ESVP ist schließlich als „integrierter sicherheitspolitischer Arm der EU" auf dem Helsinki-Gipfel gegründet worden und muss als erweiterter Handlungsspielraum der GASP und als deren Teil verstanden werden. Das in Helsinki anvisierte Ziel, 50 000 bis 60 000 Soldaten als Krisenreaktionsstreitkräfte im Rahmen der *Petersberger Aufgaben* für mindestens ein Jahr in Krisengebiete versenden zu können (Headline Goal), war eines der wichtigsten Wegmarken einer europäischen Sicherheits- und Außenpolitik (Diedrichs u. a. 2004: 223). Inzwischen ist dieses Ziel erreicht worden und die EU hat mit einigen Operationen sowohl an ihrer Peripherie als auch auf dem afrikanischen Kontinent bewiesen, dass sie als internationaler Akteur zunehmend Bedeutung erlangt.

Großbritanniens Wandel in Richtung einer ESVP kam für Frankreich und die anderen EU-Länder überraschend. Bis zum Amtsantritt des Labour-Premiers Blair lehnte das Vereinte, proamerikanisch ausgerichtete, Königreich eine eigenständige europäische Verteidigung parallel zur NATO immer ab, sodass diese britische Haltung gegen eine von der NATO militärisch unabhängige EU sowohl bei den politischen Eliten als auch in der Gesellschaft durchaus noch präsent war. Trotz der gemeinsamen Erklärung wurde bei den unterschiedlichen Ländern vor allem deutlich, dass die Franzosen die Briten nach Europa führen und die Briten die Franzosen in Richtung NATO ziehen wollten (Lefebvre 2004: 81). Dass die beiden Länder, stellvertretend für die europäische und die atlantische Seite, in vielen Fragen bezüglich der Militärdoktrin und der europäischen Strategie getrennt blieben (Chaix 2004: 273), dürfte bei folgender Überlegung einleuchten: Frankreich wollte mit der ESVP „[...] operative Handlungsfähigkeit erreichen, um die EU als autonomen weltpolitischen Akteur zu stärken. Großbritannien hingegen erhoffte sich durch eine verbesserte militärische Kapazität Europas, die USA dauerhaft an die transatlantische Allianz binden zu können“ (Sass 2004: 175).

Allerdings war Großbritannien neben Griechenland und Frankreich das einzige alte EU-Land, das seinen Verteidigungshaushalt signifikant erhöht hatte. Alle anderen sparten und hatten ihre Militärausgaben verringert, auch Deutschland (Chaix 2004: 274). Für die Zukunft deutet dennoch alles darauf hin, dass die ESVP ihre Impulse von dem Dreierbund Frankreich, Deutschland und Großbritannien bekommt. In einer Erklärung im September 2003 einigten sich die drei Staaten darauf, dass es für die EU notwendig sei, militärische Operationen zu planen und sie durchzuführen – ohne dabei auf NATO-Strukturen zurückgreifen zu müssen (Müller-Brandeck-Bocquet 2004: 170). Nur zwei Monate später legten sie ein so genanntes „Non Paper“ vor, das personelle Aufstockungen des Brüsseler Militärstabes und die Schaffung einer EU-Einheit, mit der – von der NATO – unabhängige Missionen verfolgt werden können, vorsieht. Schließlich einigte sich der Dreierbund im Februar 2004 auf mehrere jeweils 15 000 Mann starke Krisenreaktionsstreitkräfte, die binnen 48 Stunden einsatzbereit sein und vor allem auf Anfrage der UNO zum Einsatz kommen sollen (Müller-Brandeck-Bocquet 2004: 170 f.). Doch Präsident Chirac wird bei allen Fortschritten der ESVP immer berücksichtigen müssen, dass Großbritannien „über eine graduelle Transformation einer im Kalten Krieg entstandenen hegemonialen transatlantische Allianz in eine euro-atlantische Partnerschaft [...]“ wachen wird (Dietl 2004: 84). Mit Großbritannien als Mitglied der EU existiert ohne Zweifel eine „Schallmauer der euro-atlantischen Kompatibilität“ (Diedrichs u. a. 2004: 232). So war mit der Einrichtung eines multinationalen „EU-Hauptquartiers“ eine „atlantische Schmerzgrenze“ erreicht. Daher müssen Frankreich und auch Deutschland weiterhin versuchen, die britische Position zu berücksichtigen und Großbritannien in den Schaffungsprozess einer veritablen GASP und ESVP einzubinden. Dies ist umso erforderlicher, als in einer künftigen gemeinsamen europäischen Außenpolitik die „entscheidende Sollbruchstelle“ immer wieder das Verhältnis zu Amerika sein wird, an dem britische wie französische Träume zerschlagen können: Zum einen war es das britische Kalkül, durch die enge Kooperation mit den USA Einfluss in Europa zu haben (Bandwagoning), und zum anderen die französische Langzeitstrategie eine Gegenmachtbildung zu den USA zu konstituieren, das so genannte Balancing – beide Strategien haben sich gegenüber den USA noch nicht vollständig bewährt (Risse 2003: 573). Deshalb müssen die beiden europäischen Mächte Großbritannien und Frankreich hier einen Kompromiss zwischen „Anbiederung“ und „Gegenmachtbildung“ (Risse 2003: 573) finden. Deutschland könnte dabei als Vermittler fungieren, wenn es sich in den Prozess der europäischen Sicherheits- und Verteidigungspolitik einschalten würde.

## 7.16 Gemeinsame Vorschläge für eine Europäische Sicherheits- und Verteidigungspolitik für den EU-Konvent

Im November 2002 unterbreiteten die beiden Außenminister Fischer und de Villepin den Konventsmitgliedern die Ergebnisse des deutsch-französischen Gipfels von Schwerin in Form der Erklärung „Gemeinsame deutsch-französische Vorschläge für den Europäischen Konvent zum Bereich Europäische Sicherheits- und Verteidigungspolitik" (abgedruckt in Woyke 2004: 310) und forderten damit eine „Europäische Sicherheits- und Verteidigungsunion". Die deutsch-französischen Vorschläge haben mit ihren Forderungen im Sommer 2003 fast lückenlos Eingang in den vom Europäischen Konvent vorgelegten Verfassungsentwurf gefunden.

Bei den bilateralen Vorschlägen stand vor allem die verstärkte Zusammenarbeit, für die sich Deutschland und Frankreich schon in der Europäischen Sicherheits- und Verteidigungspolitik stark gemacht hatten, im Zentrum. Sie sollte vor allem bei den multinationalen Streitkräften, der Rüstung, der Ausbildung und der Erarbeitung gemeinsamer Doktrinen sowie bei der Gründung einer europäischen Rüstungsagentur zur Geltung kommen. Frankreich und Deutschland forderten, eine mit „Solidarität und gemeinsamer Sicherheit" umschriebene Klausel in den Vertrag über eine europäische Verfassung aufzunehmen, mit der die EU vor globalen Gefahren wie der des Terrorismus besser gewappnet wäre.

Die Forderung nach multinationalen Streitkräften sowie nach einer europäischen Sicherheitsstrategie stieß bei übrigen EU-Staaten nicht nur auf Zustimmung, denn die neutralen Mitgliedstaaten widersetzten sich. Dieses bilaterale Vorgehen zeigte ein in den letzten Jahren vermisstes gemeinsames deutsch-französisches Handeln. Dem deutsch-französischen Vorschlag einer echten Verteidigungsunion vom November 2002 entsprachen auch die auf dem so genannten „Pralinengipfel" zwischen Deutschland, Frankreich, Belgien und Luxemburg verabschiedeten Vorstellungen, nämlich der ESVP vornehmlich in Form einer verstärkten Zusammenarbeit neue Impulse zu geben (Müller-Brandeck-Bocquet 2004: 169).

Doch trotz der gemeinsamen Grundsatzerklärungen, Positionsabgleichungen und Initiativen zwischen Deutschland und Frankreich steht unser westlicher Rheinnachbar in der Außenpolitik bisweilen Großbritannien näher als uns (Deloche-Gaudez 2002: 127). Doch weiß man in Frankreich auch nur zu gut, dass die deutsch-französische Verteidigungskooperation nicht durch eine britisch-französische ersetzt werden kann, „weil eben nur Deutschland und Frankreich in vollem Umfang am europäischen Einigungsprozess beteiligt sind" (Meimeth 2003: 30).

## 7.17 Die Nuklearpolitik des französischen Präsidenten

Chiracs langfristiges Projekt einer nationalen Militärreform relativierte die einstige „politische Schlüsselfunktion der Nuklearwaffen“ (Fabisch 1999: 148). Mit der gaullistischen Doktrin, in der die Atombombe stets als „Mittel einer Gesamtdiplomatie“ (Grosser 1986: 241) eine Rolle spielte, wurde spätestens und ausgerechnet unter dem neogaullistischen Präsidenten gebrochen. Das 1994 noch unter Präsident Mitterrand veröffentlichte Weißbuch sah vor, dass die militärische Handlungsfähigkeit vornehmlich durch die konventionellen Truppen gewährleistet werden sollte. „Neben der Aufwertung der konventionellen Streitkräfte sah das Weißbuch von 1994 eine neue Komplementarität zwischen nuklearer Abschreckung und dem Einsatz der konventionellen Streitkräfte vor“ (Becker/Kempin 2005: 4) Die konkrete Umsetzung dieses militärischen Paradigmenwechsels leitete Chirac ein. Zwar sollte die nukleare Abschreckung ein fundamentaler Teil der französischen Strategie bleiben, aber nur im „Sinne einer letzten Rückversicherung“. Künftig soll die Funktion der Nuklearwaffen in ihrer „Rolle als letzte Warnung vor einem Schlag gegen militärische Ziele liegen“ (Fabisch 1999: 148). Nuklearwaffen sollen erst dann zum Einsatz kommen, wenn die vitalen Interessen Frankreichs bedroht werden. Die Definition der vitalen Interessen obliegt dem Präsidenten. Die bewusst gelassene Unsicherheit über die Bedingungen eines atomaren Einsatzes erinnert an die „Tous azimuts-unifonctionnel“-Doktrin de Gaulles, der 1962 erklärte: „Ne dites pas: l'adversaire, c'est Moscou. C'est une erreur de désigner un adversaire exclusif. [...] La dissuasion n'est pas faite seulement pour dissuader un aggresseur. Elle est faite aussi bien pour dissuader un protecteur abusive. C'est pour ça qu'elle doit être tous azimuts“ (Chaix 2004: 1).

Die Entwicklung der nuklearen Relativierung muss im Zusammenhang mit der Veränderung der internationalen Rahmenbedingungen gesehen werden. Nach dem Ende des Ost-West-Konflikts haben die Atomwaffen für Frankreichs Rang in der Welt nicht mehr dieselbe strategische Bedeutung; vor allem nicht, weil sich neue, wenn auch zweitrangige, Nuklearmächte inzwischen zu dem Club der fünf Atommächte hinzugesellt haben. Auch unter diesen neuen Bedingungen behält die nukleare Abschreckung Frankreichs für Präsident Chirac ihre absolute Notwendigkeit. In einer Rede vor dem Institut für Nationale Verteidigungsstudien (IHEDN) im Juni 2001 erklärte Chirac, dass sich regionale Mächte, die über nukleare, biologische und chemische Massenvernichtungswaffen verfügten, bei einer Attacke auf Frankreich das Risiko ihrer vollständigen Vernichtung in Betracht ziehen müssten. Die Veränderung des nuklearen Potentials folgt der Logik der neuen Militärstrategie, die sich mehr auf konventionelle Kräfte stützt. Dafür soll das atomare verbleibende Waffenarsenal modernisiert und technologisch erneuert werden. Nicht zuletzt deswegen hielt Chirac konsequent an der Durchführung französischer Atomtests auf dem Muroroa-Atoll ab September 1995 fest, die er kurz darauf im Januar 1996 wieder für beendet erklärte. Frankreich war als einzige westliche Atommacht, deren Nuklearwaffen nicht in einem Bündnis verankert sind, auf die Tests politisch, militärisch und technisch angewiesen. Chirac versuchte, seinen Kurs zwischen Betonung der durch die Atombombe garantierten nationalen Unabhängigkeit und französischer Interessenwahrung in multilateralen Projekten auf europäischer Ebene zu halten. Im Ergebnis hat er dies auch geschafft, obgleich die weltweite politische Empörung über die Atomtests eher in Erinnerung bleiben wird. Chirac hatte mit seiner Nuklearpolitik unmittelbar nach der Machtübernahme viel politisches Porzellan zerschlagen.

Mit der Entscheidung für die Atomtests wollte sich Chirac nicht nur von seinem Vorgänger abheben, sondern die Tatsache, die Atombombenversuche auch kurz vor dem 50. Jahrestag des Abwurfs der ersten Atombombe auf Hiroshima und seiner unmittelbar bevorstehenden Reise nach Japan erneut aufzunehmen, sollte vor allem Frankreichs Unabhängigkeit dokumentieren. Zum anderen traf er mit den Atomtests einen empfindlichen europäischen Nerv der weit verbreiteten Anti-Atomkultur (Howorth 1995: 2). Darüber hinaus muss der Zusammenhang mit Chiracs Angebot der „konzertierten Abschreckung" gesehen werden. Der französische Präsident sah in diesen beiden Ereignissen – „konzertierte Abschreckung" und Bruch mit dem 1991 von Mitterrand geschlossenen Atomwaffenteststop-Vertrag – die einzige Möglichkeit einer „Entnuklearisierung des europäischen Integrationsprozesses" vorzubeugen. Nachvollziehbar ist dann auch die von französischen offiziellen Stellen klar betonte europäische Dimension: Frankreich führe die Tests nicht nur für sich selbst, sondern für ganz Europa aus, hieß es (Howorth 1995: 12). So erklärte Chirac bereits 1995, dass die EU beim Ausbau ihrer Verteidigung sich auf die französische Nuklearwaffe berufen könnte. Zu gegebener Zeit würde Frankreich aktiv werden, um diesen Aspekt mit seinen wichtigsten Partnern zu thematisieren. In einer Rede vor dem Institut für Nationale Verteidigungsstudien (IHEDN) im Juni 1996 in Paris bekräftigte Chirac diese europäische Dimension und verwies auf die bereits bestehende britisch-französische Zusammenarbeit. So war die strategische Autonomie Frankreichs in den 90er Jahren immer ein französisches Ziel, wobei die US-Präsenz in Europa zwar noch als unverzichtbar angesehen wurde, jedoch der Entwicklung einer eigenständigen europäischen Sicherheits- und Verteidigungspolitik nicht im Wege stehen durfte. Für Chirac würde die Europäische Union als bedeutsamer internationaler Akteur nur wahrgenommen, wenn es seine Werte und Interessen notfalls auch militärisch verteidigen könnte. Eine französische Beteiligung an den nuklearen Abrüstungsgesprächen zwischen den USA und Russland schloss Chirac aber mit der auch von seinen Vorgängern vertretenen Begründung aus, dass Frankreich dafür ein viel zu kleines Kontingent an Atomwaffen besitze (Fabisch 1999: 162).

In dem militärischen Planungsgesetz für die Zeit von 2003 bis 2008 wird die Beibehaltung eines modernisierten nuklearen Abschreckungspotentials bekräftigt und die Entscheidungs- und Handlungsautonomie betont. Die nukleare Abschreckung bleibt die grundlegende Sicherheitsgarantie. So soll jederzeit die Abschreckung garantiert werden, um einen Beitrag zum Schutz und zur Sicherheit der Bevölkerung, des Staatsgebietes und seiner Umgebung, einschließlich des Schutzes vor Angriffen neuer Art zu leisten (Verteidigungsministerium 2002: 21). Mit dem Militärischen Planungsgesetz werden neben der Modernisierung der nuklearen Abschreckung weitere Ziele wie die Verstärkung der Projektionsfähigkeiten, Ausbau der Anti-Terrorkapazitäten, Fortentwicklung der Aufklärung und Förderung der europäischen Zusammenarbeit verfolgt.

Anfang 2006 sollte Chirac mit seiner Nuklearpolitik noch einmal Furore machen. Nach dem Scheitern der europäischen Bemühungen um eine Beilegung des Atomstreits mit dem Iran auf dem Verhandlungsweg – die EU-Staaten hatten jahrelang versucht, Iran mit Hilfe diplomatischer Bemühungen zum Verzicht auf das Nuklearprogramm zu bewegen – erklärte Präsident Chirac, dass neue Gefahren durch Regionalmächte entstanden sind, die mit Massenvernichtungswaffen die vitalen Interessen Frankreichs bedrohen könnten. Als vitale Interessen Frankreichs werden angesehen: „Die Integrität unseres Staatsgebietes, der Schutz unserer Bevölkerung, die freie Ausübung unserer Souveränität [...]. Aber sie beschränken sich nicht darauf. Die Wahrnehmung dieser Interessen verändert sich im Rhythmus der Welt, einer Welt, die von der zunehmenden Unabhängigkeit der europäischen Länder geprägt ist. Die Garantie unserer strategischen Versorgung oder die Verteidigung verbündeter Länder sind, unter anderem, Interessen, die es zu verteidigen gilt“ (Chirac 2006). Chirac sprach auch von einer neuen Flexibilität in der nuklearen Abschreckung mit genaueren Waffen, die nicht mehr auf totale Zerstörung ausgerichtet sind, sondern begrenzte Angriffe gegen Herrschaftszentren oder Wirtschaftszonen ermöglichen. Dennoch schloss der Präsident den Einsatz von Atomwaffen zu militärischen Einsätzen strikt aus. Chiracs Rede anlässlich seines Besuchs bei der atomaren Marinebasis auf der Halbinsel Crozon in der Bretagne sorgte für viel Aufregung, da sie als Drohung gegen den sich zunehmend fundamentalistisch gebärdenden Iran gesehen wurde. Auch bündnispolitisch hatte Chirac mit dieser Rede ganz sicherlich nicht die Lösung des iranischen Nuklearproblems erleichtert. Doch inhaltlich hatte Chirac eigentlich nichts gesagt, was nicht bereits bisher durch öffentliche Äußerungen bekannt war. So hatte der französische Präsident bereits im Juni 2001, also drei Monate vor dem terroristischen Anschlag gegen die USA erklärt, dass die französischen Nuklearstreitkräfte es Frankreich ermöglichen sollen, „den Bedrohungen seitens regionaler Mächte, die über Massenvernichtungswaffen verfügen und unsere vitalen Interessen gefährden könnten, standzuhalten“. Noch klarer wird diese Möglichkeit im Militärplanungsgesetz 2003–2008 geäußert, in dem es heißt: „Die Abschreckung ist das wichtigste derjenigen Mittel, die unserem Land die strategische Autonomie und somit eine wichtige Grundlage seiner Verteidigungspolitik sichern. Sie ist ein bedeutender Faktor der internationalen Stabilität und bietet eine ganz entscheidende Sicherheit vor jeder Bedrohung unserer vitalen Interessen, die von überlegenen und feindlich gesinnten Militärmächten ausgehen könnte, die vor keinem Mittel zurückschrecken, ihre Feindseligkeiten in die Tat umzusetzen. Die Abschreckung richtet sich vor allem gegen die Bedrohungen unserer vitalen Interessen durch regionale Mächte, die durch die Verbreitung ballistischer Waffen oder wegen der Entwicklung neuer nuklearer, biologischer oder chemischer Waffen über Massenvernichtungswaffen verfügen" (Verteidigungsministerium 2002: 24). Chirac plädierte erneut für eine Integration der *force de frappe* in eine europäische Verteidigungspolitik, um Befürchtung gegen einen französischen Alleingang entgegenzutreten und gleichzeitig die bestimmende Rolle Frankreichs in der europäischen Verteidigungspolitik aufrechterhalten zu können. Doch neben dem Anstoß einer Diskussion in Europa über die nukleare Dimension der europäischen Verteidigung wollte Chirac auch seinen Nachfolger, der im Frühjahr 2007 gewählt wird, an die nukleare Option binden – ist doch bekannt, dass einige potenzielle Nachfolger der Nuklearwaffe gegenüber eine nicht so positive Haltung wie Chirac an den Tag legen.

## 7.18 Der französische Traum eines „Europe puissance"

Das Konzept eines „Europe puissance", eines Europas, das fähig sein soll, sich auf der Weltbühne politisch zu behaupten und von den französischen Präsidenten de Gaulle über Mitterrand bis hin zu Jacques Chirac verfolgt wurde, steht im Gegensatz zu dem vor allem von Großbritannien favorisierten Modell des „Europe espace", eines großräumigen, erweiterungsfreudigen Europas (Charillon 2004: 86). Die ESVP soll als Machtinstrument im Mittelpunkt eines französischen „Europe puissance" stehen. Generell kann das Konzept eines „Europe puissance" als das „eines international engagierten und handlungsfähigen, machtbewussten Europas" bezeichnet werden (Müller-Brandeck-Bocquet 2002: 120), das die amerikanische Vormachtstellung ausbalancieren kann. Schon immer hat das Gleichgewichtsmotiv im französischen Europadiskurs eine große Rolle gespielt. Vor allem war und ist damit der Umgang mit Deutschland und mit den USA gemeint. Somit ist die Verwendung des Begriffs „Europe puissance" auch durch Präsident Chirac nicht neu. Bei der Schaffung der EU durch den Maastrichter Vertrag plädierte Chirac dafür, „sich gegen externe Mächte behaupten zu müssen, was genau dem Konzept des ‚Europe puissance'" entsprach (Stahl 2003: 328). Kurz vor der zweiten Ratspräsidentschaft Frankreichs unter Chirac rief dieser in seiner Rede vor dem Institut des

Hautes Etudes de Défense Nationale (IHEDN) die Europäer zu einer vertieften Zusammenarbeit in der ESVP auf: „Europa könne als Wertegemeinschaft und als Weltmacht (‚Europe puissance') nur ernst genommen werden, wenn es bereit und dazu in der Lage sei, seine Werte notfalls auch militärisch zu verteidigen" (FAZ v. 31.5.2000). Der Begriff des „Europe puissance" findet sich auch in der Bundestagsrede Chiracs im Jahr 2000: „L'Europe-puissance que nous appelons de nos voeux, cette Europe forte sur la scène internationale, doit disposer d'institutions fortes et d'un mécanisme de décision efficace et légitime" (Chiracs Rede „Notre Europe" vor dem Deutschen Bundestag am 27.6.2000, abgedruckt in Dokumente 6/2002: 29 f.).

Europa bildet im französischen Denken die Vision eines Machtpols, der „mit anderen Machtpolen, nicht zuletzt mit den USA ebenbürtig, und von gleich zu gleich handelt, gar nach der Rolle des primus inter pares strebt" (Manfrass-Sirjacques 2000: 69). Betrachtet man den Chirac'schen Diskurs um ein „Europe puissance" liegt der Verdacht nahe, dass Frankreich eine zur gegenwärtigen Entwicklung der EU noch nicht saturierte Macht darstellt (Dietl 2004: 84). Das bedeutet aber nicht, dass sich Frankreich in Gegnerschaft zur USA versteht. Aufgrund des großen Wertefundaments zwischen den USA und Europa, das von Seiten Frankreichs auch immer wieder hervorgehoben wird, ist eine kooperative Politik zwischen den Machtpolen nicht nur möglich, sondern sogar wahrscheinlich. Premierminister Jospin ging 2001 sogar so weit, dass er erklärte, dass die EU in den internationalen Beziehungen die Rolle eines Ausgleichfaktors einnehmen müsse (Jospin 2001: 106). In diesem Rollenkonzept für die EU ist aber nicht nur die Ebenbürtigkeit mit den USA handlungsleitend, sondern von seiten Frankreichs wird der EU normativ auch die Vermittlung ihrer Werte zugewiesen, und das heißt zunächst, für den Frieden, Menschenrechte und für Demokratie einzutreten. Zusammen mit den USA sollte nach französischer Auffassung die EU ihr Gewicht nutzen, die internationalen Beziehungen zu verrechtlichen, die Regeln internationaler Kooperation zu manifestieren und „good governance" zu fördern.

Frankreich ist allerdings noch nicht bereit, die institutionellen Folgen aus einem „Europe puissance" zu ziehen. Hier ist die Bilanz entgegen der hoch fliegenden Rhetorik mager. Frankreich fordert zwar eine starke europäische Rolle in der Welt, die EU-Institutionen sollen dagegen jedoch schwach bleiben. „Das ist unlogisch und praktisch unmöglich. Europa kann nicht dezentralisiert und fragmentiert werden und zugleich geopolitische Ambitionen entfalten. Diese Haltung entspringt einer typisch französischen Mischung aus Verletzlichkeit und Grandeur. Frankreich ist nicht mehr groß genug, seine Stimme auf der Weltbühne zu erheben. Daher wendet es sich an Europa. Doch das gleiche Gefühl von Ohnmacht hindert die Franzosen daran, sich verstärkt für die Integration einzusetzen und den Nationalstaat gegenüber dem europäischen Projekt einzuschränken" (Kupchan 2003: 142).

Heute reicht in der erweiterten EU der Status als Gründungsmitglied, als Atommacht und als große Wirtschaftsmacht nicht mehr aus, um die Unterstützung der Partner zu erhalten. Frankreich hat daraus die Konsequenzen gezogen und sieht heute in der GASP einen geeigneten Multiplikator französischer und europäischer Stärke: „Le style diplomatique doit aujourd'hui s'adapter à cette stratégie" (Charillon 2004: 92). Doch die politische Partnersuche ist für das französische Konzept eines „Europe puissance" in der erweiterten EU schwer: Weder die kleineren Kernmitgliedstaaten noch die „mittel- und osteuropäischen Beitrittsländer, die ihr Heil fast ausschließlich in der NATO und in der Bindung an die Vereinigten Staaten sehen" (Manfrass-Sirjacques 2000: 70), teilen die französische Vision eines mächtigen Europas. Doch zumindest hat Chirac die anderen zwei Großen, Deutschland und Großbritannien, für sein „Europe puissance" gewinnen können. Bundeskanzler Schröder begrüßte dieses Modell 1999 in seiner Rede vor der Nationalversammlung in Paris. Dies geschah sicherlich auch unter dem Eindruck des Kosovokrieges (Meimeth 2003: 25). Und Blairs Zustimmung zu dem französischen Konzept kann durchaus als ein „Durchbruch" für Chirac gesehen werden (Wurpts 2003: 53 und Müller-Brandeck-Bocquet 2004: 172). Der britische Premier erklärte 2000: „Europas Bürger brauchen ein starkes und vereintes Europa. Sie brauchen es als eine Macht in der Welt" (Kupchan 2003: 150). Dies ist von zentraler Bedeutung, denn Chiracs Konzept des „Europe puissance" funktioniert nur, wenn Großbritannien mit im Boot ist (Ritzenhofen 2004: 7).

## 7.19 Das Prestigeduell mit den USA

Nach wie vor bilden die USA einen wichtigen Faktor für den europäischen Integrationsprozess, auch als Nichtmitglied haben sie erheblichen Einfluss in der EU. Europäische Identität versteht sich oft als Gegenbild zu den USA. Kein anderes Land in Europa betreibt den „Anti-Amerikanismus als zentrale Konstante" so wie Frankreich (Schwarz 2004: 168). Das Land, das sich selbst als „sehr aktive Großmacht oder mittlere Weltmacht" sieht, als Herzstück Europas und als dessen Motor außerdem, festigt seine nationale Identität „durch Abgrenzung von einem ‚Gegenbild Amerika'" (Schwarz 2004: 168). Dabei sind sich die beiden Länder in ihrem universalistisch präsentierten Macht- und Werteanspruch gar nicht einmal so unähnlich. Der ehemalige französische Außenminister Védrine hat die Macht der USA mittlerweile zu einem geflügelten Begriff gemacht, an dem die politische Elite in Paris genüsslich erschauert: „Hyperpuissance" (Schwarz 2004: 169). Dem stellen sie ihr eigenes, europäisches Konzept der Stärke entgegen: „L'Europe puissance".

Die machtlose EU zu Zeiten des Golfkriegs von 1991, des Jugoslawien- und Ruanda-Konflikts, des Kosovo-Kriegs in den 90er Jahren, die Uneinigkeit während des Irakkriegs 2003 und die fehlenden gemeinsamen Verteidigungsstrukturen gegenüber den aktuellen Herausforderungen wie dem Terrorismus haben gezeigt, dass das französische Projekt eines „Europe puissance“ als konkurrenzfähiger Machtpol zu den USA noch wenig glaubwürdig ist. Anstelle des politischen Machtpols Europa in einer multipolaren Welt, schlägt Maxime Lefebvre folgendes vor: „C'est dans la complémentarité que les Européens sont conduits à définir leur rôle par rapport aux Etats-Unis“ (Lefebvre 2004: 80). Schließlich lassen sich Frankreichs „Europe puissance“-Ambitionen auf eine sowohl schlichte als auch weitreichende Formel bringen: „La France ne sait pas être heureuse sans rêve de grandeur. L'Europe peut le lui fournir et elle peut le fournir à l'Europe“ (Duhamel 1999: 227).

1999 sollte sich im Kosovo-Krieg allerdings zeigen, dass Frankreich tatsächlich immer stärker „NATOisiert“ wurde und die deutsche Interpretation des Gemeinsamen Strategiepapiers schon in einigen Teilen Realität werden sollte. So wies Staatspräsident Chirac nicht ohne Stolz darauf hin, dass Frankreich mit einer Flotte von 60 Kampfflugzeugen, dem Flugzeugträger Foch in der Adria, begleitet von einem Nuklear-U-Boot, nach den USA den größten Beitrag zum NATO-Einsatz gegen Serbien im Frühjahr 1999 leistete (vgl. FAZ v. 17.4.1999). Die französischen Streitkräfte waren mit 13 Prozent an den Bombardierungseinsätzen und mit 20 Prozent an den Aufklärungseinsätzen beteiligt (vgl. Das Parlament Nr. 29/30 v. 16./23. Juli 1999). Auch die französischen Truppen in Bosnien und Mazedonien wurden durch Spezialeinheiten verstärkt. Die bedeutsamste Auswirkung der Beteiligung Frankreichs auf der jugoslawischen Halbinsel war jedoch, dass die französischen Streitkräfte im NATO-Einsatz dem SACEUR, also dem amerikanischen Oberkommandierenden der NATO in Europa, unterstanden und faktisch damit partiell in die NATO re-integriert wurden. Um diesen Wandel der französischen Position zu begründen, wurden Theorien entwickelt, die einen Unterschied zwischen „Entscheidungsautonomie“ und „Ausführungsautonomie“ herstellten. Danach wäre Frankreich auch in der Golfskriegsallianz wie auch beim Krieg gegen Serbien entscheidungsautonom geblieben, wenngleich es zeitweilig auf die Ausführungsautonomie verzichtet hätte. Wie auch immer die Interpretation ausfallen mag, so war doch klar, dass mit der Unterstellung der französischen Truppen unter den SACEUR die von de Gaulle 1959 eingeleitete Rückgewinnung der Verteidigungssouveränität zumindest teilweise wiederum rückgängig gemacht wurde.

## 7.20 Zusammenfassung

Unter Präsident Chirac verstand sich Frankreich als eine besondere Mittelmacht mit globalen Ansprüchen. Chirac verstand Frankreich – wie auch seine Vorgänger – als besonderen Akteur auf der weltpolitischen Bühne, nicht zuletzt aufgrund seiner historischen Dimension, vor allem aber aufgrund seines Sonderstatus in den Vereinten Nationen (ständiger Sitz im Sicherheitsrat), seiner Francophonie, seiner Nuklearwaffe, seiner besonderen Beziehungen zu Afrika und seiner Stärke als eine der modernsten Volkswirtschaften der Welt. Auf der Botschafterkonferenz 1999 verdeutlichte Chirac die außenpolitische Ziele Frankreichs: Aufbau einer multipolaren Welt, Vorrang für die europäische Vereinigung, Vorrang für die UN-Missionen, Solidarität mit den Staaten der Dritten Welt. Der Multilateralismus und die starke Hervorhebung der Vereinten Nationen waren u. a. auch gegen die Vorherrschaft der „Hypermacht USA" gerichtet. Doch Chirac musste sehr bald erkennen, dass Weltmachtallüren – nämlich die Wiederaufnahme der Nuklearversuche auf dem Muroroa-Atoll – Frankreich mehr schadeten als nützten. Sehr schnell wurde Chirac in die Realitäten der Politik zurückgeführt, als er einen fundmentalen Fehler machte, 1997 die Nationalversammlung auflöste, um mit einer größeren Mehrheit regieren zu können. Das Ergebnis war ein Sieg der sozialistischen Opposition, die nun fünf Jahre lang unter dem Premierminister Jospin in Cohabitation mit Präsident Chirac regieren konnte. Inzwischen hatte Chirac die Bedeutung der Europapolitik für Frankreich erkannt. Doch nicht zuletzt auch wegen der Cohabitation schwankte die Chiracsche Europapolitik zwischen dem Wunsch, Europa international um seiner selbst willen als Europäische Gemeinschaft stärker und handlungsfähiger zu machen und der Verteidigung nationaler Interessen und damit nationaler Sorge, bei zu großem europäischen Engagement und zu starker Integration die französische Selbstbestimmung und das nationale Prestige einzuschränken. Insgesamt blieb seine Europapolitik in der Cohabitationszeit konturlos. Erst ab 2002, als Chirac auch ein neues Mandat erhalten hatte – allerdings beruhte die Unterstützung von mehr als 82 Prozent der Wähler im zweiten Wahlgang auf der Tatsache, dass sein Gegner der rechtsextreme Politiker Le Pen gewesen war – setzte er zusammen mit Deutschland neue Akzente in der Europapolitik, die in der Verabschiedung eines Verfassungsvertrags mündeten. Allerdings versagte ihm die Mehrheit der französischen Wähler im Mai 2005 die Zustimmung zu diesem Vertrag, so dass Frankreich unter Chirac in der Europapolitik seit dieser Zeit praktisch handlungsunfähig war.

Gegenüber den USA nahm Chirac zunächst eine aufgeschlossene Haltung ein, die die zuletzt unter Mitterrand begonnene Annäherung an die NATO fortsetzte. Doch nachdem die USA sich weigerten, französischen Forderungen nach einer Strukturreform der NATO-Kommandos im Mittelmeer zuzustimmen, steuerte Chirac auf eine dezidiert europäische Lösung der Sicherheitspolitik zu. Nach und nach entwickelte sich unter seiner Präsidentschaft in Frankreich auch eine Stimmung, die für eine Gegenmachtbildung gegen die Hypermacht USA eintrat. Ihren Höhepunkt erreichte die französisch-amerikanische Konfrontation während des Irak-Kriegs, den Frankreich vehement ablehnte und dabei insbesondere Unterstützung durch Deutschland, aber auch Russland und China erhielt. Chirac war der Präsident, der 1998 zusammen mit Tony Blair eine europäische Verteidigung installieren wollte, dann aber mit seinem Verhalten im Irak-Krieg zum Riss in der Gemeinsamen Außen- und Sicherheitspolitik entscheidend beitrug. Chirac trat für eine multipolare Welt ein, in der das Völkerrecht und die Vereinten Nationen eine wichtige Unterstützung erhielten. Auch wenn Chirac der erste Präsident war, der Frankreichs Mitverantwortung für die Deportation von über 70 000 Juden in die Vernichtungslager eingestand, wird mit seinem Namen immer das Scheitern des Europäischen Verfassungsvertrags in der Volksabstimmung im Mai 2005 in Frankreich verbunden bleiben. Seit diesem Tag war Chirac außenpolitisch eine *„lame duck"*.

# 8. Außenpolitik unter Nicolas Sarkozy

## 8.1 Zur Wahl Sarkozys

Am 7. Mai 2007 wurde mit Nicolas Sarkozy – nach de Gaulle, Pompidou, Giscard d'Estaing, Mitterrand und Chirac – erst der sechste Präsident in der damals 49-jährigen Geschichte der V. Republik mit großem Vorsprung gegen seine sozialistische Konkurrentin Ségolène Royal gewählt. Frankreich hatte sich mit dieser Entscheidung aus der lähmenden europapolitischen Schockstarre befreit, in die es nach dem negativen Referendum vom 29. Mai 2005 über den Europäischen Verfassungsvertrag geraten war. Mit dem 52-jährigen Sarkozy trat ein Generationswechsel in der politischen Führung der V. Republik ein, ist er doch der erste Präsident, der nach dem Zweiten Weltkrieg geboren wurde. Frankreich passte sich damit einem Trend an, der in den anderen großen westlichen Demokratien bereits vorgenommen worden war. In den USA regierte mit Bill Clinton von 1993 bis 2001 der erste nach dem Zweiten Weltkrieg geborene Präsident, dem George W. Bush folgte. In Großbritannien kam 1997 der damals 40-jährige Tony Blair an die Macht, und in Deutschland regiert seit 2005 mit Angela Merkel eine Frau, die 1955 zwar in Hamburg geboren, aber in der DDR aufgewachsen ist. Frankreich hatte mit der Wahl des Konservativen Nicolas Sarkozy einen Trend bestätigt, der sich bei den Wahlen seiner westlichen Partner bereits angedeutet hatte. Das bedeutet, dass nun in den westlichen Industrieländern Vertreter der Nachkriegsgeneration in die politischen Führungsämter gelangen und damit das Erleben des Zweiten Weltkriegs als Sozialisierungselement für Politik nicht mehr gegeben ist, wie das noch verstärkt unter ihren Vorgängern der Fall gewesen war.

Sarkozy, Sohn eines 1944 nach Frankreich eingewanderten ungarischen adligen Migranten und einer griechisch-jüdischen Mutter, wurde 1955 in Paris geboren und wandte sich sehr früh dem politischen Geschäft zu. Nach einem Studium der Rechtswissenschaften und der Politikwissenschaft wurde er bereits mit 28 Jahren Bürgermeister des noblen Pariser Vororts Neuilly. Mit 39 Jahren wurde er 1993 Haushaltsminister und Regierungssprecher unter Premierminister Balladur. 1995 allerdings beging Sarkozy einen strategischen Fehler, als er den gaullistischen Gegenkandidaten von Chirac, Balladur, unterstützte und damit auf den falschen Kandidaten setzte. Somit spielte Sarkozy während der ersten Amtszeit Chiracs als Präsident keine tragende Rolle. Doch auch Chirac bedurfte des politischen Ausnahmetalents Sarkozy, so dass er ihn nach den erfolgreichen Wahlen 2002 zum Innenminister ernannte. Ende 2004 wurde Sarkozy Parteiführer der neogaullistischen UMP, was für ihn das Sprungbrett für die Präsidentschaft bedeutete. Nach einem Zwischenspiel als Finanzminister übernahm Sarkozy erneut das Innenministerium und fiel dabei durch radikale Lösungsvorschläge politischer Probleme auf. Auch wenn Sarkozy im Wahlkampf mit dem Bruch zum alten System – und damit meinte er vor allem Chirac – warb, war er ein Vertreter dieses Systems.

Sarkozys Persönlichkeit zeichnet sich durch eine kaum zu bändigende Dynamik aus. Bereits die ersten Monate seiner Amtszeit zeigten einen Präsidenten, der hyperaktiv war, der in der Innenpolitik von einer Reform zur nächsten eilte und der sich außenpolitisch gewaltig engagierte. So schrieb die Neue Zürcher Zeitung: „Er ist von seiner Energie und einem unerschöpflichen Reservoir von Ideen derart getrieben, dass er es gerne unterlässt, sich mit seinen Partnern abzusprechen, bevor er an die Öffentlichkeit tritt“ (NZZ online 16.12.2008). „Speedy Sarko“, wie der neue Präsident in den Medien bald genannt wurde, verlor mit seiner Politik des „bling-bling“, also der effekthaschenden, auch Privates zur Schau stellenden permanenten Selbstinszenierung, die noch bei der Wahl gewonnene Unterstützung vieler seiner Landsleute und wurde anfangs von seinen internationalen Gesprächspartnern auch als nicht unbedingt immer seriös eingeschätzt.

## 8.2 Die Regierung Fillon

Bereits mit der Regierungsbildung ließ der neue Präsident Sarkozy aufhorchen. Zum Premierminister wurde der 55-jährige François Fillon bestellt, ein früherer Forschungs-, Sozial- und zuletzt Bildungsminister. Fillon wurde von Präsident Chirac nach dem gescheiterten EU-Verfassungsvertragsreferendum im Juni 2005 entlassen und lebte seitdem in strikter Gegnerschaft zu Präsident Chirac. Fillon wurde Kampagnenchef von Sarkozy. Als Links-Gaullist soll er vor allem die Lagerbildung der französischen Gesellschaft überwinden helfen. Außenpolitisch ist Fillon bisher nicht hervorgetreten. Nach den Parlamentswahlen vom Juni 2007 wurde er in seiner Eigenschaft als Premierminister von Sarkozy bestätigt. Zum Minister für Äußeres und Europa wurde mit dem 67-jährigen Bernhard Kouchner ein Sozialist bestellt, der allerdings unmittelbar nach seiner Ernennung von den Sozialisten aus der Partei ausgeschlossen wurde. Kouchner war jedoch in seiner Partei nie fest verwurzelt. Zwar war er unter Premierminister Lionel Jospin Gesundheitsminister, doch war er als Mitbegründer der Nichtregierungsorganisation „Ärzte ohne Grenzen“ und als UNO-Beauftragter im Kosovo wesentlich bekannter geworden denn als sozialistischer Politiker. Verteidigungsminister wurde der Fraktionschef der Zentrumspartei, Hervé Morin. Morin hatte im Wahlkampf noch den zentristischen

Kandidaten, François Bayrou, unterstützt, setzte sich aber nach der ersten Runde für den wahrscheinlichen Sieger Sarkozy ein. Staatssekretär für Europa wurde der Sozialist Jean-Pierre Jouyet. Pikant auch ist, dass zum Staatssekretär für Wirtschaft der ehemalige Berater der sozialistischen Gegenkandidatin Sarkozys, Ségolène Royale, Eric Besson, ernannt wurde, der während des Wahlkampfs das Team von Frau Royale verließ und der sozialistischen Präsidentschaftskandidatin Inkompetenz in Wirtschaftsfragen vorwarf. Präsident Sarkozy hat die außenpolitischen Ämter mit seinen eigenen Vertrauenspersonen besetzt, also die bisherige Praxis der Präsidenten der V. Republik fortgeführt. Gleichzeitig signalisiert die Regierungsbildung auch eine Öffnung über die Mitte hinaus zur Linken, wodurch Wähler bei den Parlamentswahlen im Juni 2007 angezogen werden sollten. Dieser Versuch gelang aber nicht vollends, denn die UMP musste bei den Parlamentswahlen leichte Verluste hinnehmen, wenngleich sie mit 320 Mandaten immer noch über die absolute Mehrheit verfügt. Damit hat sowohl die Präsidentschaftswahl als auch die Parlamentswahl Präsident Sarkozy eine wichtige Unterstützung für seine innen- und wirtschaftspolitischen Reformmaßnahmen gegeben. Für die Führung der Außenpolitik bedeutet dieses überzeugende Wählervotum ebenfalls eine gute Ausgangsposition, die dem Präsidenten eine starke parlamentarische Absicherung seiner außenpolitischen Programmatik sichert.

## 8.3 Außenpolitik zwischen 2007 und 2009

Würde es unter Sarkozy nun zu einem Bruch mit der bisherigen Politik Frankreichs kommen, wie Sarkozy während des Wahlkampfs mehrfach ankündigte? Würde sich Sarkozy damit von seinem Vorgänger Chirac absetzen, der in gewisser Weise am Ende seiner Amtszeit als diskreditiert galt? Würde er Frankreich einen anderen Stellenwert in der Weltpolitik zuweisen? Wie würde er Frankreichs Rolle in Europa definieren? Und welchen Stellenwert würde er dem deutsch-französischen Verhältnis geben? Endgültige Antworten auf diese Fragen können noch nicht gegeben werden, aber aufgrund der Aussagen des Präsidentschaftskandidaten Sarkozy sowie der bisherigen Äußerungen und Handlungen des neuen Präsidenten Sarkozy in den ersten zwei Jahren seiner Amtszeit lassen sich erste Konturen für die französische Außenpolitik erkennen.

Zunächst einmal will Sarkozy den Stellenwert der Außenpolitik in Bezug auf die bisherige Praxis verändern. So möchte er die der bisherige Gewohnheit, nach der die Außenpolitik als *„domaine reservé“* des Staatspräsidenten behandelt wurde, ablegen und stärker Experten sowie die Nationalversammlung einbeziehen. So kündigte er die Einrichtung eines Nationalen Sicherheitsrats an, der öffentlich Probleme der Außen- und Sicherheitspolitik diskutieren soll. Auch sollen nach einer „gewissen

Zeit“ die Abgeordneten der Nationalversammlung die Auslandeseinsätze der Streitkräfte mitbestimmen können. Wie Sarkozy in seiner bisherigen Amtsführung bereits den Stil gegenüber seinen Vorgängern deutlich verändert hat, so scheint er es inhaltlich auch in der Außenpolitik zu praktizieren. Bedeutsam ist seine Öffnung bis in das linke Lager hinein. So hat er gleich zu Beginn seiner Amtszeit erreicht, dass der ehemalige sozialistische Wirtschafts- und Finanzminister Dominique Strauß-Kahn zum Direktor des IWF gewählt wurde. Noch stärker „wilderte“ Sarkozy in der Linken, als er Mitterrands ehemaligen Kultusminister und führenden Sozialisten, Jack Lang, in eine Kommission berief, die sich mit der Veränderung der Verfassung der V. Republik befasst und Änderungsvorschläge vorgelegt hat. Der frühere sozialistische Außenminister Hubert Védrine wurde beauftragt, einen Bericht über „Frankreich und die Globalisierung“ zu verfassen, der Sarkozys außenpolitisches Handeln stark beeinflussen sollte.

In einer Rede vor den in Paris versammelten französischen Botschaftern hat Präsident Sarkozy am 27. August 2007 seine außenpolitischen Grundlinien umrissen. Ausgangspunkt ist für ihn die veränderte internationale Weltlage. Sarkozy sieht vor allem drei internationale Herausforderungen, die Frankreichs außenpolitisches Handeln bedingen. Da ist zunächst das Problem, wie einer Konfrontation zwischen dem Islam und dem Westen vorgebeugt werden kann. Extreme Kräfte wie El Kaida bewertet Sarkozy als gefährliche ideologische und politische Herausforderung (Französische Botschaft 2007: 2). Als zweite Herausforderung sieht der französische Präsident das Problem der Einbindung der „aufstrebenden Riesen China, Indien und Brasilien“ in das internationale System. „Dritte Herausforderung: Wie können die beträchtlichen Risiken bewältigt werden, die wir als erste Generation in der Geschichte der Menschheit wissenschaftlich nachweisen und global angehen können, wie die Klimaerwärmung, die neuen Pandemien oder die dauerhafte Energieversorgung?“ (Französische Botschaft 2007: 3). Natürlich stellt auch die Globalisierung für Sarkozy eine Herausforderung dar, deren Exzessen mit einem effizienten Multilateralismus begegnet werden müsse, „der auf der Achtung aller gegenüber den gemeinsamen Regeln und der Gegenseitigkeit beruhen müssen“ (Veith 2008: 48). Dazu müsste auch der Weltsicherheitsrat um Deutschland und Japan, Indien und Brasilien wie auch um einen afrikanischen Staat erweitert werden.

### 8.3.1 Priorität Europa

Der Aufbau Europas hat für das Frankreich Sarkozys absolute Priorität, wie er gegenüber den französischen Botschaftern erklärte. Damit wollte Frankreich auch die Position eines Schlüsselakteurs im europäischen Integrationsprozess zurückgewinnen, da nur mit Hilfe der EU französische Interessen auf Dauer erfolgreich zu vertreten seien. „Oberstes und dringlichstes Ziel Sarkozys war es, europapolitische Legitimität und damit Handlungsfähigkeit zurückzugewinnen, um Frankreich ‚zurück nach Europa' zu führen und den traditionellen Führungsanspruch des Landes nach Jahren der Lähmung erneut offensiv führen zu können" (Koopmann 2008: 9). Auch sollte Frankreich wieder glanzvoll ins Zentrum einer erneuerten und innovativen EU gerückt werden. „Ohne Europa könnte Frankreich keine effiziente Antwort auf die Herausforderungen unserer Zeit geben", so die Ansage des neuen Präsidenten (Französische Botschaft 2007: 4). So betonte Sarkozy auch in seiner ersten Rede unmittelbar nach der Wahl zum Präsidenten, dass er den Franzosen den Stolz auf Frankreich zurückgeben wolle. Sarkozy bezeichnete sich als Europäer, dass er ein Leben lang Europäer sei, dass er fest an Europa glaube und dass mit seiner Wahl Frankreich zurück in Europa sei. Sein Bekenntnis zur EU symbolisiert auch das offizielle Foto des neuen Präsidenten bei seinem Amtsantritt, das Sarkozy als ersten Präsidenten mit der französischen und der europäischen Flagge zeigt. Aber gleichzeitig machte Sarkozy auch deutlich, dass die bisherige Europapolitik mit ihm nicht fortzusetzen wäre. So sagte er während seines ersten Besuches bei der Europäischen Kommission in Brüssel eine Woche nach seiner Amtsübernahme: „Ich komme als überzeugter Europäer und möchte als solcher gehen. Ich glaube von ganzem Herzen an Europa. Aber ich will auch unseren europäischen Freunden sagen, dass das, was in Frankreich passiert ist, in vielen anderen Mitgliedsstaaten hätte passieren können. Glauben Sie nicht, dass das, was in Frankreich passiert ist, mit einer rein frankreichbezogenen Einstellung zusammenhängt. Europa muss an das europäische Volk denken. Europa muss schützen und nicht einschüchtern. Europa muss die Globalisierung vorbereiten und nicht wie ein ‚Trojanisches Pferd' angesehen werden. Europa muss ein politisches Europa sein. Die Franzosen haben sich hierzu geäußert, ebenso die Niederländer. Dies muss berücksichtigt werden. Ich bin überzeugt, dass wir es mit diesen Ideen schaffen können, die Blockade zu lösen. Ich weiß, dass 18 Länder zugestimmt haben. Also müssen wir einen Kompromiss finden. Einen Kompromiss, damit Europa gemeinsam vorwärtsgeht. (...) Für diese Ideen will ich bei unseren Partnern werben. Frankreich will keine Lektion erteilen, Frankreich will lediglich eine Erfahrung teilen" (Frankreich Info 2007). Sarkozy hatte erkannt, dass gerade in Frankreich die Globalisierung nicht als Chance, sondern vor allem als Bedrohung wahrgenommen wurde und auch weiterhin wahrgenommen wird. Deshalb muss es eine der wichtigsten Aufgaben der Europäischen Union sein, die Globalisierung zu gestalten (Schild 2007: 242).

Sarkozy strebte einen möglichst schnell auszuhandelnden knappen neuen Vertrag (zunächst einen so genannten *mini-traité*, später einen *traité simplifié*) an, der den Stillstand im Integrationsprozess hinsichtlich der Institutionen und ihres Entscheidungsprozesses möglichst schnell überwinden sollte. In einem vereinfachten Vertrag sah Sarkozy die einzig mögliche Lösung zur Behebung der EU-Krise. Eine neue Verfassung lehnte er ab, da die Franzosen und die Niederländer gegen den Verfassungsentwurf votiert hatten. Aber die EU soll mit Institutionen ausgestattet werden, über die ein Konsens herrscht. Hier dachte Sarkozy vor allem an die EU-Präsidentschaft. Er verlangte Fortschritte im europäischen Integrationsprozess und dachte dabei auch an die Anwendung des Prinzips der verstärkten Zusammenarbeit. „Ich denke an die Mehrheitsregelung, damit in bestimmten Bereichen statt der Einstimmigkeit die Mehrheitsregelung herrscht, insbesondere bei der Immigration", sagte der neue Präsident in Brüssel anlässlich seines Besuchs bei der EU-Kommission. Als zu bewahrende Kernbestandteile eines EU-Reformvertrags benannte Sarkozy folgende Punkte:

- Ausweitung der Beschlussfassung mit qualifizierter Mehrheit und Mitentscheidung des Parlaments;
- Beibehaltung der Regel der doppelten Mehrheit (Staaten und Bevölkerungsmehrheit) als Beschlussfassungsmodus des Rates bei Abstimmungen mit qualifizierter Mehrheit;
- Wahl des Kommissionspräsidenten durch das Parlament;
- Subsidiaritätskontrolle durch Stärkung der Rolle nationaler Parlamente, die im Rahmen des so genannten „Frühwarnmechanismus" Subsidiaritätsbedenken gegen Gesetzgebungsvorschläge der Kommission äußern können;
- Einrichtung einer stabilen Präsidentschaft des Europäischen Rates;
- Schaffung des Amtes eines Außenministers der Union;
- Initiativrecht der Bürger in der EU-Gesetzgebung;
- Bestimmungen des VVE zur verstärkten Zusammenarbeit im Rahmen des Vertrages;
- Schließlich die Rechtspersönlichkeit für die Union (Schild 2007: 248).

Sarkozy sprach sich gegen ein Referendum solch eines Vertrags und für ein möglichst zügiges parlamentarisches Ratifizierungsverfahren aus, das dann auch 2008 erfolgreich durchgeführt wurde. Für ihn könnte ein neuer Konvent, der über Kompetenzfragen und notwendige Reformen der Unionspolitik beraten sollte, erst nach den Wahlen zum Europäischen Parlament im Juni 2009 zusammentreten. „Nicolas Sarkozys Pragmatismus könnte durchaus den Beginn einer Entdramatisierung der Europa-Diskussion, nicht nur in Frankreich, darstellen" (Koopmann 2007: 40). So hatte sich Sarkozy auf seinem ersten Europäischen Rat in Brüssel im Juni 2007 für den Kompromiss des Reformvertrags eingesetzt und durch sein Verhalten ganz sicherlich zum Gelingen dieses Kompromisses beigetragen. Bei diesem Gipfel konnte Sarkozy sich gleich als dynamischer Vermittler betätigen, als er – in Zusammenarbeit mit dem luxemburgischen Premierminister Juncker und dem scheidenden britischen Premierminister Blair – Polen dazu veranlasste, einer Kompromisslösung über einen neuen europäischen Vertrag zuzustimmen, der als Reformvertrag den bisherigen Verfassungsvertrag ersetzen soll. Die von Sarkozy aufgestellten Kernelemente sind in wesentlichen Teilen im Reformvertrag verankert.

Eine weitere große Bewährungsprobe für die französische Europapolitik unter Sarkozy wurde die EU-Präsidentschaft Frankreichs im zweiten Halbjahr 2008. Aufgrund der im Juni 2008 erfolgten Ablehnung des Lissabonner Vertrags durch die Mehrheit der irischen Wähler musste der Fahrplan der französischen Präsidentschaft umgeworfen werden. Anstelle einer glanzvollen Inkraftsetzungszeremonie musste sich der Ratsvorsitzende Sarkozy um eine Kompromisslösung mit Irland bemühen, um den Ratifikationsprozess nicht zum Stillstand kommen zu lassen. Es gelang ihm auf dem Europäischen Rat im Dezember 2008, eine Kompromisslösung zu finden, die u. a. vorsieht, dass jeder Mitgliedstaat weiterhin einen Kommissar nach Brüssel entsenden kann. Auch verpflichtete sich der Europäische Rat, die notwendigen juristischen Garantien einzubringen, um auf die Sorgen der irischen Bevölkerung im Bereich der Steuer-, Familien- und Sozialpolitik sowie in Bezug auf Fragen der Ethik und der Neutralität einzugehen. Irland verpflichtete sich seinerseits, auf eine Ratifizierung des Vertrags noch vor Ablauf des Mandats der Kommission Barroso hinzuarbeiten.

Weitere Schwerpunkte der französischen Präsidentschaft waren der Klimaschutz, der Einwanderungspakt, die Europäische Sicherheits- und Verteidigungspolitik sowie die Agrarpolitik. Hinsichtlich der Energie- und Klimapolitik gelang es der Ratspräsidentschaft, die einstimmige Unterstützung des Europäischen Rates sowie die überwiegende Mehrheit des Europäischen Parlaments (550 von 785 Stimmen) zu den avisierten $CO_2$-Reduktionen zu bekommen. Das Energie-Klima-Paket sieht vor, dass die Treibhausgasemissionen bis 2020 um 20 Prozent im Vergleich zu 1990 reduziert werden sollen. Außerdem sieht es vor, bis zum Jahr 2020 den Anteil erneuerbarer Energien beim Energieverbrauch auf 20 Prozent zu erhöhen, wie auch die Energieeffizienz um 20 Prozent gesteigert werden soll. Das Europäische Parlament verabschiedete am Ende der französischen Präsidentschaft die sechs Richtlinien, mit denen die EU bis zum Jahr 2020 die schädlichen Treibhausgase um mindestens ein Fünftel gegenüber 1990 reduzieren will.

Im Vorfeld der französischen Ratspräsidentschaft warb Präsident Sarkozy für „ein Europa, das schützt". So wurde die kontrollierte Zuwanderung zu einem französischen Hauptanliegen. Die Staats- und Regierungschefs verabschiedeten im Oktober 2008 den Europäischen Pakt zu Einwanderung und Asyl, der folgende Ansatzpunkte für die Einwanderungspolitik festlegt: Organisation der legalen Einwanderung unter Berücksichtigung der Prioritäten, Bedürfnisse und Aufnahmefähigkeiten der einzelnen Mitgliedstaaten mit besonderem Schwerpunkt auf der Integration, Bekämpfung der illegalen Einwanderung, insbesondere durch die Rückführung der illegalen Einwanderer in die Herkunftsländer oder in ein Transitland, Verstärkung der Effizienz der Grenzkontrollen, Schaffung eines Europas des Asyls,

Schaffung einer globalen Partnerschaft mit den Herkunfts- und Transitländern unter Verknüpfung von Migrations- und Entwicklungspolitik (Premierminister 2008: 12). Hinsichtlich der Agrarpolitik wollte Sarkozy nicht nur notwendige Übergangsregelungen erreichen, sondern bereits die Grundzüge der Agrarpolitik nach 2013, da ihre Finanzierung dann ausläuft. Hier wurde ein „Gesundheitscheck" beschlossen. Er sieht vor, dass in Zukunft Zahlungen mehr in ländliche Entwicklungsprojekte fließen und die Produktion stärker auf den Markt ausgerichtet wird.

Wie bereits im Wahlkampf angekündigt – und wie dies vor ihm auch früher schon führende französische Politiker taten –, fordert Sarkozy eine Wirtschaftsregierung. So sagte er während seines ersten Besuchs in Brüssel bei der EU-Kommission: „Ich respektiere die Sorge um Unabhängigkeit der Europäischen Zentralbank. Es geht nicht darum, diese in Frage zu stellen. Aber wir haben schließlich die zweitgrößte Währung der Welt geschaffen, nun brauchen wir eine Wirtschaftsregierung. Wir müssen eine echte Wirtschaftspolitik in der Eurozone führen. Wir werden zu gegebener Zeit Initiativen ergreifen, um auch bei diesem Thema weiterzukommen." Diese Wirtschaftsregierung soll die politische Einhegung der Europäischen Zentralbank vornehmen, deren Unabhängigkeit bereits Präsident Mitterrand einst beklagt hatte. Wie ernst die Wirtschaftsregierung dem neuen Präsidenten zu sein scheint, dokumentierte er, als er auf dem ECOFIN-Rat im Juli 2007 in Brüssel persönlich in der Funktion als Finanzminister erschien und die bekannten französischen Forderungen nach einer Wirtschaftsregierung wiederholte. Auch anlässlich seiner Ansprache vor dem Europäischen Parlament am 21. Oktober 2008, also während der französischen EU-Ratspräsidentschaft, plädierte Sarkozy erneut für eine Europäische Wirtschaftsregierung, die er erstmals näher charakterisierte. Dabei soll es sich um die Staats- und Regierungschefs der Euro-Länder handeln, da bei einer Krise solchen Ausmaßes wie der heutigen ein Treffen der Finanzminister nicht ausreichend wäre. Die Funktion der Wirtschaftsregierung wäre es, ein Gegengewicht zur Europäischen Zentralbank zu bilden (Strassel 2009: 1). Dennoch dürfte der französische Präsident mit diesem Plan innerhalb der EU kaum eine Mehrheit finden, gleichzeitig aber in Frankreich gehegte Hoffnungen enttäuschen, die EU stärker nach französischen Vorstellungen auszurichten. Für Sarkozy wird es in seiner Präsidentschaft darauf ankommen, die Integrationsoffenheit der französischen Gesellschaft wieder herzustellen und ihr zu vermitteln, dass eine positive Entwicklung der EU auch günstig für Frankreich ist.

Sarkozy wendet sich strikt gegen den Beitritt der Türkei, wie er auch anderen Beitritten zur EU äußerst reserviert gegenübersteht. Für ihn gehört die Türkei nicht zu Europa, was er auch mehrfach öffentlich geäußert hat. Er sieht z. Z. auch keinen Handlungsbedarf, über das Thema Türkei innerhalb der EU zu diskutieren. Sarkozy fordert eine Debatte in aller Ruhe und Tiefe über die europäische Idee. „Muss Europa Grenzen haben oder kann Europa ein Konzept sein? Die politische

Integration in Europa: Wie weit kann man gehen? Kann man das Prinzip der Aufnahmekapazität verdeutlichen? Kann man bei diesem Thema noch ein bisschen weiter gehen?" Seine ablehnende Haltung gegenüber einem türkischen EU-Beitritt machte der neue französische Präsident deutlich, als französische Diplomaten die Eröffnung weiterer Verhandlungskapitel mit der Türkei im Juni 2007 boykottierten. „Die von der deutschen EU-Ratspräsidentschaft geplante Eröffnung des Kapitels der Vorbereitung auf die Wirtschafts- und Währungsunion scheiterte am französischen Widerstand, da die Währungsunion ja nur EU-Mitgliedstaaten offen stehe" (Schild 2007: 245).

### 8.3.2 Sicherheit – Rückkehr in die NATO und mehr Europa

Bereits Ende August 2007 hatte Präsident Sarkozy Fortschritte im Bereich der Europäischen Sicherheits- und Verteidigungspolitik zu einem Hauptziel der französischen EU-Ratspräsidentschaft erklärt. Der ESVP wollte Sarkozy neuen Elan verleihen. Dies konnte nur dann gelingen, wenn ESVP und NATO nicht länger als konkurrierende Institutionen bewertet würden. Deshalb forderte Sarkozy auch eine Neuausrichtung der 2003 verabschiedeten Europäischen Sicherheitsstrategie (ESS), eine Weiterentwicklung der Konzepte zur Bekämpfung des internationalen Terrorismus sowie neue Initiativen im Bereich der Nichtverbreitung und der Abrüstungspolitik. Die militärischen Kapazitäten und die Kapazitäten zum Krisenmanagement der EU sollen verstärkt werden. Doch wurden bereits im Vorfeld der französischen Präsidentschaft Sarkozys Zielsetzungen beschnitten. Die EES wurde lediglich auf ihre Anwendbarkeit überprüft. Zwölf der 27 EU-Mitgliedstaaten – u. a. Deutschland und Frankreich – einigten sich auf den Aufbau einer gemeinsam zu nutzenden Europäischen Lufttransportflotte, um Operationen außerhalb Europas schneller durchführen zu können. Der wichtigste Aspekt hinsichtlich der europäischen Sicherheitspolitik war die Erklärung des Europäischen Rates vom Dezember 2008, dass eine informelle hochrangige EU-NATO-Gruppe eingerichtet werden sollte. Ihre Aufgabe besteht darin, die Zusammenarbeit von NATO und EU durch pragmatische Reformvorschläge zu verbessern. Dieser Erfolg war nur möglich, weil Frankreich seit der Wahl Sarkozys eine intensive NATO-Annäherungspolitik betrieben hatte. Bereits im August 2007 hatte Präsident Sarkozy angekündigt, sein Land in die integrierten militärischen Strukturen des Atlantischen Bündnisses zurückzuführen. Er sah die vollständige Rückkehr Frankreichs in die NATO als erforderlich an, um substanzielle Fortschritte beim Aufbau einer handlungsfähigen Europäischen Sicherheits- und Verteidigungspolitik zu erreichen (Kempin 2008a: 1). In dem im Juni 2008 veröffentlichten Weißbuch „Verteidigung und nationale Sicherheit" wird eine Neuausrichtung der sicherheits- und verteidigungspolitischen Prinzipien durchgeführt, die u. a. eine Normalisierung der Beziehungen Frankreichs zur Atlantischen Allianz vorsehen (Kempin 2008b: 4). Die konsequente Umsetzung dieser Vorstellungen wurde im März 2009 vorgenommen, als Frankreich offiziell in die militärischen Strukturen der NATO zurückkehrte. Dieser politische Akt könnte dazu führen, dass sich die Beziehungen zwischen EU und NATO grundlegend ändern. Zwar ist militärisch die Rückkehr Frankreichs kein großer Zugewinn – denn Frankreich ist seit Anfang der 90er Jahre eines der aktivsten Bündnismitglieder und einer der größten Truppensteller für NATO-Operationen –, doch politisch werden sich NATO und EU nicht mehr als Konkurrenten, sondern als komplementäre Institutionen betrachten, so dass der bereits von Präsident John F. Kennedy in den 60er Jahren avisierte Zweipfeilerstatus der NATO in den nächsten Jahren tatsächlich erreicht werden könnte. NATO und EU könnten somit eine bessere Aufgabenteilung vornehmen.

Eine Rückkehr in die militärischen Strukturen der NATO dient laut Präsident Sarkozy dem französischen Interesse. So hat Frankreich zwar an den zuletzt durchgeführten Aktionen unter NATO-Führung teilgenommen – Bosnien, Kosovo und Afghanistan –, aber kein Mitsprachrecht bei der Durchführung der Militäroperationen wahrnehmen können, da es eben nicht Mitglied des Militärbündnisses war. Mit seiner Rückkehr in die Militärstrukturen als vollwertiges gleichberechtigtes Mitglied hofft Frankreich, insbesondere den zukünftigen Entwicklungsprozess der Atlantischen Allianz stärker beeinflussen zu können. Zweitens bekommt Frankreich durch die NATO-Reintegration etwa 800 bis 900 NATO-Posten, von denen der bedeutsamste der Chefposten des Allied Command Transformation (ACT) in Norfolk (Virginia) ist, wenngleich dieser Posten im Vergleich zum Allied Command Operations (AC), dem für Einsatzplanung und -führung zuständigen obersten NATO-Kommandeur in Europa, eine weniger herausgehobene Position darstellt. Zweiter wichtiger Chefposten für die Europäer in der neuen NATO ist das Regionalkommando in Lissabon, das der Standort für die Schnelle Eingreiftruppe der NATO (NATO Response Force, NRF) und die Basis für die Satellitenaufklärung der NATO ist. Nicht zuletzt hofft die politisch Sarkozy nahestehende Rüstungsindustrie durch die Reintegration in die NATO-Militärstrukturen auf mehr Aufträge durch die Stärkung der ESVP und auf einen besseren Zugang zum US-Markt. Zweifellos ist diese Reintegration in die NATO ein Bruch mit einem Kontinuum der französischen Außenpolitik, der nationalen Unabhängigkeit, seit den Zeiten de Gaulles. Mit einer großen Inszenierung erfolgte dann während des NATO-Gipfels im April 2009 die offizielle Rückkehr Frankreichs in die militärischen Strukturen des Bündnisses, als von östlicher Rheinseite die Staats- und Regierungschefs der NATO-Staaten und von westlicher Rheinseite Präsident Sarkozy über die Rheinbrücke bei Kehl gingen und sich mitten auf der Rheinbrücke trafen. Damit sollte symbolisch und öffentlichkeitswirksam die Rückkehr Frankreichs in die militärische Integration der NATO dokumentiert werden.

Im Unterschied zu den vorsichtigen Annäherungsbemühungen Frankreichs an die NATO unter Mitterrand und Chirac betrachtet Frankreich nun die Europäische Sicherheits- und Verteidigungspolitik und die NATO nicht länger als konkurrierende, sondern erstmals als komplementäre sicherheits- und verteidigungspolitischen Einrichtungen. Entsprechend den Vorstellungen des französischen Verteidigungsweißbuches soll sich die NATO vor allem auf Aufgaben gemäß Art. 5 konzentrieren, aber auch im Bereich der Krisenbewältigung aktiv sein. Eine echte Aufgabenteilung zwischen Amerikanern und Europäern wird ebenso angestrebt wie eine Verbesserung der Planungsverfahren. Doch verfolgt Sarkozy mit der Reintegration in die NATO vor allem politische Ziele. Zunächst einmal soll der französische Einfluss innerhalb des Bündnisses und damit auch der internationale Handlungsspielraum Frankreichs vergrößert werden. Zweitens soll die ESVP zu einem gleichgewichtigen Pfeiler innerhalb der NATO ausgebaut werden. Für Sarkozy kann die ESVP nur erfolgreich sein, d. h. langfristig ihre militärische Unabhängigkeit erreichen, wenn sie die US-Unterstützung erhält. Drittens sollen EU, NATO und die USA als Akteure globaler Ordnungspolitik agieren.

Angesichts einer komfortablen Mehrheit in der Nationalversammlung sowie der Kombination von NATO-Rückkehr und Vertrauensfrage war es nicht verwunderlich, dass die französische Nationalversammlung mit überzeugender Mehrheit die Reintegrationspolitik in die Militärstrukturen der NATO im Frühjahr 2009 unterstützte. Zwar hatten die früheren gaullistischen Premierminister Alain Juppé und Dominique de Villepain die Entscheidung ebenso kritisiert wie die Sozialisten, die alle die französische Unabhängigkeit nach der Reintegration nicht mehr gewährleistet sehen. Doch auch in der Gesellschaft erhielt Sarkozy für den Bruch mit dem „gaullistischen Dogma“ große Unterstützung, votierten in Meinungsumfragen doch 52 bis 58 Prozent der Befragten für die Rückkehr Frankreichs in die militärische Organisation der NATO.

### 8.3.3 Frankreich und die USA

Bereits vor dem Wahlkampf war Sarkozys recht pro-amerikanische Einstellung bekannt. Zum fünften Jahrestag der Anschläge auf das Word Trade Center war er zu einem Besuch bei Präsident Bush aufgebrochen, was in Frankreich aber nicht goutiert wurde. Sarkozy versucht mit allen Mitteln, das amerikanisch-französische Verhältnis zu verbessern. So hat er die nach dem Rücktritt Tony Blairs entstandene Besetzungslücke im transatlantischen Verhältnis zu füllen gesucht und ist bemüht, sich als wichtiger Partner der USA zu inszenieren. Unmittelbar nach seiner Wahl versicherte der neue Staatspräsident den Amerikanern in seiner ersten Rede, dass sie auf die französische Freundschaft zählen könnten. „Die Beziehungen zwischen NATO und europäischer Verteidigung, so sein Plädoyer, seien künftig in unaufgeregter und pragmatischer Weise anzugehen, die traditionelle französische Gegenüberstellung von NATO und ESVP sei steril, die beiden Organisationen stünden komplementär zueinander, Europäer, aber auch die USA bedürften ihrer in gleichem Maße“ (Kempin 2007: 5). Sarkozy weist die Allianz in ihre Schranken, wenn er ihre Handlungsfelder nicht auszuweiten wünscht. Bei seinem ersten Staatsbesuch im November 2007 machte er das veränderte Verhalten der neuen Präsidentschaft deutlich, als er erklärte, dass Frankreich für die USA ein zuverlässiger Freund und Partner sein wolle. So teile Frankreich die US-amerikanische Position gegenüber dem Iran, lehne aber einen Militärschlag gegen das Land ab. Frankreich hat sich unter Sarkozy zu einem der aktivsten Betreiber eines harten Kurses gegenüber dem Iran entwickelt, womit ein gewisser Bruch mit der Nah- und Mittelostpolitik Chiracs zu konstatieren ist. Bezüglich Afghanistan erklärte Sarkozy, dass Frankreich in diesem Konflikt solange engagiert bliebe, wie es die Lage erfordert, „denn was in diesem Land auf dem Spiel steht, ist die Zukunft unserer Werte und der Atlantischen Allianz“ (zitiert nach Veit 2008: 44). Freundschaft mit den USA darf nach Auffassung Sarkozys jedoch nicht zu Vasallentum werden. Sarkozy ließ die Amerikaner aber auch wissen, dass Freundschaft heißt zu akzeptieren, dass Freunde auch unterschiedlich denken können und sich auf Augenhöhe begegnen. Den USA schrieb er gleich nach Übernahme des Präsidentenamtes ins Stammbuch, dass sie nicht nur die Pflicht hätten, den Kampf gegen den Klimawandel nicht nur nicht zu behindern, sondern dass sie sich im Gegenteil an die Spitze des Kampfes stellen sollten. Auf dem G 8-Gipfel in Heiligendamm im Juni 2007 forderte Sarkozy nicht zuletzt von den USA größere Anstrengungen gegen den Klimawandel. Auch sieht er die von den USA geplante Stationierung des US-Raketenabwehrschirms in Europa wie auch die daraus resultierenden Verhandlungen der USA mit Polen und Tschechien als problematisch an. Solche Fragen möchte der französische Präsident in der NATO behandelt wissen.

### 8.3.4 Ein neuer Europa-Ansatz – Die Mittelmeer-Union

Bereits während des Präsidentschaftswahlkampfs hatte Sarkozy im Februar 2007 erstmals sehr deutlich die Einrichtung einer Mittelmeerunion gefordert, die er unter seiner EU-Präsidentschaft forcierte. „Nationaler Ehrgeiz, ein wiederkehrendes Souveränitätsgefühl, der Wille zum Neubeginn“ (Schmid 2008: 7) sind die Faktoren, die bei der Ausarbeitung des Projekts eine wichtige Rolle gespielt haben. Aber traditionell hat Frankreich ein großes Interesse daran, dass die südliche Dimension ebensoviel Aufmerksamkeit und finanzielle Ausstattung erhält wie die östliche. „Nordafrika und der Nahe Osten stehen aus vielen Gründen im Fokus der französischen Interessen: historische und kulturelle Gründe, wirtschaftliche Interessen, zivilgesellschaftliche Verbindungen und Migrationsgeschichte" (Schwarzer 2008: 26). Mit der von ihm vorgeschlagenen Mittelmeerunion, die eindeutig einen Bruch zur bisherigen französischen Europapolitik darstellt, wollte Sarkozy den Mittelmeerraum als traditionelles französisches Einflussgebiet betonen und Frankreich wieder stärker in das Zentrum des europäischen Integrationsprozesses führen, aus dem es durch die EU-Osterweiterung verdrängt worden war. Eine neue Union unter französischer Führung sollte entstehen, nach dem Vorbild der G 8-Gipfel, mit Italien und Spanien auf europäischer Seite sowie den afrikanischen Mittelmeerländern Marokko, Algerien, Libyen, Ägypten, Jordanien und vielleicht auch einigen Golfstaaten auf afrikanischer und asiatischer Seite. Gleichzeitig könnte Frankreich aber auch im Nahost-Friedensprozess wieder eine größere Rolle spielen, wenn sowohl Israel als auch Syrien Mitglieder in dieser Mittelmeerunion wären. Sarkozys Plan stieß bei den arabischen Staaten auf Zurückhaltung, bei einigen EU-Staaten sogar auf Ablehnung. Sie sahen in Sarkozys Vorstoß einen Versuch zur Errichtung einer französisch dominierten Parallelorganisation zum seit 1995 bestehenden Barcelona-Prozess der EU und befürchteten eine Spaltung der Union.

Insbesondere der hartnäckige deutsche Widerstand gegen dieses avisierte Projekt führte zu einer Kompromisslösung. Die „Union für das Mittelmeer" wird in die EU integriert, sodass alle 27 EU-Mitglieder – und nicht nur, wie ursprünglich von Sarkozy vorgesehen, die EU-Mittelmeeranrainerstaaten – Mitglied der neuen Union sind. Strukturen, Projekte und Finanzen des Barcelona-Prozesses gehen in die Mittelmeerunion über. Es wird ein Sekretariat eingerichtet. Zwei Ko-Präsidenten, einer aus einem EU-Land und einer aus einem nicht zur EU gehörenden Mitgliedstaat, werden im Zweijahresrhythmus die Gipfeltreffen organisieren.

Somit haben 44 Staaten mit 780 Millionen Einwohnern aus drei Kontinenten rund ums Mittelmeer eine neue Grundlage für ihre Zusammenarbeit vereinbart. Der offizielle Name dafür lautet: „Barcelona-Prozess: Union für das Mittelmeer". Sie erweitert die Kooperation der EU mit den Mittelmeer-Anrainern, die 1995 in der spanischen Hafenstadt begründet wurde. Folgende Eckpunkte kennzeichnen die am 13. Juli 2008 in Paris vereinbarte neue Union:

- Mitglieder der Mittelmeerunion sind die 27 EU-Länder, 15 Nicht-EU-Mitglieder am Mittelmeer inklusive der Palästinensischen Autonomiebehörde sowie Mauretanien und Jordanien.
- Alle zwei Jahre soll es Gipfeltreffen geben. Rotierend sollen zwei Länder – jeweils aus der EU und dem Süden – gemeinsam den Vorsitz führen. Die Partnerstaaten der EU werden im Einvernehmen für zwei Jahre einen Vorsitz benennen. Die EU entscheidet darüber nach den Regeln der EU-Verträge. Die Staatschefs von

Frankreich und Ägypten, Nicolas Sarkozy und Husni Mubarak, sind erste Ko-Präsidenten.

- Ein etwa 20-köpfiges Sekretariat begleitet die laufenden Projekte. Die politische Leitung der Mittelmeerunion liegt bei einem Ständigen Ausschuss in Brüssel mit Vertretern aller Regierungen. Als konkrete Projekte sind geplant:
- die Sanierung des Mittelmeeres,
- Schnellrouten für Lkw-Fähren und den Frachtverkehr als „Meeresautobahnen“,
- engere Zusammenarbeit des Zivilschutzes bei Waldbränden, Erdbeben und Überschwemmungen,
- Investitionen in Solarenergieanlagen,
- Kooperation bei der Universitätsausbildung,
- Unterstützung von klein- und mittelständischen Betrieben.
- Zur Finanzierung der Projekte stehen in der Finanzplanung der EU von 2007 bis 2013 sieben Milliarden Euro zur Verfügung. Hinzu kommen günstige Kredite und Beiträge der einzelnen Länder in Milliardenhöhe.

Mit der Mittelmeerunion strebt Sarkozy danach, Frankreich zu einer „herausragenden Macht des Mittelmeerraumes“ zu machen. Diese Union soll sich auch der Terrorismusbekämpfung widmen sowie Maßnahmen gegen Migration ergreifen. Wenngleich nicht ausgesprochen, soll sie auch als Instrument für eine kontrollierte Zuwanderung in die Europäische Union dienen. Schließlich soll sie die demokratische und wirtschaftliche Entwicklung des Mittelmeerraumes fördern. Der erste Besuch Sarkozys außerhalb Europas führte deshalb auch Anfang Juli 2007 nach Algerien und Tunesien. Mit diesen Besuchen wollte Sarkozy einerseits die große Bedeutung der Maghreb-Region für Frankreich hervorheben, zweitens in diesen Staaten für seinen Plan der Mittelmeerunion werben und drittens die Wirtschaftsbeziehungen Frankreichs mit diesen Staaten stärken, verfügt doch Algerien über die achtgrößten Gasreserven in der Welt. Am 13. Juli 2008, am Vorabend des französischen Nationalfeiertags und des ersten EU-Gipfels unter Präsident Sarkozy, wurde von 43 Staats- und Regierungschefs aus den EU-Ländern und den Mittelmeeranrainern unter großem Medienrummel die Mittelmeerunion unterzeichnet. Ein großer historischer Aufbruch, wie von Sarkozy gedacht, war es nicht. EU-Europa hat sich mit dieser neuen Union aber die Chance eröffnet, zu einer friedensstiftenden Macht in Nahen Osten zu werden, denn von den dortigen Entwicklungen ist Europa unmittelbar betroffen.

### 8.3.5 Frankreich – Deutschland – Ein neues Tandem Sarkozy und Merkel?

Eigentlich bedeutete die Amtsübernahme durch Nicolas Sarkozy eine gute Voraussetzung für die Bildung eines neuen französisch-deutschen Tandems. Sowohl Sarkozy als auch Bundeskanzlerin Merkel befanden sich gleichzeitig an der Spitze ihrer konservativ ausgerichteten Parteien, der „Union pour le Mouvement populaire" (UMP) und der CDU. Es gab eine große Schnittmenge in den politischen Auffassungen. In ihrem jeweiligen Wahlkampf – Sarkozy 2007, Merkel 2005 – warben sie um eine Vertiefung der Beziehungen zu den USA. Beide lehn(t)en eine EU-Mitgliedschaft der Türkei ab und sprachen sich für eine privilegierte Partnerschaft der EU mit dem kleinasiatischen Staat aus. Auch besteht eine weitere Gemeinsamkeit in der Bezugnahme auf die jeweiligen politischen Führungsfiguren, hier Adenauer und dort de Gaulle, die Gründer der institutionalisierten deutsch-französischen Zusammenarbeit. Doch sollte Sarkozy ein unbequemerer Partner als sein Vorgänger Chirac werden. Auch wenn es Wahlkampf war, in dem er Frankreichs moralische Überlegenheit hervorgehoben hatte, als er erklärte, dass Frankreich die „Endlösung" nicht erfunden hätte, weil es keinen Genozid begangen und von allen Ländern der Erde am meisten für die Freiheit der Menschen getan hätte, und Sarkozy diese Äußerung vor allem für den französischen Wählermarkt getätigt hatte, dürfte darin ein Stück politischer Überzeugung des neuen Präsidenten zum Vorschein gekommen sein. Denn mit Sarkozy hat ein Mann das Amt des französischen Staatspräsidenten übernommen, der nicht unbedingt eine große Affinität zur Geschichte und Kultur Deutschlands aufweist. Sein in gewisser Hinsicht ausgeprägter voluntaristischer Politikstil und seine allgegenwärtigen Initiativen haben in Deutschland für Verunsicherung gesorgt. Auch seine bereits als Wirtschaftsminister durchgeführte Industriepolitik, die eindeutig die französischen Unternehmen bevorzugte, sowie seine im Wahlkampf geäußerte Kritik an der Europäischen Zentralbank und am Höhenflug des Euro, ließen in Berlin Befürchtungen aufkommen, ob denn die deutsch-französischen Beziehungen unter dem neuen Tandem die klassische Motorfunktion im europäischen Integrationsprozess würden weiter gewährleisten können.

Aber wie seine beiden Vorgänger, so hat auch Sarkozy bald erkennen müssen, dass trotz aller Probleme, die die deutsch-französischen Beziehungen in den letzten beiden Jahrzehnten durchlaufen hatten, dieser eingeübten Kooperation eine enorme Bedeutung für die jeweilige nationale Europapolitik zukommt, wenngleich sich der Stellenwert dieser Beziehung durch die Erweiterung der Union relativiert hat. Trotz dieser Relativierung ist das deutsch-französische Tandem als gewichtiger Akteur im Entscheidungsprozess der Gemeinschaft von großer Bedeutung, gründet sich doch die deutsch-französische Zusammenarbeit auf eine weitgehende Übereinstimmung der Interessenlagen Frankreichs und Deutschlands. So war es auch nicht verwunderlich, dass der erste Auslandsbesuch noch am Tag seiner Amtseinführung nach Berlin erfolgte, wo Sarkozy mit der deutschen Bundeskanzlerin zusammentraf und vor allem die deutsch-französischen Beziehungen sowie die europäische Integration erörterte. Auch betonte Sarkozy die Notwendigkeit der deutsch-französischen Kooperation, als er in der gemeinsamen Pressekonferenz mit Bundeskanzlerin Merkel erklärte: „Ganz dringend ist geboten, dass die Europäische Union jetzt aus ihrer augenblicklichen Lähmung heraustritt. Es ist deshalb notwendig, dass Deutschland, das derzeit den Ratsvorsitz in der Europäischen Union innehat, und Frankreich, das immer sein privilegierter Partner in Europa war, sich verstehen. Deutschland und Frankreich haben gemeinsam einen größeren Einfluss auf Europa und die Welt, als wenn sie getrennte Wege gehen. Wir müssen also gemeinsam vorangehen“ (http://www.bundesregierung.de/Content/DE/Mitschrift/Pressekonferenzen/2007/05/2007-05-16-merkel-sarkozy-pk.html).

So gelang es Bundeskanzlerin Merkel mit der großen Unterstützung des neuen französischen Präsidenten, die Verfassungskrise zu überwinden und einen von allen 27 Regierungen mitgetragenen Entwurf zum Lissabonner Vertrag vorzulegen. Der neue französische Präsident „erwies sich sowohl im Vorfeld des Brüsseler EU-Gipfels bei einem Antrittsbesuch in Polen als auch beim Verhandlungsmarathon selbst als verlässlicher Bundesgenosse Merkels und damit als hilfreiche Stütze der deutschen Ratspräsidentin“ (Hilz 2007: 27). Nun sollte sich der außergewöhnlich große persönliche Ehrgeiz des neuen französischen Präsidenten auch auf die französisch-deutschen Beziehungen auswirken, die sich im Herbst 2007 verschlechterten. Obwohl hinsichtlich des Wirtschaftsinterventionismus zwischen Deutschland und Frankreich traditionell große Unterschiede bestehen, belastete eine von Sarkozy geplante industriepolitische Offensive in den Bereichen Energie, Luftfahrt, Medien, Bau und Bahn, Banken und Wehrtechnik die deutsch-französischen Beziehungen. Außerdem irritierte die deutsche Regierung, dass Sarkozy – ohne Absprache mit den Deutschen – sich gegen die Realisierung eines ausgeglichenen Haushalts bis 2010 – er strebte diesen erst für 2012 an – aussprach und erneut den starken Euro und die Politik der Europäischen Zentralbank kritisierte. All diese Entwicklungen trugen dazu bei, dass in Deutschland die von Sarkozy bei Amtsantritt geäußerte europapolitische Priorität in Zweifel geriet. Es ging bei diesen deutsch-französischen Auseinandersetzungen immer auch darum, welcher Politiker denn im europäischen Integrationsprozess nun die Führungsrolle einnahm, die bis zum Ende der deutschen Ratspräsidentschaft ganz eindeutig bei der Bundeskanzlerin lag.

Die schwerste Belastung des deutsch-französischen Verhältnisses erfolgte mit Sarkozys Vorschlag einer Mittelmeerunion. Entgegen den Bestimmungen des Elysée-Vertrags wollte Sarkozy ohne Konsultation des deutschen Partners eine außerhalb der EU angesiedelte Konkurrenzorganisation zur Gemeinschaft unter französischer Führung aufbauen, die anstelle des von der EU praktizierten Barcelona-Prozesses hätte treten sollen. Doch im März 2008 einigten sich Präsident Sarkozy und Bundeskanzlerin Merkel auf eine Lösung, die die Mittelmeerunion in die EU integriert. „Im deutsch-französischen Verhältnis sorgte neben inhaltlichen Divergenzen über Kernpositionen der französischen Europapolitik insbesondere für Verstimmung, dass die ansonsten enge, vertrauliche und frühzeitige Abstimmung über Initiativen einem Vorgehen Platz machte, bei dem Deutschland mitunter gar nicht oder sehr spät informiert wurde, und oftmals eine vorausgehende Diskussion der Vorhaben nicht stattfand. Diese Abkehr von früher üblichen Vorgehensweisen, für die die beschriebenen engen Beziehungen ausreichend Gelegenheit bieten würden, betraf nicht nur im engeren Sinne EU-bezogene Initiativen, sondern auch das außenpolitische Vorgehen Sarkozys in sensiblen Dossiers wie Lybien oder Iran" (Schwarzer 2008: 11 f.).

Während der deutschen und französischen Ratspräsidentschaften hatten sich offensichtlich Fehlperzeptionen des jeweiligen Partners durchgesetzt. In Deutschland glaubte man, dass Frankreich unter Sarkozy zunehmend nationale Interessen und Befindlichkeiten auf die EU-Ebene überträgt, ohne dass zuvor eine Interessenabstimmung für gemeinsames Handeln mit dem Partner erfolgt. „Mit Blick auf die französische EU-Ratspräsidentschaft wuchsen Zweifel, ob Frankreich die Rolle des neutralen Vermittlers bei so explizit formulierten nationalen Interessen würde wahrnehmen können" (Schwarzer 2008: 13). In Frankreich machte sich vermehrt die Vorstellung breit, dass Deutschland nicht weiter an vertiefter Integration interessiert sei, sondern nationale Interessen stärker verfolgen würde, wobei Kosten und Nutzen des Integrationsprozesses immer stärker abgewogen würden.

Die schwere Finanz- und Wirtschaftskrise 2008/2009 – und die Erkenntnis beim französischen Präsidenten, dass ohne die strategische deutsch-französische Allianz Fortschritte im Integrationsprozess nicht möglich sind – führte beide Partner doch wieder zu einer fruchtbaren Zusammenarbeit hinsichtlich der Behandlung der Krise. Es war sicher, wie Gisela Müller-Brandeck-Bocquet zu recht urteilt, „einer der markantesten Lerneffekte des Staatspräsidenten Sarkozy, dass er – wie seine Vorgänger auch – eine äußerst enge und vertrauensvolle Partnerschaft mit Deutschland als den einzig verlässlichen Schlüssel zum Erfolg französischer Europapolitik anerkennen musste" (Müller-Brandeck-Bocquet 2008: 4). Zwar gab es am Anfang der Finanzkrise noch verdeckte Kritik gegenüber dem Partner, als Sarkozy hinsichtlich der Einrichtung von Konjunkturpaketen erklärte, dass Deutschland noch darüber nachdenke, während Frankreich bereits handele, doch wurde beiden Partnern zunehmend klarer, dass nur mit einem Zusammengehen Deutschlands und Frankreichs die EU in der Lage war, die zukünftige Weltfinanzstruktur zu ihren Gunsten zu beeinflussen. Sarkozy hatte bereits während Frankreichs EU-Präsidentschaft die Herausforderung der Georgien-Krise gemeistert, so dass er sich nun krisenerfahren auch der globalen Finanzkrise stellte. Auf seine Initiative wurde im Oktober 2008 eine G 20-Konferenz in Washington einberufen, die im April 2009 auf einer weiteren Konferenz in London zu konkreten Ergebnissen gelangte. Hier erzielten Deutschland und Frankreich aufgrund einer intensiven gemeinsamen Vorbereitung mit einem einheitlichen Forderungskatalog, der z. T. vom Ergebnis noch übertroffen wurde, recht gute Ergebnisse. So wollten Merkel und Sarkozy hinsichtlich der Steueroasen einen Termin für die Veröffentlichung von Schwarzen Listen festsetzen, um die unkooperativen Staaten unter Druck zu setzen. Der G 20-Gipfel beschloss aber sogar die sofortige Veröffentlichung solcher Listen. Weitere Regulierungsmaßnahmen betrafen die Hedgefonds, Ratingagenturen und Managergehälter. Ein Gremium für Finanzstabilität, der IWF und Kontrollgremien für international agierende Großbanken und Versicherungen sollen die Finanzmärkte überwachen. So hat der G 20-Gipfel auch zu einer Verschiebung im internationalen Machtgefüge geführt. Neben der Relativierung der Macht der USA wurde auch der Aufstieg von Schwellenländern wie China, Indien und Brasilien auf dem Gipfel anerkannt. Gemeinsamkeit dokumentierten Frankreich und Deutschland auch bei der Austragung des Jubiläumsgipfels der NATO zu ihrem 60. Geburtstag, der in Straßburg und in Kehl/Baden-Baden abgehalten wurde. Die offizielle Rückkehr Frankreichs in die militärische Integration der Atlantischen Allianz bedeutet, dass eine Europäische Sicherheits- und Verteidigungspolitik nun komplementär und nicht konträr zum Atlantischen Bündnis verfolgt werden kann.

Angesichts mangelnder Alternativen innerhalb der EU und angesichts der strategischen Bedeutung der deutsch-französischen Beziehungen für den Integrationsprozess sollte auch in Zukunft das deutsch-französische Tandem eine wichtige Rolle in der weiteren Entwicklung der Union spielen. Die Gemeinsamkeiten beider Staaten überwiegen dabei in hohem Maße die unterschiedlichen Interessen. Nachdem nun Sarkozy und Merkel erfolgreiche Politiken sowohl zugunsten des Integrationsprozesses als auch ihrer Länder betrieben haben, sollten vom deutsch-französischen Tandem auch in Zukunft europapolitische Impulse erwartet werden.

### 8.3.6 Afrika und Nahost

Frankreichs Afrikapolitik entwickelte sich seit de Gaulle im Schatten des Ost-West-Konflikts und stützte sich auf ein System aus Armee, Geheimdienst, Wirtschaft und Parteipolitik, das den afrikanischen Kontinent als „pre-carré“ französischer Außenpolitik verstand. Dieser Kontinent soll einen Fokus seiner Präsidentschaft bilden. „Afrika wird eine wesentliche Priorität unserer Außenpolitik und ein zentraler Schwerpunkt der Entwicklungszusammenarbeit der Europäischen Union bleiben“, erklärte der Präsident in einer seiner ersten Reden (www.premier-minis

tre.gouv.fr/de/information/presse_880/rede von staatspräsident_nicolas_sarkozy 57117.html).

So soll das Verhältnis zu den Regierenden des Kontinents von neokolonialer Klientelpolitik gesäubert und auf transparente Partnerschaft umgestellt werden. Sarkozy bekennt sich zur Achtung der Menschenrechte, zum Glauben an die Demokratie, die er auch für Afrika als die richtige Staatsform ansieht, wie auch zu Humanismus und Toleranz. Doch solch ein Bekenntnis hörte man auch zu Beginn der Ära Mitterrand und musste dann feststellen, dass Afrika weiterhin ein *bevorzugter Hinterhof* Frankreichs war. Zumindest sollen die in Afrika stationierten französischen Streitkräfte nur mit einem Mandat der Vereinten Nationen oder der Afrikanischen Union zum Einsatz gebracht werden. Auch will Frankreich sich bei seinem Engagement in Afrika stärker mit der Europäischen Union absprechen. Doch die beiden ersten Jahre Afrikapolitik unter Sarkozy lassen erkennen, dass zwischen politischem Wollen und politischem Können oder Theorie und Realpolitik doch erhebliche Unterschiede liegen. So hat sich Sarkozy auf seiner ersten Afrikareise im Juli 2007 in der senegalesischen Hauptstadt Dakar zumindest missverständlich ausgedrückt, als er den Afrikanern eine eigene Verantwortlichkeit für ihre Rückständigkeit und Rückwärtsgewandtheit attestierte. So erklärte er in Dakar:

„Ich möchte mich an alle Afrikaner wenden, die so unterschiedlich sind, vor allem an die Jungen, die ihr euch so sehr bekämpft und oft so gehasst habt und die ihr euch manchmal immer noch bekämpft und hasst. ... Afrikas Drama ist, dass der Afrikaner nicht genug in die Geschichte eingetreten ist. Der afrikanische Bauer kennt nur den ewigen Wiederbeginn der Zeit im Rhythmus der endlosen Wiederholung derselben Gesten und derselben Worte. In dieser Geisteshaltung, wo alles immer wieder anfängt, gibt es Platz weder für das Abenteuer der Menschheit noch für die Idee des Fortschritts. In diesem Universum, wo die Natur alles regelt, entkommt der Mensch der Qual der Geschichte, die den modernen Menschen gefangen hält, und er bleibt regungslos in einer unveränderlichen Ordnung. Nie geht er auf die Zukunft zu. Nie kommt er auf die Idee, aus der Wiederholung auszutreten, um sich ein Schicksal zu erfinden. Dies ist das Problem Afrikas" (http://www.taz.de/index.php?id=start&art=2529&id=afrika-artikel&cHash=d98355764c).

Diese Rede wirkte bei afrikanischen Politikern und Intellektuellen kontraproduktiv, sahen sie doch in Sarkozy den Vertreter eines Frankreichs, das neokolonialistische Ansprüche formulierte. Nach Libyen hat Sarkozy auf seiner ersten Afrikareise damit die beiden verlässlichsten Alliierten Frankreichs auf dem Kontinent besucht: Senegal und Gabun. Diese Länder verfügen über für Frankreich bedeutsame Rohstoffe – Erdöl, Erdöl und Mangan –, achten weder die Menschenrechte noch bekennen sie sich zu demokratischen Werten und Idealen, so dass die Afrikapolitik Sarkozys in krassem Gegensatz zu seinen Ankündigungen steht und an die Afrikapolitik früherer Präsidenten anzuknüpfen scheint. Auch bei seiner Afrikareise im

Frühjahr 2009 dominierten wirtschaftspolitische Überlegungen. Im März 2009 besuchte Sarkozy die beiden Kongo-Staaten, wobei er die Demokratische Republik Kongo und ihre Nachbarstaaten zu einer neuen Zusammenarbeit aufrief. Im östlichen Kongo sind die Bodenschätze Coltan, Kupfer, Diamanten und Gold seit Jahrzehnten stark umkämpft, an denen westliche Konzerne großes Interesse haben. Bei seinem anschließenden Besuch im Niger wurde der Vertrag zum Betrieb einer Uranmine für den französischen Atomkonzern Areva unterzeichnet, womit Frankreichs Uranversorgung für die zivile Kernenergie wie auch für die militärische Nutzung für die Zukunft gewährleistet ist. Ob der Niger von diesem Handel tatsächlich profitieren wird, ist zumindest zweifelhaft, da die bisherige vierzigjährige Uranzusammenarbeit zwischen Niger und Frankreich zu keiner Verbesserung der Lage im Land geführt hat. Es wird heute zu den fünf ärmsten Ländern der Welt gerechnet.

Geopolitische Interessen stehen offensichtlich über Menschenrechtsfragen, was auch bei Sarkozys umstrittener Aktion, Libyen, das immer noch als Diktatur gilt, einen Atomreaktor zu versprechen, verfügt doch dieses Land wie auch Gabun über sehr viel Erdgas und Erdöl, offenbar wurde. Das Aufrechterhalten enger Freundschaften zu afrikanischen Machthabern, die in einem besonderen Verhältnis zu Frankreich stehen, über die alten informellen Netzwerke und Kanäle funktioniert weiterhin gut. Durch die USA und China, die sich nach Ende des Ost-West-Konflikts in Afrika verstärkt engagiert haben, werden die weltpolitischen Ambitionen Frankreichs eingeschränkt. Die EU wird in die französische Afrikapolitik immer dann einbezogen, wenn Frankreich glaubt, den Vorgang kontrollieren zu können. „Wichtiger Nebenaspekt ist stets das ‚Burden-sharing' kostspieliger Engagements. Mit Übertragung realer Kompetenzen hat dies bisher wenig zu tun" (Mehler 2007: 9).

Realpolitik betreibt Sarkozy auch in den Golfstaaten. Politisch, wirtschaftlich und jetzt auch militärisch drängt Frankreich in die Golfregion. Bereits im Januar 2008 unternahm er eine dreitägige Nahostreise, auf der bilaterale Verträge über ökonomische Zusammenarbeit und die Zusammenarbeit in Bildungsprogrammen mit Saudi-Arabien unterzeichnet wurden. Bedeutsamer war aber die Unterzeichnung eines Abkommens mit den Vereinigten Arabischen Emiraten zur nuklearen Zusammenarbeit, das das dritte dieser Art ist, nachdem bereits mit Algerien und Libyen in der kurzen Amtszeit Sarkozys solche Abkommen geschlossen wurden. Im Frühjahr 2009 erneuerte Frankreich nicht nur ein 1995 abgeschlossenes Verteidigungsabkommen mit den Vereinigten Emiraten, sondern Präsident Sarkozy weihte in den Emiraten auch einen neuen französischen Stützpunkt mit dem Namen „Lager des Friedens" in Abu Dhabi ein. Auf der Militärbasis sollen 500 französische Soldaten der Marine, der Luftwaffe und des Heeres und ein halbes Dutzend Jagdflugzeuge vom Typ Rafale stationiert werden. Es ist der erste ausländische Stützpunkt, den Frankreich seit 50 Jahren außerhalb seiner traditionellen schwarzafrikanischen Einflusszone eingerichtet hat. Frankreich will gemäß Präsident Sarkozy zur Stabilität in der Golfregion beitragen und als globale Macht in dieser Region Verantwortung tragen. Es verfolgt mit dieser Politik natürlich auch Eigeninteressen. Durch die Straße von Hormus, an der der Stützpunkt gelegen ist, werden 40 Prozent der Welterdölprodukte verschifft, so dass vom Stützpunkt aus die internationale Rohstoffversorgung besser gewährleistet werden kann. Mit dem Stützpunkt hofft Frankreich auch rüstungspolitisch erfolgreich zu sein, d. h. dass die Militärbasis als Schaufenster französischer Rüstungsprodukte genutzt werden kann, um den Amerikanern Rüstungsverkäufe abspenstig zu machen. Gegenüber dem Iran, dessen südliche Grenzen vom Stützpunkt nur gut 200 km entfernt sind, dient die Militärbasis als Horchposten. Auch kann der ausländische Stützpunkt als Ausgangsbasis im Kampf gegen die internationale Piraterie genutzt werden, die schwerpunktmäßig im Persischen Golf und am Horn von Afrika betrieben wird. Die wichtigste Funktion der neuen französischen Golfpolitik stellt aber die darin gesehene gleichberechtigte Rolle mit den Vereinigten Staaten dar, die bisher in dieser Region führend waren. Frankreichs Präsenz in der Nähe der Konfliktregion – Afghanistan, Pakistan, Iran und Somalia – zeigt den Anspruch, als globale Macht auf gleichberechtigtem Niveau neben den USA und Großbritannien zu agieren.

Gegenüber Israel gab sich Sarkozy als Freund zu erkennen und überwand die proarabische Position Frankreichs, die es noch unter Chirac eingenommen hatte. Dennoch erachtet Sarkozy es als notwendig, einen Palästinenserstaat zu errichten. Im Dezember 2007 war Frankreich mit Paris Gastgeber der Geberkonferenz für einen Palästinenserstaat. Während seines Besuchs in Kairo im Dezember 2007 appellierte Sarkozy an Israel, Gesten zu zeigen, die einen Frieden in der Region ermöglichen sollten. Besuche des israelischen Staatspräsidenten Perez in Frankreich im März 2008 und von Präsident Sarkozy in Israel im Juni desselben Jahres sollten die ehemalige israelisch-französische Freundschaft wiederbeleben (Vaisse 2009: 564). Der Libanon, traditionell französisches Einflussgebiet, erhielt von Sarkozy ebenfalls starke Unterstützung, als er den politischen Druck auf Syrien erhöhte, das Land auch offiziell anzuerkennen. Auf der Konferenz zur Gründung der Mittelmeerunion im Juli 2008 gelang es Sarkozy, nicht nur den israelischen Ministerpräsidenten Olmert und den syrischen Präsidenten Bachar el-Assad an einem Tisch zusammenzubringen, sondern vom syrischen Präsidenten auch eine Zusage zur Anerkennung der Grenzen zu erhalten. Diese Entwicklung wurde als bedeutsamer französischer diplomatischer Erfolg bewertet.

### 8.3.7 Zwei Jahre Sarkozy

Mit Nicolas Sarkozy wurde erstmals ein Politiker zum Präsidenten der V. Republik gewählt, der nach dem Zweiten Weltkrieg geboren wurde und daher seine politische Sozialisation erst nach Beendigung der Nachkriegszeit beginnt. Die fast schon mythischen Grundsätze des Gaullismus zählen für ihn kaum noch. Bereits am Abend seiner Wahl erklärte Sarkozy, was ab sofort Frankreichs Gewicht in der Welt ausmachen sollte: sein Engagement für Menschenrechte und Gerechtigkeit. Aus jeder der 158 französischen Botschaften in der Welt wollte er „Häuser der Menschenrechte" machen. Den idealen Vertreter dieses Ansatzes sah Sarkozy in Bernhard Kouchner, der seine Regierung nicht nur nach links öffnen, sondern darüber hinaus durch seine Tätigkeit in der Nichtregierungsorganisation „Ärzte ohne Grenzen" diesen Ansatz glaubhaft verkörpern sollte. Die Ausrichtung einer internationalen Darfour-Konferenz in Paris im Juni 2007 symbolisierte diesen Ansatz. Diese Konferenz führte u. a. auch dazu, dass die Vereinten Nationen Anfang August 2007 den Einsatz einer Schutztruppe, bestehend aus Polizeibeamten und Soldaten, zum Schutz der Flüchtlingslager im Tschad, dem Nachbarstaat des Sudans, mobilisierte. Frankreich wird für diese Mission ca. 1 500 Soldaten und Polizeibeamte entsenden. Darüber hinaus war Sarkozy besonders zu Beginn seiner Amtszeit durch eine kaum zu bändigende Energie gekennzeichnet, die sich auch in impulsiven und medienwirksamen außenpolitischen Maßnahmen niederschlug. So ermöglichte er durch Verhandlungen mit Libyens geächtetem Staatschef Ghaddafi die Freilassung der dort seit 1999 inhaftierten bulgarischen Krankenschwestern. Ein Jahr später wurde die lateinamerikanische Geisel Ingrid Betencourt schon mit wesentlich weniger Medienbegleitung nach Frankreich geholt. Sarkozy musste sehr bald erkennen, dass Außenpolitik mehr als der Einsatz für Menschenrechte bedeutet und dass in gewissen Situationen Abwägungen zwischen ideellen Werten und Realpolitik vorgenommen werden müssen. So akzeptierte Sarkozy während seines Chinabesuchs anlässlich der olympischen Spiele in Peking die chinesische Haltung gegenüber Taiwan und Tibet und beglückwünschte Wladimir Putin zu den Parlamentswahlen 2007, obwohl er im Präsidentschaftswahlkampf Russland wegen des Tschetschenien-Kriegs vehement attackiert hatte. Auch in Bezug auf die Haltung zu den afrikanischen Staaten hat die realpolitische Haltung gegenüber der idealistischen wieder die Oberhand gewonnen. Doch immer wieder scheint die Impulsivität den französischen Präsidenten zu übermannen. So erklärte er sogar anlässlich der Übernahme des Präsidentenamtes durch den farbigen Senator Obama im Januar 2009, er wolle mit Obama „die Welt ändern". Er könne es kaum erwarten, dass der neue US-Präsident „an die Arbeit" gehe. „Frankreich ist entschlossen, Hand in Hand mit seinem Freund und Alliierten Amerika zusammenzuarbeiten", schrieb Sarkozy an

Obama. Gemeinsam könne man die immensen Herausforderungen annehmen, mit denen die Welt heute konfrontiert sei.

Hat nun Sarkozy einen Bruch in der Außenpolitik Frankreichs vollzogen, wie er es in seiner Rede am Wahlabend angekündigt hatte? Auf den ersten Blick scheint der Wiedereintritt in die militärische Organisation der NATO im April 2009 den großen Bruch mit den außenpolitischen Dogmen des Gaullismus darzustellen. Doch bereits unter Mitterrand wie auch unter Chirac hatten erste Bemühungen eingesetzt, sich wieder in das Bündnis einzugliedern, wovon aber wegen der US-amerikanischen Politik wieder Abstand genommen wurde. Aber bereits Mitterrand seit 1994 und ab 1995 Chirac hatten Frankreich immer stärker in die NATO integriert, als es zum zweitgrößten Truppensteller auf dem Balkan und in Afghanistan wurde. Doch Sarkozy machte auch deutlich, dass Frankreich durch die Mitgliedschaft in der Militärallianz auf keinen Fall seine Entscheidungsfreiheit, einschließlich des Rechts, Truppen für multilaterale Aufgaben zur Verfügung zustellen, in Frage stellen lässt. Darüber hinaus bliebe auch die nukleare Verteidigung strikt national, so dass inhaltlich die durch de Gaulle Anfang der 60er Jahre vorgegebenen Ziele bestehen blieben. In der Europapolitik hat Sarkozy die insbesondere von Mitterrand durchgeführte enge Einbindung in den europäischen Integrationsprozess fortgesetzt, da er erkannt hat, dass Frankreich nur zusammen mit der EU in der Lage ist, den Herausforderungen der Globalisierung zu trotzen. Schließlich bleibt die Politik gegenüber dem afrikanischen Kontinent, die auch durch mehr Kontinuität als Veränderung oder gar „rupture“ gekennzeichnet ist. Nach zwei Jahren Präsidentschaft Sarkozy hat sich in den außenpolitischen Handlungen die Realpolitik durchgesetzt. Sarkozy ist Realpolitiker genug, um zu verstehen, dass sich Frankreichs Großmachtambitionen in der heutigen Welt nicht mehr wie zu de Gaulles Zeiten darstellen lassen.

# 9. Fazit

Seit der Gründung der V. Republik 1958 durch de Gaulle war Frankreich unter den Präsidenten de Gaulle, Pompidou, Giscard d'Estaing, Mitterrand und Chirac durch ein einvernehmliches Selbstverständnis hinsichtlich der Rolle und des Rangs Frankreichs in den internationalen Beziehungen geprägt. Frankreich wollte die Welt nicht den Blockführungsmächten allein überlassen, sondern verstand sich mit ihnen auf gleicher Augenhöhe. Daniel Vernet spricht vom „De-Gaulle-Mitterrand-Chirac'schen Kompromiss", der auf der – weitgehend falschen – Idee aufbaut, so Vernet, „dass sich die Koordinaten französischer Außenpolitik seit dem Zeitpunkt ihrer Entstehung, also seit der Rückkehr von General de Gaulle an die Macht im Jahr 1958, nicht verändert haben, nämlich: die auf dem Besitz von Atomwaffen beruhende Unabhängigkeit gegenüber den Vereinigten Staaten; eine europäische Zusammenarbeit, welche die wirtschaftliche Integration akzeptiert, aber im politischen Bereich die intergouvernementale Kooperation bevorzugt; die französisch-deutsche Aussöhnung, jedoch mit Rückversicherung guter Beziehungen zu Moskau; die Verteidigung der Dritten Welt vorrangig der alten Kolonien, die noch französischsprachig sind, also des Mittelmeerraums und Afrikas" (Vernet 2007: 26 f.).

De Gaulle hatte Frankreich, das in der IV. Republik immer im Krieg stand, noch einmal zu Glanz und Ruhm geführt, was u. a. auch an der Pariser Gipfelkonferenz der vier Mächte – USA, UdSSR, Großbritannien und Frankreich – symbolisiert wurde, auch wenn der sowjetische KPdSU-Chef Chruschtschow, obwohl nach Paris angereist, im letzten Moment das Vierertreffen platzen ließ. De Gaulle verstand sich als ebenbürtig mit den politischen Repräsentanten der größten Mächte wie Eisenhower, Chruschtschow und MacMillan. Frankreich forderte als Großmacht entsprechend de Gaulles Vorstellungen ein globales Mitsprache- und Mitentscheidungsrecht. Dazu diente ihm, ganz im Verständnis des Militärs de Gaulle, die nachhaltige Beschleunigung des Aufbaus der *force de frappe*. De Gaulle gelang es meisterhaft, während seiner Amtszeit den Mythos der Doktrin der unabhängigen Nuklearabschreckung zu entwickeln. Frankreich verstand sich als unabhängige Macht zwischen den Blöcken, das seine Entscheidungsfreiheit besaß. Kam es jedoch zu kritischen Situationen zwischen den USA und der Sowjetunion – Berlin 1961 und Kuba 1962 – so stellte sich Frankreich immer an die Seite des Westens.

Den besonderen Rang Frankreichs zur Zeit de Gaulles sollte auch die Rolle des Landes in hinsichtlich der Dritten Welt kennzeichnen. Frankreich verstand sich als

Promotor der Staaten außerhalb des Systems der Blöcke, was u. a. auch zunächst in der Französischen Gemeinschaft und später in der Francophonie zum Ausdruck kommen sollte. Auch die diplomatische Anerkennung der Volksrepublik China 1964 zielte in diese Richtung. Frankreich unter de Gaulle sah sich als Treuhänder der Dritten Welt. De Gaulle hatte es verstanden, innerhalb kurzer Zeit aus der Kolonialmacht Frankreich eine angesehene unabhängige Großmacht zu machen, die in vielen Ländern der Dritten Welt als Sachwalter ihrer Interessen galt.

Der von de Gaulle beanspruchte Weltmachtstatus wurde auch von seinen Nachfolgern praktiziert, wenngleich in rhetorisch reduzierter Form. So erklärte z. B. der sozialistische Nachfolger de Gaulle, François Mitterrand, dass er die Abschreckung persönlich verkörpere („Die Abschreckung bin ich"). Mitterrand unterstützte die NATO-Nachrüstung 1983 mit dem Programm des NATO-Doppelbeschlusses, der von seinem Vorgänger Giscard d'Estaing noch abgelehnt worden war. Anders als de Gaulle näherte er Frankreich an Israel wieder an und rügte auch die Verfolgung der Dissidenten in der Sowjetunion. Der Neogaullist Chirac machte kurz nach seiner Amtsübernahme mit der Wiederaufnahme der französischen Kernwaffenversuche auf dem pazifischen Muroroa-Atoll deutlich, dass auch unter ihm Frankreich die Mitsprache in der Weltpolitik forderte, was noch deutlicher in seinem Aufbegehren gegen den US-amerikanischen Krieg im Irak 2003 und seinem Eintreten für eine multipolare Weltordnung zum Tragen kam.

Als de Gaulle den angestrebten Weltmachtsstatus seitens der USA nicht zugebilligt kam, zog er Frankreich nicht nur sukzessive aus der militärischen Integration der NATO zurück, sondern suchte gleichzeitig mit Hilfe Deutschlands ein Europa zu bauen, das als weltpolitischer Akteur auch die Interessen Frankreichs vertreten konnte. Jedoch waren die Bedingungen für ein *Europa der Vaterländer* in jener Zeit nicht vorhanden, so dass de Gaulle auch mit diesem Ansatz nicht zum Erfolg kam. Erst unter Giscard d'Estaing konnten Fortschritte im europäischen Integrationsprozess erreicht werden, als der Europäische Rat, die Direktwahl des Europäischen Parlaments und das Europäische Währungssystem eingeführt wurden. François Mitterrand brachte Frankreich so stark wie keiner seiner Vorgänger in den europäischen Integrationsprozess ein. Dieser Politik lag ein doppeltes Interesse Frankreichs zugrunde. Einmal konnte das vereinte Deutschland eingebunden werden und zum anderen diente Europa als Instrument zur Durchsetzung nationaler französischer Ziele. Frankreich strebte ein weltpolitisch und wirtschaftspolitisch handlungsfähiges Europa an, in dem die französische Nation jedoch ihre Identität behalten sollte. Chirac führte nach anfänglichem Zögern die Integrationspolitik Mitterrands fort, wenngleich er dabei die französischen Interessen deutlicher in den Vordergrund stellte.

Frankreichs besonderer Anspruch in der Weltpolitik kam und kommt durch seine Verbindungen in der Francophonie zum Ausdruck, wobei Afrika wiederum eine zentrale Rolle einnimmt. Bereits das französische Kolonialreich hatte seinen Schwerpunkt in Afrika. Auch nach dem Ende der formalen Entkolonialisierung Anfang der 1960er Jahre betrachtete Frankreich Afrika als sein Jagdrevier (chasse gardée). Nach de Gaulle wollten alle französischen Präsidenten der *Françafrique* – „jener undurchsichtigen Verquickung der französischen Staatsmacht mit regionalen Potentaten" (Vernet 2007: 28) – ein Ende bereiten, doch Frankreich ist politisch und militärisch bis zum heutigen Tag in Afrika präsent gebelieben und konnte dem Eindruck eines modernen Neokolonialismus nicht aus der Welt schaffen. Selbst nach dem Strukturbruch der internationalen Beziehungen 1989/1991, in dem vor allem das Ende des Ost-West-Konflikts auch den Stellenwert und die geostrategische Situation Afrikas veränderte, blieb Frankreich in Afrika präsent. Noch 2003 erklärte Präsident Chirac, dass Frankreich ohne Afrika zu einer drittrangigen Macht herabsinken würde. Auch heute besitzt Frankreich noch ein politisch-militärisches Vertragswerk mit sieben afrikanischen Staaten und hat auf fünf Stützpunkten in Afrika Truppen stationiert, die als Garanten des territorialen Status quo dienen. Da Frankreich aber zunehmend ökonomisch allein nicht mehr in der Lage ist, diese Afrikapolitik fortzuführen, versucht es gemeinsam mit seinen europäischen Partnern, eine mulitlaterale Afrikapolitik zu entwickeln. Jüngstes Beispiel war die UN-Mission im Kongo 2006, die von der Europäischen Union durchgeführt wurde und zur Überwachung der Präsidentschaftswahlen diente.

Der weltpolitische Wandel nach dem Ende des Ost-West-Konflikts veränderte den Status Frankreichs. Das von ihm rhetorisch immer in Frage gestellte System von Jalta existierte nicht länger, so dass Frankreich nach Deutschlands Wiedervereinigung viel von seinem internationalen Status verlor. Es war nicht länger eine für Deutschland als Ganzes verantwortliche Macht, es verlor seinen Garantiermachtsstatus für Berlin und die *force de frappe* büßte viel von ihrem Stellenwert ein, da auch das Gleichgewicht des Schreckens nicht mehr existierte. Allerdings blieben auch nach dem Ende des Ost-West-Konflikts, mit dessen Auflösung sich Präsident Mitterrand außerordentlich schwer tat, Attribute, die es im Selbstverständnis weiterhin als eine besondere Mittelmacht kennzeichnen. Da ist zunächst der ständige Sitz im Sicherheitsrat der Vereinten Nationen, der auch in absehbarer Zeit nicht zugunsten eines ständigen Sitzes der EU im Rahmen der Gemeinsamen Außen- und Sicherheitspolitik aufgegeben werden dürfte. „Das sind seine über die ganze Welt verteilten Überseedepartements und -gebiete (DOM-TOM) sowie seine strategische Präsenz im internationalen Netzwerk der Francophonie auf allen Kontinenten; das ist erst recht die Stärke Frankreichs als eine der modernsten Industrie-, technologie-, Dienstleistungs- und Agrarnationen, seine Bedeutung als Investitionsstandort für ausländisches Kapital ..." (Kolboom/Stark 2005: 366). Und natürlich ist da nicht zuletzt die *force de frappe*, auch wenn sie in den militärischen Einsätzen an der Peripherie Europas nicht eingesetzt werden kann. Frankreich sieht sich noch immer als eine mittlere Weltmacht, die allerdings das Hauptschwergewicht ihrer Außenpolitik in den letzten Jahrzehnten auf Europa gelegt hat. Präsident Chirac wandte sich vehement gegen den Unilateralismus der USA und zielt auf eine multipolare Weltordnung. Aber die politischen Führungen Frankreichs der letzten Jahrzehnte waren auch realistisch genug zu erkennen, dass Frankreich allein den weltpolitischen Anspruch nicht realisieren konnte, sondern dass es dafür eines starken Europas bedurfte. So war es immer wieder das Ziel Frankreichs, das Konzept des *Europe puissance* zu realisieren, so dass die zweite Säule des Maastrichter Vertrags, nämlich eine gemeinsame Außen- und Sicherheitspolitik zu entwickeln, bei unserem westlichen Nachbarn große Unterstützung erhielt.

Mit Nicolas Sarkozy wurde im Mai 2007 ein Präsident gewählt, der die „rupture" (den Bruch) mit dem alten System anstrebte. Es stellt sich dabei natürlich die Frage, inwieweit Sarkozy in der Außenpolitik Veränderungen bisheriger Konstanten durchführen will und kann. Zumindest hat Sarkozy bereits mit einem gaullistischen Dogma gebrochen, als er Frankreich zum 60. Geburtstag der NATO im April 2009 zurück in die Militärorganisation der Atlantischen Allianz führte. Aber bereits unter Mitterrand und Chirac wurden vorsichtige Reintegrationsversuche unternommen, die jedoch für Frankreich nicht erfolgreich verliefen.

Allerdings dürfte der Spielraum für drastische Veränderungen relativ gering sein. Frankreich ist eingebunden in den Kontext der Globalisierung und muss darauf Antworten finden. Die Globalisierung wird in Frankreich stärker als in anderen europäischen Ländern in großen Teilen der Gesellschaft als Bedrohung empfunden, die Frankreich und sein Sozialmodell in Frage stellte. Abkapselung und Rückzug in die alten Gewissheiten wäre zwar eine Möglichkeit, die große Teile der eigenen Gesellschaft kurzfristig zufriedenstellen könnte. Da Frankreich aber so stark in Europa eingebunden ist, wird es gar keine andere Möglichkeit haben, als mit einer noch weiter zu vertiefenden EU als echter weltpolitischer Akteur den Prozess der Globalisierung zu gestalten. Der französische Anspruch, als Weltmacht zu wirken, ist nur innerhalb einer handlungsfähigen und starken Europäischen Union zu realisieren.

# Literatur

## Monographien und Aufsätze


*Adenauer, Konrad,* 1965: Erinnerungen 1945–1953. Stuttgart: DVA.

*Albertin, Lothar,* 2003: Frankreich zwischen Reformbedarf und Reformfähigkeit, in: Frankreich Jahrbuch 2003. Wiesbaden: VS Verlag für Sozialwissenschaften, S. 9-36.

*Algieri, Franco,* 1998: Die Reform der GASP – Anleitung zu begrenztem gemeinsamem Handeln, in: *Weidenfeld, Werner* (Hrsg.), Amsterdam in der Analyse. Gütersloh: Bertelsmann-Verlag, S. 89-120.

*Allaire, Marie-Bénédicte/Goulliaud, Philippe,* 2002: L'incroyable Septennat, Jacques Chirac à l'Elysée 1995-2002. Paris.

*Andréani, Gilles,* 1998: Den Fuß in der Tür – Frankreich und das Atlantische Bündnis, in: Internationale Politik 7, S. 27-32.

*Ardant, Philippe,* 2001: Les institutions de la Ve République. Paris: Hachette Livre, S. 13-120.

*Arnaud, Jean-Louis,* 2000: Les Français et l'Europe. L'état du débat européen en France à l'ouverture de là présidence française, in: Etudes et Recherches, Juillet, S. 1-29.

*Attali, Jacques,* 1995: Verbatim. Chronique des années 1988-1991. Paris.

*Baasner, Frank,* 2004: Paradigmenwechsel in den deutsch-französischen Beziehungen?, in: Dokumente 1, S. 60-65.

*Balladur, Edouard,* 1992: La France et le nouvel ordre planétaire, in: Le Figaro v. 3.2.1992.

*Bayart, Jean-François,* 1998: Bis repetita: la politique africaine de François Mitterrand de 1989 à 1995, in: *Cohen, Samy* (dir.), Mitterrand et la sortie de la guerre froide. Paris, S. 251-293.

*Bayerische Landeszentrale für politische Bildungsarbeit* (Hrsg.), 2000: Der Kosovo-Konflikt-Ursachen – Akteure – Verlauf. München.

*Becker, Jean-Jacques,* 2002: La Défense nationale, in: *Duclert, Vincent/Prochasson, Christophe* (Hrsg.), Dictionnaire critique de la République. Paris: Flammarion.

*Becker, Jean-Jacques,* 2002a: Crises et alternances. 1974 – 2000. O. O.: Editions du Seuil, S. 20-906.

*Becker, Johannes M.* (Hrsg.), 1985: Das französische Experiment. Linksregierung in Frankreich 1981 bis 1985. Berlin/Bonn.

*Becker, Patricia M./Kempin, Ronja,* 2005: Frankreichs Haltung zur Revolution in Military Affairs (Diskussionspapier der Forschungsgruppe Sicherheitspolitik der SWP). Berlin.

*Bernstein, Serge,* 2001: Histoire du gaullisme. Paris: Editions Perrin.

*Bitsch, Marie-Therèse,* 2001: Histoire de la construction européenne. Paris.

*Bock, Hans Manfred,* 1999: Republikanischer Elitismus und technokratische Herrschaft. Zu einigen Merkmalen der politischen Elite im gegenwärtigen Frankreich, in: *Christadler, Marieluise/Uterwedde, Henrik* (Hrsg.), Länderbericht Frankreich. Geschichte, Politik, Wirtschaft, Gesellschaft. Bonn: Bundeszentrale für politische Bildung, S. 383-403.

*Boniface, Pascal,* 1997: Avantages et limites du volontarisme en politique étrangère in: Relations internationales et stratégiques 25, Printemps, S. 19-26.

*Boniface, Pascal,* 1998: La France est-elle encore une grande puissance? Paris: Presses de sciences po.
*Boniface, Pascal,* 2003: La France contre l'Empire. Paris.
*Bourmaud, Daniel,* 2005: La nouvelle politique africaine de la France à l'épreuve, in: Esprit, août/septembre, S. 17-27.
*Bozo, Frédéric,* 1997: La Politique étrangère de la France depuis 1945. Paris: Collection Repères.
*Bozo, Frédéric,* 2005: Mitterrand, la fin de la guerre froide et l'unification allemande – De Yalta à Maastricht. Paris.
*Buffotot, Patrice,* 2006: La France, l'Europe et l'OTAN, in: Regards sur l'actualité 321, mai, S. 27-38.
*Chafer, Tony,* 1992: French African Policy. Toward Change, in: African Affairs 91, Nr. 362, S. 37-51.
*Chafer, Tony* (Hrsg.), 1996: France – From the cold War to the New World Order. New York.
*Chaix, Nicole,* 2004: L'Europe, la France et l'Armement. La Documentation française. Association des Auditeurs du Centre des Hautes Études de l'Armement (AACHEAr). Paris.
*Charillon, Frédéric,* 2004: La France dans L'Union européenne: une stratégie à redéfinir, in: Questions internationales, mai-juin, S. 84-92.
*Chevallier, Jean-Jacques/Duhamel, Olivier/Carcassone, Guy,* 2002: La Vième République 1958 – 2002. Histoire des institutions et des régimes politiques de la France. Paris: Éditions Dalloz.
*Chirac, Jacques,* 1988: Une ambition pour la France. Chirac homme d'État. Textes rassemblés et présentés par Jean-Marie Benoist. Paris: Éditions Albin Michel.
*Chirac, Jacques,* 1994: La France pour tous. Paris.
*Chirac, Jacques,* 2000: Rede „Unser Europa" am 27. Juni 2000 vor dem Deutschen Bundestag, abgedruckt in: Dokumente 3, S. 317-322.
*Chipman, John,* 1985: French Military Policy and African Security (Adelphi-Paper Nr. 201). London.
*Cohen, Samy,* 1989: La politique étrangère entre l'Elysée et Matignon, in: Politique Etrangère 3 (54), S. 487-503.
*Cohen, Samy* (dir.), 1998: Mitterrand et la sortie de la guerre froide. Paris.
*Cohen, Samy/Smouts, Marie Claude* (Hrsg.), 1985: La politique extérieure de Valéry Giscard d'Estaing. Paris.
*Cogan, Charles,* 2005: Diplomatie à la française. Préface de Hubert Védrine. Paris.
*Colard, Daniel,* 1999: Le partenariat franco-allemand. Du traité de l'Elysée à la république de Berlin (1963-1999). Paris.
*Colard, Daniel,* 2000: Les choix européens de la France, in: Annuaire Français de Relations Internationales, Vol 1. Bruxelles, S. 305-317.
*Colard, Daniel,* 2002: Le Partenariat franco-allemand dans l'après-guerre froide. Du traité de Moscou (1990) au traité de Nice (2001), in: Annuaire Français de Relations internationales (AFRI), Vol. 3. Bruxelles, S. 379-391.
*Colonna, Christine,* 2005: Six mois d'action gouvernementale en matière européenne. Bilanz der französischen Europaministerin am 28.11.2005 in Brüssel, abrufbar unter: http://www.diplomatie.gouv.fr/fr/IMG/pdf/action_gouvernementale.pdf
*Couve de Murville, Maurice,* 1973: Außenpolitik 1958-1969. München.
*Dankert, Jochen,* 1982: Frankreichs Politik in Europa. Von de Gaulle bis Giscard d'Estaing. Berlin (Ost).
*De Carmoy, Guy,* 1967: Les politiques étrangères de la France, 1944-1966. Paris.
*De Gaulle, Charles,* 1954 ff.: Mémoires de Guerre, 3 Bde. Paris.

*De Gaulle, Charles,* 1971: Memoiren der Hoffnung. Die Wiedergeburt 1958 – 1962. Wien/München/Zürich.

*De la Gorce, Paul Marie,* 1997: Europe and the Arab-Israeli Conflict: A Survey, in: Journal of Palestine Studies Vol. XXVI (4), Summer, Washington, S. 78-89.

*De la Serre, Françoise/Lequesne, Christian,* 1995: Frankreich, in: *Weidenfeld, Werner/Wessels, Wolfgang* (Hrsg.), Jahrbuch der europäischen Integration 1994/1995. Bonn, S. 305-312.

*De la Serre, Françoise/Lequesne, Christian,* 1996: Frankreich, in: *Weidenfeld, Werner/Wessels, Wolfgang* (Hrsg.), Jahrbuch der Europäischen Integration 1995/1996. Bonn, S. 307-314.

*De la Serre, Françoise/Lequesne, Christian,* 1997: Frankreich, in: *Weidenfeld, Werner/Wessels, Wolfgang* (Hrsg.), Jahrbuch der europäischen Integration 1996/1997. Bonn, S. 313-320.

*De la Serre, Françoise/Lequesne, Christian,* 1998: Frankreich, in: *Weidenfeld, Werner/Wessels, Wolfgang* (Hrsg.), Jahrbuch der europäischen Integration 1997/1998. Bonn, S. 343-350.

*Deloche-Gaudez, Florence,* 2002: Frankreichs widersprüchliche Positionen in der Gemeinsamen Außen- und Sicherheitspolitik, in: *Müller-Brandeck-Bocquet, Gisela* (Hrsg.), Europäische Außenpolitik. GASP- und ESVP-Konzeptionen ausgewählter EU-Mitgliedstaaten. Baden-Baden, S. 120-132.

*Deloche-Gaudez, Florence/Lequesne, Christian,* 2000: Frankreich, in: *Weidenfeld, Werner/Wessels, Wolfgang* (Hrsg.), Jahrbuch der europäischen Integration 1999/2000. Bonn, S. 329-336.

*Deloche-Gaudez, Florence/Lequesne, Christian,* 2001: Frankreich, in: *Weidenfeld, Werner/Wessels, Wolfgang* (Hrsg.), Jahrbuch der europäischen Integration 2000/2001. Bonn, S. 337-344.

*Deloche-Gaudez, Florence/Lequesne, Christian,* 2002: Frankreich, in: *Weidenfeld, Werner/Wessels, Wolfgang* (Hrsg.), Jahrbuch der europäischen Integration 2001/2002. Bonn, S. 325-332.

*Deloche-Gaudez, Florence/Lequesne, Christian,* 2003: Frankreich, in: *Weidenfeld, Werner/Wessels, Wolfgang* (Hrsg.), Jahrbuch der europäischen Integration 2002/2003. Bonn, S. 347-354.

*Deloche-Gaudez, Florence/Lequesne, Christian,* 2004: Frankreich, in: *Weidenfeld, Werner/Wessels, Wolfgang* (Hrsg.), Jahrbuch der europäischen Integration 2003/2004. Baden-Baden, S. 333-340.

*Deubner, Christian,* 1995: Deutsche Europapolitik. Von Maastricht nach Kerneuropa? Baden-Baden.

*Deubner, Christian,* 2004: Verstärkte Zusammenarbeit in der verfassten europäischen Union, in: integration 4, S. 274-287.

*De Villepin, Dominique* (Présentation), 2005: Histoire de las Diplomatie Française. Paris.

*De Villepin, Xavier,* 1997: Les habits neufs de la diplomatie française, in: Relations internationales et stratégiques, Printemps, S. 37-51.

*Dialer, Doris,* 2004: Die EU-Präsidentschaft Frankreichs. Frankfurt/M.

*Diedrichs, Udo/Jopp, Mathias/Sandawi, Sammi,* 2004: Möglichkeiten und Grenzen militärischer Integration im Rahmen der ESVP, in: integration 3, S. 223-233.

*Dietl, Ralph,* 2004: Kontinuität und Wandel – Zur Geschichte der europäischen Zusammenarbeit auf dem Gebiet der Sicherheits- und Verteidigungspolitik 1948 – 2003, in: *Meier-Walser, Reinhard C.* (Hrsg.), Gemeinsam sicher? Vision und Realität europäischer Sicherheitspolitik. Neuwied, S. 20-101.

*Duhamel, Alain,* 1999: Une Ambition Française. Paris.

*Dulphy, Anne,* 1994: La Politique extérieure de la France depuis 1945. Paris.

*Dumas, Roland,* 1996: Le Fil et la Pelote. Mémoires. Paris.

*Dumas, Roland,* 2007: Affaires Etrangères 1981–1988. Paris.

*Fabisch, Gottlobe,* 1999: Auf dem Weg zu einer Europäischen Sicherheits- und Verteidigungsidentität? Frankreichs Verteidigungspolitik 1995 – 1997. Aachen.
*Faure, Philippe,* 2006: La place de la France dans le monde – un défi permanent, in: La Revue Internationale Stratégique (63), Automne, S. 57-63.
*Fauvet, Jacques,* 1959/60: Von de Gaulle bis de Gaulle. Frankreichs Vierte Republik. Tübingen.
*Forschungsinstitut der Deutschen Gesellschaft für Auswärtige Politik/Deutsch-Französisches Institut* (Hrsg.), 1985: XII. Deutsch-Französische Konferenz. Der Beitrag der Bundesrepublik Deutschland und Frankreichs zur Entwicklung der Europäischen Union. Bonn.
*Französische Botschaft Berlin,* 2007: Rede von Staatspräsident Nicolas Sarkozy zur Eröffnung der 15. Botschafterkonferenz Paris, 27. August 2007.
*Frears, J. R.,* 1981: France in the Giscard Presidency. London.
*Frisch, Alfred,* 2001: Wie steht es um Frankreichs Potential? Weltpolitische Ansprüche und Realitäten, in: Dokumente, August, S. 291-297..
*Froehly, Jean-Pierre,* 1999: Nuklearmacht Frankreich: Zivile und militärische Aspekte im Verhältnis zu Deutschland, in: Dokumente 2, S. 105-110.
*Froehly, Jean-Pierre,* 1999a: Geänderte Rollenverteilung in der Außenpolitik – Mehr Pragmatismus und dezentrales Handeln, in: Dokumente 1, S. 18-22
*Froehly, Jean-Pierre,* 2000: Deutsch-Französische Divergenzen zur EU-Osterweiterung, in: *Rill, Bernd* (Hrsg.), Deutschland und Frankreich: gemeinsame Zukunftsfragen (Argumente und Materialien zum Zeitgeschehen 21 der Hanns-Seidel-Stiftung). München.
*Gaudin, Hélène,* 2003: Les Elections présidentielles et l'Europe, in: Annuaire Français de Relations Internationales. Bruxelles: Bruyiant, S. 379-389.
*Germond, Carine,* 2001: Innovation oder Status quo? Einordnung der jüngsten Überlegungen über die Finalität Europas, in: Dokumente 1, S. 34-38.
*Genscher, Hans-Dietrich,* 1997: Erinnerungen. Frankfurt/M.
*Ghebali, Victor-Yves,* 1994: Vers un pacte de stabilité en Europe, in: Défense Nationale 10, S. 67-77
*Giesbert, Franz-Olivier,* 2006: Jacques Chirac – Tragödie eines Mannes und Krise eines Landes. Berlin.
*Gillet, Nathalie,* 2003: Frankreichs neue Entwicklungspolitik – Auf der Suche nach einer neuen Partnerschaft mit Afrika, in: Zeitschrift für Entwicklung und Zusammenarbeit 7.
*Giering, Claus,* 2001: Die institutionellen Reformen von Nizza – Anforderungen, Ergebnisse, Konsequenzen, in: *Weidenfeld, Werner* (Hrsg.), Nizza in der Analyse. Strategien für Europa. Gütersloh: Bertelsmann Verlag, S. 52-144.
*Giscard d'Estaing, Valéry,* 1977: Französische Demokratie. Frankfurt/M.
*Gomart, Thomas,* 2004: Les trois enjeux du partenariat entre l'union européenne et la Russie, in: Politique étrangère 2, S. 387-399.
*Gordon, Phillip H.,* 1995: France, Germany and the Western Alliance. Boulder.
*Greilsamer, Laurent/Schneidermann, Daniel,* 1986: Jacques Chirac: Draufgänger mit Herz. Frankreichs neuer Regierungschef, in: Dokumente 3, S. 227-235.
*Gribinski, Jean-François,* 1997: Jacques Chirac et l'Europe: une politique „réaliste", in: Revue politique et parlementaire 1029-1030 (avril, mai, juin), S. 66-81.
*Große Hüttmann, Martin,* 2004: Der Konvent zur Zukunft der Europäischen Union. Leitbilder, Kontroversen und Konsenslinien der europäischen Verfassungsdebatte, in: *Beckmann, Klaus* (Hrsg.), Eine Verfassung für Europa. Tübingen, S. 140-150.
*Grosser, Alfred,* 1965: La politique extérieure de la V$^{e}$ République. Paris.
*Grosser, Alfred,* 1972: La IV. République et sa politique extérieure. 3. Aufl. Paris.

*Grosser, Alfred,* 1978: Das Bündnis. Die westeuropäischen Länder und die USA seit dem Krieg. München.
*Grosser, Alfred,* 1984: Affaires Extérieures. La Politique de la France 1944/1984. Paris.
*Grosser, Alfred,* 1986: Frankreich und seine Außenpolitik – 1944 bis heute. München/Wien.
*Grosser, Alfred/Goguel, François,* 1980: Politik in Frankreich. Paderborn.
*Grosser, Dieter,* 1998: Das Wagnis der Währungs-, Wirtschafts- und Sozialunion – Politische Zwänge im Konflikt mit ökonomischen Regeln. Stuttgart.
*Guérin-Sendelbach, Valerie,* 1999: Frankreich und das vereinigte Deutschland. Opladen.
*Guérot, Ulrike,* 2000: Von Maastricht bis Nizza. Zur aktuellen deutsch-französischen Europa-Diskussion, in: Dokumente 4, S. 280-286.
*Guérot, Ulrike,* 2001: „Nizza" – und wie geht es weiter? Nizza – Zur Genese eines unnötigen Psychodramas, in: Dokumente 1, S. 13-21.
*Guérot, Ulrike,* 2002: Frankreich in Europa: Versäumnisse und Chancen, in: Dokumente 1, S. 20-24.
*Guérot, Ulrike,* 2003: Die Bedeutung der deutsch-französischen Kooperation für den europäischen Einigungsprozess, in: Aus Politik und Zeitgeschichte B 3-4, S. 14-20.
*Guérot, Ulrike,* 2007: Alors viens, Marianne! Deutschland muss Frankreich europapolitisch aus der Schmollecke holen, in: Internationale Politik 1, S. 39-45.
*Guérot, Ulrike/Kaiser, Karl/Koopmann, Martin/Lefebvre, Maxime/Montbrial, Thierry de/Defarges, Philippe Moreau/Stark, Hans,* 2003: Deutschland, Frankreich und Europa: Perspektiven, in: DGAP-Analyse, Januar, S. 6-17 (zitiert als Guérot 2003b).
*Guillaume, Sylvie,* 2002: Le consensus à la française. Portrait de groupe des présidents de la Vième République. Paris: Éditions Bélin.
*Guyomarch, Alain/Machin, Howard/Ritchie, Ella,* 1998: France in the European Union. Houndhills: Macmillan Press Ltd.
*Haski, Pierre,* 1998: Mitterrand et la réunification de l'Allemagne, in: *Cohen, Samy* (Hrsg.), Mitterrand et la sortie de la guerre froide. Paris, S. 9-22.
*Hecht, Emmanuel/Vey, François,* 1995: Chirac de A à Z. Paris: Éditions Albin Michel S. A.
*Haensch, Klaus,* 1973: Frankreich. Eine politische Landeskunde. Berlin.
*Harrison, Michel M.,* 1981: The Reluctant Ally. France and the Atlantic Security. Baltimore/London.
*Hennes, Michael,* 1998: Europapolitische Zielkonflikte zwischen Deutschland, Frankreich und Großbritannien anlässlich der Regierungskonferenz 1996/1997, o. A. Köln.
*Hilz, Wolfram,* 2007: Perspektiven der ‚neuen' deutsch-französischen Beziehungen, in: Aus Politik und Zeitgeschichte 38, S. 25-32.
*Höhne, Roland,* 1991a: Frankreich und die deutsche Einheit – Die Reaktion der Öffentlichkeit auf den Wiedervereinigungsprozeß im Jahr 1989/1990, in: Lendemains 62, S. 9-22.
*Höhne, Roland,* 1991b: Frankreichs Stellung in der Welt. Weltmacht oder Mittelmacht?, in: Aus Politik und Zeitgeschichte, Beilage zur Wochenzeitung „Das Parlament" B47-48, S. 37-46.
*Höhne, Roland,* 2003: Europäische Integration versus nationale Identität in Frankreich, in: Zweimonatszeitschrift für Politik und Zeitgeschehen, Nov./Dez., S. 21-30.
*Howorth, Jolyon,* 1995: „HiroChirac" and the French Nuclear Conundrum: A Testing Time for the Pursuit of Grandeur, in: French Politics and Society 3, S. 1-29.
*Hubac, Olivier,* 2007: France – la fin d'une influence. Paris.
*Hubel, Helmut,* 1985: Frankreichs Rolle im Nahen Osten (Arbeitspapiere zur Internationalen Politik Bd. 37). Bonn.
*Illmer, Alexandra,* 2005: Politische Konditionalität, Strukturanpassung, Armutsbeklämpfung – Entwicklungspolitik à la française. Hamburg.

*Jachtenfuchs, Markus,* 2002: Deutschland, Frankreich und die Zukunft der Europäischen Union, in: *Meimeth, Michael* (Hrsg.), Die Zukunft der Nationalstaaten in der europäischen Integration Deutsche und französische Perspektiven. Opladen, S. 280-293.

*Joas, Ralf,* 1994: Zwischen Nation und Europa. Die europapolitischen Vorstellungen der Gaullisten 1978 bis 1994, hrsg. von *Nohlen, Dieter/Schultze, Rainer-Olaf/Woyke, Wichard.* Bochum: Universitätsverlag Dr. N. Brockmeyer.

*Joerißen, Britta/Stahl, Bernhard* (Hrsg.), 2003: Europäische Außenpolitik und nationale Identität. Vergleichende Diskurs- und Verhaltensstudien zu Dänemark, Deutschland, Frankreich, Griechenland, Italien und den Niederlanden. Münster.

*Jopp, Mathias/Matl, Saskia,* 2003: Perspektiven der deutsch-französischen Konventsvorschläge für die institutionelle Architektur der Europäischen Union, in: Integration 2, S. 99-109.

*Jopp, Mathias/Sandawi, Sammi,* 2004: Europäische Sicherheits- und Verteidigungspolitik, in: *Weidenfeld, Werner* (Hrsg.), Jahrbuch der europäischen Integration 2003/2004, Baden-Baden.

*Jospin, Lionel,* 2001: Rede zur Zukunft des erweiterten Europas, in: Internationale Politik 9, S. 105-109.

*Kaiser, Karl/Lellouche, Pierre* (Hrsg.), 1986: Deutsch-Französische Sicherheitspolitik – Auf dem Weg zur Gemeinsamkeit? Bonn.

*Kaiser, Karl/Steinbach, Udo* (Hrsg.), 1981: Die deutsch-arabischen Beziehungen. München/ Wien.

*Kapferer, Reinhardt,* 1985: Charles de Gaulle – Umrisse einer politischen Biographie. Stuttgart.

*Kempf, Udo,* 1997: Von de Gaulle bis Chirac. Das politische System Frankreichs. Opladen.

*Kempin, Ronja,* 2008a: Modernisierung der französischen Sicherheits- und Verteidigungspolitik (SWP-Aktuell 68).Berlin.

*Kempin, Ronja,* 2008b: Frankreich und die Annäherung von NATO und EU (SWP-Aktuell 34). Berlin.

*Kempin, Ronja,* 2009: Frankreichs neuer NATO-Kurs. Sinneswandel, Pragmatismus, Politik für Europa? (SWP-Studie 2). Berlin.

*Kessler, Marie-Christine,* 1999: La politique étrangère de la France. Paris.

*Kimmel, Adolf,* 1989: Verfassungsordnung und außenpolitische Entscheidung in der V. Republik, in: *Elsenhans, Hartmut/Junne, Gerd/Kiersch, Gerhard/Pollmann, Birgit* (Hrsg.), Frankreich-Europa-Weltpolitik. Festschrift für Gilbert Ziebura. Opladen.

*Kimmel, Adolf/Uterwedde, Henrik* (Hrsg.), 2005: Länderbericht Frankreich. Geschichte, Politik, Wirtschaft, Gesellschaft. Bonn.

*Knapp, Andrew,* 1996: Le Gaullisme après de Gaulle. Paris: Éditions du Seuil.

*Koeng, Werner F.,* 1969: Duell im Schatten. Der Sturz de Gaulles. Bern/Stuttgart.

*Kohl, Helmut,* 2005: Erinnerungen 1982-1990. München.

*Kohl, Wilfried L.,* 1971: French Nuclear Diplomacy. Princeton.

*Kolboom, Ingo,* 1991: Die Vertreibung der Dämonen. Frankreich und das vereinte Deutschland, in: Europa-Archiv 15/16, S. 470-475.

*Kolboom, Ingo,* 2002: Die Francophonie als internationales System, in: *Kolboom, Ingo/Kotschi, Thomas/Reichel, Edward* (Hrsg.), Handbuch Französisch. Berlin, S. 462-468.

*Kolboom, Ingo,* 2004: Gemeinsame Öffnung auf Afrika? Deutsche und französische Afrikapolitik, in: Dokumente 1, S. 49-59.

*Kolboom, Ingo/Stark, Hans,* 2005: Frankreich in der Welt, in: *Kimmel, Adolf/Uterwedde, Henrik* (Hrsg.), Länderbericht Frankreich. Bonn, S. 365-383.

*Kolodziej, Edward A.*, 1974: French International Policy under de Gaulle and Pompidou. New York.

*Koopmann, Martin,* 2003: Leadership oder Krisenmanagement? Kommentar zu den deutsch-französischen Europainitiativen, in: Dokumente 2, S. 19-34.

*Koopmann, Martin,* 2007: Brückenbauer gesucht – Die französische Europapolitik formiert sich – zaghaft – neu. Berlin sollte dabei Hilfestellung leisten, in: Internationale Politik 4, S. 34-41.

*Koopmann, Martin,* 2008: Widersprüchliche Signale. Französische Europa-Politik zu Beginn der Pariser EU-Ratspräsidentschaft. (DGAP Analyse Frankreich, Juli 2008). Berlin.

*Krause, Joachim,* 2001: Der Kosovo-Krieg – ein Schlüsselereignis westlicher Sicherheitspolitik, in: *Wagner, Wolfgang* et al. (Hrsg.), Jahrbuch internationale Politik 1999/2000. München, S. 125-136.

*Kulski, W. W.,* 1966: De Gaulle and the World. Foreign Policy of the Fifth French Republic. Syracuse.

*Kupchan, Charles,* 2003: Die europäische Herausforderung. Vom Ende der Vorherrschaft Amerikas. Berlin.

*Laughland, John,* 2003: L'impossible indépendance européenne, in: Géopolitique, Oct./Nov., S. 57-61.

*Laulan, Yves-Marie,* 2001: Jacques Chirac et le déclin français. 1974 – 2000: trente ans de vie politique, premier bilan. Paris, S. 126-235.

*Lefèvre, Maxime,* 2004: L'Europe politique est-elle encore possible?, in: Le Débat. Histoire. Politique. Société (mars-avril), S. 76-88.

*Leggewie, Claus,* 1986: Der König ist nackt. Ein Versuch, die Ära Mitterrand zu verstehen. Hamburg.

*Leimbacher, Urs,* 1992: Die unverzichtbare Allianz – deutsch-französische Sicherheitspolitische Zusammenarbeit 1982-1989. Baden-Baden.

*Lepoivre, Hélène,* 2003: Staatlichkeit und Souveränität in der Europäischen Union am Beispiel Frankreichs. Frankfurt/M.

*Loth, Wilfried,* 1985: Frankreich-Ploetz: Französische Geschichte zum Nachschlagen. Freiburg/Würzburg.

*Loth, Wilfried,* 1987: Geschichte Frankreichs im 20. Jahrhundert. Stuttgart/Berlin/Köln/Mainz.

*Loth, Wilfried,* 2000: Die Teilung der Welt – Geschichte des Kalten Kriegs 1941-1955. München.

*Macleod, Alex/Voyer-Léger, Catherine,* 2004: La France. D'une puissance moyenne à l'autre, in: Études internationales, Mars, S. 73-96.

*Manfrass, Klaus* (Hrsg.), 1984: Paris Bonn – Eine dauerhafte Bindung schwieriger Partner. Sigmaringen.

*Manfrass-Sirjacques, Françoise,* 1999: Die französische Sicherheitspolitik zwischen Anspruch und Wirklichkeit (HSFK-Report 2). Frankfurt/M.

*Manfrass-Sirjacques, Françoise,* 2000: Die Debatte um die europäische Verteidigungsidentität, in: *Rill, Bernd* (Hrsg.), Deutschland und Frankreich: Gemeinsame Zukunftsfragen. München: Hanns Seidel Stiftung e. V., S. 61-70.

*Maull, Hanns W./Meimeth, Michael/Neßhöver, Christoph,* 1997: Frankreich – Die verhinderte Großmacht. Frankreichs Sicherheitspolitik nach dem Ende des Ost-West-Konflikts. Opladen.

*Mehler, Andreas,* 2007: Aller Anfang ist schwer: Frankreich auf der Suche nach einer neuen Afrikapolitik (DGAP-Analyse No. 5). Berlin.

*Mehler, Andreas/Werner, Benjamin,* 2008: Der ewige Gendarm? Sarkozys Versuch einer neuen Afrikapolitik. (Giga-Focus Nr. 4). Hamburg.
*Meimeth, Michael,* 2002: Sicherheitspolitik zwischen Nation und Europa. Deutsche und französische Perspektiven, in: *Meimeth, Michael* (Hrsg.), Die Zukunft der Nationalstaaten in der europäischen Integration. Deutsche und französische Perspektiven. Opladen, S. 231-246.
*Meimeth, Michael* (Hrsg.), 2002: Die Zukunft der Nationalstaaten in der europäischen Integration. Deutsche und französische Perspektiven. Opladen.
*Meimeth, Michael,* 2003: Deutsche und französische Perspektiven einer Gemeinsamen Europäischen Sicherheits- und Verteidigungspolitik. Offene Fragen und verdeckte Widersprüche, in: Das Parlament 3-4, S. 21-30.
*Mélandri, Pierre,* 1996: La France et l'Alliance atlantique sous Georges Pompidou et Valéry Giscard d'Estaing, in: *Vaïsse, Maurice/Mélandri, Pierre/Bozo, Frédéric* (Hrsg.), La France et l'OTAN, S. 519-558.
*Mélin-Soucramanien, Ferdinand,* 2004: Constitution de la République Française. Texte intégral de la Constitution de la V^e^ République.
*Ménudier, Henri,* 1981: Das Deutschlandbild der Franzosen in den siebziger Jahren. Bonn.
*Menudier, Henri,* 1995: Keine Angst vor Deutschland, in: *Altenhof, Ralf/Jesse, Eckhard* (Hrsg.), Das wiedervereinigte Deutschland. Zwischenbilanz und Perspektiven. Düsseldorf, S. 327-344.
*Menyesch, Dieter/Uterwedde, Henrik,* 1982: Frankreich – Wirtschaft, Gesellschaft, Politik. Opladen.
*Meyer zu Natrup, Friedhelm,* 1983: Roter Gaullismus? Die sicherheitspolitischen Vorstellungen der Kommunistischen Partei Frankreichs 1958 – 1981. Paderborn.
*Meyer zu Natrup, Friedhelm,* 1986: Sozialismus und Verteidigung – Die Sicherheitsppolitik der Parti Socialiste und der sozialistischen Regierung Frankreichs 1970 – 1985. Melle.
*Michaud, Yves,* 2004: Chirac dans le texte. La Parole et l'Impuissance. Paris.
*Mitterrand, François,* 1957: Présence Française et Abandon. Paris.
*Mitterrand, François,* 1996: De la France, de l'Allemagne. Paris.
*Moisi, Dominique,* 1995: De Mitterrand à Chirac, in: Politique Etrangère 4, S. 849-855.
*Moreau Defarges, Philippe,* 1995: Frankreich und die Europäische Union: Vom Maastrichter Vertrag seit zur Regierungskonferenz 1996, in: *CIRAC/DFI/DGAP/IFRI* (Hrsg.), Handeln für Europa. Deutsch-Französische Zusammenarbeit in einer veränderten Welt. Opladen, S. 338-351.
*Morelle, Chantal,* 2002: La République des gaullistes, in: *Duclert, Vincent/Prochasson, Christophe* (Hrsg.), Dictionnaire critique de la République. Paris.
*Moscovici, Pierre,* 2006: La France dans un monde dangereux. Paris.
*Müller-Brandeck-Bocquet, Gisela,* 1996: Reform der Europäischen Union. Deutsch-französische Initiativen, in: Dokumente 6, S. 456-461.
*Müller-Brandeck-Bocquet, Gisela,* 2002: Das neue Entscheidungssystem in der Gemeinsamen Außen- und Sicherheitspolitik der Europäischen Union, in: *Müller-Brandeck-Bocquet, Gisela* (Hrsg.), Europäische Außenpolitik. GASP- und ESVP-Konzeptionen ausgewählter EU-Mitgliedstaaten. Baden-Baden: Nomos Verlagsgesellschaft, S. 120-132.
*Müller-Brandeck-Bocquet, Gisela,* 2004: Deutsch-französische Irakpolitik – Katalysator für die europäische Außen-, Sicherheits- und Verteidigungspolitik?, in: *Meier-Walser, Reinhard C.* (Hrsg.), Gemeinsam sicher? Vision und Realität europäischer Sicherheitspolitik. Neuried: ars una Verlagsgesellschaft, S. 157-73.
*Müller-Brandeck Bocquet, Gisela,* 2004: Frankreichs Europapolitik. Wiesbaden (zitiert als Müller-Brandeck-Bocquet 2004b).

*Müller-Brandeck-Bocquet, Gisela/Moreau, Patrick,* 2000: Frankreich. Eine politische Landeskunde. Beiträge zu Politik und Zeitgeschichte. Opladen.
*Nay, Cathérine,* 1986: Mitterrand. Anatomie einer Karriere. Köln.
*Newhouse, John,* 1970: De Geulle and the Anglo-Saxons. New York.
*Niedhart, Gottfried* (Hrsg.), 1983: Der Westen und die Sowjetunion. Einstellungen und Politik gegenüber der UdSSR in Europa und in den USA seit 1917. Paderborn.
*Nivet, Bastien,* 2003: La Défense: problématiques et dynamiques d'un chantier européen, in: La Revue internationale et stratégique 48 (hiver 2002/2003), S. 75-78.
*Péan, Pierre,* 2007: L'inconnu de l'Elysée. Paris
*Picht, Robert* (Hrsg.), 1978: Deutschland, Frankreich, Europa. Bilanz einer schwierigen Partnerschaft. München.
*Picht, Robert* (Hrsg.), 1982: Das Bündnis im Bündnis. Deutsch-Französiche Beziehungen im internationalen Spannungsfeld. Berlin.
*Picht, Robert,* 1990: Deutsch-Französische Beziehungen nach dem Fall der Mauer: Angst vor „Großdeutschland"?, in: integration.
*Picht, Robert,* 1997: Pouvoir présidentiel et société civile. Les enjeux des relations franco-àllemandes, in: Relations internationales et stratégiques (printemps), S. 60-63.
*Premier Ministre,* 2008: Französische Präsidentschaft des Rats der Europäischen Union – Bilanz und Zukunftsaussichten. Paris.
*Presse- und Informationsamt der Bundesregierung* (Hrsg.), 1983: 20 Jahre Deutsch-Französische Zusammenarbeit. Bonn.
*Preyer, Annette,* 1987: Frankreich mobilisiert für 1992. Die Faszination des europäischen Binnenmarktes, in: Dokumente 5, S. 348-351.
*Racine, Bruno,* 1998: Für ein transatlantisches Gleichgewicht. Frankreich, NATO und europäische Verteidigungspolitik, in: internationale Politik 2, S. 19-24.
*Regelsberger, Elfriede,* 2002: Deutschland und die GASP – ein Mix aus Vision und Pragmatismus, in: *Müller-Brandeck-Bocquet, Gisela* (Hrsg.), Europäische Außenpolitik. GASP- und ESVP-Konzeptionen ausgewählter EU-Mitgliedstaaten. Baden-Baden: Nomos Verlagsgesellschaft, S. 28-40.
*Reinhard, Philippe,* 2004: Après Chirac. Le bal des prétendants a déjà commencé. Paris.
*Reuter, Jens,* 2000: Die internationale Gemeinschaft und der Krieg im Kosovo, in: Südosteuropa 47 (7-8), S. 281-297.
*Ritzenhofen, Medard,* 2002: Keine baguette magique, nur kleine Brötchen. Raffarin übt sich in Realismus, Europa wartet auf Chirac, in: Dokumente 5, S. 6-10.
*Ritzenhofen, Medard,* 2002: 40 Jahre deutsch-französischer Vertrag. Die Erbfreundschaft, in: Dokumente 6, S. 6-12 (zitiert als Ritzenhofen 2002b).
*Ritzenhofen, Medard,* 2004a: Risiko und Reifeprüfung. Das Referendum zum EU-Vertrag wird zum Politikum, in: Dokumente 5, S. 6-11.
*Ritzenhofen, Medard,* 2004b: Europas Duo, Frankreichs Duell. Deutsch-französische Umarmungen und die „Kohabitation" zweier Neogaullisten, in: Dokumente 4, S. 7-11.
*Ritzenhofen, Medard,* 2004c: Unkalkulierbare Risiken. Showdown Chirac – Sarkozy. Schlingerkurs in der Elfenbeinküste und Türkeifrage, in: Dokumente 6, S. 6-10.
*Robin, Gabriel,* 1985: La diplomatie de Mitterrand ou le triomphe des appartences 1981 – 1985. Paris.
*Rocard, Michel,* 1997: Les cinq cents jours de la diplomatie de Jacques Chirac, in: Relations internationales et stratégiques, Printemps, S. 27-36.
*Rose, François de,* 1984: European Security and France. Southhampton.
*Ruehl, Lothar,* 1976: La politique militaire de la V^e^ Republique. Paris.

*Saadhoff, Christian*, 2000: GASP: Außenpolitik für ein geeintes Europa. Die zweite Säule der EU auf dem Prüfstand. Norderstedt.

*Salamé, Ghassam*, 1998: Globalisme et régionalisme dans la politique mitterandienne de l'aaprès-guerre foide, in *Cohen, Samy* (dir.), Mitterand et la sortie de la guerre froide. Paris.

*Sass, Sebastian Peter*, 2004: Die gemeinsame Außen- und Sicherheitspolitik, in: *Berg, Carsten/ Kampfer, Georg Kristian* (Hrsg.), Verfassung für Europa. Der Taschenkommentar für Bürgerinnen und Bürger. Bielefeld: Bertelsmann Verlag, S. 170-178.

*Sauder, Axel*, 1995: Souveränität und Integration. Französische und deutsche Konzeptionen europäischer Sicherheit nach dem Ende des Kalten Krieges. Baden-Baden.

*Sauder, Axel*, 1997: Frankreichs Europakonzeptionen und das vereinte Deutschland. Die schwierige Balance zwischen Einbindung und Selbsteinbindung, in: *Niedhardt, G./Junker, D./Richter, M. W.* (Hrsg.), Deutschland in Europa – Nationale Interessen und internationale Ordnung im 20. Jahrhundert. Mannheim.

*Sauzay, Brigitte*, 2003: Deutschland – Frankreich: Die Herausforderungen für die gemeinsame Zukunft, in: Aus Politik und Zeitgeschichte B 3-4, S. 3-5.

*Schabert, Thilo*, 2002: Wie Weltgeschichte gemacht wird. Frankreich und die deutsche Einheit. Stuttgart.

*Schauer, Hans*, 1996: Europäische Identität und demokratische Tradition: zum Staatsverständnis in Deutschland, Frankreich und Großbritannien. München/Landsberg am Lech: Günter Olzog Verlag GmbH, S. 129-143.

*Schild, Joachim*, 1997: Durchbruch in der deutsch-französischen Sicherheitskooperation? Das gemeinsame Sicherheits- und Verteidigungskonzept, in: Aktuelle Frankreich-Analysen, März, S. 2-11.

*Schild, Joachim*, 2001: „Den Rhein vertiefen und erweitern"? Deutsch-französische Beziehungen nach dem Nizza-Gipfel, in: Aktuelle Frankreich-Analysen, Februar, S. 2-11.

*Schild, Joachim*, 2002: Les relations franco-allemandes dans une Europe élargie: la fin d'une époque?, in: La Revue internationale et stratégiques, hiver 2002/2003, S. 31-42.

*Schild, Joachim*, 2003: Europäisierung nationaler politischer Identitäten in Deutschland und Frankreich. Politische Eliten, Parteien, Bürger, in: Aus Politik und Zeitgeschichte B 3-4, S. 31-39.

*Schild Joachim*, 2007: Sarkozys Europapolitik: das zunehmende Gewicht der Innenpolitik, in: integration 3, S. 238-250.

*Schlichte, Klaus*, 2008: Ein schillerndes Verhältnis – Moral in der französischen Afrikapolitik, in: Aus Politik und Zeitgeschichte B 21, Beilage zur Wochenzeitschrift „Das Parlament".

*Schmid, Dorothee*, 2008: Die Mittelmeerunion – ein neuer französischer Motor für die europäische Mittelmeerpolitik? (DGAP Analyse Frankreich, Januar 2008). Berlin.

*Schmidt, Peter*, 1997: Bestimungsfaktoren und Motive gaullistischer NATO-Politik – Konsequenzen für Frankreichs Stellung in der Allianz bis in die achtziger Jahre, in: *Maull, Hanns W./Meimeth, Michael/Neßhöver, Christoph* (Hrsg.), Frankreich – Die verhinderte Großmacht. Frankreichs Sicherheitspolitik nach dem Ende des Ost-West-Konflikts. Opladen, S. 115-130.

*Schmitt, Burkhard*, 1996: Frankreichs Bündnispolitik in einer veränderten Welt, in: Außenpolitik 4, S. 348-358.

*Schneider, Heinrich*, 2004: Die Zukunft der differenzierten Integration in der Perspektive des Verfassungsvertrages und der Erweiterung, in: integration 4, S. 259-273.

*Schöllgen, Gregor*, 1999: Die Außenpolitik der Bundesrepublik Deutschland. Von den Anfängen bis zur Gegenwart. München.

*Schröder, Gerhard,* 2006: Entscheidungen – Mein Leben in der Politik. Hamburg.
*Schütze, Walter,* 1974: Das Ende der Ära de Gaulle, in: Die internationale Politik 1968/69. München/Wien.
*Schütze, Walter,* 1983: Frankreichs Verteidigungspolitik 1958 – 1983. Eine Dokumentation. Frankfurt/M.
*Schwarz, Jürgen,* 1973: Die Europapolitik Frankreichs unter Georges Pompidou als Problem der westeuropäischen Gemeinschaftsbildung. Ebenhausen.
*Schwarz, Jürgen* (Hrsg.), 1980: Der Aufbau Europas. Pläne und Dokumente 1945 – 1980. Bonn.
*Schwarz, Sonja,* 2004: Französische Amerikapolitik nach den Terroranschlägen des 11. September 2001, in: Frankreich Jahrbuch 2003. Wiesbaden, S. 167-179.
*Schwarzer, Daniela,* 2004: Frankreich und der Stabilitäts- und Wachstumspakt. Paris und Berlin sägen an den Budgetregeln der Währungsunion, in: Dokumente 5, S. 28-34.
*Schwarzer, Daniela,* 2006: Deutschland und Frankreich – Duo ohne Führungswillen. Das bilaterale Verhältnis in der erweiterten Europäischen Union. SWP-Studie S15. Berlin.
*Schwarzer, Daniela,* 2008: Deutschland und Frankreich: Nie so nah, und doch so fern? (Fondation Robert Schuman 42 S.).
*Serfaty, Simon,* 1997: France – Etats-Unis: la querelle permanente, in: Relations Internationales & stratégiques, Printemps, S. 32-52.
*Sirjacques, Françoise,* 1979: Frankreich und die NATO. Frankfurt/M.
*Soetendorp, Ben,* 2003: La Construction d'une défense européenne: émergence d'un défi politique et appels à résolution, in: La Revue internationale et stratégique, hiver 2002/2003, S. 119-128.
*Stahl, Bernhard,* 2003a: Der französische Diskurs zum Maastricht-Referendum (1992), in: *Joerissen, Britta/Stahl, Bernhard* (Hrsg.), Europäische Außenpolitik und nationale Identität. Vergleichende Diskurs- und Verhaltensstudien zu Dänemark, Deutschland, Frankreich, Griechenland, Italien und den Niederlanden. Münster, S. 322-329.
*Stahl, Bernhard,* 2003b: Französische Außenpolitik – Zwischen Initiative und Verweigerung, in: *Joerissen, Britta/Stahl, Bernhard* (Hrsg.), Europäische Außenpolitik und nationale Identität. Vergleichende Diskurs- und Verhaltensstudien zu Dänemark, Deutschland, Frankreich, Griechenland, Italien und den Niederlanden. Münster.
*Stark, Hans,* 1992: Frankreich und der Osten Europas, in: Frankreich-Jahrbuch 1992. Opladen, S. 115-126.
*Stark, Hans,* 1995: Zwischen Konflikt und Konsens: Frankreich, Deutschland und der Konflikt im ehemaligen Jugoslawien, in: *Centre d'Information et Recherche sur l'Allemagne Contemporaine (CIRAC)* u. a. (Hrsg.). Opladen, S. 158-171.
*Stark, Hans* (Hrsg.), 1998: Les relations franco-allemandes: etat et perspectives (cahier de l'IFRI 28). Paris.
*Steinhilber, Jochen,* 2000: Die „Grande Nation“ und das „Haus Europa“. Frankreichs widersprüchlicher Entwicklungsweg. Hamburg.
*Strassel, Christophe,* 2009: Eine Wirtschaftsregierung für Europa: Französische Utopie oder europäische Notwendigkeit?, in: Frankreich-Analyse der Friedrich-Ebert-Stiftung, Bureau de Paris.
*Styan, David,* 2004; Jacques Chirac's ‚non‘: France, Iraq and the United Nations, 1991-2003, in: Modern & Contemporary France 12 (3), S. 371-385.
*Sur, Serge,* 2000: La Puissance et le Rang revisités, in: Annuaire Français de Relations Internationales, Vol 1. Bruxelles: Bruyiant, S. 269-289.
*Teltschik, Horst,* 1991: 329 Tage. Innenansichten der Einigung. Berlin.

*Thomas, Johannes,* 2003: Zukunftsperspektiven des Elysée-Vertrages. Bilanz und Chancen der politischen Kooperation, in: Zweimonatszeitschrift für Politik und Zeitgeschehen, Nov./Dez., S. 31-40.
*Thränert, Oliver,* 2006: Das große internationale Iran-Puzzle, in: Internationale Politik, S. 28-35.
*Tondre, Jacques Michel,* 2000: Jacques Chirac dans le texte. Paris.
*Treacher, Adrian,* 2003: French Interventionism. Europe's Last Global Player? Aldershot.
*Tull, Denis M.,* 2005: Zeitenwende in der französischen Afrikapolitik (SWP-Aktuell 44). Berlin.
*Valence, Georges,* 1990: France-Allemagne. Le retour de Bismarck. Paris.
*Vannahme, Joachim Fritz,* 1990: Viel Sand im Getriebe. Trotz der Beschwichtigung – Das Verhältnis zwischen Bonn und Paris ist gestört, in: Die Zeit v. 30.3.1990.
*Vaisse, Maurice,* 2005: La puissance ou l'influence (1958-2004), in: *Dominique de Villepin* (Présentation), Historie de la Diplomatie française. Paris, S. 861-976.
*Vaisse, Maurice,* 2009: La puissance ou l'influence? La France dans le monde depuis 1958. Paris.
*Varwick, Johannes,* 1998: Sicherheit und Zusammenarbeit in Europa. Zur Renaissance der Westeuropäischen Union. Opladen.
*Varwick, Johannes,* 2000: Frankreich auf dem Balkan, in: *Rill, Bernd* (Hrsg.), Deutschland und Frankreich: Gemeinsame Zukunftsfragen (Argumente und Materialien zum Zeitgeschehen 2 der Hanns Seidel-Stiftung). München, S. 101-111.
*Védrine, Hubert,* 1996: Les mondes de François Mitterand. A l'Elysée 1981-1995. Paris.
*Védrine, Hubert,* 2003: Face à l'hyperpuissance. Textes et discours 1995-2003. Paris.
*Veit, Winfried,* 1984: Linke Realpolitik – Französische Außenpolitik unter Mitterrand. Bonn.
*Veit, Winfried,* 2008: Französische Außenpolitik unter Sarkozy, in: Internationale Politik und Gesellschaft 2, S. 30-49.
*Vernet, Daniel,* 1993: Was wird aus Deutschland? Bergisch-Gladbach.
*Vernet, Daniel,* 1995: La France et l'Allemagne, in: Politique Etrangère 60, S. 879-891.
*Vernet, Daniel,* 2007: Multipolare Verwirrungen. Frankreichs außenpolitische Vorstellungen schwanken zwischen dem Beharren auf Traditionslinien, Realpolitik und Moralismus, in: Internationale Politik 4, S. 25-30.
*Vinçon, Serge,* 2004: L'avenir de la défense européenne, in: Défense nationale, Juni, S. 13-29.
*Vogel, Wolfram,* 2002: Frankreichs Europapolitik nach der Wahl – Perspektiven für Deutschland und Europa, in: Aktuelle Frankreich-Analysen, August, S. 2-11.
*Von Krosigk, Friedrich,* 1993: Frankreich und die Dritte Welt, in: Aus Politik und Zeitgeschichte – Beilage zur Wochenzeitung Das Parlament Nr. 32, S. 24-32.
*Von Oppeln, Sabine,* 2003: Deutsch-französische Zusammenarbeit in Europa – das Ende einer privilegierten Beziehung?, in: Dokumente 2, S. 11-18.
*Weidenfeld, Werner,* 1998: Außenpolitik für die deutsche Einheit: Die Entscheidungsjahr 1989/90. Stuttgart.
*Weidenfeld, Werner,* 2004: Die Bilanz der europäischen Integration 2003/2004, in: *Weidenfeld, Werner/Wessels, Wolfgang* (Hrsg.), Jahrbuch der europäischen Integration 2003/2004. Baden-Baden: Nomos Verlagsgesellschaft, S. 13-23 (zitiert als Weidenfeld 2004b).
*Weidenfeld, Werner/Giering, Claus,* 1998: Die Europäische Union nach Amsterdam – Bilanz und Perspektive, in: *Weidenfeld, Werner* (Hrsg.), Amsterdam in der Analyse. Gütersloh, S. 19-49.
*Weidenfeld, Werner/Giering, Claus,* 2004: Die Zukunft Europas, in: *Weidenfeld, Werner* (Hrsg.), Europa-Handbuch, Band I: Die Europäische Union – Politisches System und Politikbereiche. Gütersloh, S. 625-649.

*Weidenfeld, Werner/Wessels, Wolfgang* (Hrsg.), 1983: Jahrbuch der Europäischen Integration 1982. Bonn.
*Weisenfeld, Ernst,* 1966: De Gaulle sieht Europa – Reden und Erklärungen. Frankfurt/M.
*Weisenfeld, Ernst,* 1982: Frankreichs Geschichte seit dem Krieg. Ereignisse, Gestalten, Hintergründe 1944 – 1980. 2. Aufl. München.
*Weisenfeld, Ernst,* 1986: Welches Deutschland soll es sein? Frankreich und die deutsche Einheit seit 1945. München.
*Weisenfeld, Ernst,* 1995a: So begann die Ära Chirac, in: Dokumente 3, S. 181-184.
*Weisenfeld, Ernst,* 1995b: Chiracs Frankreich auf bekannten Wegen. Nur der Paukenschlag der Atomtests markiert den Wandel, in: Dokumente 4, S. 268-271.
*Weisenfeld, Ernst,* 1997: Geschichte Frankreichs seit 1945. Von de Gaulle bis zur Gegenwart. 3. völlig neu bearbeite und aktualisierte Aufl. München.
*Weisenfeld, Ernst,* 2001: 20 Millionen mehr ... darf das ein Streitpunkt werden? Ein Nachwort zu Nizza, in: Dokumente 1, S. 22-33.
*Wellershoff, Dieter,* 2004: Europäische Sicherheitspolitik in der Entwicklung, in: *Meier-Walser, Reinhard C.* (Hrsg.), Gemeinsam sicher? Vision und Realität europäischer Sicherheitspolitik. Neuwied, S. 87-101.
*Weske, Simone,* 2006: Deutschland und Frankreich – Motor einer Europäischen Sicherheits- und Verteidigungspolitik. Baden-Baden.
*Wessels, Wolfgang,* 2004: Die institutionelle Architektur der EU nach der Europäischen Verfassung: Höhere Entscheidungsdynamik – neue Koalitionen?, in: Integration 3, S. 161-175.
*Woets, Ludovic,* 2000: La Politique de Défense de la France. Paris.
*Woyke, Wichard,* 1975: Oppositionsparteien und Verteidigungspolitik im gaullistischen Frankreich 1958 – 1973. Opladen.
*Woyke, Wichard,* 1987: Frankreichs Außenpolitik von de Gaulle bis Mitterrand. Opladen.
*Woyke, Wichard,* 1998: Europäische Union. Erfolgreiche Krisengemeinschaft. Einführung in Geschichte, Strukturen, Prozesse und Politiken. München.
*Woyke, Wichard,* 2004: Deutsch-Französische Beziehungen seit der Wiedervereinigung. Das Tandem fasst wieder Tritt. Opladen.
*Wurpts, Klaus,* 2002: Stichwort Die Gemeinsame Agrarpolitik (GAP), in: Dokumente 5, S. 22-25.
*Wurpts, Klaus,* 2002: Perspektiven für ESVP und GASP, in: Dokumente 6, S. 44-51 (zitiert als Wurpts 2002a).
*Wurpts, Klaus,* 2002: Die französische Armeereform, in: Dokumente 6, S. 52-53 (zitiert als Wurpts 2002b).
*Wurpts, Klaus,* 2003: Frankreich – alter und neuer Motor der ESVP, in: Dokumente 2, S. 52-57.
*Yost, David S.,* 1984/85: France's Deterrent Posture and Security in Europe. Part I: Capabilities and Doctrine. Part II: Strategic and Areas Control Implications (Adelphi-Paper 194/195). London.
*Zervakis, Péter A./Gossler, Sébastian von,* 2003: 40 Jahre Elysée-Vertrag: Hat das deutsch-französische Tandem noch eine Zukunft? in: Aus Politik und Zeitgeschichte B 3-4, S. 6-13.
*Ziebura, Gilbert,* 1957: Das französische Regierungssystem. Köln/Opladen.
*Ziebura, Gilbert,* 1960: Die V. Republik. Frankreichs neues Regierungssystem. Köln/Opladen.
*Ziebura, Gilbert,* 1970: Die deutsch-französischen Beziehungen seit 1945 – Mythen und Realitäten. Pfullingen.

*Zürn, Peter*, 1965: Die republikanische Monarchie. Zur Struktur und Verfassung der V. Republik. München.

## Periodika

Adelphi-Paper
Archiv der Gegenwart
Aus Politik und Zeutgeschichte – Beilage zur Wochenzeitung „Das Parlament“
Blätter für deutsche und internationale Politik
Bulletin der Bundesregierung (inzwischen eingestellt)
Der Spiegel
Die Internationale Politik – Jahrbücher der Deutschen Gesellschaft für Auswärtige Politik
Die Zeit
Die Welt
Dokumente – Zeitschrift für übernationale Zusammenarbeit (ab 1.1.1986 Zeitschrift für den deutsch-französischen Dialog)
Europa-Archiv
Foreign Affairs
Frankreich-Akzente
Informationsblätter (der Französischen Botschaft in Bonn, inzwischen eingestellt)
Integration
Internationale Politik
Jahrbuch der Europäischen Integration
Le Figaro
Le Monde
Neue Zürcher Zeitung
Politique Etrangère
Revue de la Défense Nationale
Revue des Deux Mondes
Zeitschrift für Parlamentsfragen

## Internet-Quellen

http://www.bundesregierung.de/Content/DE/Mitschrift/Pressekonferenzen/2007/05/2007-05-16-merkel-sarkozy-pk.html
http://www.taz.de/index.php?id=start&art=2529&id=afrika-artikel&cHash=d98355764c
Neue Zürcher Zeitung online
www.premier-ministre.gouv.fr/de/information/presse_880/rede von staatspräsident_nicolas_sarkozy57117.html

# Register